AF466225

Collection Le Maistre.

Pax in Nummis.

Médailles, Jetons et Monnaies
ayant rapport
aux divers Traités de paix.

Description illustrée
par

J. SCHULMAN.

COLLECTION LE MAISTRE

PAX IN NUMMIS

MÉDAILLES, JETONS ET MONNAIES
AYANT RAPPORT
AUX DIVERS TRAITÉS DE PAIX
CONCLUS
DEPUIS LE XVIE SIÈCLE JUSQU'À NOS JOURS,
DÉCRITE PAR

J. SCHULMAN.

TEXTE DE 256 PAGES
ILLUSTRÉ
DE 150 REPRODUCTIONS
ET AVEC 12 PLANCHES
HORS TEXTE.

J. SCHULMAN — ÉDITEUR — AMSTERDAM

IMPRIMERIE S. W. MELCHIOR — AMERSFOORT

AVANT-PROPOS.

C'était en 1897, lorsque sur l'invitation du Tzar Nicolas II de Russie, la première conférence pour la Paix fut tenue à La Haye, que M. le Maistre résolut de composer une histoire des divers Traités de paix depuis le seizième siècle jusqu'à nos jours, illustrée par des médailles. Au début, cette collection s'enrichit sensiblement, mais depuis quelques années, l'accroît ralentissait et alors il me chargea de compléter autant que possible sa collection, afin qu'avant l'ouverture du Palais de la Paix, à La Haye, fondé par les soins du bourgeois des États-Unis, Andreas Carnegie, protecteur des sciences et de la Paix, sa collection fût aussi complète que possible, de sorte qu'on ait par elle un aperçu de tous les Traités de paix conclus dans ce laps de temps.

Par nos soins, je suis à même d'offrir à présent aux amis de la Paix et des médailles, une description d'environ onze cents médailles, jetons et monnaies, se rapportant aux trèves, alliances et traités et aux conférences pour la Paix, aux hommes qui se sont distingués à propager les Traités de paix ou l'idée d'une Paix universelle, et de quelques monnaies qui portent dans leurs légendes des exhortations à la Paix.

Cet ouvrage est enrichi de notes historiques, d'une table de matières et de divers renseignements, texte de 256 pages, illustré de 150 reproductions dans le texte et de XII planches contenant les reproductions de 50 médailles.

Aucun cabinet public ou privé ne possède une suite aussi remarquable de monuments numismatiques se rapportant au sujet qui nous occupe. Néanmoins il faut constater qu'il existe des lacunes qu'il me fut impossible de remplir, les pièces étant introuvables.

La collection contient plusieurs pièces inédites ou rarissimes; elle se compose de 828 médailles ou plaquettes, 163 jetons et 121 monnaies, classés d'après le métal en 46 pièces en or, 523 en argent, 416 en bronze ou cuivre, 1 en fer et 126 en étain ou plomb.

La première Paix représentée dans cet ouvrage est celle conclue en 1529 à Cambrai, entre l'Empereur Charles V et François I, roi de France. Une belle médaille au buste de l'empereur, reproduite dans le texte, le n. 3, a rapport à la Trève de dix mois, conclue à Bomy en 1537. Un chef-d'oeuvre de Hans Reinhart, la médaille au portrait de Ferdinand, roi des Romains, de 1539, le n. 6, est aussi reproduit dans le texte. La Paix de Cateau-Cambrésis, en 1559, nous a fourni cette belle médaille par Poggini, reproduite en tête du n. 13. Grand nombre de médailles et jetons ont rapport aux négociations de Paix, pendant la guerre de 80 ans, entre l'Espagne et les Provinces-Unies des Pays-Bas, qui aboutirent enfin, en 1648, à la Paix de Münster ou de Westphalie, qui mit fin en même temps à la guerre de 30 ans, entre les princes catholiques et protestants. Cet ouvrage contient 130 monnaies et médailles dont plusieurs inconnues, uniques ou extrêmement rares, ayant rapport à cette Paix universelle et remarquable.

La Paix de Westminster en 1654, des Pyrénées en 1660, de Bréda en 1667, d'Aix-la-Chapelle en 1668, de Londres en 1674, nous ont fourni grand nombre de médailles dont quelques-unes reproduites sur les planches ou dans le texte.

Les chefs-d'oeuvre de Muller et de van Abeele, travaillés au repoussé, sont représentés par de superbes exemplaires, les nos. 207, 208, 263—65 et 87, 266, 283.

La Paix de Nimègue est mentionnée par 34 monuments métalliques; la Paix de Lund qui en fut la conséquence, par 9 médailles. La Paix de Ryswick, d'Altranstadt, de Carlowitz, d'Utrecht, de Rastadt, de Baden sont représentées par grand nombre de pièces dont plusieurs sont des raretés de 1er ordre. La Russie, la Turquie, l'Italie et la Suisse, même l'Alger et le Maroc, ainsi que la Pologne, sont représentés dans plusieurs traités. Comme persifflage des divers Traités de paix, on a frappé des médailles satiriques, comme celles de la Paix d'Utrecht, les nos. 426, 427, 429, 435, 436, 438, 439, 444, qui sont extrêmement rares. Dans le XVIIIe siècle, ce sont surtout la Paix de Dresde et de Breslau qui attirent notre attention. Les États-Unis de l'Amérique paraissent pour la première fois à l'occasion de la Paix de Versailles. Les Traités de paix de Campo Formio, de Lunéville, d'Amiens, de Presbourg et de Schönbrunn, marquant l'ère de Napoléon, terminée par la Paix de Paris et les Congrès de Vienne et d'Aix-la-Chapelle, nous ont fourni des médailles et jetons, dont plusieurs inédits et de la plus haute rareté.

Il est bien curieux que les traités conclus dans le cours du XIXe siècle, ont laissé peu de monuments numismatiques; néanmoins, les Traités conclus à Adrianople, à Constantinople, à Francfort s. l. M., à Paris, à Santiago, à Tweebosch, à Villafranca, les Congrès de Berlin, de Londres, de Montevideo, sont représentés par des médailles.

Les deux Conférences pour la Paix à La Haye ont inspiré de belles médailles et plaquettes.

La première des monnaies qui portent dans leurs légendes des exhortations à la Paix, est un Aureus de l'empereur Claude qui régnait de l'an 31 à 54 de notre ère, avec: PACI AVGVSTAE. Cette pièce est reproduite dans le texte.

Nous terminons cet ouvrage par le voeu du n. 1106, la dernière pièce mentionnée, frappée en 1680 par la ville de Groningue:

DA PACEM DOMINE IN DIEBVS NOSTRIS.

Amsterdam, Mai 1912. *J. SCHULMAN.*

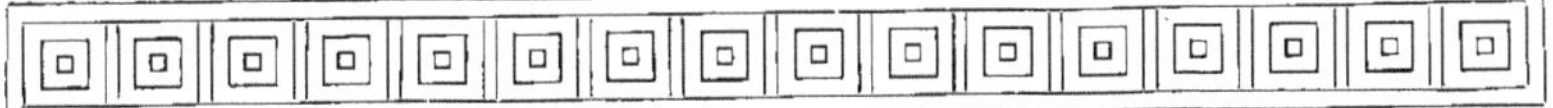

COLLECTION LE MAISTRE.

PAX IN NUMMIS.

1529. **Paix de Cambrai entre François I, roi de France, et l'empereur Charles V.**

1 *Jeton.* IETTORS × DE MESSEVR – S × DES × FINANSES × DE × L' Armoiries de l'empereur entourées du collier de la Toison d'or. Rev. ⚜ FORTVNE × IN × FORTVNE × FORTVNE × 1529 × Plante de marguérites. v. Mieris II pag. 300. Dugn. 1219. Ae. Beau.

La Paix de Cambrai de 1529 était une confirmation du traité de la Paix de Madrid en 1526. Les marguérites font allusion à la gouvernante Marguérite d'Autriche, tante de l'Empereur. Dans le traité de Cambrai fut stipulé qu'elle garderait la souveraineté du comté de Charlois et les revenus de Noyers, Chatelchinon, Chauchin et la Perrière ainsi que des salines de ces lieux.

1535. **Renouvellement du traité de paix de Smalkalde entre les princes protestants allemands.**

2 *Médaille.* IOANNS · FRIDERICVS · ELECTOR · DVX · SAXONIE · FIERI · FECIT · ETATIS · SVÆ 32. Buste de **Jean Frédéric de Saxe** de face, un peu tourné à dr., en habit électoral, tenant le glaive électoral sur l'épaule droite et le chapeau à plumes devant le corps. Rev. SPES ♣ MEA ♣ IN ♣ DEO ♣ EST ♣ ANNO – NOSTRIS ♣ SALVATORIS ♣ M · D · X · X · X · V ♣. Belle médaille par Hans Reinhart, trou rebouché, Van Mieris II p. 429 n. 1. mm. 62. Ar. gr. 55.9, t.b.c.

Le traité de Smalkalde fut conclu le 31 décembre 1530 et ratifié le 4 avril 1531 par l'Électeur Jean de Saxe, son fils Jean Frédéric le magnanime, le Landgrave Philippe de Hesse et quelques autres princes et villes protestants. Au mois de décembre 1535 le traité fut renouvelé sous les auspices de Jean Frédéric devenu Électeur de Saxe par la mort de son père en 1532, et le chef de la ligue des Protestants.

No. 3.

1537. **Trève de dix mois, signée à Bomy en Artois, entre l'empereur allemand Charles-Quint et le roi de France.**

3 *Médaille.* + CAROLVS + V + ROMANORVM + IMPERATOR + SEMPER + AVGVSTVS + 1ч٤7 (1537). Buste richement drapé de Charles V de face, tourné à dr., coiffé d'une barette. Rev. + HAEC + REGNA + CAESAR + — + CHTVS + REGIT + AIAS 1ч٤7 (1537). Écusson couronné à la double aigle, entouré de la Toison d'or, accosté des deux colonnes. Van Mieris II pag. 466 n. 2. Herrg. pl. 22 n. 37. mm. 48. Ar. gr. 34.5. Rare. Médaille de très bonne conservation, petit trou, à beau portrait de Charles V.

Par l'intermédiaire de la gouvernante des Pays-Bas Marie et de la reine de France qui tachaient de rétablir la paix entre les deux souverains, une trève de dix mois fut signée à Bomy le 30 août 1537 suivie en 1538 du traité de paix de Nice.

1538. **Négociations de paix à Leucate entre la France et l'Empereur, après la fin de la trève de Bomy.**

4 *Jeton.* POVR : REGNER : PLVS : OVLTRE : PAS—SER. Buste cuirassé et couronné de Charles V à g. Rev. ⚜ IVSTICE : SACORDE : A : MISERICORDE : Sceptre et épée posés en sautoir, entre la date 15—38, dessus l'aigle impériale, en bas, globe crucigère. Van Mieris II pag. 477 n. 2. Dugn. 1344. Étain. Beau.

1538. **Traité de paix de Nice entre l'empereur d'Allemagne Charles V et le roi de France.**

5 *Jeton.* AQVILA CV(M) LILIO • PACEM • CO(N)VENERVNT. L'aigle impériale et la fleur de lis française liées par un ruban, dessus 1538. Rev. ✿ DA PACEM • DNE • TE(M)PORIS • Z • ETERNITATIS. Les écussons de Hollande, Zéelande, Frise, Utrecht et Overijssel posés en rosace, entre les écussons D—I—•—M—I. Van Mieris II p. 484 n. 1 variété. Dugn. 1346, var. Ae. b.c. rare.

La conférence de paix, tenue à Nice, fut une des plus remarquables par la présence du pape Paul III, de l'empereur Charles V et du roi de France dans les châteaux du voisinage pendant les négociations. Les ambassadeurs de la part de l'Empereur furent François de los Cobos, commandant de Léon et Nicolas Perrenot, sire de Granvelle, du roi de France, le cardinal de Lorraine et le maréchal de Montmorency, de Venise, Marc Antoine Cornaro et Nicolas Tiépolo et du Pape, Nicolas Sadoletus; le traité de paix fut conclu le 18 juin 1538.

No. 6.

1539. **Traité de paix conclu entre Ferdinand, roi des Romains, de Hongrie et de Bohème et Jean Zapolya Voïvode de Transylvanie,** par lequel Zapolya reçut le titre de roi et cèda ses droits sur la Hongrie après sa mort au roi Ferdinand d'Autriche.

6 *Médaille* par Hans Reinhart FERDINANDVS · DEI · GRACIA · ROMAN · VNGARIE · ET · BOEMIE · REX · ANNO · SAL · M · D · XXXVIIII . ÆTATIS · SVÆ . XXXVII. Buste de Ferdinand, frère de Charles V à g. richement drapé, couvert d'un chapeau et avec collier de la Toison d'or. Rev. Ses armoiries ornées de la Toison d'or, en bas FERDIN—ANDVS R—EX. van Mieris III pag. 12. Herrg. pl. 2.17, Markl 2035. mm 64. Ar. gr. 60.7. De toute beauté.

1545. **Paix de Crespy.**

7 *Jeton* au buste cuirassé et lauré de Charles-Quint à dr. sur la Paix de Crespy conclue le 18 septembre 1544 INCLINA . COR . MEVM . DEVS . 1545. Rev. AD . FACIENDAS . IVSTIFICATIONES TVAS · A · V · L · Double aigle portant en coeur l'écusson au lion de Hollande. van Mieris III 109 n. 1 var. Dugn. 1607. Ae. t.b.c., fêlure insignifiante.

1545. **Vigilance de Charles V après la conclusion du traité de paix de Crespy.**

8 *Jeton.* DORMIAM : ET : REQVIESCAM : PS : 4 : Charles V, couronné et armé

d'une épée, la pointe en bas, assis et la tête appuyée sur la main gauche dans l'attitude du sommeil. Rev. ET : COR : MEVM : VIGILAT : CANTI : S : Charles-Quint cuirassé et armé, assis sur son trône, tenant sceptre et bien éveillé, variété de van Mieris III pag. 106 et de Dugn. 1597. Ae. Beau.

Voir la reproduction sur la planche I.

Par le refus du Dauphin et des Grands de France de reconnaître le traité de Crespy, qu'ils estimaient trop onéreux pour la France, la plus grande Vigilance fut prescrite à Charles V; le jeton fait allusion à ce fait.

1552. **Traité de Passau.**

9 (1552). *Jeton* au buste cuirassé de Charles V à dr. CAROLVS . DG . RO . IMP . COMES . HOL . Rev. Pigeon volant au dessus d'une ville et tenant une branche de laurier dans son bec. ✿ DA . QVAM . MVNDVS . DARE NON . PT . 5Z. La rose de la légende du revers prouve que ce jeton est frappé à la Monnaie de Dordrecht dans le comté de Hollande. van Mieris III pag. 304 n. 1. Dugn. n. 1868. Ae. b.c.—t.b.c.

10 — *Jeton* pareil, légèrement varié, la rose plus grande et : DA. Dugn. 1868. Ae. b.c.

1553. **Paix de Passau.**

11 *Jeton* + CAROLVS · V · ROM · IMP · SEMP · — AVG Buste lauré et cuirassé de Charles V à dr. Rev. IMPERIO ✠ · — PACATO · 1553. Aigle sur un globe tenant un caducée, van Mieris III pag. 293 n. 9. Dugn. 1893. Ae. Beau.

12 *Jeton* pareil, légèrement varié. Ae b.c.

Le traité de paix de Passau mit fin au soulèvement de l'Électeur Maurice de Saxe contre l'autorité de Charles-Quint. En juin de l'an 1552 ce traité de paix fut conclu au Fürstentag de Passau, après de longues négociations. Sur la proposition de Charles V ce traité devait être confirmé par un Reichstag.

Par ce traité la liberté de culte fut assurée aux adhérents de la confession d'Augsbourg, l'Interim d'Augsbourg fut écarté, les princes Johann Friedrich de Saxe et Philippe de Hesse furent délivrés de leur emprisonnement et une amnistie fut proclamée pour tous ceux bannis à cause de la guerre de Smalkalde.

Ce traité fut signé par les princes protestants le 29 juillet 1552, le 15 août par l'Empereur et confirmé en 1555 par la Paix des religions d'Augsbourg et même élevé avec quelques modifications comme la loi de l'Empire „Reichsgesetz".

C'est ainsi que par cette transaction comfirmée par la Paix d'Augsbourg en 1555 se termina la première lutte entre les protestants et les catholiques d'Allemagne.

Passau (Patava Castra), place forte de Bavière sur le Danube et le confluent de l'Inn et de l'Ilz. Chef-lieu du cercle de Basse-Bavière et siège d'un évêché.

No. 13.

1559. **Paix de Cateau-Cambrésis**

13 *Médaille.* Buste de Philippe II cuirassé à g. · PHILIPPVS HISPANIAR · ET NOVI ORBIS OCCIDVI REX Sous le buste I.PAVL.POG.F. Rev. La Paix devant le temple de Janus fermé, allume un tas d'armes, à l'ex MDLIX · v. Loon I éd. fr. p. 27, éd. holl. 28 n 1. Belle médaille par Poggini, mm. 39. Br. belle.

Voir la reproduction.

14 *Médaille*, au même type var. HISPAN ET NOVI ORBIS OCCIDVI REX · mm 37. Br. postérieure

15 *Jeton.* PACE TANDE — M : CONF — ECTA Buste cuirassé de Philippe II à dr la légende coupée par les écussons de Hollande, Zéelande, Frise, Utrecht et Overijssel. Rev dans une couronne de laurier une légende en cinq lignes ACCIPE — QVOD TVVM — ALTERIQ' — · DA SVVM · — ✿ 1559 · van Loon I éd. fr. 28, éd. holl. 29 n. 2. Dugn. 2187. Ae. b.c.

16 *Jeton.* PACE — TANDEM — CONFECTA. Écusson de Hollande dans un cartouche entouré des écussons de Zéelande, Frise, Utrecht et Overijssel Rev. même légende que le précédent, seulement la date · 1560, variété de v L I éd. fr. 28, éd holl. 29 n. 3. Dugn 2189, Ae. b c.

Traité de paix conclu à Cateau-Cambrésis à 25 Kil. sud de Cambrai, entre Henri II roi de France et Philippe II roi d'Espagne après que Henri II eut conclu la Paix avec Élisabeth reine d'Angleterre. Les contractants comprenaient dans cette paix outre l'Angleterre, le Pape, l'Empereur et l'Empire, les Électeurs et les Villes libres, les royaumes de Pologne, de Danemark, de Suède, d'Écosse, les républiques de Venise, de Gênes, de Lucques, les Suisses et les Grisons, les Ducs de Savoye, de Lorraine, de Ferrare, de Mantoue, d'Urbino, de Parme et de Plaisance, de sorte que la paix fût proclamée par toutes les Puissances, États et Villes de l'Europe chrétienne.

1575. **Rupture des négociations de paix à Bréda.**

17 *Jeton* : CVIVS . MODERATVR . HABENAS . RATIO : ✿ . dans le champ un chapeau de la Liberté entre la date 15 -- 75, sous le chapeau LIBERTAS

— · AVREA · Rev. . ❀ . SECVRIVS . BELLVM . PACE . DVBIA le lion hollandais dans la haie. v. Loon I éd. fr. 201, éd. holl 204. Dugn. 2647. Ar. t.b.c

18 1575, *Essai en piedfort* du *Jeton* précédent, variété de gravure ❀ CUIUS . MODERATVR . HABENAS . RATIO Comp. v. L. I 204 - 201. Dugn. 2647 Étain doré.

Le roi d'Espagne, craignant qu'il ne lui fût bien difficile de soumettre les Hollandais par les armes, voulait venir au bout par des négociations de paix avec ceux qu'il considérait comme des insurgés. L'empereur d'Allemagne envoya à Bréda comme médiateurs, le comte Gunther de Schwartzenbourg et le comte Wolf de Hohenlohe afin de négocier la paix avec les plénipotentiaires du roi d'Espagne et des États de Hollande et Zéelande. Les négociations furent ouvertes le 12 avril 1575 avec la déclaration de part et d'autre qu'on souhaitait de reconstituer la paix. Les négociations furent rompues parceque les Envoyés du roi ne voulaient confirmer la liberté des cultes aux Hollandais.

1576. **Pacification de Gand.**

19 ❀ · NON · PLACENT · DOMINO · MILITIS · OCREÆ. Guerrier à cheval à g. Rev. TIMENTI · DOMINVM · OIA (omnia) COOPERANTVR IN BONVM Gideon implorant le secours du Ciel contre les ennemis. van Loon I éd. fr. 224, éd. holl. 228. Dugn. 2692. Ar. Beau.

Le 19 octobre 1576 se réunaient dans la ville de Gand les envoyés plénipotentiaires du Prince d'Orange, des États de Hollande et Zéelande, de Brabant, de Gueldre, de Flandre, des villes d'Utrecht, de Nimègue et plusieurs Seigneurs, qui conclurent un traité de paix entre les divers états et villes et en même temps un traité offensif et défensif contre l'occupation espagnole.

Dans ce traité on reconnut le roi d'Espagne comme le suzérain, mais les États des diverses provinces comme l'autorité législative.

1577. **Traité de Bruxelles, connu sous le nom (Édit éternel).**

20 *Médaille* IVSTITIA . PACEM · COPIAM . PAX . ATTVLIT. La Justice assise, à gauche la Paix allumant un tas d'armes avec une torche, à dr. l'Abondance tenant des épis et une corne d'abondance Rev. VINDICATA LIBERTAS CONCORDIA. La Liberté debout, à ses pieds le lion néerlandais. Elle tient le bonnet de la Liberté au dessus d'un coeur couronné tenu par deux mains jointes entre la date 15—77. Belle médaille. v. Loon I éd. fr. 230, éd. holl. 234 n 1. mm 45. Ar. gr. 14.2.

Don Juan frère du roi d'Espagne fut envoyé par le roi aux Pays-Bas en qualité de Gouverneur et de Vice-roi, mais les États des diverses provinces refusaient de le reconnaître, s'il ne voulait ratifier et reconnaître la Pacification de Gand et renvoyer les troupes espagnoles des villes occupées. Ce qu'il fit après une longue résistance par le traité de la Marche en Famine le 12 février 1577 et qu'il confirmait au nom du roi par le traité de Bruxelles, le 17 février, signé aussi par le conseil supérieur, les ambassadeurs de l'Empereur, et les plénipotentiaires des États des provinces, excepté de Hollande et de Zéelande.

1579. **Paix de Bergerac conclue le 17 septembre 1579.**

21 *Jeton* s.d. MANET . VLTIMA . COELO deux couronnes royales surmontées d'une grande couronne royale, entourée de nuages. Rev. DABIT * VICTORIA * PACEM Guerrier debout dépouillant deux arbres de leurs fruits; à l'ex. couronne de laurier entre deux astérisques. La Tour 388. Laiton t.b.c.

Dans la guerre civile de Henri III contre les Protestants, ceux-ci formèrent à la Rochelle une contre-ligue où entrèrent le roi de Suède, le roi de Danemark, la reine d'Angleterre et plusieurs princes protestants. Par la prise d'Issoire et de Brouage enlevés aux Huguenots, ils furent contraints de traiter avec le roi Henri et de conclure la paix à Bergerac.

1579. **Négociations de paix à Cologne.**

22 *Jeton* TE . POSCIMVS . OMNES . La Paix debout tournée à dr. tenant une corne d'abondance. Rev. CÆSARIS . AVSPICIO. Aigle éployée, tenant un rameau d'olivier dans le bec. Dugn. 2776. v. Loon I éd. fr. 269, éd. holl. 274. Ae. t.b.c.

L'Empereur d'Allemagne cherchait à intervenir dans la guerre entre le roi d'Espagne et les Provinces-Unies. Le prince d'Orange, quoique se méfiant des intentions de l'Empereur, consentit à y paraître. De la part de l'Empereur se trouvaient à Cologne l'Électeur de Trèves van der Eltz, l'Électeur de Cologne Gerard Truchsess ainsi que l'évêque de Würzbourg et le comte Otton Henri de Schwarzenberg, de l'évêché de Liège Werner de Gemmenich. De la part d'Espagne comme premier ambassadeur Charles d'Arragon duc de Terra Nova, ainsi que Maximilien de Longueval Sire de Vaux, le Prepositus Jean Funk, Christoph d'Assonville et comme secrétaire Jean Scharenberg. Pour le prince Mathias gouverneur des Pays-Bas le prince d'Orange, pour les États des Provinces comme premier ambassadeur Philippe de Croy duc d'Arschot ainsi que son fils le prince de Chimay, Johann van den Linden abbé de St. Gertrudis, Henricus d'Ive abbé de Marolles et Bucho ab Ayta prévot du St. Bavon à Gand, le chevalier Caspar Schetz seigneur de Grobbendonk et de Wesemael, Adolph van Meetkerk conseiller des États, le conseiller de Hollande Adrianus van der Myle, Bernhard de Mérode seigneur de Rünen, Adolph de Goor et Aggens van Albada.

Les négociations étaient sans effet, parceque, ainsi que l'avait déja prévu le prince d'Orange, le but de l'Empereur n'était pas de rétablir la paix entre les États des dix-sept provinces et le roi d'Espagne, mais de subjuguer de nouveau ces provinces par l'Espagne.

1579. **Méfiance des Hollandais au sujet des négociations de paix à Cologne et rupture des négociations.**

23 *Jeton.* × PRÆSTAT — PVGNARE — · PRO · PA T RIA. Lutte de deux guerriers espagnols, l'un à cheval, l'autre à pied, contre deux guerriers hollandais aussi à cheval et à pied. Rev. QVAM . SIMVLATE . PACE . DECIPI . 1579 : ❀ : Les corps mutilés des comtes d'Egmond et de Hoorne décapités par les Espagnols, leurs têtes attachées à des lances. van Loon I éd. fr. 270, éd. holl. 276 n. 2. Dugn. 2778. Ar. beau.

Sur ce Jeton est representée la méfiance des Hollandais donnant comme exemple l'infamie des Espagnols envers les infortunés comtes.

1580. **Même sujet.**

24 *Jeton satirique.* Le lion hollandais enchaîné à la colonne de l'Inquisition, délivré par une souris ROSIS . LEONEM . LORIS . MVS . LIBERAT ✿. Rev. LIBER REVINCIRE LEO PERNEGAT. Le roi d'Espagne debout accompagné du Pape (L'ambassadeur du Pape Jean Baptiste Casteigne évêque de Rossan assistait aux négociations) offrant au lion hollandais une branche d'olivier, et tenant derrière son dos le collier de l'Inquisition. v. Loon I fr. 274 holl. 279. Dugn. 2800. Ar. Beau.

No. 25.

Même sujet.

25 1580. *Médaille* en argent, même légende que le jeton, mais le dessin diffère, à l'intérieur du revers un cercle cordonné. Comparez Dugn. 2799 et van Loon I 274–279. mm. 30. Ar. belle. Rare.
Voir la reproduction.

1582. **Paix avec les Suisses.**

26 *Médaille.* KATH · HENR · II VX . HEN · III · FRAN · ET · POL · REG · MAT · AVGV · Son buste drapé à g. avec voile de veuve. Rev. FOEDERE — CVM — HELVETIIS — ET — RAETHIS — RENOVA — TO entre deux branches d'olivier; à l'ex. MDLXXXII. mm. 42. Br. Belle, refrappe.

1591. **Offres de paix par l'intermédiaire de l'Empereur d'Allemagne, refusées par les États-Généraux des Pays-Bas.**

27 *Jeton satirique* PAX PATET . INSIDIIS . Deux ambassadeurs entrant par la haie ouverte d'un jardin dans lequel la Hollandia, tandis que plus loin des troupes espagnoles tâchent de franchir la palissade; à l'exergue 15 ✿ 91. Rev. TVTA . SALVS . BELLO La Hollandia vigilante, se défendant dans un jardin entouré d'une haie. v. Loon I fr. p. 416 holl. 423. Dugn. n. 3288. Ar. Beau.

Les ambassadeurs envoyés par l'Empereur étaient le baron de Reydt, le comte d'Isenbourg archevêque de Cologne, Simon comte de Lippe, le seigneur de Perelstein, le seigneur de Bylandt.

28 *Jeton* pareil. D. 3288. Ar. t.b.c.

No. 29.

1592. **Négociations de paix avec l'Espagne, ambassade du baron de Reydt.**

29 *Médaille satirique.* Scène mythologique d'Argus et de Mercure. ⚜ FISTVLA · DVLCE · CANENS · NOSTRVM · NON · DECIPIT · ARGVM. Argus comme berger, assis sous un arbre; derrière lui, une vache (IO fille d'Anachus), devant lui, Mercure jouant de la flûte; à l'ex. NON TEMERE CREDENTVM. Rev. A un palmier est attachée une table, sur laquelle on lit PRIVI — LEGI Plusieurs personnes, tant ecclésiastiques que militaires, tâchent d'arracher cette table. ✿ ADVERSVS · INNIXVM · VLTOR · SESE · ERIGIT · PONDVS à l'ex. + FRVSTRA + CO — NATVR. van Loon I éd. fr. 421, éd. holl. 428 n. 1. mm. 57. Ar. gr. 58. Belle et rare.

Voir la reproduction.

Même sujet.

30 *Jeton* de Middelbourg LATET ANGVIS IN HERBA. v. L. I 421—428 n. 2. D. 3302. Ae. b.c. Rare

L'Empereur allemand envoya comme ambassadeur le baron de Reydt avec une suite de dix à douze chevaliers à La Haye, démonstrant aux États les souhaits de l'Empereur pour tâcher de réconcilier les États avec le roi d'Espagne, afin que cette guerre néfaste cessât et qu'une paix fût conclue entre les deux partis belligérants. Mais comme les États soupçonnaient les offres du roi d'Espagne, ils remerciaient le 7 avril 1592 l'Empereur, en personne de l'ambassadeur, de sa bonne volonté, mais ils refusaient d'entrer en négociations, parce qu'ils avaient la conviction que les offres du roi d'Espagne n'étaient pas sérieuses, parce qu'il avait proclamé souvent qu'on n'a pas besoin de tenir sa parole aux hérétiques et aux sujets désobéissants.

Par dévouement à l'Empereur ils dotèrent le baron de Reydt d'une chaîne d'or valant 1800 florins et autorisaient le trésorier de payer tous les frais que le Baron avait faits pour son ambassade.

2

1592. **Bonne Entente entre les villes de Deventer, Campen et Zwolle pour solution des querelles entre les États d'Overijssel, les villes de Coevorde et de Hasselt.**

31 *Médaille* ou *Double Thaler.* VINCIT · AMOR — MORTEM ◇ CÆTERA — MORTIS ◇ ERVNT —. Armoiries de **Deventer, Campen** et **Zwolle** coupant la légende; Castor et Pollux s'embrassant; au lointain, deux villes. Rev. NEMO ◇ LÆDITVR ◇ NISI ◇ A ◇ SEIPSO trois chiens attaquant un hérisson; en bas, l'écusson d'Overijssel, entre VIVAT — TRANS. Dirks Penningk. Repert. 687, de Vries en de Jonge pl. VI.6. mm. 49. Madai 5925. Ar. gr. 57.5. Belle et rare.

Voir la reproduction sur la planche I.

1594. **Propositions de paix, offertes à La Haye par les Espagnols.**

32 *Jeton de Middelbourg* PACEM · OSTENTAT · SED · HOC · AGITVR — Rev. × LVCTOR × ET × EMERGO × Armoiries de Zéelande. v. L. I. 437 éd. holl. 445. Dugn. 3334. Ar. t.b.c. rare.

No. 33.

1594. **Les États de Gueldre refusent de négocier les propositions de paix, après l'attentat sur le prince Maurice de Nassau-Orange.**

33 *Jeton.* Essai en piedfort. SCRIBIT · IN · MARMORE · LÆSUS · 1594. Un homme taillant dans le marbre TROIA — MIHI — TAMEN — LICET et à l'exergue GELDER. Rev. VIRESCIT · VUL NERE · VIRTUS. Un homme en guenilles, les bras étendus, foule aux pieds des plantes. Comparez v. Loon fr. 438, holl. 446. Compz. Dugn. 3335. mm. 29. Ar. gr. 10.5. Beau. Extrêmement rare.

Voir la reproduction.

34 1594. *Jeton* au même type, seulement VVL—NERE · VIRTVS. Dugn. 3335. Ae. t.b.c.

1595. **Désirs de paix des Provinces-Unies.**

35 *Jeton.* ❀ NON · CURAS · PONO · QUIETIS · CIƆ · IƆXCV. Garde armé, debout sur le toit d'une tour, éclairée par une lanterne. Rev. ❀ SIMULATA · PAX · CVM · SPLENDET · FRANGITUR. Deux troupes ennemies, retenues par les rayons que répandent deux mains sortant des nuages et tenant deux rameaux d'olivier. Épreuve de Jeton, fr. à Dordrecht. Variété de gravure de v. Loon I éd. fr. 453, éd. holl. 462 et de Dugn. 3367. Étain, beau.

1596. **Exhortation à la vigilance à propos de la trève.**

36 *Jeton.* VIGILANDO · PAX · FIRMATVR · 15 ❀ 96. Une sentinelle sur une tour carrée. Rev. ❀ FÆLIX · QVEM · FACIVNT · ALIENA · PERICCAVTVM. Le cheval de Troye; dans le fond, la ville en flammes. v. L. I éd. fr. 467, éd. holl. 477 n. 3. Dugn. 3394. Ar. Beau.

1596. **Trève entre l'Espagne et les Provinces-Unies. Triple Alliance de la France, de l'Angleterre et des Provinces-Unies.**

37 *Jeton.* ❀ COMMVNIS · QVOS · CAVSA · MOVET · SOCIAT les représentants des trois Puissances, prêtant serment sur un autel, sur lequel on lit LIBERT — PATR. Rev. TITVLVS · FOEDERIS · CIↃ · IↃ · XCVI un soldat néerlandais montre l'inscription ODIUM — TYRANNIDIS suspendue à une colonne. v. Loon I éd. fr. 471, éd. holl. 481 n. 4. Dugn. 3402. Ar. Beau.
Voir la reproduction sur la planche I.

1596. **Triple Alliance.**

38 *Jeton.* FIDES · ET · CONSTANTIA. La Foi et la Constance se donnant la main; au-dessus, dans les nuages יהוה. Rev. CÆSA · FIRMABANT · FOEDERA · PORCA · 15 ❀ 96. Main céleste sortant des nuages, terrifiant un porc. van Loon I éd. fr. 471, éd. holl. 481 n. 3. Dugn. 3400. Essai en étain, d'une autre gravure.

No. 39.

1598. **Traité de Paix de Vervins.**

39 *Médaille.* HENRICVS · IIII · D · G · FRANCOR · ET · NAVAR · REX. Buste cuirassé, drapé et lauré du roi à dr., sous le buste CON · BLC · F · Rev. DVO · PROTEGIT · VNVS. Deux sceptres, l'un aux armoiries couronnées de la France, l'autre de Navarre, posés en sautoir; sur ces sceptres, une épée en pal, la pointe en haut, couronnée de deux branches, de palmier

et de laurier, posées en couronne. En bas 15 — 98. Superbe médaille par Conrad Bloc. mm. 42. Ar. gr. 32.9. Manque à van Loon. Dirks Repertorium n. 731. *Voir la reproduction.*

40 *Médaille* pareille, variété; sous le buste CON · BLOC · F. mm. 42. Plomb. b.c. (petit trou).

Le Traité de paix de Vervins, conclu entre le roi Henri IV de France et Philippe II d'Espagne, mit fin à la guerre entre ces deux États.

Après que Henri IV eût embrassé la religion catholique, le Pape considérait la guerre entre la France et l'Espagne comme très pernicieuse à l'Église. Il jugea que les armes dont jusqu'alors ces deux rois s'étaient servis à leur destruction mutuelle, pouvaient être employées contre les Protestants. Il envoya alors au roi Henri, le cardinal Alexandre de Médicis en qualité de légat extraordinaire et au roi Philippe, le supérieur des Fransiscains Bonaventura Calatagironi. Ces deux ambassadeurs poussèrent leurs négociations jusqu'à ce que le prince Albert d'Autriche, gouverneur des Pays-Bas qui avait reçu de Philippe un plein-pouvoir de traiter cette Paix, envoyât à Vervins le 9 février Jean Richardot, Jean Taxis et Louis Verryken.

La paix de Cateau-Cambrésis servit de base au nouveau Traité. Le 2 mai le Traité fut conclu. On avait stipulé par cette Paix que le commerce serait libre entre les sujets de part et d'autre, que les biens, saisis en vertu de la guerre, seraient restitués à leurs possesseurs, qu'il y aurait un oubli et pardon général de toutes les hostilités qui avaient été commises. Philippe rendrait à la France les villes de Calais, d'Ardres, Monthulin, Dourlens, la Capelle, le Catelêt etc.

Pour obtenir de l'archiduc Albert le serment requis, le roi de France envoya à Bruxelles le duc de Biron et les chevaliers de Bellievre et de Sillery.

Le prince Albert envoya à Paris, le jeune duc d'Arschot, le comte d'Aremberg, François Mendoça, amirante d'Aragon, et Louis de Velasco. Non seulement ces seigneurs devaient ils recevoir du roi Henri le serment stipulé, mais ils furent contraints de rester chez lui en otage, jusqu'à ce que les Espagnols eussent accompli la restitution des Villes susmentionnées, conformément aux articles de la Paix.

1600. Conférence pour les propositions de paix à Bergen op Zoom.

41 *Jeton.* ORD AVS P M DVC MDC II JV ❀ DVCE . ALB . AVST . FVGAT . ECERC . AD . NEOPORT . CÆSO . (Ordinum Auspicio Principis Mauritius Ductu, MDC II Julii ❀ Duce Alberto Austriae Fugato Ecercibuque ad Neoportum Caeso). Monceau de toutes sortes d'armes consumées par le feu, de côté un enseigne avec le commencement de la légende ci-dessus, la légende circulaire commençant par DVCE. Rev. TVTVM · AVDENDI · PRECIVM · OBLATA · LIBERTAS · Le lion de FLANDRE (qu'on lit sur la colonne à laquelle il est attaché) reçoit le chapeau de la Liberté d'un bras armé; van Loon I éd. fr. 537, éd. holl. 551. Dugn. 3510. Ae. t.b.c.

Vers l'année 1600, après la mort de Philippe II, les provinces catholiques firent de nouvelles tentatives pour obtenir la Paix. Là-dessus les États-Généraux avaient exhorté par lettres ceux de Bruges et de Gand, de se rappeler l'Accord qu'ils avaient juré autrefois, aussi bien que les Provinces-Unies, contre la domination étrangère; par ces lettres et la terreur que répandait la bataille de Nieuport, on vit le 20 juillet arriver à Bergen op Zoom de la part des provinces catholiques, le comte Gérard de Hornes, gouverneur de Malines, Philippe de Benting, seigneur de Bicht, Maître Henri Kodt, Conseiller-Pensionnaire d'Ypres. Jean d'Oldenbarnevelt s'y rendit aussi pour entendre les propositions des provinces catholiques.

1603. **Traité de Saint Julien, Juillet 1603, entre les Genevois et Henri IV.**

42 *Jeton*. HENRICVS · IIII · FRANC — ORVM · ET · NAVARÆ · REX les écussons de France et de Navarre, sous une couronne; en bas, H couronnée, entourée des colliers des ordres de St. Michel et du St. Esprit. Rev. HAC · BELLVM · PACEMQVE · GERO. Dans un paysage, borné par deux hautes montagnes, une lance penchée à g. et chargée à sa pointe de deux branches d'olivier. A l'exergue 1604. H. De la Tour pl. IX n. 8. Laiton t.b.c.

Les Genevois, constamment menacés par le duc de Savoie, conclurent un traité de paix avec le roi de France qui leur accorda les bénéfices des traités de Vervins et de Lyon. Il les garantit notamment, dans un rayon de quatre lieues, contre toute fortification permanente et même contre tout rassemblement hostile.

1604. **Paix de Madrid, entre la Grande-Bretagne et l'Espagne.**

43 *Médaille* IACOBVS · D · G · ANG · SCO · FR · ET · HIB · RE. Buste de face, un peu tourné à dr., de Jacques I cuirassé, couvert d'un chapeau surmonté d'une couronne. Rev. HINC · PAX · COPIA · CLARAQ · RELIGIO. La Paix debout, tournée à dr. tenant palme et corne d'abondance, vis à vis la Religion, tenant flambeau et croix. A l'ex. A · 1604. Le tout dans un encadrement ajouré du temps, avec oeillet. Comparez v. Loon II.19. Méd. Ill. n. 15. Ar. t.b.c.

Après la mort de la reine Élisabeth d'Angleterre, Jacques I abandonna l'Alliance avec la France et les Provinces-Unies et négocia à Madrid un Traité de Paix avec l'Espagne.

1607. **Conférences à La Haye pour les préliminaires de paix entre l'Espagne et les Provinces-Unies.**

44 *Jeton* (Tour) IN CASTRIS · CAVE · AB · OMNI · RE · MALA · 1607. Deux armées retranchées. Rev. NON · EST · COARCTATA · MANVS · DNI. Trois hommes sonnant de trompettes et du cor; en haut ZELA — NDIA. van Loon II.27. D. 3620. Ae. Beau.

Ce jeton est frappé à Middelbourg, en commémoration de l'envoi, de la part des Archiducs, de Walrave de Wittenhorst et Jean Gevaarts, comme négociateurs approuvés par le roi d'Espagne, pour conclure des préliminaires de paix avec les États des Provinces-Unies.

1607. **Même sujet.**

45 *Jeton* de la Chambre des comptes en Gueldre. ✝ REDEANT · SAT — VRNIA · REGNA l'Espérance implorant la paix du Ciel, d'où descend une colombe

portant un rameau d'olivier. Rev. CAMER — Æ · RAT — IONVM — GELRIÆ. Armoiries des archiducs, posées sur une croix de Bourgogne; la légende est coupée en haut par l'écu de Gueldre entre 16—07, à dr. par l'écu de Frise, à g. par celui de Hollande et en bas par celui de Zéelande. van Loon II.26. Dugn. 3619. Ae. t.b.c.

1607. **Négociations pour la trêve.**

46 *Médaille* PHILIPPVS · III · HISPANIAR · REX · Buste cuirassé, à dr.; avec fraise. Rev. AD · VTR — VMQ · VE. Lion couronné, portant croix et branche d'olivier. v. Loon II page 28. Étain. mm. 44, t.b.c.

47 — *Médaille* pareille. Buste de Philippe en haut relief; variété de v. Loon II n. 28. Br. mm. 49, t.b.c.

Même sujet.

48 *Jeton.* ALBERTVS · ET · ELISABET · DEI · GRATIA. Bustes opposés d'Albert et Isabella. Rev. RESPICE · FINEM. Un grand lion (l'Espagne) couché en face d'un roquet (les Pays-Bas) qui tient face à son adversaire, à l'exerg. 1607. van Loon II page 29. Dugn. 3622. Ae. t.b.c.

49 *Jeton* des États d'Utrecht, sur le même sujet PRO ·⁝· ARIS ·⁝· ET ·⁝· FOCIS ·⁝· 1607, dextre sortant d'un nuage, tenant une épée en pal. Rev. ·⁝· CALCVLVS ·⁝· IVSTVS ·⁝· APVD ·⁝· DEVM. Écusson écartelé des États d'Utrecht, entre ORD — TRA. van Loon II éd. fr. 33. Dugn. 3623. Ae. t.b.c.

1607. **Offres trompeuses de paix.**

50 *Jeton* satirique. ❀ MENTEMQVE · MANVMQVE. Mercure offrant à la Paix l'herbe MOLY contre la sorcière Circe. Rev. NON · TE MERE FALLITVR · NON · FIDENS. Chronogramme formant la date 1607. Main céleste offrant un rameau d'olivier à un soldat hollandais; à l'ex. S · C. van Loon II.34. Dugn. 3624. Ar. Beau.

Tandis que les Espagnols négociaient la paix avec les États des Provinces-Unies, ils offrirent en même temps à quelques hauts-fonctionnaires de grandes sommes d'argent et des bijoux. Le gouvernement des Provinces-Unies des Pays-Bas, en prenant connaissance de ces faits, refusait de continuer les négociations.

51 *Jeton* pareil. D. 3624. Ae. beau.

1608. **Même sujet.**

52 *Jeton* FIAT · VOLVNTAS · TVA · CIↃ · IↃVIII. Un habitant des Pays-Bas, les mains jointes, implorant Dieu dont le nom יהוה paraît dans les nuages, n'osant faire un choix entre la paix, (une main à gauche, lui offrant un rameau d'olivier), et la guerre (une main à droite, lui offrant une épée). Rev. ❀ · FORTITVDO · BELGICA. Faisceau de flêches, entre S · C . van Loon II.36 n. 2. Dugn. 3628. Ar. t.b.c.

53 *Jeton* pareil. Dugn. 3628. Ae. beau.

No. 54.

1609. **Trève de douze ans, conclue à Anvers entre l'Espagne et les Provinces-Unies.**

54 *Médaille* ou *Double Thaler* offert par la ville de Deventer × LIB × IMP × CIV × DAVONTVR × SOCIA × CONF × BEL^{9} PR^{9} Guerrier tenant fanon et écusson aux armoiries de la ville; dans le champ à g. × 1609. Rev. HOC — FIDO + HOC + NITOR + HOC + GLORIOR + L'aigle impériale tenant dans ses serres le globe impérial et le faisceau de flêches. van Loon II page 46 n. 3. mm. 48. Madai 4837. Ar. gr. 46.3. Belle, rare.

Après la rupture des négociations de paix à La Haye, entre les Plénipotentiaires des Archiducs et des États des Provinces-Unies, le désir de paix s'aggrandissait chaque jour. En 1608 le roi Henri IV envoya à la Haye le président Jeannin, qui signa un traité avec les Provinces-Unies, leur assurant l'alliance française en cas de reprise des hostilités. Par cette démonstration, les négociations avec l'Espagne furent renouvelées, et aboutirent enfin au mois d'avril 1609 à la trève de douze ans.

1609. **Trève de douze ans.**

55 *Jeton* des États de Zéelande × QVOD · NON · POTEST · RATIO · SANAT · MORA · (petit écu de Zéelande). Tortue. Rev. + LVCTOR + ET + EMERGO + Écusson de Zéelande, suspendu par un ruban que tient une tête de lion entre la date 16 — 09. v. Loon II.46 n. 4. Dugn. 3642. Ae. beau.

1609. **Trève de douze ans.**

56 *Jeton* (tour) NEC · ARMA · NEC · INDVCIÆ · SED · DEVS · PROTEGIT · SVOS. Le prince Maurice de Nassau-Orange et Spinola debout, se donnant la main. Rev. légende extérieure · ❀ · ET · DoMInVs · PERFICIET · PRO · EIS 9' APRIL · ❀ · Chronogramme formant la date 1609. Légende intérieure ❀ CALC · CAM · RAT · ORD · ZEL × Armoiries de Zéelande. van Loon II.46 n. 6. Dugn. 3644. Ar. Beau.

Ce beau jeton est frappé à Middelbourg, par ordre de la Chambre des comptes de Zéelande.

No. 57.

1609. **Trève de douze ans.**

57 *Jeton* des États du quartier de Nimègue TANDE — BONA·CAV — SA · TRIVM — PHAT · AN° — · 1609 en cinq lignes, entouré d'une couronne de laurier. Rev. ORD · TETRARC^H — * NOVIOMAG · Armoiries heaumées. van Loon II page 46.7. Dugn. 3646. Ar. Beau. Extr. rare.
Voir la reproduction.

1609. **Trève de douze ans.**

58 *Jeton* frappé à Anvers ALBERTVS · ET · ELISABET · DEI · GRATIA. Bustes opposés des Archiducs. Rev. SAPIENT — IA · DVCE. Un caducée entre deux cornes d'abondance en sautoir, entre la date 16 – 09. van Loon II page 46 n. 8. Dugn. 3647, 2 pièces légèrement variées. Ae. t.b.c.

No. 59.

Trève de douze ans, et Triple Alliance entre la France, la Grande-Bretagne et les Provinces-Unies.

59 *Médaille* ou *Double Thaler* × A × DOMINO × FACTVM × EST × ISTVD × Main sortant des nuages, tenant les armoiries de la France, de l'Angleterre et des Provinces-Unies. Rev. en 10 lignes ORD . FOED · BELG · — A REGE HISP · ET ARC — HID · LIBERI · AGNITI — POST BEL · CONT · XLII

· AN — INDVCIAS PACIS CVNTVR — INTERV · REGVM GAL · ET — MAG · BRIT · ET CVM — IISDEM · FOEDVS RENOVANT — A° CIↃ·IↃ·CIX. v. L. II p. 50.1. Méd. Ill. n. 22. Ar. 52 mm. gr. 47. Belle.

Voir la reproduction.

Le traité conclu entre le roi de France, le roi d'Angleterre et les Provinces-Unies, pour soutenir les Hollandais contre l'Espagne, en cas de reprise des hostilités, fut renouvelé le 22 juillet 1609 pour soutenir la Trêve de douze ans.

1609. **Trêve de douze ans et Triple Alliance.**

60 *Jeton*, type de la médaille n. 59 · A · DOMINO · FACTVM · EST · ISTVD · Main céleste tenant les armoiries de la France, de l'Angleterre et des Provinces-Unies Rev. en 11 lignes. ORD · FŒD · — BELG · A · REG · — HISP ET · ARCHID — LIBERI · AGNITI · — POST · BEL · CONT · 42 — AN · INDVCI PACISC — INTERV · REG · GAL · — ET · MAG · BRIT · ET — CVM IISD · FŒD — RENOVANT — 1609. van Loon II p. 50 n. 2. Dugn. 3648. Arg. Beau.

60*bis* *Jeton* pareil. Dugn. 3648. Ae. beau.

Même sujet.

61 *Jeton* des États d'Utrecht · IVNCTA · CORDA · FIDELIVM. Trois coeurs enluminés par le nom de Jehova, brillant; en bas, l'écusson couronné de la province d'Utrecht. Rev. · CONTRA · VIM · TIRANNORVM · 16 (petit écusson de la ville d'Utrecht) 09. La fleur de lis de la France, la rose d'Angleterre et le faisceau de flêches des Provinces-Unies, couronnées. v. Loon II p. 50 n. 3. Dugn. 3649. Ae. beau.

1609. **Trêve de douze ans.**

62 *Médaille portative.* sans date. ❀ CONCORDIA — RES PARVÆ CRESCVNT· Armoiries des Pays-Bas. Rev. ❀ DISCORDIA MAXIMÆ DILABUNTUR· Les armoiries des sept provinces, liées par des rubans; van Loon II p. 53. mm. 72. Ar. gr. 64. Belle médaille coulée et ciselée. Extr. rare.

Voir la reproduction sur la planche I.

Cette médaille et les trois suivantes furent offertes par les États des Provinces-Unies aux ambassadeurs qui assistaient aux conférences sur la Trêve.

Même sujet.

63 *Médaille portative* semblable, variété de van Loon II p. 53 n. 2, avec ❀ au commencement de la légende des deux côtés. mm. 60. Ar. gr. 57. Superbe et rare. *Voir la reproduction sur la planche I.*

Même sujet.

64 *Médaille* pareille, mais sans oeillet. Var. de v. Loon II p. 53 n. 2. mm. 60. Ar. gr. 64.3. Superbe et rare.

1609. **Trève de douze ans.**

65 *Médaille* pareille. van Loon II p. 53 n. 3. mm. 56. Laiton. coulée, t.b.c.

Même sujet.

66 *Jeton.* ⊛ QVIESCO · CIↃIↃCIX S · C· Un guerrier qui a déposé son armure, repose sur un tambour dont la peau est déchirée. Rev. ⊛ · PLVS · VIGILA. Mercure tire l'oreille à un homme endormi, la tête appuyée sur la main. van Loon II p. 56. Dugn. 3651. Ar. Superbe.

Exhortation à la vigilance pendant la durée de la Trève.

Même sujet.

67 *Jeton* pareil. Dugn. 3651. 2 pièces légèrement variées. Ae. Belles.

Même sujet.

68 *Jeton.* Essai d'un jeton au même type, mais de tout autre gravure. La peau du tambour n'est pas déchirée, mais porte les lettres IOM. mm. 29.5. Étain. t.b.c. Extr. rare.

1609. **Trève de douze ans.**

69 *Jeton.* VIS · IMPERIO · SECVRA · BENIGNA. Sceptre et rameau d'olivier en sautoir, au dessus d'un lion marchant à gauche; à l'ex. 1609. Rev. · G · P · L · CHAM · DES · COMP · EN · BRA · Écu couronné des Archiducs. v. Loon II p. 59. Dugn. 3658. Ae. b.c.

No. 70.

1613. **Paix de Knaröd, entre Gustave Adolphe, roi de Suède, et le Danemark, conclue le 26 janvier 1613.**

70 *Médaille.* GUST · ADOLPH · — D · G · REX · SVECIAE. Buste cuirassé et drapé du roi à dr. Rev. INTER · SE · AMPLEXANTVR. Deux G contournés, surmontés d'un caducée; à l'ex. POSITIS · IRIS — A · 1613. Médaille gravée par Arv. Karlsteen. Hild. 1. mm. 26. Ar. gr. 7.8, t.b.c.

Voir la reproduction.

Gustave-Adolphe, étant en guerre avec la Russie, la Pologne et le Danemark, conclut sur instigation de son ministre, Axel Oxenstierna, un traité de paix avec Christian IV, roi de Danemark, à Knaröd. Par cette paix, la ville de Calmar, enlevée par les Danois, fut restituée à la Suède.

1619. **Traité d'Angoulême.**

71 *Jeton* de 1620 ❀ LVDOVICVS · XIII · FRAN — CORVM · ET · NAVARÆ · REX · armoiries et colliers comme le n. 42. Rev. ·❀· PAX · AB · ORDINE ·❀· Le globe de la terre, et au dessus les sept zones du ciel, surmontées de sept étoiles; à l'ex. ·1620· H. de la Tour n. 824. Laiton. t.b.c.

Marie de Médicis, captivée au château de Blois à cause de ses intrigues, par son fils le roi Louis XIII, s'évadait du château nuitamment en 1619 et allait s'enfermer, avec d'Épernon, à Angoulême. Les princes, qui avaient pris le parti de Marie et levé une armée pour la soutenir, se trouvaient à la veille d'en venir aux mains avec l'armée royale. C'est par l'entremise de Richelieu, alors évêque de Luçon, que fut signé le Traité d'Angoulême, qui réconcilia le roi avec sa mère et valut à Richelieu le chapeau de cardinal.

1627. **Désirs de paix après la bataille de Lutter.**

72 *Médaille* ou *double Thaler.* s.d. AVREA PAX VIGEAT DET DEVS ARMA CADANT. La Paix se dirigeant vers Bellona assise sur des armes et tenant une épée brisée, en haut, un ange tenant rameau d'olivier et palme; sur un bouclier, la signature S. D (Sebastien Dadler). Rev. Femme tenant sceptre, offre une couronne à un vieux guerrier; à l'entour double légende allemande **Trau'nicht dem glück es hat viel tück im augenblick u'end — sichs zurück drumb sich recht in dasselbe schick** Mm. 54. Ar. gr. 37. Belle, inédite.

Dans la guerre de trente ans, il-y-avait plusieurs périodes dans lesquelles les partis belligérants manifestaient le désir de paix. C'est ainsi à la fin de l'année 1626 et le commencement de 1627, après la bataille de Lutter, le 27 Aout 1626, dans laquelle Tilly mit en déroute l'armée de Christian IV de Danemark, que de part et d'autre on manifesta le désir de paix.

No. 73.

1629. **Traité de paix de Lubeck,** entre l'empereur Ferdinand et les rois de Danemark et de Suède.

73 *Médaille hexagone.* 1629. Gustave-Adolphe, roi de Suède. Espoir de paix. REDEAT PAX AVR MVNDO. Le roi à genoux, devant un autel allumé, de l'autre côté trois hommes à genoux; un arc-en-ciel se montre comme signe de la paix. Rev. Légende en 7 lignes ACH — HERR AN DEI —

NE GNADT GE DENCK — DEN EDLEN — FRIED VNS WI — DER SCHENCK. Manque à Hildebrand. Cat. Schultze n. 25. Hauteur mm. 41 et largeur mm. 33. Ar. gr. 7.7. Belle et rare.

Voir la reproduction.

En 1628 Waldstein (Wallenstein) menaçait les villes hanséatiques et mit le siège devant Stralsund qu'il était résolu à prendre „fût-elle même attachée au ciel par des chaînes de fer". Il dut pourtant lever le siège (juillet 1628); les bourgeois qui redoutaient l'indiscipline des troupes impériales, avaient appelé à leur aide Gustave-Adolphe, roi de Suède, qui saisit avec joie l'occasion d'occuper une place forte en Poméranie. Waldstein assouvit sa colère, en battant Christian IV à Wolgast; mais son échec avait rendu confiance aux princes protestants allemands. Aussi les princes catholiques, indignés des cruautés de Waldstein, manifestaient pour la paix.

L'empereur Ferdinand jugea prudent de donner une preuve de sa modération et de se débarasser au moins d'un de ses adversaires. Le Traité de Lubeck, mai 1629, rendit à Christian IV tous ses États.

1629. **Même sujet.**

74 *Médaille.* Sous le nom de Jehovah en hébreux **Gott Erhaltt — Durch sein Starcke Handt. Dis Jahr — den lehr wehr und nehr standt,** dans un cartouche 1629 — Rev. IM — PERANDO ORANDO LABORANDO — CONSISTIT deux mains sortant d'un globe, l'une armée d'une épée, l'autre d'une pelle; en haut, main posée sur un livre. Belle médaille au monogr. de Kiskatz. mm. 41. Ar. gr. 18.

Même sujet.

75 *Médaille* sans date, au même revers. Droit, légende en 9 lignes AH' — DEVS HOC — ANNO LEGEM — REGEMQ — GREGEMQ — OMNIPOTENTE — MANV PROTEGAT — ORNET, ALAT' mm. 28. Ar. gr. 3.5. Superbe.

1631. **Traité de paix de Cherasco entre Victor Amedée I de Savoie, Louis XIII et l'Empereur Ferdinand.**

76 *Jeton* de 1632. LVDOVICVS · XIII · FR — ANCORVM · ET · N · REX les écus de France et de Navarre sous une couronne et entourés des colliers de St. Michel et du St. Esprit. Rev. PAX · ET FOELICITAS · TEMPORVM branche d'olivier. Deux mains jointes tenant un caducée accosté de deux cornes d'abondance, à l'ex. 1632. De la Tour n. 938. Laiton. t.b.c.

En conséquence du traité de la Diète de Ratisbonne, rejeté par Richelieu, un traité de paix fut conclu à Cherasco, le 2 juillet 1631, dans lequel Ferdinand accorda l'investiture du Mantouan et du Montferrat au duc de Névers, et il ordonna ses troupes d'évacuer les passages de la Valteline.

1632. **Désirs de paix.**

77 *Double Ducat* de la ville de Nuremberg pour manifester le désir de paix SIT PAX IN TERRIS TANDEM ET PATIENTIA VICTRIX chronogr. formant 1632;

l'agneau pascal sur l'hémisphère. Rev. ✠ MONETA AVREA · REIPVB : NORIMBERG : armoiries. Or. gr. 6.9. Beau.

Par la mort du général Tilly, les amis de la paix renouvelaient leurs manifestations, dans l'espérance que les circonstances leur seraient utiles.

1632. **Désirs de paix.**

78 *Médaille.* **Gott Erhalt Durch sein starcke Handt Dis Jahr den lehr wehr und nehr standt** en bas 16 ☙ 32. Rev. IMPERANDO — ORANDO — LABORANDO — CONSISTIT deux bras sortant d'un globe, l'un armée d'une épée, l'autre d'une pelle; en haut, main posée sur un livre; sous le bras droit, le monogr. de Kiskatz; comparez le n. 74 de l'année 1629. mm. 41. Ar. gr. 14. Belle.

No. 79.

1635. **Paix de Prague entre l'Empereur et l'Électeur de Saxe.**

79 *Médaille* SIC BELLI DISIPABITUR ARC — PAX GERMANIA SECU IPSA DISCORS · BELLU. La guerre du géant au double corps avec les anges. Le Fléau s'éloigne, voyant la victoire des anges. La Paix, au contraire, arrive en portant rameau d'olivier et corne d'abondance. Rev. légende en 15 lignes STRENA — ANNO SAL :MDCXXXV — DICATA · — MITTET OPEM TANDEM · COELO — MISERATUS ABALTO · — UT SPERARE TYPUS NOS IUBET — ISTE · DEUS — PROFUGIET BELLONA PROCUL — GERMANIDOS ORIS, — PAXQUE IBI PERPETUOS FIGET — AMICA LARES · — HAC REDEUNTE, REDIBIT PLE — NO COPIA CORNU : — AMPLI, — INVENIET NUL — LA QUERELA LOCÙ. Superbe médaille par Seb. Dadler. mm. 59. Ar. gr. 51.2. Inédite. Rare.

Voir la reproduction.

Après la bataille de Nordlingen, sous le général impérial Gallas et Bernard de Saxe-Weimar commandant les Suédois, qui dura deux jours et dans laquelle les

Suédois qui avaient eu d'abord l'avantage, furent dispersés par une charge furieuse de Jean de Weert et de Charles de Lorraine, avaient eu 6000 hommes hors de combat et laissaient le 6 septembre 1634, aux mains des vainqueurs, 3 généraux et 14 colonels, 6000 prisonniers, toute leur artillerie, 4000 chariots, 300 drapaux; l'Électeur de Saxe abandonna les Suédois et signa avec l'empereur Ferdinand la Paix de Prague, mai 1635.

Ce Traité laissait aux Protestants les biens ecclésiastiques qu'ils possédaient en 1552 et leur garantissait pour quarante ans la jouissance des domaines qu'ils avaient usurpés de 1552 à 1555; l'Électeur de Saxe recevait la Lusace et son fils conservait sa vie durant l'administration de l'archevêché de Magdebourg; la religion luthérienne serait tolérée en Silésié et librement pratiquée dans un certain nombre de villes impériales.

1635. **Paix de Prague.**

80 *Ducat* PATIENTIA VIC — TRIX ·o· La Patience debout, tenant bible; à ses pieds, un agneau. Rev. en 7 lignes *Der guld — ne frid ist uns be — schert. — Hilff got das er — erhalten werd, Anno 1635 — den 24 iunny — G ❀ W* Donebauer 4809. Ducat. Unique.

1639. **Désirs de paix des Pays-Bas espagnols.**

81 *Jeton* fr. à Anvers · PHIL · IIII D · G · HISP · ET · INDIAR · REX. Buste cuirassé et drapé de Philippe IV à dr. Rev. IN · MANV · BELLI · FINIS. Dextre sortant des nuages, tenant une couronne de laurier, tâchant de couronner une épée tenue par une main senestre. van Loon II éd. fr. 242, éd. holl. 249. Dugn. 3439. Ae. t.b.c.

Au printemps de l'année 1639, le prince Frédéric Henri débarqua en Flandre une armée considérable et quoique les avantages remportées ne furent pas d'un grand intérêt, l'amiral Tromp remporta une victoire décisive sur la flotte espagnole sous d'Ocquendo, près des Dunes, et les habitants des Pays-Bas espagnoles exprimaient leurs désirs de paix.

1644. **La paix donnée à l'Italie, par l'intermédiaire du roi Louis XIV.**

82 *Médaille.* LUDOVICUS XIIII · REX CHRISTIANISSIMUS. Buste juvénille de Louis XIV, signée J. MAVGER. F · Rev. REX PACIS ARBITER. La Fortune assise sur le globe terrestre; à l'ex. ITALIA PACATA, dessous M · DC · XLIIII. mm. 41. Br. belle.

1644. **Préliminaires de la Paix de Münster.**

83 *Médaille* AMBIGUO PAX ET BELLUM LUCTAMINE CERTANT, PAX EUROPA VOVET, LÆTA TROPHÆA FERAT! Mars luttant avec la Paix, à l'ex. . SD. - 1644. Rev. LÆTA TROPHÆA TULIT VICTO PAX OPTIMA BELLO, NUNC THEMIS IN (en monogr.) TERRAM ET COPIA PULSA REDIT. La Paix debout foulant aux pieds un guerrier; dans le fond la Justice et l'Abondance debout, devant une ville. Comparez v. Loon II 315—304 n. 3 (avec la date 1648). Belle médaille par Seb. Dadler. mm. 60. Ar. gr. 54.

Voir la reproduction sur la planche II.

Les intentions pacifiques, manifestées en 1637 par la Diète de Ratisbonne, demeuraient sans effet immédiat. Le pape Urbain VIII avait offert sa médiation et désigné Cologne pour le siège du Congrès: mais les Protestants refusèrent d'accepter son intervention et les négociations ne commencèrent même pas.

Seulement en 1641, une convention préliminaire, tenue à Hambourg, décida que des conférences pour la paix s'ouvriraient à Münster, entre la France et l'Empire, à Osnabrück entre l'Empire et les Suédois. La date fixée était le mois de mars 1642, les envoyés français ne parûrent qu'au printemps de 1644. C'est sur la fixation des préliminaires en 1644 que la médaille est frappée.

1645. **Paix de Brömsebro, conclue entre Axel Oxenstierna au nom de la reine Christine et le roi de Danemark, par l'intermédiaire de la France.**

84 *Médaille* CHRISTINA · — REGINA · Buste drapé de la reine à dr. Rev. INTER · CHRISTINAM & CHRISTIANVM. Caducée ailé entre deux cornes d'abondance en sautoir; à l'ex. BROMSE BROÆ — A · 1645 (par Arv. Karlsteen) Hild. 18. mm. 26. Br. belle.

Voir la reproduction sur la planche I.

En 1643 Christian IV de Danemark joignit ses troupes à celles de l'empereur Ferdinand sous Gallas contre les Suédois. Torstenson, général Suédois, se déroba aux Impériaux, il envahit le Holstein et le Slesvig, tandis qu'une autre armée suédoise entrait en Scanie. Christian IV n'a plus d'autre idée que de se dégager d'une entreprise où il s'était risqué à la légère, et peu de temps après conclut la Paix de Brömsebro.

No. 85.

1647. **Négociations sur les préliminaires de paix avec l'Espagne (Paix de Münster) entamées à La Haye par le chevalier Philippe le Roi, envoyé extraordinaire du roi d'Espagne, et les États des Provinces-Unies.**

85 *Jeton.* (La tour de l'officine à Middelbourg). NON TELIS · PRIMIS BELGI SEPTEMPLICIS ARMIS. Lion couronné tenant le faisceau de flèches et des balances; à l'exergue 1647, dessous I L (les initiales IL sont du médailleur *Johan Looff.*)

Rev. (Tour) SED CONSTANT LIBRA LIBERA REGNA PARI. Le chapeau de la Liberté, entouré des armoiries couronnées des sept provinces, liées par un ruban. Variéte de van Loon II éd. fr. 293, éd. holl. 304, Comp. Dugn. 4009. Inédit. Arg. Superbe et fort rare.

Voir la reproduction.

86 *Jeton* pareil sans IL sous la date. v. L. II 293—304. D. 4008. Ae. t.b.c.

No. 87.

1647. **Traité de Paix provisionnel, conclu le 8 janvier entre l'Espagne et les Provinces-Unies, sur l'insistance du prince d'Orange.**

87 *Médaille.* FRID · HENRICVS D · G · PRINC · AVRAI · COM · NASS · E^c Buste cuirassé et drapé du prince Frédéric Henri de Nassau-Orange, orné du médaillon de l'ordre de St. George. Rev. ·:· VLTIMVS ANTE OMNES DE PARTA PACE TRIVMPHVS. Branches d'olivier, posées en croix sur une branche de laurier, entourées de divers instruments de guerre et des armoiries des villes prises par le prince, comme Bois-le-Duc, Wesel, Maestricht, Breda etc. Belle médaille repoussée par van Abeele. v. Loon II éd. fr. 288, éd. holl. 298. Ar. gr. 52.

Le Prince Frédéric Henri, considérant la lenteur des négociations de la Paix de Westphalie de la part des Français, insista auprès des États des Provinces-Unies de conclure un traité provisionnel avec l'Espagne. La Médaille qualifie cette triomphe plus grande que la prise des villes mentionnées.

1647. **Préliminaires de paix à Münster, protestations des États de Zéelande contre la lenteur des négociations.**

88 TIMIDE AC PRUDENTER. Vaisseau de guerre, voguant sur les ondes. Rev.

Légende en 12 lignes Dum bellū octuagenarium in — Belgio, studio pacis, subito — defervescit, ipsumq pacis — negotium Monastery cir̂ca — cōmoda Faederatorū, ad huc — fluctuat, Ordines Zelandiae, — tam suspensis rebus ac solli — citis consiliys, in perpetuum — monumentū hoc numisma — cudi iusserunt XII Decemb. — M · DC . XLVII . — I. Looff. f le tout dans un entourage de festons de fleurs. van Loon II éd. fr. 295, éd. holl. 306 n. 1. mm. 64. Ar. gr. 92.5. Superbe.

Prélimininaires de paix à Münster, protestations des États de Zéelande contre la lenteur des négociations.

89 1647. *Jeton de Zéelande* TIMIDE · AC · PRVDENTER · Vaisseau de guerre, voguant sur les ondes. Rev. · LVCTOR · ET · EMERGO · 1647. Écusson couronné, au lion de Zéelande. van Loon II éd. fr. 295 éd. holl. 306 n. 2. Dugn. 4010. Ar. gr. 7.5. Beau.

1648. **Traité de paix, conclu à Münster, entre le roi d'Espagne et les Provinces-Unies.**

90 *Jeton de la ville de Bruxelles.* MELLA FLVVNT DVM BELLA SILENT. 16 (tête d'ange) 48. Écusson aux armoiries des Dongelberg, soutenues par un lion. Rev. ❀ IAM PLACIDVM VENTIS STABIT MARE. L'arche de Noé, au-dessus de laquelle vole une colombe portant branche d'olivier dans son bec. v. Loon II éd. fr. 297, éd. holl. 308 n. 2. Dugn. 4019. Ae. Beau.

La conclusion de la Paix entre le roi d'Espagne et les Provinces-Unies des Pays-Bas, en attendant la conclusion de la paix générale entre les autres Puissances, causa une réjouissance extraordinaire dans les Pays-Bas espagnols et notamment à Bruxelles où le Premier Échevin, le chevalier François de Dongelberg, fit frapper ce jeton.

Même sujet.

91 *Jeton fr. à Anvers.* · PHIL · IIII · D · G · HISP · — · ET · INDIAR · REX · Z^c. Armoiries couronnées du roi d'Espagne, entourées du collier de la Toison d'or. Rev. SVB · HOC · CLYPEO · 16 (main) 48. Vue de la ville de Bruxelles, au-dessus de laquelle on remarque un génie volant et tenant l'écu aux armoiries de la ville de Münster. van Loon II éd. fr. 297, éd. holl. 308 n. 4. Dugn. 4021. Ae. Beau.

Même sujet.

92 *Médaille de la ville d'Amsterdam.* PAX VNA TRIVMPHIS INNVMERIS POTIOR. Hercule et Pallas, personnifiant la Valeur et la Sagesse, éclairés par une lumière céleste, foulant aux pieds plusieurs armes et tenant une plaque, entourée d'une guirlande de palmes, sur laquelle on lit OB CIVES SERVATOS. Rev. sous les armoiries de la ville d'Amsterdam, inscription en 12 lignes EXTINCTO — TERRA MARIQVE — PVBLICO BELLOR. INCENDIO – PER LXXX ANNOS CONTINVATO — CVM TRIB. PHILIPPIS

HISP. REG. – TANDEMQ. ODIIS VTRIMQ. SVBLAT · – ET ASSERTA PATRIÆ LIBERTATE — PACIS NOM. ET OMINE ÆTERN. — LÆTI LVBENTESQVE — S. P. Q. AMSTELDAM. — CIϽIϽ · C · XLVIII. — S. C. van Loon II éd. fr. 299, éd. holl. 310. mm. 67. Ar. gr. 73.

Belle médaille originale fondue en creux. Cette médaille est émise en mémoire de la ratification de cette Paix, le 15 mai 1648 dans l'Hôtel de ville de Münster, et les fêtes données à Amsterdam à ce sujet.

Voir la reproduction sur la planche II.

1648. **Traité de Münster, entre les Provinces-Unies et l'Espagne.**

93 *Médaille*, variété de la précédente. OB CIVES SERVATOS sur un ruban tenu par deux anges dans le champ; en haut, le ruban sur lequel on lit PAX VNA TRIVMPHIS INNVMERIS POTIOR est aussi soutenu par deux anges. L'inscription du revers est dans un cartouche renaissance. van Loon II éd. fr. 300, éd. holl. 311. mm. 71. Br. coulée. Belle.

Voir la reproduction sur la planche II.

Cette médaille fut offerte en or, dans une boîte en argent, par la ville d'Amsterdam, à tous les magistrats.

94 *Médaille* pareille. mm. 70. Coulée en bronze. Belle.

Même sujet et Paix de Westphalie.

95 *Médaille* par I. Looff à Middelbourg. (tour) • ET • IUNCTI • CURRUM • ϲ DOMINÆ • SUBIERE • LEONES. La Paix dans un char tiré par deux lions couronnés, représentant l'Espagne et les Provinces-Unies; sur le sol, toutes sortes d'armes; dans le ch. PAX — HISPANO — BATAVA. Rev. dans une couronne de fleurs et de feuilles, légende en 9 lignes et la signature. Pacis foelicitas, — Orbi Christiano, qua restituta — etc. van Loon II éd. fr. 301, éd. holl. 312 n. 1. mm. 64. Ar. gr. 89. Belle et fort rare.

Voir la reproduction sur la planche III.

La Paix de Münster ou de Westphalie, conclue le 24 octobre 1648 à Münster et à Osnabrück, deux villes du cercle de Westphalie, mettant fin à la guerre de 80 ans entre les Provinces-Unies et l'Espagne et à la guerre de 30 ans entre les princes allemands, constitua un nouveau système politique en Europe. Cette Paix fut le fondement sur lequel sont basés tous les traités de paix postérieurs jusqu'à la révolution française et jusqu'à la chute de l'Empire allemand.

Au mois de décembre 1641 des préliminaires furent fixés à Hambourg, surtout sur ce qui regardait l'endroit et le principe de la conférence. Les négociations de paix commencèrent en avril 1645 et furent menées à Osnabrück entre les ambassadeurs de l'Empereur, des États de l'Empire et de Suède, à Münster entre les ambassadeurs de l'Empereur et de France par l'intermédiaire du Pape et de la république de Venise.

Les envoyés de la France à Münster étaient: le duc de Longueville, le comte d'Avaux et Servien, de Suède, Johann Oxenstierna et Adler Salvius. Les plénipotentiaires de l'Empereur étaient: Johann Ludwig de Nassau et Isaak Volmer à Münster et le comte Max de Trauttmansdorff à Osnabrück. Le nonce du Pape était Fabia Chigi (plus tard le pape Alexandre VII) l'envoyé vénitien se nommait Contareno, de la cour d'Espagne étaient présents Diego Saavedra et Brun; de la part des États-Généraux des Provinces-Unies, huit plénipotentiaires étaient envoyés à la conférence. La confédération helvétique était représentée par le Bourgmestre de Bâle Joh. Jacob Wetstein. Parmi les plénipotentiaires des princes protestants, se distinguaient Jakob Lampadius, l'envoyé de Brunswick et Joh. Konr. Varnbuler, l'envoyé de Würtemberg. Le greffier de la conférence était Adam Adami, envoyé du prince-abbé de Corbie.

Quoique le Traité fût conclu le 24 octobre à Münster, la ratification suivit seulement le 8 février 1649.

Outre cette Paix universelle, les États des Provinces-Unies conclurent à Münster un traité de paix particulier avec l'Espagne, le 31 janvier 1648, dans l'Hôtel des Ambassadeurs des États, où les ambassadeurs de l'Espagne s'étaient rendus.

1648. **Traité de Münster et Paix de Westphalie.**

96 *Médaille* ou *Double Thaler* ET * IVNCTI * CVRRVM * DOMINÆ * SVBIERE * LEONES. Char de triomphe de la Paix, tiré par deux lions couronnés (emblèmes de l'Espagne et des Provinces-Unies), roulant sur toutes sortes d'armes; au-dessus des lions, dans le champ PAX — HISPANO BATAVA; signée EK. Rev. PACIS · FOELICITAS — ORBI CHRISTIANO QVA RESTITVTA — QVA · AD INCITAMENTVM · DEMONSTRATA — TOT · REGNIS ET PROVINCIIS — AD · VTRVMQVE SOLEM VTRVMQ3 OCEANVM — TERRA · MARIQVE PARTA SECVRITAS — TRANQVILLITATIS PVBLICÆ — SPE · ET · VOTO — MONASTERY WESTPHA — ANNO MDCXLVIII. Le droit, variété de gravure de v. L. II éd. fr. 301, éd. holl. 312 n. 2. Le revers légèrement varié du droit de 301—312 n. 4. Madai 5177. Ar. mm. 59, gr. 36, t.b.c. (trou rebouché).

La signature E · K est d'Engelbert Kettler, Maître de la Monnaie et graveur à Münster.

Même sujet.

97 *Médaille* ou *Double Thaler*. Même droit, sans nom de graveur, les couronnes des lions plus petites que sur la médaille: van Loon II 301—312 n. 2, la tête de la Paix rayonnant. Revers comme le précédent, seulement les lettres plus petites. Ar. mm. 59, gr. 36.1. Belle.

Par Engelbert Kettler, quoique non signée.

Même sujet.

98 *Médaille* ou *Double Thaler pareil*. Droit comme le n. 96 avec la signature E · K · Rev. comme le précédent; variété de van Loon II 301—312 n. 2. Arg. l'avers doré. Madai 5177. mm. 58, gr. 34, t.b.c.

Même sujet.

99 *Médaille* *ET JUNCTI CURRUM DOMINÆ SUBIERE LEONES*. La Paix dans un bige de lions aux attributs de l'Espagne

et des Provinces-Unies des Pays-Bas; dans le champ *PAX HISPANO BATAVA*; à l'ex.: *NUNC PAX AMBORUM — SUPER ARMA ABJECTA — TRIUMPHAT* à l'ex. blúm à brem. Rev. Vue de la ville d'Amsterdam du côté de l'Y avec plusieurs navires; à l'ex. Amstelodami Sur une draperie tenue par des anges *Pacis Felicitas — ad UtrumqSolem, — Utrumq Oceanum, — Terra Mariq Parta — Perpetuae Tranquil — litates Publicae — Spe et Voto — Anno M · D . C . XLVIII.* van Loon II 301—312 n. 3. mm. 57. Ar. coulée, gr. 55.5, t.b.c.

No. 100.

1648. **Traité de Münster entre les Provinces-Unies et l'Espagne.**

100 *Médaille.* Sept vierges, représentant les sept provinces des Pays-Bas (ce qu'on peut reconnaître aux écussons de ces provinces) dansant autour du châpeau de la Liberté avec l'inscription PAX . LIBERT . FOED . BELGAR. Le tout dans une couronne de laurier. Rev. en 9 lignes LIBERTATI — FOEDERAT : BELGAR — POST — TOT : PROPE SÆCULI — BELLUM CUM HISPAN : — AETERNA PACE — AETERNAE FACTAE — ANNO — M · DC · XL · VIII. Signée sous la légende BOXH . INUEN — S D.F. Belle et rare médaille par Seb. Dadler. v. Loon II éd. fr. 304, éd. holl. 315 n. 2. Ar. gr. 61. *Voir la reproduction.*

101 *Médaille* pareille. Ar. gr. 65.5. Belle.

Même sujet.

102 *Médaille.* AMBIGUO PAX ET BELLUM LUCTAMINE CERTANT, PAX EUROPA VOVET, LÆTA TROPHÆA FERAT! Mars luttant avec la Paix. Rev. LÆTA TROPHÆA TULIT VICTO PAX OPTIMA BELLO ·

NVNC T-EMIS IN (IN en monogr.) TERRAM ET COPIA PULSA RE^DIT. La paix debout foulant aux pieds un guerrier. Voir la reproduction du n. 83, mais sans date et sans initiales du graveur à l'exergue. Comparez v. Loon II éd. fr. 304, éd. holl. 315 n. 3. mm. 60. Ar. gr. 63.5. Belle.

Traité de Münster entre les Provinces-Unies et l'Espagne.

103 *Médaille.* ❀ PAX CUM IUSTITIA FORA TEMPLA ET RURA CORONAT. La Paix et la Justice s'embrassant; devant elles, les tables de la loi avec l'inscr. PROXIO — DEO et la signature IH (Johann Höhn), le tout dans un entourage fleuronné. Rev. FELIX TERRA FIDES PIETATI UBI IUNCTA TRIUMPHAT. La Foi et l'Équité debout, derrière elles on voit la ville de Münster; à l'entour, une bordure fleuronnée. v. Loon II éd. fr. 304, éd. holl. 315 n. 4, gr. 52.5.

Cette belle médaille est l'oeuvre de Johann Höhn à Dantzick.

104 *Médaille* pareille, évidée en boîte. Ar. gr. 84. Belle.

Paix de Münster.

105 *Médaille.* LUDOVICUS XIIII · REX CHRISTIANISSIMUS. Buste juvénile de Louis XIV; sous le buste J. MAVGER . F. Rev. LIBERTAS GERMANIAE. La France debout près d'un autel, foule aux pieds un joug. D'une main elle tient un rameau d'olivier et de l'autre des balances en équilibre, dans une desquelles la couronne impériale et dans l'autre des couronnes princières; à l'ex.: PAX · MONASTER · — M · DC · XLVIII · v. Loon II éd. fr. 308, éd. holl. 320 n. 1. mm. 41. Br. Belle.

106 *Médaille* pareille, légèrement variée, sans point après XIIII et au revers les lettres et les chiffres à l'exergue plus petits. 2de émission. mm. 41. Br. Belle.

107 *Médaille* pareille, variété LUDOVICUS XIIII · REX CHRISTIANISS. Buste jeune de Louis XIV à dr., avec longue chevelure. Sous le buste J. MAVGER. F. Revers comme au n. 105. Musée monétaire p. 41 n. 41*c*. Manque à van Loon. mm. 41. Ar. gr. 36.5. Belle refrappe.

Les médailles françaises avec mention de la Paix de Münster, ont rapport à la Paix conclue entre les plénipotentiaires de la France et ceux de l'Empereur Ferdinand, tandis que les autres, mentionnant la Paix de Westphalie, ont rapport aux traités conclus avec les autres Puissances représentées aux congrès de Münster et d'Osnabrück qui composèrent ensemble la Paix de Westphalie.

Paix Universelle de Westphalie.

108 *Médaille* pareille, droit du n. 107. Rev. LIBERTAS GERMANIÆ. La Germanie, sous les traits d'une femme casquée et costumée à l'antique, debout de face, tournée à g., foule aux pieds un joug. Elle s'appuie de la main gauche sur l'autel de la Paix ; à ses pieds, à gauche, un bouclier aux armes de l'empire d'Allemagne, à l'ex. FOEDUS WESTPHALICVM — XXIV · OCT · M · DC · XLVIII · Manque à van Loon. Musée monétaire page 40 n. 40. mm. 41. Ar. gr. 37.2. Belle refrappe.

Paix Universelle de Westphalie.

109 *Médaille* pareille, même droit. Rev. PACIS EVENTUM. La France, cuirassée et casquée à l'antique, tient le bouclier à trois fleurs de lis. Elle est assise sur un tertre. La Paix, descendant du ciel, lui présente une corne d'abondance. IB à dr. du tertre (Jean le Blanc). Lég. à l'ex. comme au n. 108. Manque à van Loon. Mus. mon. page 41 n. 42. mm. 41. Ar. gr. 37.8. Belle refrappe.

No. 110.

Même sujet.

110 *Médaille.* IMP · CÆS · FERDINANDO · III · AVSTR · AVG · ANTIST · ET · PRINCIPI · FERDIN · I · BAVA ❀. Buste de face de l'apôtre St. Paul ; à l'exergue : BONVM CERTAMEN — CERTAVI FIDEM — SERVAVI. Rev. FELICITAS TEMPORVM · IMPRIS : ET · REGVM · PACIFIC : ET CONCORDIA ❀ Deux mains tiennent un caducée entre deux rameaux d'olivier; en haut, soleil brillant; à l'ex. : IN · MEMORIAM · PACIS — VNIVERSALIS · MONAST — WESTPH : INITÆ · ET · PVB — LICATÆ · ANO 1648 — 24 et 25 sbris. Médaille-boîte contenant le portrait en miniature, peint à l'huile, d'un magistrat d'âge moyen vraisemblablement d'un des ambassadeurs à la Conférence. Sur le fond, ses armoiries, aussi peintes à l'huile, d'argent au lion de sable, heaumé et timbré. van Loon II éd. fr. 308, éd. holl. 320 n. 2. Ar. gr. 31.9.

Voir la reproduction de la Médaille à la tête de cet article et le portrait sur la planche II.

Paix Universelle de Westphalie.

111 *Médaille* ou *Double Thaler* HINC · TOTI · PAX · INSONAT · ORBI. La ville de Münster, au-dessus de laquelle on voit deux génies, l'un tenant un rameau d'olivier et une couronne et l'autre une palme et sonnant d'une trompette d'où sort le mot PAX. Signée EK; à l'exergue MONASTERIVM — WESTPHA — 1648. Revers CÆSARIS · ET · REGVM IVNXIT · PAX · AVREA · DEXTRAS 24 8bris. Deux mains sortant des nuages, tenant deux cornes d'abondance et un rameau d'olivier, le tout éclairé par un soleil brillant dans lequel le nom de Jehovah en hebreu יהוה, en bas, trophée d'armes. van Loon II éd. fr. 308, éd. holl. 320 n. 3. Madai 5978. Médaille frappée en piedfort. mm. 52. Ar. gr 55,5, t.b.c. avec légère trace d'oeillet.
Les lettres majuscules de cette pièce et des suivantes forment la date 1648.

112 *Médaille* pareille ou *Thaler*. van Loon II éd. fr. 308, éd. holl. 320 n. 3. Madai 5978. Ar. gr. 36. Belle.

No. 113.

113 *Médaille* pareille en or ou pièce de *Neuf Ducats*; variété inédite, sans le nom יהוה dans le soleil brillant; le trophée d'armes est aussi d'un dessin différent. Comp. v. Loon II éd. fr. 308, éd. holl. 320 n. 3. Madai 5978. Or. gr. 31.1. Belle et extr. rare.

114 *Médaille* pareille en or ou pièce de *Dix Ducats*. dessin des nos. 111 et 112, avec יהוה dans le soleil. van Loon II éd. fr. 308 éd. holl. 320 n. 3. Madai 5978. Or. gr. 34.7. Superbe et extr. rare.

Paix Universelle; fin de la guerre de trente ans.

115 *Médaille* AVREA PAX VIGEAT DET DEVS ARMA CADANT. La Paix debout près d'un guerrier dont l'épée se brise dans sa main et dont le casque et les autres armes défectueuses tombent par terre. Une main, sortant d'un nuage, tend à la Paix un rameau d'olivier. Rev. Légende allemande en neuf lignes, sous une tête d'ange ailée.

DREISIG · IAHR — HATT · GEWERT · DER · KRIEG ·
VIEL · BLVTT · VER — GOSEN · WARD · ZVM · SIEG —
DIS · IAHR · SCHICKT · GOTT — DEN · FRIEDEN · FEIN ·
— DEM · SEY · EHR · LOB — VND · PREYS · ALLEIN · —
ANNO 1648.

A l'entour, en latin ❀ PAX THEMIS ET PIETAS SAPIENTIÆ MVSA RESVRGVNT · E CONTRA GLADIVS · BELLICA · SIGNA · IACENT · van Loon II éd. fr. 308, éd. holl. 320 n 4. Médaille coulée. Arg. mm. 53, gr. 24.4. En haut le bord très peu ébréché.

116 *Médaille* pareille, d'une conservation parfaite, portative, dans un cadre cordonné. mm. 57. Ar. gr. 23.

No. 117.

No. 118.

1648. **Traités de paix, conclus à Münster.**

117 *Médaille.* **Ehr sei Gott in der Hohe** Vue de la ville de Münster; du ciel descend un ange de paix tenant de sa gauche un rameau d'olivier et de sa droite une trompette; sous les remparts EK (E. Kettler). Rev. la suite de la légende du droit **Und Den Menschen Friedt auff Erden** La Paix debout, dans sa main droite, un rameau d'olivier et dans sa gauche, des épis. van Loon II éd. fr. 311, éd. holl. 324 n. 1. Ar. gr. 10.7. Superbe.
Voir la reproduction.

1648. **Traités de paix, conclus à Osnabrück.**

118 *Médaille.* **Ehr sei Gott in der Hohe.** Vue de la ville d'Osnabrück; du ciel rayonnant descend un ange de paix tenant de sa main gauche un rameau d'olivier et de sa droite une trompette, à l'ex. E K (E. Kettler). Revers comme du n. 117. Inconnue à van Loon. Ar. gr. 10.9. Inédite. Belle. Extr. rare. *Voir la reproduction.*

119 *Médaille* pareille, d'une conservation inférieure. Ar. Extr. rare.

No. 121. No. 120.

Paix de Westphalie.

120 *Médaille.* La Paix debout foulant aux pieds Mars; à gauche et à droite, des canons, d'autres armes offensives et des attributs de guerre. Elle tient de sa droite un rameau d'olivier et de l'autre un cor dont elle paraît sonner; à l'entour, en six lignes posées en demi-cercle et séparées par la tête de la Paix:

des friedens stim ietzt hoch erfreüt
was vnfried hat zivor zerstreüt
der friede alles wieder ehrt
was vnfried sehr hatte verkehrt
ach herr gib das der fridenstand
das regiment behalt im land

Signée à l'exergue *blum, à brem fe.*

Rev. légende en 12 lignes dans une couronne de laurier et de palmes.
das sechszehn — hündersl achtzehnd' iahr — in vnfried teutschland setzet gar — biss gott der wahre friedensheld — stadt osnabrüg und münster wehlt — das da der hohen häupter rath — den frieden süchten früh und spath — mit welchen er auch worden ein — das sechs zehnhundert virzig neün — mit fried des teütsche reich erfreün — auf! gebet gott die ehr — allein!
van Loon II éd. fr. 311, éd. holl. 324 n. 4. (XI) t.b.c. Fort rare. mm. 42. Ar. gr. 24. *Voir la reproduction.*

Même sujet.

121 *Médaille* ou *Thaler.* Même droit que le n. 120. Rev. PAX UNA TRIUMPHIS INNUMERIS PO TIOR. Mercure debout, tenant un caducée qu'il offre à un génie, la main gauche repose sur un casque entouré d'abeilles; à l'exergue, en 4 lignes écrites cursivement:
Vestrum erit exemplo pacem generalis — postera nostro — promovisse foris et coluisse — domi.
Ar. mm. 44, gr. 22.3.
Médaille inédite, un peu usée mais de la plus haute rareté. Comparez pour le revers Madai 3612.
Voir la reproduction.

Paix de Westphalie.

122 *Médaille. Gott : ünser hertz enzünde rein, in lieb ünd trew gleich tauben sein.* Deux bras sortant des nuages, tenant un coeur enflammé; en bas, deux pigeons; en haut, le nom יהוה rayonnant. Rev. en douze lignes comme le revers du n. 120. *das seckszehn — hünderst achtzehnd jahr — in vnfried teutschland setzet gar — biss gott der wahre friedensheld — stadt osnabrüg vnd münster wehlt — das da der hohen häüpter rath — den frieden súchten früh vnd spath — mit welchen er auch worden ein — das sechszehnhundert virzig neün — mit fried das teütsche reich erfreün -- auf ! gebet gott die ehr — allein !*
Médaille inédite. Comp. v. L. II 324--311 n. 4. mm. 42. Ar. gr. 20.9. Belle et rare.

Voir la reproduction du droit sur la planche III.

1648. **Paix de Münster.**

123 *Médaille.* MONAS — TERIVM — WESTPHALIÆ. Vue de la ville de Münster; main sortant des nuages, tenant une palme et un rameau d'olivier; à g. des fortifications: E K. Rev. PAX · OPTIMA · RERVM A° D^NI MDCXLVIII · 24 Oct. Couronne et sceptre posés sur un coussin; en haut, trois colombes portant des rameaux d'olivier. v. Loon II éd. fr. 311, éd. holl. 324 n. 2 (VII) var. Ar. gr. 21. b.c.

Même sujet.

124 *Médaille.* MONAST^m CIV : EPL̄IS : LOCVs — PACIS VNL̄IS (Monasterium civitas episcopalis locus pacis universalis). Vue de la ville de Münster. E K entre les bastions; en haut, dans le champ, palme et rameau d'olivier en sautoir. Rev. comme du n. 123. Manque à van Loon. Dirks Repert. 1108. mm. 40. Ar, gr. 25.5. Belle et rare.

Même sujet.

125 *Médaille.* Même droit que la médaille n. 123. Rev. GEDACHTNVS — DES · ALLGEMEINEN — FRIEDEN · SCHLVSS — IN · MVNSTER — 1648 — 24 8bris, en 6 lignes dans une couronne de palme et d'olivier; en haut, le nom de יהוה rayonnant et deux mains jointes sortant des nuages. van Loon II éd. fr. 311, éd. holl. 324 n. 3 (VIII). Ar. gr. 21. Belle.

Les traités de Westphalie, très vivement attaqués au début parce qu'ils ne donnaient satisfaction complète à aucune des partis, finirent par être acceptés par tous comme la charte fondamentale de l'Europe moderne. Les Habsbourg trouvaient dans la soumission de la Bohême et dans celle de la Hongrie, qui désormais n'était plus qu'une question de temps, une ample compensation de leurs échecs sur le Rhin.

La Paix de Westphalie préparait ainsi la renaissance de la nationalité germanique qui devait peu à peu se grouper autour de ses princes. C'est du Congrès de Münster et d'Osnabrück que date réellement l'Allemagne moderne.

No. 126 et 127.

Paix de Westphalie, conclue entre l'empereur Ferdinand III, la France et la Suède.

126 *Médaille* ou *Tiers de Thaler.* Buste lauré de l'empereur Ferdinand III à dr., cuirassé, drapé et avec collier de la Toison d'or, entouré d'une palme et d'une branche de laurier; en bas, dans un cartouche, FERDI · 3; à l'entour: ER SCHÆFET DEINEN — GRÆNTZEN FRIEDE + à l'ex. * PSA. 147 * Rev. l'empereur à genoux, priant **Ach das ich — hören solt — das Gott — friede zu sagt.** Les trois ambassadeurs de Suède, de France et d'Autriche sur une base sur laquelle on lit Münster; à l'entour WUNDERSAME — ERHŒRUNG; à l'ex.: IM IAER 1648 DEN 14 OCT — SEINDT VERSOEHNT DIE · 3 · CRONEN. ROEM. FRANTZ. V. SCHWEDISCHE IM R. REICH ZV. Hildebrand 31. Wellenheim 7139. Superbe, rarissime. mm. 36, Ar. gr. 9.3. *Voir la reproduction.*

127 *Médaille* pareille ou *Tiers de Thaler.* Ar. gr. 8.5. Conservation parfaite. *Voir la reproduction.*

No. 128.

1648. **Même sujet.**

128 *Médaille* octogone par G. H. sur la Paix de Westphalie, conclue à Münster et à Osnabrück. Les plénipotentiaires de Suède, d'Autriche et de France assis; entre eux FRIED MIT EVCH; à l'ex. **Im fridens raht — Scheint Gottes that.** Rev. en 6 lignes × VBER ALLER — MENSCHEN DEN — CKEN × THVT VNS — GOTT DEN FRIE — DEN SCHENCKEN — DEN 15 OCT 1648 G H Hildebrand n. 30. Extr. rare. mm. 32. Ar. gr. 8, belle. *Voir la reproduction.*

Paix de Westphalie.

129 *Médaille* ronde pareille. Comme la médaille octogone précédente, Hild n. 30. mm. 30. Ar. gr. 5.5. Belle et rare. Inédite.

Les plénipotentiaires de l'empereur Ferdinand III traînaient au long les négociations de paix avec les ambassadeurs de Suède ; le général Königsmark occupa alors la partie inférieure de Prague, le 15 juillet 1648, ce qui fut la cause que les négociations marchaient mieux et que la paix fut conclue entre l'Empereur, la France et la Suède, le 15 octobre 1648.

No. 130.

Paix de Münster.

130 *Médaille* CHRISTINA. Buste casqué et lauré, tourné à dr., de la reine Christine de Suède. Rev. REPERTRIX. La Paix debout auprès d'un arbre, tenant une branche de laurier. Hildebrand 20. mm. 55. Ar. gr. 64.3. Belle et fort rare.

131 *Médaille* pareille. Hildeb. n. 20. Br. Belle, rare.

Paix de Münster.

132 *Médaille* ou *Double Thaler.* L'Université à Harderwijk, érigée en mémoire de la Paix. *Victoria — praemium Libertas.* Armoiries du duché de Gueldre, dans un cartouche orné. Rev. PACE — DOMI FORISQUE — SANCITA : ACADE — MIA HARDERVICI — FVNDATA : ILL — OR — DINES DUC = GEL — COM = ZUT = IN REI — MEMORIAM HUNC — NUMMUM CUDI — FECERUNT — 1648. v. Loon II éd. fr. 317, éd. holl. 330. Madai 5525. mm. 58. Ar. gr. 61. Belle et rare.

No. 133.

Paix de Münster.

133 *Médaille* ou *Thaler de la ville de Bâle*. AVREA PAX VIGEAT · DET DEVS ARMA CADANT. La Paix debout sur des armes et armures, tenant de sa main droite une palme et de sa gauche une épée brisée. A gauche, sur un bouclier, 1648. Rev. vue de la ville de Bâle; à l'exergue, écusson de la ville, entouré de palmes et F F (Friedrich Fechter). Madai 4638, Haller 67. mm. 44. Ar. gr. 28. Belle et fort rare.

Par la Paix de Münster, l'indépendance de la Suisse, de l'Empire allemand fut définitivement reconnue.

Même sujet.

134 *Médaille* ou *Thaler de la ville de Bâle* au même droit. Rev. dans le champ, entouré d'une couronne de laurier. GLORIA – IN – EXCELSIS – DEO; en haut, l'écusson entre S P — QB; à l'entour: ·:· PAX OPTIMA RERVM ·:· MDCXLVIII, par Fechter. Cat. Schulth. 6219, Haller 68, Madai 5914. mm. 44. Ar. gr. 26. Belle et rare.

135 *Médaille* ou *Thaler* pareil. Haller 68, Madai 5914. Vermeil. gr. 32. Belle et rare.

Paix de Münster, fêtée à Bâle.

136 *Médaille miniature*. * FRIDEN * PFENNING * L'ange de paix volant à g. au-dessus d'un paysage aquatique; à l'ex.: 1648. Rev. Vue de la ville de Bâle du côté de l'Est. Haller 72. mm. 21. Ar. gr. 3. Belle.

137 *Médaille* pareille. mm. 21. Conservation inférieure.

Même sujet.

138 *Médaille miniature*. * FRIDEN PFENNING * L'ange volant à g.; sans date à l'ex. Rev. Vue de la ville de Bâle du côté du Nord. Haller 73. mm. 21. Ar. gr. 3. t.b.c. rare.

Paix de Münster.

139 *Médaille miniature* de la ville de Bâle. ✿ FRIDTEN · PFENICH le bâton dans une couronne de laurier. Rev. Colombe portant branche d'olivier, au -dessus de la ville; à l'ex.: 1648. Haller 74. mm. 15. Ar gr. 1 5. Belle.

140 *Médaille miniature* pareille. mm. 15. Ar. b.c. trace d'oeillet.

No. 141.

Paix de Münster.

141 *Double Thaler* AUREA PAX VIGEAT DET DEUS ARMA CADANT. La Paix, foulant aux pieds des armes, chasse la Guerre assise sur un tambour et dont l'épée se casse; dans le champ, en haut, un génie tenant une palme et un rameau d'olivier; en bas, sur un bouclier IHB (Johann Bonhorst). Rev. Le Bonheur offrant une couronne à un prince; entre eux, un globe **Traw nicht dem gluck Es hat viel tuck Im augenblick wend — sichs zuruck Drumb dich recht in dasselbe schick.** Manque à v. Loon, Tentzel, Dasdorf. Madai 5174. mm. 54, gr. 57.5. Beau et fort rare.

Double Thaler d'Ernest le Pieux, duc de Saxe Gotha (Neu Gotha), sur la Paix de Münster.

Voir la reproduction.

1649. **L'empereur Ferdinand et la Paix de Münster.**

142 *Médaille* DER GROSE FERDINAND EUROPÆNS ZIER, ZIEHT SEINER VÖLCKER RUH DEM KRIGE FÜR. L'Empereur à cheval; vue de la ville de Vienne et des troupes en ordre de bataille; à l'ex : Seba:Datt. (Sebastian Dattler). Rev. DURCH DIESER GÖTTER FRIED UND EINIKEIT, IST ALLE CHRISTE WELT SEHR HOCH ERFREÜT. L'aigle impériale entourée de génies qui portent une chaîne d'or, à laquelle sont attachés les écussons de France, de Suède et des huit Électeurs; en bas, vue de la ville de Nuremberg; à l'ex.: FRIED GEMACHT — MDCIL — S. D Herrg. pl. 36.54. Hildebr. n. 33. mm. 78, gr. 133.5. Superbe. Rare.

Voir la reproduction sur la planche III.

La ratification des divers traités de Westphalie traîna bien quelque temps. Le 8 février 1649 le cartel se fit.

1649. **Ratification des Traités de paix de Westphalie.**

143 *Médaille* comme le n. 83 de 1644 et le n. 102 sans date, avec S 1649 D incuse à l'exergue du droit. En tout comme van Loon II éd. fr. 304 n. 3, éd. holl. 315 n. 3. mm. 61.7. Ar. gr. 61.5 Belle.

Voir la reproduction sur la planche II.

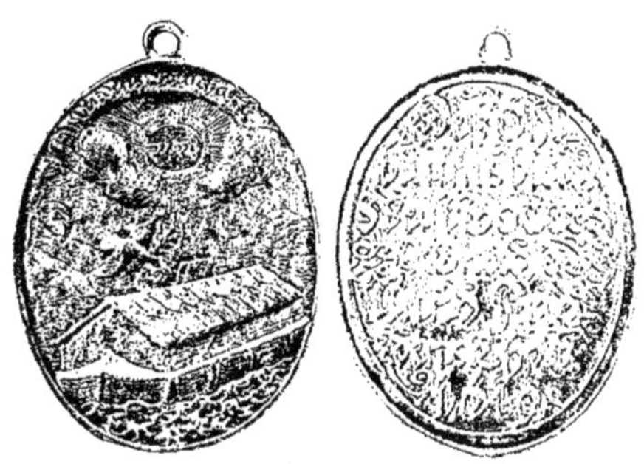

No. 144.

Même sujet.

144 *Médaille ovale* de la ville de Nuremberg. **Friedens Bottschaft**, l'arche de Noë dans les flots; un pigeon vient en volant, un rameau d'olivier dans son bec, qu'il offre à une main sortant de la fenêtre. Rev. **Dess Öhl — baums blat, — Weist Gottes — Gnad — unnd Frie — dens That — 1649.** Cat. Belli n. 1729. mm. 35/44. Ar. Belle et rare.

Voir la reproduction.

145 Même médaille en vermeil, gr. 15.4. Belle et rare.

Même sujet, fêté à Ratisbonne.

146 1649. *Ducat de la ville de Ratisbonne.* SANCTA · COLUMBA · ORBI · CONSERUA · MVNERA · PACIS. Colombe portant dans son bec un rameau d'olivier, au-dessus de l'arche de Noë; en bas, l'écu de *Ratisbonne.* Rev. légende en huit lignes, entourée de deux branches d'olivier. 1649 — FRIDEN — DANCKH — FEST — GEDAC — HTNVS · DER — STATT · REGEN — SPVRG · 16 — 8BRIS. Köhler 3050, comme Plato 176. Or. Beau, rare.

No. 147.

1649. **Ratification de la Paix de Westphalie.**

147 *Médaille, sans date, sur la Paix; émise par la ville de Lübeck.* ES MUSsE FRIED SEIN — INWENDIG DEINEN MAUREN UND GLUCK — IN DEINEN PALLÄSTEN. Vue de la ville de Lübeck du côté du fleuve Wackenitz; en haut, l'oeil rayonnant de la Providence; en bas, ange tenant deux écussons; à l'ex. * LUBEC * Rev. DAS TREWE AUFF DER ERDEN WACHSE UND GETECHTIGKEIT UOM HIMEL SCHAWE. La Justice et la Paix portant une branche de laurier au-dessus d'une table sur laquelle un livre avec DE BET - CRE - DIT. Sur la couverture de table on lit: LIBERTAS — RES — INÆSTI — MABILIS; à l'ex.: PS A L — LXXXV. Une main sortant des nuages tenant des bascules et dans les cieux Dieu le Père. Reimmann n. 6839. Ar. mm. 40. Ar. gr. 42.6. t.b.c. rare.

Voir la reproduction.

1650. **Commémoration de la Paix de Westphalie.**

148 *Médaille en vermeil de la ville de Nuremberg.* GERMANUM REDIVIVA REDIT CONCORDIA IN ORBEM. Deux mains jointes sortant des nuages, tenant un caducée au-dessus de la ville; à l'ex. dans un cartouche: NORINBERG. Rev. CORDA MONARCHARUM QVÆ TRIA PACE LIGAT 1650, main sortant des nuages, tenant trois coeurs réunis par un ruban, entre quatre palmiers; à l'ex., couronne impériale entourée de rameaux d'olivier; en bas: I—H (Johann Höhn à Dantzick). Hild. 34. mm. 48. gr. 35.1. Superbe, rare.

1650. **Commémoration de la Paix de Münster.**

149 *Médaille* partiellement dorée GOTT LOB DER UNS SO GÜTIG LIEBT, DEM KRIEG WEHRT UND FRIDE GIBT. La Paix debout sur des armes; sur un bouclier on lit 1650 et sur le tambour S. D. Rev. WO GÚT UND TREU SICH KUSSEN LIGSTU O NEID ZUN FUSSEN, dans les nuages on voit l'Équité et la Concorde s'embrassant, l'Envie foulée à terre; v. Loon II éd. fr. 311, éd. holl. 324 n. 5 (X). mm. 49, gr. 20.6. Méd. originale coulée et ciselée par Sébastian Dadler, avec oeillet.

No. 150.

1650. **Fêtes à Nuremberg, en mémoire de l'affirmation de la Paix de Münster par l'Empereur à Nuremberg le 6 juin 1650.**

150 *Double Ducat.* MAGNAS FERTE DEO GRATES PRO PACE RELATA : chronogr. formant la date 1650; deux mains jointes au-dessus de l'hémisphère; en haut, main sortant des nuages et tenant couronne d'olvier. Rev. IMPER : FERDINANDO · III · P : F : AUGUSTO · armoiries de la ville, dessous GEDACHTNVS — DES FRIEDEN — VOLLZIEHVNGS — SCHLVSS — IN NVRNBERG — 1650 — 16 IVNII. Or, gr. 7, beau.

Voir la reproduction.

1650. **Même sujet.**

151 *Ducat en mémoire de la paix.* IMP · — FERDINAN · III — P · F · AVGVSTO — PACIS EXECVTIO — DECRETA l'écusson de la ville entre NORI BERGÆ
MD CL
16 IVNI
✠
Rev. DVCATVS REIPVB NORIMBERG Aigle éployée; en haut, main sortant des nuages en tenant couronne d'olivier au dessus de l'aigle. Or, beau.

1650. **Même sujet.**

152 *Ducat* pareil, sans la croisette sous IVNI Imhoff 28.33. Or, beau.

1650. **Fêtes de paix, pour les enfants à Nuremberg.**

153 *Demi Thaler carré.* Type et légende du Double Ducat n. 150 mais avec trois écussons au dessus de GEDACHTNVS. Imhoff 104 n. 49. Ar. gr. 16. Beau.

1650. **Même sujet.**

154 *Quart de Thaler carré,* type du Double Ducat n. 150 avec oeillet. Ar. gr. 8.2. Beau.

1650. **Même sujet.**

155 *Huitième de Thaler carré,* type du Ducat n. 152. Ar. gr. 3.8. Beau.

1650. **Même sujet.**

156 *Jeton carré,* FRIEDEN — GEDÄCHT — NUS · IN — NURNB : garçon sur cheval de bois; dans le champ 16 — 50 Rev. Aigle impériale VIVAT — FERDINAND' — III : ROM : — IMP : VIVAT Ar. gr. 3.6, t.b.c. petit trou.

157 *Jeton carré* pareil, variété GEDACHT — NVS · IN — NVRNB : et le garçon sans bonnet. Rev. Les caractères plus petits. Ar. gr. 2.7, t.b.c. petit trou.

No. 158.

Paix de Münster.

158 *Thaler de Saxe-Weimar en mémoire de la Paix de Münster* CEDANT ARMA TOGÆ TO—TO TOGA FLOREAT ORBE. Le nom יהוה (Jehovah) brillant au dessus de trois mains liées; en bas, épée en pal, la pointe touchant presque les mains. Dans le champ: Pax esto *Servate fidem* *resipi- gen* *scite tes* Rev. ❀ WILHELM' D · G · DUX SAXONIÆ, IULIÆ, CLIVIÆ ET MONT · Dans le champ l'écusson de Saxe-Weimar dans un cartouche, accosté à g. d'une épée entre 15 — 47 et à droite d'un rameau d'olivier entre 16 — 48 en bas *Sat est 1650* En haut, deux bras sortant des nuages et tenant une couronne de laurier, dessus TANDEM, dessous TUNC — NUNC. Madai 7488. Cat. Schulthess 4527. Ar. gr. 28.8, t.b.c. rare.

Voir la reproduction.

Même sujet.

159 *Groschen de Saxe-Weimar, au type du Thaler. Servate — fidem — resipi — scite — gen — tes* entourant les trois mains liées. Rev. W · H · Z · S · G · C · V · B · Armoiries comme sur le Thaler, les mêmes dates mais seulement TVNC — NVNC — *Sat est.* Ar. t.b.c. avec oeillet.

Même sujet.

160 1650. *Thaler d'Ernest le Pieux, duc de Saxe-Gotha* (Neu-Gotha). Gott den Her — ren lobt únd ehrt — Der den Frie — den uns — beschert. En haut, le nom יהוה rayonnant Rev. Armoiries de Saxe-Gotha entre 16—50. Fördert seine Furcht und Ehr — Sonst besteht er — nimmer mehr — GOTHA d. 11 Aug. Tentzel 58.6, Dassd. 2316. Ar. Beau.

Même sujet.

161 1650. *Ducat de Saxe-Gotha.* GOTT DEN HER REN LOBT VND — EHRT ·

DER — DEN FRIEDEN — VNS BESCHERT 1650 I.B; en haut, le nom יהוה rayonnant. Rev. Armoiries de Saxe. FORDERT SEI — NE FURCHT VND — EHR · SONST BE — STEHT ER N : M — MER MEHR · — Gotha 11 Aug. Tentzel 58.8, Dassdorf 2319. Or. Beau.

No. 162.

Paix de Münster.

162 1650. *Ducat* pareil, variété, la date au revers GOTT DEN HER — REN LOBT VND — EHRT · DER DEN — FRIEDEN VNS — BESCHERT; en haut, le nom יהוה rayonnant. Rev. Armoiries de Saxe entre 16—50. FOR-DERT — SEINE FURCHT — VND EHR SONST — BESTEHT ER — NIMMER — MEHR — Gotha 11. Aug. Comparez Tentzel 59.2. Or, Beau, fort rare.

Voir la reproduction.

Même sujet.

163 1650. *Ducat*, variété, Gott den Her — ren lobt und ehrt — Der den Frie — den uns be — schert en haut, le nom יהוה rayonnant. Rev. Armoiries entre 16 – 50. Fördert seine — Furcht und Ehr — Sonst besteht er — nimer mehr. — Gotha – d 11 Aug. Tentzel 58.7. Or. Beau, rare.

Même sujet.

164 1650. *Groschen* d'Ernst le Pieux, duc de Gotha. GOTT DEN — HERR LOBT UND — EHRT, DER DEN — FRIEDEN UNS — BESCHERT en haut écu entre deux palmes, en bas I . B. Rev. 16—50. FORDERT SEI — NE FURCHT UND — EHR SONST BE — STEHT ER NIM — MER MEHR, en bas *Gotha 11 Aug:*; en haut, la valeur. Ar. beau.

1651. **Commémoration de la Paix de Westphalie.**

165 1651. *Dreier* de Wilhelm, duc de Saxe-Weimar. Armoiries couronnées W. H. Z. S. G. C. V. B. Rev. en cinq lignes: VIN Aut — RuderA — PAX mult — in palatia. 16.51. mm. 17. Ar. t.b.c.

1653. **Anniversaire de la paix de Münster.**

166 *Médaille* de la ville de Hambourg PAX MARE PAX TERRAM PAX VRBES PAX BEATAGROS. La Paix volant au dessus de l'Elbe, tenant de la main gauche une corne d'abondance remplie de fleurs et de la main droite un rameau d'olivier, une palme et une corne d'abondance remplie de vaisseaux. Gädechens 1567. mm. 50. Arg. gr. 36.5. Belle.

MEDAILLES AUX BUSTES DES AMBASSADEURS QUI ONT TRAITÉ LA PAIX DE WESTPHALIE.

PAR ORDRE ALPHABÉTIQUE.

167 Adam Adami. Prieur de Murhart, envoyé du Prince-Abbé de Corbie. AD · ADAMI PRIOR IN MVRHART · ILL · PR · CORBEI · AD TR · PAC · VN · PLEN · LEG. Son buste à dr. en ornat. Signature comme au n. 168. Rev. ANGELI PACIS AMARE FLEBVNT, écusson armorié. mm. 41. Pl. t.b.c.

No. 168.

168 Andrade. François de Andrade envoyé plénipotentiaire du roi de Portugal FRANC · DE ANDRADA LEIT · R · PORTVG · CONS · AD TR · PAC · LEG · PLEN · EXTR. Son buste drapé à dr. orné d'une décoration de l'ordre du Christ; sous le buste C . PR . S . C . M .; au bras V . (Vestner). Rev. Armoiries heaumées et timbrées MELIOR EST TVTA PAX QVAM SPERATA VICTORIA. mm. 41. Étain. Belle, rare. Teixeira de Aragão II pl. LX n. 4. *Voir la reproduction.*

169 Avaux. Claude de Mesmes, Comte d'Avaux ambassadeur du roi de France CLAVD · DE MESMES C · D · AVAVX REG · CHRIST · AD PAC · PVBL · LEG · Son buste drapé à dr. même signature qu'au n. 168. Rev. Armoiries SOLA BONA QVAE HONESTA · MALA QVAE SVNT TVRPIA · à l'ex: NAT · AMELVNX · WESTPH · — A · CIƆIƆCLXXXIII. mm. 41. Et. Belle.

La date rapportée sur cette médaille est un énigme. Le comte d'Avaux naquit en 1595 et mourut en 1650. La Paix de Münster allait être signée, lorsque les intrigues de Servien, son collègue, le firent destituer. peu de temps après; Mazarin lui confia les finances mais le coup avait été sensible et il mourut en 1650.

170 Camerarius. Joachim Camerarius envoyé de l'Électeur du Palatinat IOACH · CAMERARIVS S · R · MAI · SVEC · ET SER · EL · PAL · CONS · ET HVIVS AD TR · PAC · LEG · Son buste drapé à dr., même signature. Rev. Ses armoiries DONEC SERENIOR ILLVXERIT. mm. 41. Plomb t.b.c.

171 Carpzow. Aug. Carpzow, envoyé de Fréd. Wilhelm, duc de Saxe AVG · CARPZOVV · I · D · CELS · PR · FR · WILH · D · SAX · CONS · AD TR · PAC · VN · LEG · Son buste drapé à dr., même signature. Rev. PVRAE MANVS SVNT SERVANDAE DEO · REGI ET LEGI. Ses armoiries heaumées et timbrées. Pl. t.b.c,

172 Chigi. Fabio Chigi. Nonce du pape Innocent X (le prélat Chigi fut plus tard le Pape Alexandre VII) FABIVS CHISIVS · EP · NER · INNOC · X · P · R · NVNC · AD TR · PAC · MONAST. Son buste à dr. avec bonnet, signature comme les précédentes. Rev. IVSTITIA ET VERITATE. Ses armoiries couvertes du chapeau de cardinal; à l'ex. NAT · XIII · FEBR MDXCIX — DEN · XXII · MAI · MDCLXVII. mm. 41. Br. belle.

173 Cratz. Johann. Adam? Cratz ambassadeur de l'Électeur Maximilien de Bavière. IOH · AD · KREBS · SER · D · MAXIM · EL · BAV · CONS · INT · ET · AD TR · PAC · MON · LEG · PL · Son buste drapé à dr., sous le bras v(estner) en bas en lettres minuscules c.pr.s.c.m. (Cum privilegiae senatus consultus Monasterium). Rev. PAX EST PVBLICA TRANQVILLITAS · ET TRANQVILLA LIBERTAS · Armoiries heaumées. Méd. en étain avec clou en cuivre. mm. 41. Belle.

174 *Médaille* pareille en plomb, t.b.c.

174*bis Médaille* pareille en bronze. Belle et rare.

175 Cuyermans. Johan Cuyermans, Conseiller de Brabant, ambassadeur du roi d'Espagne. IOH · CUYERMANS R · HISP · CONS · BRAB · AC DOM · BVRG · AD TR · PAC · LEG · REG · Son buste à dr. Même signature. Rev. SED IN DEPOSITO ARMORVM ET INSIDIARVM METV NON PVTETIS IN AR- (lég. extérieure) MIS POSITIS — ESSE PACEM (lég. intérieure). Écusson heaumé. Br. mm. 41. Belle.

176 Eltz. Hugo, Seigneur d'Eltz envoyé de l'archevêque de Trèves. HVGO FR · DOM · IN ET AB ELTS · EMIN · EC · TREV · AD T · R · PAC · VNIV · LEG · PR · Son buste drapé à dr., signature comme aux précéd. Rev. les armoiries SPES MEA DEVS. mm. 41. Ét. Belle, rare.

177 Gollen. Joh. Wilh. von Gollen, bourgmestre de Schlettstadt, ambassadeur de l'archiduc d'Autriche à la conférence de Münster; IOH · GVIL · A GOLLEN SER · FERD · A · A · CONSIL · AD TR · PAC · MON · LEG · PLEN · son buste à dr. par Vestner. Rev. Ses armoiries MANSVETI AVTEM HÆREDITABVNT TERRAM ET DELECTABVNTVR IN MVL—TITVDINE PACIS — DICIT DOMINVS. mm. 41. Étain. F.d.c.

178 **Groulart. Henri Groulart,** Seigneur de la Cour, ambassadeur plénipotentiaire du roi de France. HENR · GROVLART DOM · DE LA COVRT REG · CHR · AD TR · PAC · LEG · PLENIP. Son buste drapé à dr., Signature comme aux précédentes. Rev. ses armoiries AGERE ET PATI FORTIA. mm. 41. Br. b.c. rare.

179 **Haslang. George Christian baron de Haslang,** envoyé plénipotentiaire de l'Électeur de Bavière. GE · CHR · B · DE HASLANG · SER · EL · BAV · CONS · INT · AD PAC · VNIV · LEG · PLEN. Son buste drapé à dr. Rev. VIRVM SANGVINVM ET DOLOSVM ABOMINABITVR DOMINVS. Ses armoiries couronnées. Pl. t.b.c.

180 **Heyland. Polyc. Heyland,** plénipotentiaire du duc de Brunswick à la conférence de paix à Münster. POLYC · HEYLAND · I · C · SER · D · BR · QUELF · A CONS · SECR · & AD TR · PAC · EX · NOR · LEG · au bras C. PR. C sous le buste VESTNER. F. Rev. RECTE FACIENDO NEMINEM TIME AS. Armoiries à l'ex: N · LIPS · D · 1 NOV · 1614 — DEN NORIB · D · 19 · MART · 1662. mm. 41. Ar. gr. 20. Belle. Fort rare en argent.

181 **Meiern. Johann Godfried de Meiern,** greffier de la Paix de Westphalie. IO · GODOFR · DE MEIERN · ACTOR · PAC · WESTPHAL · SCRIPTOR. Son buste à dr. sous le bras C PR C. (Cum privilegiae Caesaris), en bas VESTNER. F. Rev. NE INVTILIS VIXISSE VIDEAR. Ses armoiries heaumées; à l'ex. NAT · CAL · MAI · MDCXCII (erreur pour MDXCII). mm. 41. Br. Belle.

182 **Merckelbach. Johann Georg von Merckelbach,** envoyé du Marquis de Bade. IOH · GEORG A MERCKELBACH CELS · PR · FR · MAR · BAD · CONS · AD TR · PAC · VN · LEG · Son buste drapé à dr., signature comme au n. 168. Rev. BENE SPERANDO ET MALE HABENDO. Écusson heaumé et timbré. Pl. t.b.c.

183 **Pistorius. Johan Ern Pistorius,** envoyé de l'Électeur de Saxe. IO · ERN · PISTORIVS IN GEVS · SER · EL · SAX · CONS · ET AD TR · PAC · GEN · LEC · PRIM. Son buste drapé à dr., même signature. Rev. Ses armoiries VIRTVTEM FORTUNA IUVAT. mm. 41. Ét. belle.

184 **Raigersperg. Nicolas George de Raigersperg,** ambassadeur de l'archevêque Électeur de Mayence. NIC · GEORG · DE RAIGERSPERG · SER · ARCH · EL · MOG · AD TR · PAC · VN · LEG · PL · Signé comme les deux précédents. Rev. COGITA MORI ANTE MORTEM. Écusson heaumé. Plomb. mm. 41. t.b.c.

185 **Schupp. Johann Balthasar Schupp,** ambassadeur de l'Électeur de Hesse-Cassel. JOH · BALTH · SCHUPP · PROREKTOR 1643. Son buste de face comme vice-recteur de l'Université de Marbourg, par le Médailleur baron von Matschecko d'après une gravure de Seb. Furk. Médaille fondue en 1910 en mémoire de la 300me anniversaire de la naissance du Professeur par ordre d'un de ces descendants le Dr. Falk Schupp, dont le buste se trouve au revers. mm. 51. Br. Belle.

186 **Thumshirn. Wolfgang Conrad de Thumshirn** ambassadeur du duc de Saxe Weimar. WOLF · CONR · A · THVMSHIRN CELS · PR · FR · WILH · D · SAX · CONS · AD TR · PAC · VN · LEG · Son buste à dr. Signature comme n. 182. Rev. RECTE AGENDO NEMINEM DIMEAS. Écusson heaumé. Étain. mm. 41, t.b.c.

187 **Trautmansdorff. Maximilian Comte de Trautmansdorff** premier ambassadeur de l'Empereur Ferdinand III. MAXIMIL · C · DE · TRAVT-MANSD · S · CAES · MAI · AD TR · PAC · VNIV · LEG · PL · PRIM · Signée comme la précedente. Rev. SINT · TEMPORALIA IN USU ÆTER-NA IN DESIDERIO · Ses armoiries couronnées; à l'ex: DEN · IIX · IVN MDCL. Étain. mm. 41, t.b.c.

188 **Wagner. George Wagner,** envoyé du cercle de Souabe. Conseiller d'Esslingen GEORG WAGNER CONSVL ESL · EIVSD · & ALCIVS SVEV · AD TR · PAC · VNIV · AB LEG. Son buste drapé à dr., sur la poitrine, deux médailles aux bustes de princes; signature comme au n. 168. Rev. MULTA EVENIUNT NON SPERATA MULTA SPERATA NON EVENIUNT. Ses armoiries heaumées et timbrées; à l'ex. en 2 lignes NAT · D · 23 · APRIL 1605 — DENAT · — D · 16 · NOV · 1661 Pl. t.b.c.

189 **Wetstein. Joh. Rod. de Wetstein,** bourgmestre de Bâle, envoyé de la république Helvétique à la paix de Westphalie; méd. par Samson (en 1770) IO · ROD · DE WETSTEIN REIP · BASIL · COS · P · P. Son buste drapé de face, portant une médaille d'or à une double chaîne d'or. Sous le buste SAMSON 1770. Rev. à l'entour HELVETIOR · AD TRACTAT · PAC · WESTPHAL · LEGAT. Dans le champ, dans une couronne de chêne OB — LIBER — TATEM — PATRIAE — ADSER — TAM. mm. 40. Étain. F.d.c.

190 *Médaille* pareille, seconde émission, frappée en argent. mm. 41, gr. 25.5. Superbe. Fort rare.

191 **Wolckenstein. George Urlic comte de Wolckenstein,** ambassadeur de l'archiduc d'Autriche. GEORG · VLR · C · DE WOLCKENSTEIN ·

SER · DOM · AVSTR · AD TR · PAC · VN LEG · PLEN. Son buste drapé à dr. au bras v en bas C.PR.SC M. Rev. Armoiries DILIGAM TE DOMINE FORTITVDO MEA. mm. 42. Ét. belle avec clou en cuivre.

Paix de Westphalie.

192 *Médaille* au buste cuirassé à g. de Charles Louis de Bavière-Palatinat. CAR · LUDOVICUS · C · P · RH · BAV · D · S · R · I · A · T · H · &EL. Rev. Légende en 10 lignes 21 — FRID : V · FIL : — NAT : 1617 · — PACE WESTPHALICA — IN PALATINATUM — RESTITUTUS. — GERMANIÆ SALOMON · — IMPERII VICARIUS — 1657 · — + · 1680. mm. 39.5. Ar. gr. 25.3. Belle.

MÉDAILLES OU MONNAIES FRAPPÉES EN MÉMOIRE DE LA FÊTE SÉCULAIRE DE LA PAIX DE MÜNSTER OU DE WESTPHALIE, EN 1748.

1748. **Fête séculaire aux Pays-Bas.**

193 *Médaille* SIC BATAVVM ORTA ANTE SECVLVM RESPVBLICA. Sur une colonne entourée de drapeaux et de marques de triomphe, gagnés par les néerlandais sur leurs ennemis, on voit dans un médaillon les bustes des trois fondateurs de la liberté des Provinces-Unies, Guillaume le Taciturne, les princes Maurice et Frédéric Henri WILH · MAVR · FRID · HEND · PR · AR · ET · NASS · tandis-que sur la base contre la colonne on voit les têtes coupées d'Egmond et de Hoorn martyrs de la Liberté néerlandaise COMIT · EGMOND ET HORNANVS MARTYRES PRO PAT · BRVXEL · D · V · IVN · MDLXVIII DECOLLATI, comme couronnnement de la colonne, les sept flêches (des sept provinces) et la Bible BIBL SAC. Devant la base, le Lion néerlandais furieux foulant aux pieds toutes sortes de chaînes, de fers, d'armes et l'INQVISITIO. Rev. SIC STET IN FVTVRA. Sur une base, le prince d'Orange agenouillé, sacrifiant sur l'autel de la Paix ARA PAC; sur la base, les armoiries des sept provinces, dessous MNEMOSYNON ANNI LIBERTA — TIS IVBILAEI. Le tout entouré de deux colonnes, une aux armoiries des Provinces-Unies et avec une bible rayonnante avec RELIGIO, l'autre aux armoiries du prince d'Orange et avec un chapeau LIBERTAS. Des deux côtés une foule d'hommes de toute condition élevant leurs yeux vers le ciel. Signée M · HOLZHEY FEC. A l'ex. MDCCXLVIII. van Loon suppl. 270. mm. 61. Ar. gr. 76. Belle.

194 *Médaille* pareille. v. Loon Suppl. 270. mm. 61. Ar. gr. 82.5. Superbe médaille par M. Holtzhey. Dirks Repert. 1674.

Sur la tranche de cette médaille est frappé en relief IACOB SYDERVELT ET MARIA VAN OOSTERWYK **hoc in memoriam dederunt ✿ Domo Den** GOUDEN RYDER A° **jub refecta.**

1748. **Fête séculaire aux Pays-Bas.**

195 *Médaille.* DE — ALGEMEENE — VREDE — TE — MVNSTER — GESLOOTEN — 1648. — au revers I · JUB · 1748 · — SAEC · FEL. Autel orné des flêches des provinces Unies, couvert du bible sur lequel repose le chapeau de la Liberté. Le tout éclairé par l'oeil de la Providence. van Loon Suppl. 271. Ar. gr. 7.3. Belle.

1748. **Même sujet.**

196 *Thaler* de la ville de Hambourg. SAECVLO A PACE WESTPHALICA EXACTO l'écusson de Hambourg tenu par deux lions; à l'ex. dans un cartouche 1748. Rev. * FRANCISCVS D · G · ROM · IMP · SEMP · AVGVST. Aigle impériale, en bas I. H — L Mad 4926. Gaed. 2043. Ar. Beau.

1748. **Même sujet.**

197 *Jeton* du Lycée d'Augsbourg. ECCE FORES CLAVSAS PAX EXOPTATA RECLVS IT. Vue du Lycée dans le ciel ange de paix. Rev. OFFER GRATA DEO DONA ACCIPE GRATA IVVENTVS plusieurs personnes entourant un autel allumé orné de l'écusson d'Augsbourg. Ar. 2 var. belles.

1748. **Fête séculaire de la Paix de Westphalie, fêtée à Augsbourg.**

198 *Médaille.* POST CENTVM ANNOS VIRENT. Autel sur lequel plusieurs chartres scellés et deux rameaux d'olivier; sur la base, corne d'abondance; en haut, arc en ciel, à l'ex. PAX · WESTPHAL : — MDCXLVIII. Rev. MEMOR : SECVLAR : PAC · WESTPHAL. Deux génies couronnés près d'un autel; le tout éclairé par l'oeil de la Providence, à l'ex: VOT · C · VOT · M · — PRO PACE et la marque de l'atelier d'Augsbourg. Forster 118. mm. 26. Ar. gr. 8. Jolie pièce.

1748. **Naissance du Comte de Buren (fils du prince d'Orange) l'année du Jubilé séculaire.**

199 *Médaille.* W. C. H. FRISO ET ANNA D. G ARAVS. ET NASS. PRINC. Bustes superposés du prince d'Orange cuirassé et drapé et de la princesse Anne diadémé, richement drapé, à dr., en bas M HOLTZHEY FEC. Rev. TANDEM EXORATVS DEDIT. Deux personnages casqués accostés des boucliers des Provinces-Unies et de Nassau-Orange reçoivent d'un ange le nouveau-né, à l'ex: WILHELMVS NATVS HAGAE — COM. ANN. LIB. IVBIL. — D. VIII MART. van Loon Suppl. 262. Ar. gr. 52.5. mm. 48. Belle et fort rare.

No. 200.

1748. **Naissance du Comte de Buren, l'année du Jubilé séculaire.**

200 *Médaille.* W. C. H. FRISO ET ANNA D. G. ARAVS. ET NASS. PRINC. Bustes superposés du prince d Orange cuirassé et de la princesse Anne, drapé et couvert d un manteau d'hermine, sous le buste du prince M. HOLTZHEU. Rev. Ange dans les nuages, apportant le nouveau; né à l'entour, en haut TANDEM EXORATVS DEDIT; en bas NATVS ANN. LIB. IVBIL. D. VIII. MART. van Loon Suppl. 255. Belle médaille dans un encadrement de flammes, étant portée comme décoration, à l'occasion du baptême du prince, le 11 avril 1748. Vermeil. gr. 18. Belle.

Voir la reproduction.

201 — Même médaille, sans entourage. M. HOLTZHEV . F. mm. 29. Ar. gr. 8.3. Belle.

202 — Même médaille plus petite, sous les bustes HOLTZHEU. F. mm. 26. Ar. gr. 4.3. Belle.

1748. **Fête séculaire de la Paix de Westphalie à Kaufbeuren.**

203 *Jeton.* IVBIL · PRIM — DE PACE — WESTPHAL · KAVFBVRÆ CELEBR — XX OCT — MDCCXLVIII. Rev. EXOPTATVM — AFFERT NVNTIVM. Fronton de la maison municipale à Münster; dans les nuages paraît une colombe portant un rameau de la paix; à l'ex: MDCXLVIII. mm. 20. Ar. gr. 1.8. Beau jeton.

1748. **Fête séculaire de la paix de Westphalie, à Hall en Souabe.**

204 *Heller.* Les armoiries de la ville, entourées d'une branche d'olivier. Rev. dans une couronne WEST – PHÄLISCHE – FRIEDENS – MVNTZ – 1748. Heller en billon. Beau.

No. 205

1752. **Jubilé séculaire de la Paix de Westphalie, fêté par l'église évangélique à Schweidnitz.**

205 *Médaille.* FERDINANDO DATORE · 1652 — FRIDERICO STATORE 1752. Les bustes opposés de l'empereur Ferdinand et du roi Frédéric qui régnait alors en Prusse. Rev. en 6 lignes sous une branche d'olivier et une palme en sautoir SECVLARES — PACIS VVESTPHALICAE — FRVCTVS — PIIS VOTIS COLLIGIT — ECCLESIA EVANGE — LICA — SVIDNICENSIS chronogr. formant 1652; à l'ex 25 Sept. Henckel 4424. mm. 33. Ar. gr. 12.2, t.b.c., trace d'oeillet. *Voir la reproduction.*

—

1651. **Désir de paix de l'Espagne pendant la guerre avec la France.**

206 *Jeton.* PAX QVAERI — TVR · ARMIS · 16 (tête d'ange, marque monétaire de Bruxelles) 51. Deux mains jointes tenant un caducée ailé entre des épis de blé. Rev. + · PHIL · IIII · D · G · HISP · ET · INDIAR · REX · ZC Le roi Philippe IV à cheval. van Loon II éd. fr. 354, éd. holl. Dugn. 4040. Ae. t.b.c.

Quoique la Paix de Münster fût signée, il y avait toujours cinq points différents sur lesquels les rois de France et d'Espagne n'étaient pas d'accord et pour lesquels à chaque moment la guerre entre la France et l'Espagne pourrait éclater de nouveau. C'est par ce Jeton que le roi d'Espagne manifesta le désir de Paix.

1654. **Paix de Westminster, entre la Grande-Bretagne et les États-Généraux des Pays-Bas.**

207 *Médaille.* ⚜ HIER BINT DE HEIL'GE VREE DEN BRIT' EN BATAVIER, DE WERELT EER 'T VERBONT' EN VREEZ' ER KRYGSBANIER. Deux Amazones, emblêmes des deux républiques, tiennent chacune un étendard, l'une aux armoiries de la Grande-Bretagne l'autre aux armoiries des Pays-Bas et surmonté chacun d'un chapeau de la Liberté. Entre eux, la Paix qui réunit les deux étendards par une branche d'olivier. Rev. ❁ WAAROM · ZEILT 'T VREDESCHIP OPT SILVER IN DE ZEE! OM DAT DE BROEDERKRIIG VERANDERT IS IN VREE. Un vaisseau poussé par des vents favorables, fend à pleines voiles une mer tranquille; au-dessus, une Renommée qui sonne de la trompette; à l'ex. A° 1654 Superbe médaille par Muller, travaillée au repoussé; variété de van Loon II éd. fr. 371, éd. holl. 383 n. 1. Sans les armoiries sur les voiles. Le champ est uni des deux côtés. Medallic Illustrations I p. 413 n. 50. mm. 79. Ar. gr. 71. Belle.

Paix de Westminster entre la Grande-Bretagne sous Cromwel, et les États Généraux des Pays-Bas. Le traité fut signé par les plénipotentiaires réciproques à Westminster le 15 avril 1654. Le 2 may il fut ratifié par Cromwel et quelques jour après par les États Généraux. Cromwel fit publier la Paix à Londres le 27 mai au son des trompettes.

Voir la reproduction du droit sur la planche III.

208 *Médaille* pareille, fonte en cuivre; le champ du droit orné d'arabesques. van Loon II éd. fr. 371, éd. holl. 383 n. 1. Belle pièce de l'époque rare.

1654. **Paix de Westminster.**

209 *Médaille.* MENTIBUS UNITIS PRISCUS PROCUL ABSIT AMAROR PILEA NE SUBITO PARTA CRUORE RUANT. La Grande-Bretagne et la Néerlande assises tenant ensemble un chapeau de la Liberté; à l'exergue CONCL · XV/XXV D APRIL. A° MDCLIV Rev. Deux vaisseaux de guerre, l'un au pavillon anglais, l'autre au pavillon hollandais, au milieu d'une mer calme; à l'entour, légende en deux lignes. LUXURIAT GEMINO NEXU — TRANQVILLA SALO RES — EXCIPIT UNANIMES — TOTIUS ORBIS AMOR. Médaille par Seb. Dadler. van Loon II éd. fr. 371, éd. holl. 383 n. 3. Medallic Illustr. I p. 415 n. 52. mm. 60. Ar. gr. 63.

No. 210.

Même sujet.

210 *Médaille.* AMANTIVM IRA AMICITIÆ REDINTEGRATIO EST. Entre deux tritons qui embouchent des conques, on voit Neptune sur son char traîné

par deux chevaux marins. Le Dieu tient sur ses genoux les armoiries de la république anglaise et de la république néerlandaise. En bas *fecit Amsterdam.* Rev. Légende en 15 lignes. *Ter Memorie, — der Vrede, Unie en — Confoederatie, den 15 April — solemnelyck gesloten tot' — West-Munster, tusschen zijn — Hoogheyt den Heer Protecteur — vande Repu-blique van Engelant — Schot'lant', en Yrlant' ter eener, — en de Hooghmogende Heeren Staten — Generael ter andre sijde, daer op, — wederzyts Ratificatie in behoorlyke — forme den 2 der maent' May is — uitgewisselt' en gepubliceert' — den 27 der selver Maent — Anno 1654.* Médaille par Jurriaan Pool. van Loon II éd. fr. 371, éd. holl. 383 n. 4. Med. Illustr. I p. 416 n. 53. mm. 60. Ar. gr. 64. t.b.c.
Voir la reproduction.

1654. **Paix de Westminster.**

211 *Ducaton* de 1654 fr. à Anvers au buste de Philippe IIII d'Espagne comme duc de Brabant, autour du buste gravée en trois lignes, légende hollandaise ayant rapport à la paix de Westminster. *Gedenck-teeken Van de Vrede — tusschen de Republycken — van Engelandt ende Nederlandt — 5 Aprilis — A⁰ 1654.* Ar. gr. 32. t.b.c. Unique.

1657. **Traité de Paix entre l'Espagne et les Provinces-Unies.**

212 *Jeton* offert par l'ambassadeur espagnol à La Haye, Don Estevan de Gamarra, à l'occasion de la naissance du prince royal. Olivier entouré d'un ruban sur lequel on lit CRESCENTE HAC · PAX AVREA CRESCET à l'entour DABIT POPVLIS PACEM ANNO MDCLVII. Rev. PROSPERE PROCEDE ET REGNA · PS · XLIV dans le champ NATO — FELICITER — HISPANIAR · PRINCIPE · — PHILIPPO PROSPERO — HISPAN INTER ET BATAV : — CONTINVANDÆ PACIS — VOTVM — PVBLICAE PROSPERIT — AVGVRIVM. van Loon II éd. fr. 414, éd. holl. 429. Dugn. 4110. Ar. b.c. Fort rare.

1658. **Paix de Roskild, entre Charles Gustaphe, roi de Suède, et le Danemarc, conclue le 26 février 1658.**

213 *Médaille* CAROL · GVST · — D · G · REX · SVE. Buste cuirassé et drapé à dr. Rev. PAX · MAGNO · EMTA · DANIS. Les armoiries de Suède et de Danemarc, liées par un ruban d'ou sort une branche d'olivier; à l'ex. ROSCHILDIÆ — A · 1658 · (par Arv. Karlsteen). Hild. 32. mm. 26. Br. belle.

1659. **Espoir de Paix. Trève de deux mois, entre l'Espagne et la France.**

214 *Jeton* au buste de Philippe III à dr. Rev. PERRVMPET. Le soleil de la paix dissipe les nuages de la guerre. Jeton de Bruxelles. v. Loon II éd. fr. 437, éd. holl. p. 452. Dugniolle 4134. Ae. Beau.

1659. **Négociations de Paix, sur l'île de Faisans.**

215 *Médaille*. LUDOVICUS XIIII · REX CHRISTIANISS. Tête de Louis XIV à dr. signée I. MAVGER — Rev. PACIS ADYTUM. Temple de la Paix, érigé dans l'île des Faisans, dans la rivière de Bidassoa; à l'ex: COLLO QUIUM — AD BIDASSOAM — MDCLVIIII. v. L. II éd. fr. 438, éd. holl. 454 n. 1. mm. 41. Br. belle.

Les négociations de Paix sur l'île de Faisans, furent entamées entre Mazarin, plénipotentiaire de Louis XIV, roi de France, et Don Louis de Haro, plénipotentiaire du roi Philippe IV d'Espagne. Le Portugal fut exclu de ce traité, ainsi que l'Angleterre.

No. 216.

1660. **Même sujet.**

216 *Médaille*. IVLIVS · CARDINALIS · MAZARINVS. Buste du Cardinal Mazarin en ornat. Rev. HINC · ORDO HINC · COPIARERVM 1660 Paysage avec deux fleuves se réunissant, éclairé par le soleil dissipant les nuages. v. Loon II éd. fr. 440, éd. holl. 456 n. 4. mm. 52. Ar. gr. 40.8. Belle et rare.

Voir la reproduction.

166 . **Même sujet.**

217 *Médaille* au buste du Cardinal Mazarin IVLIVS CARDINALIS · MAZARINVS. Rev. FIRMANDO · FIRMIOR · HÆRET. Ancre; à l'exergue: 1660. van Loon II éd. fr. 440, éd. holl. 456 n. 5. mm. 35. Étain, t.b.c.

1660. **Paix des Pyrénées, entre la France et l'Espagne, par l'intermédiaire du Cardinal Mazarin.**

218 *Jeton* frappé à Anvers NVMMVS CALCV · CAM : RATIONIS BRAB : A° PACIS. Buste cuirassé du roi Philippe IV à dr. Rev. PACE RESVRGET IVSTITIA ET RATIO · 1660. Ange volant, tenant un livre et des balances. van Loon II éd. fr. 445, éd. holl. 361 n. 1. Dugn. 4159. Ac. t.b.c.

La Paix des Pyrénées fut proclamée à Anvers, le 18 mars 1660.

Paix des Pyrénées.

219 *Jeton* fr. à Anvers PHIL · IIII · D · G · HISP · ET · INDIAR · REX. Buste cuirassé de Philippe IV à dr. Rev. CEDANT CONCORDIBVS IGNIBVS ARMA · 16—60 Hymen aile allume avec sa torche nuptiale un monceau d'armes; de sa droite il tient une branche d'olivier et une couronne de myrte. van Loon II éd. fr. 445, éd. holl. 461 n. 2. Dugn. 4160. Ae. t.b.c.

No. 220.

1660. **Paix des Pyrénées, entre l'Espagne et la France.**

220 *Médaille.* Buste de Philippe IV à g. cuirassé et drapé PHILIPPO · QVARTO · MAGNO · PIO · PACIS · DATORI. Chronogr. formant le millésime 1660. Rev. Une Croix de Bourgogne enlacée par un ruban et accostée de 3 fleurs de lis. ✠ NON · IAM · ANNIMANT · FLAMMÆ · LAVROS · NEC · LILIA · SPINÆ. Dans le champ CONCORDIA IVNGIT. v. Loon II éd. fr. 443, éd. holl. p. 459 n. 2. mm. 48 Ar. gr. 38.2. Belle.

Superbe médaille par Waterloos, quoique non signée; extrêmement rare.

Voir la reproduction.

Même sujet.

221 *Médaille* pareille, coulée et travaillée à la main. mm. 47. Ar. gr. 31. Belle.

1660. **Paix des Pyrénées et mariage de Louis XIV avec la princesse Marie Thérèse d'Espagne.**

222 *Jeton.* Les armoiries du magistrat de Bruxelles, Jean Baptiste de l'Archier. Rev. ANº 1660 — MARS VICTVS — FVIT — CVPIDINIS — ARCV le tout dans une couronne de myrte. van Loon II éd. fr. 446, éd. holl. 462 n. 2. Dugn. 4161. Ae. t.b.c.

Même sujet.

223 *Jeton de la ville de Tournai.* PAX · NVPTIIS · FŒLIX. Tour entre la date 16—60. Rev. IN · OLIVA · .MIRTVS. Deux mains jointes tenant une branche de myrte inoculée sur une branche d'olivier. v. Loon II éd. fr. 446, éd. holl. 462 n. 1. Dugn. 4151. Ae. b.c. rare.

1660. **Paix des Pyrénées, Entrevue des deux rois à l'île de Bidassoa.**

224 *Médaille.* LUDOVICUS XIIII · REX CHRISTIANISSIMUS. Buste de Louis XIV à dr. par I.MAVGER.F. Rev. REGUM CONGRESSIO. Les deux rois se donnant la main. A l'exergue: PAX AD PIRENAEOS — M · DC · LX · van Loon II éd. fr. 447, éd. holl. 464. mm. 40. Br. belle.

225 *Médaille* pareille, en cuivre argentée.

Paix des Pyrénées et mariage de Louis XIV.

226 *Jeton.* ❀ LVD · XIIII ET · MAR · THER · DG · FR · ET · NAV · REX · ET REG. Bustes opposés du roi et de la reine. v. Loon II éd. fr. 449.6. Rev. ÆTERNO · FOEDERE · IVNGAM. Deux ponts dressés sur la rivière de Bidassoa et le plan de la loge qu'on y avait batis; revers de van Loon II éd. fr. 438 n. 3, éd. holl. 454 n. 1, De la Tour 2069. Ae. Dugn. 4152. mm. 27. b.c.

Même sujet.

227 *Jeton.* LVD · XIIII · ET · MAR · THER · D · G · FRA · ET · NAV · REX · ET REG. Bustes opposés du roi et de la reine. Droit: van Loon II éd. fr. 448, éd. holl. 465 n. 1. Rev. NEC · POTIOR — NEC · PAR. Champ éclairé par le soleil en clair midi; à l'ex. 1660. De la Tour 1979. Ae. b.c.—a.b.c.

No. 228.

Même sujet.

228 *Jeton.* Droit comme le précédent. Rev. NON · LÆTIOR · ALTER. Champ humecté par une épaise rosée; à l'ex. 1660. van Loon II éd. fr. 448, éd. holl. 465, Dugn. 4145, de la Tour 1970. mm. 31. Ar. gr. 9.7. Superbe.

Voir la reproduction.

Paix des Pyrénées et Mariage de Louis XIV.

229 *Jeton* pareil en cuivre. de la Tour 1975. mm. 25. b.c.

Même sujet.

230 *Médaille.* LUDOVICUS XIIII REX CHRISTIANISS. Tête de Louis XIV à dr. sous la tête I. MAVGER. F. Rev. PAX ET CONNUBIUM. La Paix descendant du ciel, tenant de la main gauche levée, deux couronnes, allumant un tas d'armes avec la torche qu'elle tient de la main droite; à l'ex: MAR · THER · AVSTRIACA — REGI NVPTA · M · DC · LX. v. Loon II éd. fr. 449, éd. holl. 446 n. 2. mm. 41. Br. belle.

Même sujet.

231 *Jeton* aux bustes opposés de **Louis XIV** et **Marie Thérèse**. Rev. FELICITAS . PVBLICA. Deux mains se serrant mutuellement. v. Loon II éd. fr. 449, éd. holl. 466 n. 7. mm. 27. De la Tour 1977. Ae. b.c.

Même sujet.

232 *Jeton* aux armoiries de la famille de Dongelberg. Rev. Un vaisseau voguant tranquillement. FVGAT · NVBES · SOLEMQVE · REDVCIT. v. Loon II éd. fr. 446, éd. holl. 462 n. 3, Dugn. 4162. Ae. beau.

Jacques Marie de Dongelberg fut Magistrat de Bruxelles en 1660.

Paix des Pyrénées et entrée du roi et de la reine à Paris.

233 *Jeton.* LVDOVICVS XIIII · D G · FR · ET · NAV · REX. Buste lauré et drapé du roi à dr. Rev. + AVGVSTÆ · PACIFERÆ · LVTETIAM · FELIX · INGRESSVS. La nouvelle reine assise sur son char de triomphe, tiré par quatre chevaux; à l'ex. 26 AVG. 1660. van Loon II éd. fr. 451, éd. holl. 469 n. 3, Dugn. 4154. De la Tour 1962 et 1963. Ae. et laiton. 2 ps. a.b.c.

Même sujet.

234 *Jeton* · MAR · THER · D · G · FR · ET · NAV · REG · buste de la reine, richement drapé, à dr.; collier de perles au cou. Rev. comme le précédent. De la Tour 1598, Dugn. 4155. Laiton. t.b.c.

1661. **Anniversaire de la Paix des Pyrénées et naissance d'un prince royal en Espagne**

235 *Jeton.* PHIL · IIII · D · G · HISP · ET · INDIAR · REX. Buste cuirassé du roi d'Espagne; en bas, 16 (main d'Anvers) 61. Rev. + TVTÆ PAX VBERTATIS ORIGO · Alcyon dans son nid, flottant sur une mer tranquille, éclairé par le soleil. van Loon II éd. fr. 476, éd. holl. 496, Dugn. 4174. Ae. t.b.c.

Même sujet.

236 *Jeton* au même droit. Rev. TVTÆ PAX VBERTATIS ORIGO. Un alcyon sur son nid au milieu des ondes, sous un soleil brillant, à l'ex. RECHEN PFEN : — COR · LAVF: Imitation du jeton précédent par Conrad Laufer de Nuremberg. mm. 28. Ae. beau.

1661. **Anniversaire de la Paix des Pyrénées et naissance du Dauphin.**

237 *Médaille.* PAX ET CONNUBIUM Hyménée tenant de la main gauche deux couronnes et allumant un tas d'armes avec une torche qu'elle tient de la main droite; à l'ex: MAR · THER · AVSTRIACA — REGI NUPTA · — M · DC · LX · revers de v. Loon II éd. fr. 449 n. 2, éd. holl. 466 n. 2. Rev. FELIX GALLIARUM GENIUS Ange gardien portant le nouveau-né; à l'ex: NATALIS DELPHINI · — 1 . NOV · M · DC · LXI revers de v. Loon II éd. fr. 475, éd. holl. 494 n. 1. mm. 41. Ar. gr, 24, t.b.c. rare.

1660. **Paix d'Oliva, entre Jean Casimir, roi de Pologne, et Charles XI de Suède.**

Oliva est un village près de Dantzick; le traité fut signé dans le couvent d'Oliva.

238 *Médaille* · ❀ PACIS · OLIVENSIS · ANNO · MIↃCLX · III · MAII · AD · GEDANUM · IN · PRUSSIA · CONCLUSÆ · MONUMENTUM · Vue du couvent d'Oliva et du pays adjacent; dans l'air on voit deux anges tenant une guirlande à laquelle sont attachés quatre coeurs; un ange tient un rameau d'olivier et l'autre une palme. Une colombe porte un rameau d'olivier. Rev. * PECTORA QUO REGUM, COEUNT QUO VULNERA SECLI, EN FELIX OLEUM PACIS OLIVA DEDIT. Un olivier planté sur le bord de la mer à l'embouchure de la Vistula couverte de vaisseaux de dimensions diverses. On voit un homme agenouillé au pied de l'olivier et en haut, le soleil et la lune au milieu des nuages. Belle médaille. mm. 75. Ar. gr. 113. Raczynski n. 147. Ampach 10746.

Voir la reproduction sur la planche IV.

Charles Gustave, roi de Suède, aspirait à la couronne de Pologne. Les succès qui avaient accompagné les armes du roi de Suède en 1655 et 1656 pouvaient non sans fondement lui faire espérer d'obtenir la couronne de Pologne, mais ensuite il était forcé de repasser la mer, et ses troupes battues en détail se retiraient devant la levée en masse que la Pologne avait appelée à sa défense.

Dans cet état de choses, la paix devait paraître également désirable aux deux souverains, dont l'un avait bien peu de chance de garder ses conquêtes et l'autre avait à lutter contre les Moscovites, les Cosaques et les Tartares.

La médiation de la France aplanit les difficultés, un congrès s'ouvrit et les ministres de France, d'Autriche, de Pologne, de Suède, de Danemark et de Brandebourg vinrent se réunir à Oliva. Les hommes d'État qui signèrent le traité de paix étaient Antoine de Lumbres pour Louis XIV, Georges Lubomirski grand maréchal de la couronne de Pologne, Prazmaski chancelier de Lithuanie, Jean Leczezijnski et André Morstyn pour la Pologne, Benoit Oxenstierna et Magnus de la Gardie pour la Suède, d'Overbeck, de Somnitz et d'Osten pour l'Électeur de Brandebourg et le Baron de Liebstein pour l'Empereur d'Autriche.

No. 239.

1660. **Paix d'Oliva.**

239 *Médaille.* IOANNES CASIMIR, D · G · POL & SUEC · REX. Buste lauré et drapé de Jean Casimir à dr. dessous, la signature h · IUN · Rev. Le couvent d'Oliva PAX CASIMIRIANA à l'ex: ANNO MDCLX — III MAII. Raczynski n. 149. mm. 34. Ar. t.b.c. et fort rare.

Paix d'Oliva.

240 *Médaille.* FULMINE DEPOSITO · L'aigle couronné portant rameau d'olivier et de laurier, planant au-dessus de la ville de Dantzick; à l'ex: I · B (Joh. Buchheim). Rev. IAM VENTI POSUERE. Soleil brillant au-dessus du port rempli de navires; signée IB. Raczynski n. 121. Méd. en étain. mm. 57. coulée t.b.c.

La ville de Dantzick en mémoire de la Paix d'Oliva.

241 *Médaille.* IN VERA VITAM NOS RELLIGIONE PER OMNEM CEU PUPILLLAM OCULI PROTEGE CHRISTETUI. La Religion agenouillée pres d'une colonne sur laquelle on lit STA — TVA — PA — CIS; sur la base · V · D · M · I · Æ · (Verbum Dominae manet in aeternum.) de côté, la signature I. H (Johann Höhn); sur la colonne, l'oeil divin entre RE LI GIO. Derrière la colonne on voit la ville de Dantzick; en haut, dans les nuages PERVIGILI et légende intérieure CUSTODI ME UT PUP — ILLAM UM DEI OCULI · PS · 17. Rev. FER PATIENTER ONUS CONSTANTI PECTORE SPERA IN COELO FIDEI CERTA CORONA DATUR. La Paix dans un char de triomphe, traîné par la Foi et la Constance; à l'ex: CONSTANTIA TRIUMPHANS. Vossberg 945, Czapski 2156. Tentzel pl. 44.2. mm. 71.5. Arg. gr. 82. Superbe.

Voir la reproduction sur la planche IV.

242 *Médaille* pareille en vermeil, gr. 86.4. Belle.

Voir la reproduction du n. 241.

1760. **Fête séculaire de la Paix d'Oliva.**

243 *Médaille* frappée par la ville de Dantzick. * PACEM QUAM POST CENTUM ANNOS COLIMUS CELEBRATE NEPOTES. Vue de la ville; de loin, la contrée du Weichsel et la mer drapée de navires. Sur le devant, armoiries de la ville; signée L (Leittner). Rev. AVGVSTO TERTIO — REGE POL : — PATRE PATRIÆ — SALVO — PACIS OLIVENSIS SÆCVLVM ALTERVM — INTER SVPPLICATIONES ET VOTA — III MAII MDCCLX — INGREDITVR — GEDANVM. Vue du couvent d'Oliva; à l'ex: OLIVA PACIFERA — III MAII MDCLX. Ar. mm. 80, gr. 190. Belle.

No. 244.

1660. **Paix de Copenhague, entre Frédéric III, roi de Danemark, et Charles XI, roi de Suède, par l'intermédiaire des Provinces-Unies.**

244 *Médaillon.* FRIDERICVS · III · D : G · DA : NO : VA : G : REX. Buste lauré, cuirassé et drapé du roi à dr. différent de van Loon II éd. fr. 456.1. Rev. *1659 den XI Febr: seint die Swed: zu nacht umb 2 vor Copenh: mit ein general Sturm angefaln. — und sich geendet morgens umb 5.* Une main armée d'un sabre et désignée par *Dan:* abbat une autre main désignée par *Swed:* voulant saisir la couronne de Danemark, sous laquelle COPENHAF — EN. En bas, EBEN EZER — SOLI DEO GLORIA au dessus d'un cartouche dans lequel F / 16 R 60 / den 2 I 7 may. / D van Loon II éd. fr. 456, éd. holl. 474 n. 1 variété.
Médaillon ovale portatif, composé de deux plaques travaillées au repoussé et réunies dans un bord. mm. 33/41. Ar. Beau.

Voir la reproduction.

1662. **Traités de Paix et de Commerce, conclus entre la France, l'Angleterre et les Provinces-Unies.**

245 *Médaille.* ❀ DEVS NOBIS HÆC OTIA FECIT. La Paix assise sur un tas d'armes, sous lesquelles Mars succombe; devant elle, les armoiries de la France, de la Grande-Bretagne et des Provinces-Unies. De la main droite elle tient un rameau d'olivier et de la gauche une corne d'abondance. Rev. en quatre lignes :

De Vree met een olijvenbant
Verbint het vrije Nederlant
Aen groot Britanje ent Franscherijck
Zoo bloeyt de Staet der Vromenwijck.

En bas MDCLXII. v. Loon II éd. fr. 477, éd. holl. 497 n. 1. Medallic Ill. n. 125 en bronze fondu et ciselée. Belle, rare.

Le traité avec La France fut conclu à Paris par les plénipotentiaires des Provinces-Unies, messieurs van Gendt, van Beuningen, Huybert et Boreel en qualité d'ambassadeurs extraordinaires, et avec l'Angleterre à Westminster par les ambassadeurs extraordinaires Louis de Nassau, Simon van Hoorn, Michiel Goch et Joachim Ripperda.

Même sujet.

246 *Jeton.* NON TELIS (PRIMIS BELGI SEPTEMPLICIS ARMIS). Lion couronné tenant faisceau de flèches et balances; en bas, 1662. Rev. ✠ SED CONSTANT LIBRA LIBERA REGNA PARI. Chapeau de la Liberté, entouré des armoiries des sept provinces. v. Loon II éd. fr. 477, éd. holl. 497 n. 2. Dugn. 4185. Ae. t.b.c.

1663. **Renouvellement du Traité de paix de la France avec les Suisses.**

247 *Médaille.* LUDOVICUS XIIII · REX CHRISTIANISS. Tête de Louis XIV à dr. en bas J. MAVGER . F. Rev. FOEDUS HELVETICUM INSTAURATUM. Le roi debout, le chapeau sur la tête, accompagné de son garde des sceaux, du chancelier Séguier et Simarre, met la main sur le livre des évangiles que lui présente le cardinal Antoine, grand aumônier de France, devant le maître autel de Notre-Dame. En face du roi se tiennent debout deux ambassadeurs suisses, les têtes découvertes, dont l'un met également la main sur l'Évangile. A l'ex : M · D · C · LXIII. Haller 79. mm. 41. Br. belle.

248 *Médaille* pareille en bronze doré. mm. 41. Belle.

249 *Médaille* pareille, 2de émission, frappée en argent. gr. 36. t.b.c.

Même sujet.

250 *Médaille.* · LVD · XIIII · D · G · — FR · ET · NAV · REX. Buste cuirassé et drapé du roi à dr. Rev. NVLLA DIES SVB ME NATOQVE HÆC FOEDERA RVMPET. Autel sur lequel une bible et croix; à dr. Louis XIV deb. en habit royal et couronné, tenant par la main le Dauphin aussi couronné, à g. de l'autel, quatre envoyés helvétiques accompagnés de quelques spectateurs; à l'ex. · FOEDERE HELVETICO · — INSTAVRATO · — · MDCLXIII. Haller 76. mm. 56. Br. Belle et rare.

Même sujet.

251 *Jeton.* LVD · XIII · D · G · FR · ET NAV · REX. Buste drapé et lauré à dr. Rev. FOEDERE HELVETICO INSTAVRATO, type du n. 250, le monogr. du Christ sur l'autel; le roi et le Dauphin à g. et les envoyés à dr. de l'autel; à l'ex: 1664. De la Tour 1442. Ae. doré. t.b.c.

Même sujet.

252 *Jeton,* autre buste, non lauré. LVDOVICVS XIIII D G FR · ET · NAV · REX. De la Tour 1444. Laiton. b.c.

1664. **Trève entre l'empereur Léopold I et les Turcs, à Vasvar.**

253 *Médaille.* SIC VNITIS NON PAVEO. Aigle couronnée, tournée à g., tenant faisceau de flêches, deb. sur le globe, sur lequel la date 1664. Rev. ❀ · QVO SVPERIORE POTENTIOR · Soleil dans lequel on voit le Chrisme, au dessus de la lune. Wellenheim 7198, Szech, pl. 33.6. mm. 42, gr. 20. Ar. Belle.

Cette médaille et la suivante sont frappées en mémoire de la victoire des troupes allemandes sous Montecuculli et des troupes françaises sous Coligny, près de St. Gothard sur le Raab, et en mémoire de la trève de Vasvar, suivie par la paix avec les Turcs.

No. 254.

Même sujet.

254 *Médaille,* même type, sans date sur l'hémisphère au droit. Revers ❀ QVO SVPERIORO POTENTIOR · 1664. Wellenheim 7199. mm. 33. Ar. gr. 10. Superbe.

1664. **Traité de paix de Pise.**

255 *Jeton.* LVD · XIIII · D · G · — FR · ET · NAV · REX. Buste drapé de Louis XIV à d. Rev. LENTREE · DV LEGAT A PARIS De la Tour 1813. Lait. t.b.c.

Traité de Pise, conclu entre Louis XIV et le pape Alexandre VII en 1664. Le 4 août, le cardinal Flavio Chigi, chargé de la mission de réparation, fit l'entrée solennelle à Paris.

1666. **Traité de paix, conclu par les Provinces-Unies et l'évêque de Münster.**

256 *Médaille. Manhafticheyt beschermt het lant en leyt de bloetsucht aen den bant.* L'amiral de Ruyter tenant le bâton de commandant, couronné d'olivier et l'écusson de la ville d'Amsterdam; sa gauche repose sur le lion néerlandais; sur l'arrière plan, vue de la ville d'Amsterdam. Rev. légende en 12 lignes. *Toen Munster week en — Carels kielen vloon, — liet Van der Wey, dees silv're — stempel smede. — Manhaftigheyt verdient een lauwer — Croon, — Hij temt de leew ontbloot van regt — en rede — der Burgren moet bevrijt de — vrije Staat — wie moet ontbreeckt was — nimmer goet soldaat,* en bas 1666. v. Loon II éd. fr. 524, éd. holl. 546. Med. Ill. 166. mm. 46. Ar. gr. 33. Belle et rare.

Par l'intermédiaire de l'Électeur de Brandebourg, la Paix entre les Provinces-Unies et l'évêque de Münster, fut conclue le 19 avril 1666.

Cette médaille fut frappée aussi en mémoire du combat naval de quatre jours, sous l'amiral de Ruyter.

1667. **Paix de Bréda.**

257 *Médaille.* MITIS ET FORTIS. Vue de la flotte incendiée sur la Tamise. La Vierge néerlandaise debout foulant aux pieds l'Envie; elle tient un sceptre surmonté de l'oeil de la Providence, et une lance à laquelle est attaché le faisceau de flêches; à ses pieds sont couchés un agneau et un lion; à l'ex: PROCUL · HINC · MALA · BESTIA · JUN: — REGNIS! — 23 — 1667 et la signature C.A (Chr. Adolfszoon). Rev. La Vierge néerlandaise debout, foulant aux pieds des armes de guerre. Elle porte une épée couronnée, un caducée et une corne d'abondance; derrièrre elle on voit des flottes marchandes; en haut, les armoiries de la Grande-Bretagne et des Provinces-Unies. Sur un ruban: IRATO BELLUM · PLACATO NUMINE PAX · EST à l'ex: REDIT · CONCORDIA · MATER · — IUL 31 BRE (armoiries de Bréda) DÆ · Aº. 1667. Sur la tranche ✿ NUMISMA · POSTERITATI · SACRUM · BELGA · BRITANNOQUE · RECONCILIATIS · CUM · PRIVIL : ORDIN : HOLLAND : ET · WEST : van Loon II éd. fr. 534, éd. holl. 555 n. 1. Med. Ill. I page 528 n. 176. mm. 70. Ar. gr. 123. Superbe et extr. rare.

La paix, signée en 1667 entre l'Angleterre, les Provinces-Unies et la France, était bien avantageuse pour l'Angleterre. Les Hollandais cédaient la nouvelle Hollande (New-York et New-Yersey) mais obtenaient le droit d'importer en Angleterre leurs marchandises qui descendaient du Rhin.

La France recevait l'Acadie en échange des îles Antigoa, Montserrat et Saint Christophe, cedées à l'Angleterre.

Même sujet.

258 *Médaille.* Surmoulage en bronze de la médaille: van Loon II éd. fr. 534 éd. holl. n. 555 n. 1. Méd. Ill. page 528 n. 176. mm. 68, sans inscr. sur la tranche.

1667. **Paix de Bréda.**

259 *Médaille connue sous le nom „Leo Batavus"*, frappée par ordre du magistrat d'Amsterdam sIC FINES NOSTROS, LEGES TVTAMVR, ET VNDAS. Dans le lointain, plusieurs vaisseaux à voiles et sur le devant, un lion sur des canons, emblême de la république des Pays-Bas comme on lit à l'exergue: LEO BATAVUS; le chronogramme forme la date 1667; à côté du lion, le monogramme du célèbre médailleur Lutma. Rev. écusson de la ville d'Amsterdam, dessous, en 19 lignes DEO · AVSPICE · — ASSERTIS · — NON · MINORE · ANIMO · — QVAM · SUCCESSV · — AVITIS · PATRIÆ . LEGIBVS · — ADVERSVS · TRES · POTENTISSIMOS · — HISPANIARVM · REGES · — COACTIS · DEINDE · SEMEL · ITERVMQ; — CONTRA · VICINOS · BRITANNOS — ARMA · SVMERE · BATAVIS · — POST · PACEM · EGREGIA · VIRTVTE · — BELLO · PARTAM · — ATQVE · REDVCTA · GENERIS — HVMANI · COMMERCIA · — CONSVLES · SENATVSQVE · — AMSTELODAMENSIS · — MONVMENTVM · HOC · — CIↃ · IↃ C · LXVII · — F · C · van Loon II éd. fr. 534, éd. holl. 555 n. 2. Méd. Ill. p. 526 n. 177. mm. 70. Ar. gr. 113. Superbe.

260 — Même médaille en étain. Belle.

1667. **Paix de Bréda, entre la France, l'Angleterre, le Danemark et les Pays-Bas sous la médiation de la Suède.**

261 *Médaille.* ✿ BELLO AB ANGLIS ILLATO, A BELGIS FORTITER GESTO, VINDICATA MARIVM LIBERTATE, ET QUÆSITA ARMIS PACE XXXI IULII CIↃICIVII (pour LXVII). La paix vidant une corne d'abondance, foule aux pieds le Dieu des combats et met le feu à un tas d'armes jetées par terre. Rev. ✿ BREDA BELLONÆ SEDES, CLANDESTINO ET APERTO MARTE CELEBERRIMA · CONCILIANTIBUS SUECIS, DAT PACEM GALLIS, ANGLIS, DANIS, BELGIS ET ORBI QUIETEM. Plan de la ville de Bréda et de ses forteresses. Variété de van Loon II éd. fr. 534, éd. holl. 555 n. 3 comme Medallic Illustr. 179. mm. 87. Médaille coulée en cuivre doré.

Même sujet.

262 *Médaille* au même type, la légende au droit à date correcte. ✿ BELLO AB ANGLIS ILLATO · A BELGIS FORTITER GESTO, VINDICATA MARIVM LIBERTATE, ET QUÆSITA ARMIS PACE XXXI IULII CIↃDCLXVII. Rev. tout autre gravure de la ville de Bréda; à l'ex: XXXI IULII CIↃICLXVII. van Loon II éd. fr. 534, éd. holl. 555 n. 4. Med. Ill. n. 178. mm. 87.5. Ar. gr. 176.3. Superbe et de la plus haute rareté.

Voir la reproduction sur la planche V.

1667. **Paix de Bréda.**

263 *Médaille.* ✻ HET OUD BREDAAS KASTEEL, DOOR MVLLERS VOND EN WERK, VERTOONT VAN BINNEN EEN GEWENSTE VREEDE KERK. Le Château de Bréda avec l église; diverses chaloupes dans l'eau entourant les murailles. En haut, la Renommée volant et entourée de quatre anges. Elle porte une banderolle sur laquelle on lit SOLI DEO GLORIA. Rev. ✻ HIER ZEILT HET VREDE SCHIP, OP 'T ZILUER IN DE ZEE, MET BLIIDE WIMPELS, VAN EEN VIER GEKNOOPTE VREE. Vaisseau à pleines voiles, accompagné de la Renommée et de Tritons; sur les voiles, les armoiries de la France, la Hollande, l'Angleterre, l'Irlande et le Danemark; à l'exergue, *A° 1667.* v. Loon II holl. 559, fr. 538 n. 1. Medal. Ill. n. 180. mm. 78. Ar. gr. 70.5. Superbe médaille fort rare, travaillée au repoussé.

Voir la reproduction du droit sur la planche V.

Même sujet.

264 *Médaille* pareille, légèrement variée, travaillée au repoussé. mm. 78.5. Ar. gr. 71.5. Belle et rare.

Même sujet.

265 *Médaille* pareille, travaillée au repoussé; la légende au droit finit par VREDE KERK, variété de van Loon et de Med. Ill. n. 180. mm. 84. Ar. gr. 89.4. Belle et rare.

Même sujet.

266 *Médaille.* Victoire de l'amiral de Ruyter à Chatham (Incendie des navires anglais sur le Medway) et la Paix de Bréda qui en fut favorisée. Médaille rare par van Abeele. Attaque des navires anglais par la flotte commandée par l'amiral de Ruyter; sur le devant, un navire coulé au fond. En bas, sur un cartouche *Jun . 1667 — Door Order van haer E. Hoogh. — Mog. onder 't beleyt van d. Heer R. Mich. — A. d. Ruyter L Ad. generael syn besprongen — op de Rivier van Chattam d' Coninckx Oorloogh — Schepen en die verbrant en gesoncken.* Rev. La Paix assise sur un monceau d'armes, tenant de sa droite un rameau d'olivier et de sa gauche une corne d'abondance. En haut, sur un ruban: SOLI DEO — GLORIA. A une corde entourant le revers sont suspendues les armoiries des Puissances pactisant; à gauche, les armoiries de la France, de l'Angleterre, de l'Écosse, de l'Irlande, du Danemark et de la Suède; à droite, les armoiries des Sept Provinces-Unies. En bas, sur un cartouche tenu par deux Génies *Den 6 Septemb. Ano 1667 — is de Vreede tusschen haer E. — Hooghm. en den Coningh van — Groot:-Britanien gepubliseert.* Sur la tranche, le poinçon d'Amsterdam et monogr.

de Peter van Abeele. Dirks Repertorium n. 1460. Med. Ill. page 533 n. 182, van Loon II éd. fr. 538, éd. holl. 559 n. 2. Ar. mm. 73, gr. 82.7. Belle, extrêmement rare.

Voir la reproduction sur la planche IV.

1667. **Paix de Bréda.**

267 *Médaille.* Deux vaisseaux amiraux, l'un au pavillon anglais, l'autre hollandais. Rev. Les armoiries de la Grande-Bretagne et des Provinces-Unies, suspendues à des rubans, liés par une couronne de laurier; en bas, sur une banderolle: BRITAN : BATAV : PAX. van Loon II éd. fr. 538, éd. holl. 559 n. 4. Méd. Ill. n. 184. mm. 44. Ar. gr. 40. Belle.

No. 268.

Paix de Bréda, fêtée à Leyde.

268 *Médaille.* TRIBUUM — PRÆF · OB · — OPERAM PRÆ — STITAM. Armoiries de la ville de Leyde entre · M · DC · — LXVII et à l'entour sur une banderolle E · FOCO · REFOCILLATIO. Rev. Vaisseau au pavillon de Leyde, à l exergue: FELICITER à l'entour ⋆ ASSERTO · PER · VULCANUM · NEPTUNO · PAX. van Loon II éd. fr. 538, éd. holl. 559 n. 5. Med. Ill. n. 181. Belle médaille en or. mm. 30. gr. 9.3. Extr. rare.

Voir la reproduction.

Cette médaille fut distribuée en or aux Commissaires des Quartiers qui l'année précédente avaient dressé les listes des Foyers; avec l'impôt sur les Foyers, les États ont soutenu la guerre contre l'Angleterre.

Paix de Bréda.

269 *Médaille.* ⋆ CAROLVS · SECVNDVS · DEI · GRATIA · MAG · BRIT · FRAN · ET · HIBER · REX Son buste lauré et drapé, à dr. Rev. FAVENTE — DEO La Britannia assise à g. près de la mer et regardant les navires; à l'exergue: BRITANNIA et sur la tranche CAROLVS ⋆ SECVNDVS ⋆ PACIS ⋆ ET ⋆ IMPERII ⋆ RESTITVTOR ⋆ AVGVSTVS ✿ + ✿ Superbe médaille par Roettier. Medallic Ill. I p. 535 n. 185. v. Loon II éd. fr. 522, éd. holl. 544. mm. 56. Vermeil gr. 76. Superbe. Rare.

Voir la reproduction sur la planche V.

No. 270.

Paix de Bréda.

270 *Médaille* en or, variété au buste lauré, mais non drapé; légende circulaire: ⋆ CAROLVS · SECVNDVS · DEI · GRATIA · MAG · BRI · FRAN · ET · HIB · REX. Même revers et même légende sur la tranche qu'au numéro précédent. Comp. v. Loon II éd. fr. 522, éd. holl. 544. Med. Ill. n. 186. mm. 56. Or. gr. 123 (35 Ducats) t.b.c. Fort rare.
Voir la reproduction.

271 *Médaille* pareille. mm. 56. Ar. gr. 74.5. Belle.

272 *Médaille* pareille en vermeil. mm. 56, gr. 79. Belle.

No. 273.

Même sujet.

273 *Médaille.* CAROLVS · ET · CATHARINA · REX · ET · REGINA · Bustes conjoints du roi Charles II et de la reine Cathérine (princesse de Portugal)

sous les bustes *R* (Roettiers). Rev. FAVENTE — DEO à l'ex: BRITANNIA. La Britannia assise près de la mer éclairée par le soleil de plein jour. Med. Ill. I page 536 n. 187. Vente Meili n. 2800. mm. 45. Ar. gr. 43.5. Superbe et rare; dans la boîte originale en maroc, gauffré d'or.

Voir la reproduction.

274 *Médaille* pareille, sans la boîte. Ar. gr. 43. Belle.

Voir la reproduction du n. 273.

1668. **Paix d'Aix-la-Chapelle, entre la France et l'Espagne.**

275 *Médaille.* LVDOVICVS XIIII · REX CHRISTIANISSIMVS. Son buste à dr. par Mauger. Rev. PAX TRIUMPHI PRAELATA. Le roi de France en costume romain, reçoit une branche d'olivier que lui présente la Paix assise sur des nuages. A l'ex: AQUISGRANI — en bas M. DC. LXVIII. van Loon III éd. fr. 20, éd. holl. 22. mm. 41. Br. belle.

La Paix d'Aix-la-Chapelle, conclue le 2 mai 1668, mit fin à la guerre de dévolution de Louis XIV contre l'Espagne. Par cette paix, la France se contentait d'une partie de la Flandre, comme Charleroi, Ath, Audenarde, Douai, Tournai et Lille; l'Espagne au contraire gardait la Franche-Comté.

En conséquence de cette paix, une triple alliance fut conclue à La Haye, entre l'Angleterre, les Provinces-Unies et la Suède, pour maintenir la paix européenne.

1668. **Paix d'Aix-la-Chapelle.**

276 *Médaille* fr. par les États généraux des Pays-Bas. La Hollandia appuyée sur un trophée d'armes; dans la mer, des vaisseaux. Rev. Légende en 12 lignes ASSERTIS · LEGIBUS · — EMENDATIS · SACRIS — ADIUTIS · DEFENSIS · — CONCILIATIS · REGIBUS · — VINDICATA · MARIUM · LIBER — TATE · PACE · EGREGIA · VIR — TUTE · ARMORUM PARTA · — STABILITA · ORBIS · EUROPÆI — QUIETE · — NUMISMA HOC · — S · F · B · C · F — CIƆIƆC · LXVIII dans un entourage formé par une couronne d olivier, chargée des écussons des Sept Provinces et de sept faisceaux de flèches. v. Loon III fr. 22, holl. 34. mm. 63. Ar. gr. 89.3, d'une beauté excessive.

Voir la reproduction sur la planche VI.

277 *Médaille* pareille en bronze coulé, t b.c. trouée.

1669. **Paix conclue entre Louis XIV et le Saint-Siège.**

278 *Médaille* LUD · XIIII · D · G · — FR · ET · NAV · REX Buste cuirassé de Louis XIV. Rev. GRATIA · ET · PAX · A · DEO. Autel sur lequel un livre ouvert, surmonté des deux sceptres de la France et des deux clefs papales en sautoir; le tout éclairé par le Saint-Esprit; à l'exergue · OB · RESTIT · ECCLESIÆ · — · CONCORDIAM · — · 1669. Ar. mm. 50, gr. 83. Belle.

1671. **Désir de paix des Provinces-Unies.**

279 *Jeton en piéfort* en argent, frappé à Utrecht NON TELIS (PRIMIS BELGIS SEPTEMPLICIS ARMIS) le lion néerlandais tenant des bascules; en bas, 1671. Rev. ∴ SED CONSTANT LIBRA LIBERA REGNA PARI. Les écussons des Sept Provinces-Unies, autour du chapeau de la Liberté. v. L. III éd. fr. 44, éd. holl. 48. D. 4289. Ar. gr. 16, t.b.c. rare.

280 *Jeton* pareil. Ae. t.b.c.

1674 **Paix de Londres, entre l'Angleterre et les Provinces-Unies.**

281 *Médaille.* Le prince Guillaume III à cheval, comme commandant; au lointain, la ville de Naarden et le Zuiderzee; en haut, une branche d'oranger entourée d'un ruban sur lequel on lit VIRES — ULTRA — SORTEM — QUE — IUVENTAE. Rev. A DoMINo VENIT paX ET VICtorIA LAETA Pigeon volant et portant un rameau d'olivier dans son bec, au-dessus d'une mer calme. van Loon III éd. fr. 131, éd. holl. 136. Med. Ill. page 561 n. 225. mm. 67. Ar. gr. 78.5. Belle et rare.

Voir la reproduction sur la planche VI.

Par la Paix de Londres, conclue le 19 février 1674 entre l'Angleterre et les Provinces-Unies des Pays-Bas, Louis XIV fut contraint d'abandonner ses conquêtes aux Pays-Bas, excepté Maestricht et Grave. En même temps la paix entre les Provinces-Unies, l'archevêque de Cologne et l'évêque de Munster, fut rétablie.

No. 282.

Même sujet.

282 *Médaille.* HINC — HOSTES — DEBELLO. Le lion néerlandais, blessé d'une flèche, étend une de ses griffes vers une Orange que lui tend une main céleste; dans les nuages on voit le nom יהוה, tandis que de l'autre griffe le lion tient un faisceau de flèches dont le cordon est attaché à la jambe gauche du prince d'Orange; dessous, dans un compartiment WIE SAGH SOO — VER — DORAENGIESTER — 16 · 74. Rev. GERMINI QUOD AVRIACO FIDAT LEO BELGICVS · GALLO LAESVS. Écusson écartelé et couronné du prince d'Orange, entouré du ruban de la Jarretière. van Loon III éd. fr. 142, éd. holl. 149. Méd. Ill. page 562 n. 226. mm. 41. Ar. gr. 18, t.b.c. Rare.

Voir la reproduction.

1674. **Paix de Londres.**

283 *Médaille* au buste de face de l'amiral de Ruyter, par van Abeele MICHIEL AD[R] DE RUYTER · R · L · ADM · V · HOLL · E · WESTV · E[C] · monogramme de Peter van Abeele. Rev. La Paix assise sur un monceau d'armes, comme le revers de la médaille sur la paix de Bréda n. 266. sur le cartouche: De Vreede Beslooten met — De Koninck van Engelant — de Heeren Staten Gene — rael den 19 Febr. 1674. Medall. III. page 563 n. 228. Dirks Repert n. 1698. mm. 72. Étain t.b.c. rare.

1677. **Installation de la Conférence pour la paix à Nimègue.**

284 *Médaille.* I : BAP : CHRISTYN · EQVES · REG : CAT : AB INT : CONS : Buste drapé du conseiller à g. Rev. Ses armoiries; en bas, 1674. van Loon III éd. fr. 206, éd. holl. 219. Superbe médaille par Waterloos. mm. 48. Br. doré. *Voir la reproduction sur la planche V.*

Le chevalier Christyn était seigneur de Meerbeek, et 1674 sous les armoiries, indique la date de l'érection de cette seigneurie en baronnie. En 1677 fut installée la conférence pour la paix à Nimègue; les plénipotentiaires des États des Provinces-Unies étaient Johan Oem van Wijngaarden, seigneur de Werkendam et Johan de Mauregnault, du roi d'Angleterre le chevalier Temple; les ambassadeurs du roi de France étaient les seigneurs Colbert, d'Avaux et d'Estrades; le seigneur Christyn était adjoint comme conseiller juridique aux ambassadeurs du roi d'Espagne; l'envoyé du Pape était Aloise de Bevilacqua, patriarche d'Alexandrie.

Le bourgmestre de Nimègue, Joan van Welderen seigneur d'Ubbergen, Valburg et Oudenhoorn, récipia tous ces grands seigneurs à l'hôtel de ville.

1678. **Conférence pour la paix à Nimègue.**

285 *Jeton.* DOMINE SALVA NOS. Un navire toutes voiles dehors; dans le champ, les armoiries de Léonard van der Noot, Magistrat de Bruxelles. Rev. GOD · T · — WIL · DIT · SCHIP — BEWAEREN · — VAN DERNOOT. Le chronogr. forme le millésime 1678. van Loon III éd. fr. 228, éd. holl. 243 n. 1. Dugn. 4392. Ae. Beau.

Après la prise de Gand et d'Ypres, le roi Louis XIV donna des instructions à ses ambassadeurs qui s'étaient réunis avec ceux de la Grande-Bretagne et des Provinces-Unies à une conférence pour la paix à Nimègue. Les ambassadeurs néerlandais estimaient ces propositions bien acceptables, c.a. l'offre d'une trève du 15 avril jusqu'au 10 mai. Les États des Provinces-Unies chargèrent les seigneurs Boreel et van Weede van Dijkveld à Bruxelles, pour offrir leur médiation entre l'Espagne et la France, ce que fut refusé par le Gouverneur-Général espagnol à Bruxelles. Ce jeton et le suivant expriment le dépit des bourgeois de Bruxelles par ce refus.

Même sujet.

286 *Jeton* du même Magistrat. Droit comme le précédent. Rev. DOMINE SALVA SERVOS TVOS QVI — IN VOCANT — TE. van Loon III. 228-243 n. 2. Dugn. 4394. Ae. beau.

1678. **Paix de Nimègue, entre la France, les Provinces-Unies et l'Angleterre.**

287 *Médaille.* LVDOVICVS MAGNVS REX CHRISTIANISSIMVS. Tête de Louis XIV à dr.; dessous I.MAVGER.F. Rev. PACE IN LEGES SUAS CONFECTA Caducée ailé, planté au milieu d'un foudre; à l'exergue: NEOMAGI – X . AUG . M . DC . LXXVIII. van Loon III éd. fr. 231, éd. holl. 245 n. 1. mm. 41. Ar. gr. 38.2. Belle refrappe.

288 *Médaille* pareille en bronze; frappe originale. mm. 41. Belle.

No. 289.

Même sujet.

289 *Médaille.* LVDOVICVS · MAGNVS · REX · CHRISTIANISS. Sa tête à dr.; en bas R (oettiers). Rev. PACE IN LEGES SVAS CONFECTA · Caducée ailée; en bas, M · DC · LXXVIII. Manque à van Loon, Comparez Dirks Repert. 1801. Manque aussi au Musée monétaire. mm. 45. Ar. gr. 56.7, t.b.c. Extr. rare. *Voir la reproduction.*

Même sujet.

290 *Jeton* sans date LVDOVICVS MAGNVS · REX. Buste de Louis XIV à dr.; en bas: N (Nilis). Rev PACE · IN · LEGES · SVAS · CONFECTA Caducée ailé, posé verticalement sur le sol. v. Loon III éd. fr. 231, éd. holl. 245 n. 2. De la Tour 1874. Laiton t.b.c.

Négociations de paix à Nimègue. Bataille et victoire du prince de St. Dénis, sur les Français.

291 *Médaille.* LUDOVICUS MAGNUS REX CHRISTIANISSIMUS. Son buste à dr.; sous le buste I. MAVGER F. Rev. MARS PACIS VINDEX. Mars tenant

un trophée et un rameau d'olivier; à l'ex: PUGNA AD FANUM S. DYONISI – XIII. AVG. – M · DC · LXXVIII mm. 41. Br.

Pendant les négociations de paix à Nimègue, une des causes que la conclusion définitive se traînait au long, était le voeu raisonnable de la part de l'Espagne que le roi de France leur restituât les villes des Pays-Bas espagnols occupées par les Français, ce que ces derniers ne semblaient point prêts à accomplir. Le prince d'Orange qui estimait que dans ces conditions la paix générale tarderait bien à venir, croyait que les circonstances étaient favorables à ôter aux Français quelques unes de ces villes occupées et que par cette entreprise, la conclusion de la paix serait accélérée. Ceci est la cause de cet événement militaire, d'une campagne pendant les négociations de paix, avec le but de hâter la conclusion de la paix.

1678. **Paix de Nimègue.**

292 *Médaille de la ville d'Amsterdam.* LIBERTAS PACIS SOBOLES PRVDENTIÆ ALVMNA. La Liberté des Provinces-Unies, assise entre la Prudence et la Paix personnifiées; à côté de la Prudence, l'écu d'Amsterdam; les pieds de la Liberté reposent sur le lion néerlandais. Rev. OCCIDIT AD RHENVM NASCITVR AD VAHALIM. Vue de la ville de Nimègue du côté du Wahal. En haut, les armoiries couronnées de la France et des Pays-Bas, attachées à une guirlande et à des chaînettes sortant des nuages; le tout enluminé par un soleil brillant. A l'exergue: CIↃ · IↃC · LXXVIII. van Loon III éd. fr. 233, éd. holl. 248 n. 1. mm. 66. Ar. gr. 94.5. Superbe.

Même sujet.

293 *Médaille.* ❁ CONIVNGVNT SVA TELA LEO, SVA LILIA GALLVS. Une tige de lis et un faisceau de flèches, attachés étroitement ensemble et passés à travers d'une guirlande autour de laquelle on lit: QVIS — SEPA -- RABIT. Rev. Légende en 9 lignes: Gedachtenis — van 't vreêbesluit, – Soo lang gesocht, — te lang gestuit: — In 't eindt noch rustig — doorgedreven. — Godt laet' de vrede — maekers leven · — M · D · C · LXXVIII. van Loon III éd. fr. 233, éd. holl. 288 n. 3. Ar. gr. 13. Belle, rare.

Même sujet.

294 *Médaille.* Droit comme de la précédente. Rev. A DoMI — NO VENI — ENS PopV — LIS PAX — LÆTA RE — FVLGET — (Chronogramme formant la date 1678) dans une guirlande d'olivier. van Loon III éd. fr. 233 éd. fr. 248 n. 4. Ar. gr. 23, t.b.c.

No. 295.

1678. **Paix de Nimègue.**

295 *Petite médaille* émise par le Dr. Chrétien Rumpf, ambassadeur des États des Provinces-Unies à la cour de Suède à Stockholm. Les armoiries de la France, de l'Angleterre et des Provinces-Unies, attachées à une couronne d'olivier; dessous: GALLO — BATAVA · PAX. Rev. PAX · OPTIMA · RERVM. Vue de la ville de Nimègue sous un soleil brillant; à l'ex: NOVIO — MAGI · A° · 1678. van Loon III éd. fr. 235, éd. holl. 250. Méd. Illustr. pag. 573 n. 244. Ar. gr. 4.5. Belle.

Voir la reproduction.

296 *Petite médaille* pareille. Ar. t.b.c.

1679. **Paix de Nimègue.**

297 *Jeton.* Traité entre la France et l'Espagne PACEMQVE · FERENDI · VICTORI · HEC · MERCES · ERIT. Jason tenant de la main la Toison qu'il vient de ravir. Rev. Armoiries heaumées de van de Wauwere, entre la date 16—79. Jeton de Bruxelles, van Loon III éd. fr. 236. Dugn. 4411. Ae. t.b.c.

Rogier van de Wauwere était membre de la Chambre des Comptes à Bruxelles, qui devait enregistrer le traité conclu à Nimègue.

1679. **Paix de Nimègue.**

298 *Médaille.* LVDOVICO · VICTORE · ET · PACIS · DATORE. Buste lauré et drapé de Louis XIV tourné à g. Rev. · DVLCIVS — · VIVIMVS. Vue de la ville de Cambrai; dessus, sur une banderolle: CAMBRAY. van Loon III éd. fr. 237, éd. holl. 252 n 2. Ar. mm. 49, gr. 56. Belle.

Par le traité, conclu à Nimègue entre les rois de France et d'Espagne, la ville de Cambrai restait définitivement à la France. La médaille rappelle cette clausule.

1679. **Paix de Nimègue. Traités entre la France et l'Empire et entre l'Empire et la Suède**

299 *Médaille.* CORDA VELUT CHORDÆ · FATO IVNGUNTUR AMICO : La Paix assise jouant d'une harpe; devant elle, un lion tenant une épée entourée d'une branche d'olivier, l'aigle impériale et le coq français, tenant ensemble une palme; en bas 1679. Rev. SIC FACE RESTINCTA · GAUDIA PACIS ARANT · A: 1769. La Paix debout foulant aux pieds des instruments de guerre, rompus ou jetés à terre. Elle tient un faisceau de flêches enchaîné; au lointain, un paysan labourant. Sur la tranche: DER HIMMEL SPILT AUF ERDEN · DAS HELDEN EINIG WERDEN. v. Loon III éd. fr. 242, éd. holl. 258. mm. 59 Ar. gr. 86. Belle, fort rare.

Voir la reproduction sur la planche 17.

Pendant les négociations de paix à Nimègue, les généraux de l'empereur Léopold tâchaient de remporter une victoire décisive sur les armées du roi Louis XIV, mais comme la campagne leur était défavorable, l'Empereur chargeait les ambassadeurs à Nimègue de signer le traité avec les ambassadeurs du roi de France et le lendemain avec les Suédois.

1679. **Paix de Nimègue**.

300 *Thaler* en losange, de Johann George II de Saxe, sur la fête de tir, dit d'Hercule, en réjouissance de la Paix de Nimègue. SUSCIPIANT — MONTES PACEM — POPULO —. PS. 72 · V. 5. — ANNO · — MDCLXXIX dans une couronne de palmes; en bas: I · THAL; à l'entour, les armoiries de Saxe, Clèves, Juliers et Berg et la lég. IOH: GEORG · II · — · D G · DVX: SAX: — IVL: CLIV: ET · — MONT: ELECT: Rev. VIRTVTE — PARATA. Hercule couronné par une main sortant des nuages. v. Loon III, éd. fr. 243, éd. holl. 259 n. 2. Mad. 2994. Ar. Beau.

1679. **Paix de Nimègue**. Traité de paix entre la France et l'évêque de Münster, sous les auspices de l'ambassadeur papal.

301 *Médaille*. INNOCEN — XI · PONT · MAX Son buste à dr. avec tiare; au bras: OPVS. sous le buste IO. HAMERANVS. Rev. FECIT PACEM · SVPER TERRAM. Ange du ciel, offrant rameau d'olivier à l'église personnifiée; sur un autel *1679*. Var. de van Loon III éd. fr. 246, éd. holl. 262. mm. 46. Br. doré. b.c. trouée.

No. 302.

1679. **Paix de Nimègue**. Traité de paix, entre le roi de Suède et l'évêque de Münster, sous les auspices du roi de France.

302 *Médaille satirique* sur la protection offerte par la France au roi de Suède. *Gallus Protector*. La couronne suédoise, le globe impérial, le sceptre et

l'épée, au dessus d'une gerbe de blé, armoiries de la maison de Wasa. Rev. SVB VMBRA ALARVM. Globe avec le mot SVECIA, surmonté du coq gaulois. van Loon III éd. fr. 247, éd. holl. 263. mm. 43. Ar. gr. 29.3, t.b.c. Rare. *Voir la reproduction.*

1679. **Paix de Nimègue, entre la France et l'Autriche.**

303 *Médaille.* LVDOV : XIIII · FR · ET · NAV : REX. Buste lauré et richement drapé de Louis XIV à dr. Rev. SVB · CLYPEO · FERRO · ET · AVRO. La Providence debout élevant son sceptre de la main droite et tenant de la main gauche une palme reposant sur une enclume. Sur la terre, grand nombre de boucliers, de pavillons et de lances; sur la base on lit: PACEM — PRVDENTIA — CVDEN — S. En haut, bouclier sur lequel une epée et une corne d'abondance. van Loon III éd. fr. 250, éd. holl. 266. mm. 72. Ar. gr. 115.3. Superbe et extr. rare.

Voir la reproduction sur la planche VII.

1679. **Paix de Nimègue, entre l'Autriche et la France.**

304 *Médaille.* LEOPOLD · ROM : IMP · CAES : AVG : Buste cuirassé et richement drapé de l'empereur Léopold I, lauré et orné de la Toison d'or. Rev. PAX ET SALVS. L'Europe sur le taureau, tenant la palme de la paix, un sceptre et une couronne de laurier; à l'ex: EVROPAE Mont. 891. Wellenh. 7362. mm. 72, gr. 132. Superbe et extr. rare.

Voir la reproduction sur la planche VII.

Cette belle médaille porte les traces qu'elle est frappée avec des coins brisés, ce qui prouve aussi l'extrême rareté de cette pièce.

1679. **Paix de Nimègue.** Traités conclus entre les Provinces-Unies des Pays-Bas, l'empereur Léopold, le roi Louis XIV, les rois d'Espagne, de Danemark et de Suède et l Électeur de Brandebourg.

305 *Médaille.* FIRMATA NEO — MAGI PAX: *1678.* Vue de la ville de Nimègue et de la forteresse Knotsenburg; sur le devant, plusieurs ambassadeurs se rencontrant et se congédiant; à l'ex. I . V . D : F . Rev. La Paix debout; devant elle, les armoiries des États susdits · PACATUS SOLIS — VIRTUTIBVS ORBIS à l'ex: I . V DISHOUKE . F. Variété de v. Loon III éd. fr. 257, éd. holl. 275 n. 2. Kon. Kab. n. 1273. mm. 72. Ar. gr. 153.5. Superbe et extr. rare. *Voir la reproduction sur la planche VII.*

1679. **Paix de Nimègue.**

306 *Jeton.* LOVIS · XIV · ROY — DE · FR · ET · DE · NAV. Buste cuirassé et drapé du roi à dr. Signé L, Rev. · TERRAS · IVBET · ESSE · QVIETAS · Un soleil et un arc en ciel, symbole de l'alliance de paix; à l'exergue: TRESOR · ROYAL — · *1679* · van Loon III éd. fr. 260, éd. holl. 278 n. 4. Ae. t.b.c.

1679. **Paix de Nimègue.**

307 *Jeton* sans date, au même buste. Rev. LE REPOS · SVIT LA · VICTOIRE. Femme assise à g. tenant une couronne royale posée sur sa jambe droite. mm. 25. De la Tour 1826. Laiton. t.b.c.

Même sujet.

308 *Jeton*, tête de Louis XIV à dr., plus agée; au-dessous CL (Conrad Laufer). Rev. Comme le précédent. De la Tour 1822. Ae. beau.

No. 309.

Même sujet.

309 1679. *Thaler, d'Anselme François d'Ingelheim*, archevêque de Mayence, en mémoire de la Paix de Nimègue ANS · FRANC · D · G · A - EPS · MOG · S · R · I · P · G · A · C · P · E Buste de l'archevêque à dr. en habit électoral; en bas, armoiries écartelées, couvertes de la couronne électorale. Rev. Main sortant des nuages et tenant des balances; sur l'un des plateaux, un rameau d'olivier élévant l autre plateau sur lequel est posée une épée, ce qui est constaté par la légende PAX PRÆ — VALET ARMIS. Schulthess Rech. 3574. Madai 410. mm. 46. Arg. gr. 28.7. Beau, rare. *Voir la reproduction.*

1679. **Paix du Nord, conclue à St. Germain.**

310 *Médaille* au buste de Louis XIV. Droit du n. 291. Rev. SOCIORUM · DEFENSOR à l'ex: PAX SEPTENTRIONIS — 1679 en bas · R (Roussel). v. Loon III éd. fr. 251, éd. holl. 261 n. 2. mm. 41. Br. belle.

En conséquence de la Paix de Nimègue, la France conclut à St. Germain aussi un traité de paix avec la Suède et le Danemark, connu sous le nom de Paix du Nord. Le Danemark, le rival de la Suède, était en guerre constante avec son voisin; par l'intermédiaire de la France fut conclu à Lund un traité de paix entre le roi Charles XI et le roi Christian V.

1679. **Traité de Paix, conclu à Lund, entre les rois de Suède et de Danemark.**

311 *Médaille.* CAROLUS XI D : G : REX SUECIÆ. Buste cuirassé et drapé de Charles XI à dr. Signée ANT. MEYBVSCH FEC. Rev. A COELO EST - QUÆ DAT PACEM. La couronne de Suède placée sur un grosse pierre sur laquelle on lit CONSTAN — TIA — VICTRIX · — 1679 cette pierre est entourée de toutes sortes d'armes offensives dont quelques unes se brisent. Des nuages sort un bras tenant un rameau d'olivier et une palme, au-dessus de la couronne. En haut, le nom de יהוה (Jehovah) brillant. van Loon III éd. fr. 253, éd. holl. 270 n. 2. mm. 45. Hildebr. 70. Ar. gr. 35.5, t.b.c.

Les négociations de paix à Lund furent entamées de la part de Suède par le Conseiller aulique, le comte Johan Gyllenstierna, et le Conseiller Frans Joel Örnestedt. Une trève fut conclue le 30 août 1679 et la paix fut signée le 26 septembre.

Même sujet.

312 *Médaille* pareille en bronze doré. Hildebr. 70. Belle.

Même sujet.

313 *Médaille* pareille en bronze. Hildebr, 70. Belle.

Même sujet.

314 *Médaille.* CAROLVS · XI · D : G : REX · SVECIÆ. Buste drapé et lauré du roi à dr. Rev. HOC ENSE — LIBERAVIT. Bras sortant des nuages et tenant épée; en haut יהוה rayonnant; en bas, écusson de Scanie, entre 16 – 79. Hild. 71. mm. 43. Br. belle.

Même sujet.

315 *Médaille* au même type · CAROL · XI · — D · G · REX · SVE · Rev. comme la médaille précédente. Hild. 72. mm. 27. Br. Belle.

Même sujet.

316 *Médaille* au même type · CAROLVS · XI · — D · G · REX · SVEC. Hild. 72 var. mm. 27. Bronze argenté, belle.

1679. **Paix de Lund.**

317 *Médaille repoussée, ovale, portative,* CAROLVS · XI ⋆ — · D · G · REX · SVECIÆ · Buste cuirassé, lauré et drapé à dr.; sous le bras, monogr. formé par HLT. Rev. CHRISTIANVS · V · D : G · — · REX · DA · NO · VA · GOT · Son buste cuirassé, lauré et drapé à dr.; en bas : HLT en monogr. Hildebr. 73. Danske mynter pl. 55.5. mm. 41/34. Ar. gr. 12.5. Belle, rare.

318 — *Médaille* pareille coulée, en plomb, sans oeillet. Hild. 73, b.c.

No. 319.

1679. **Paix de Lund.**

319 *Médaille.* FR — IE — DE sur un bijou triangulaire, couronne à chaque extrémité; le tout dans un cadre sur lequel VLR — ICA — ELEO — NORA (nom de la reine de Suède); en bas: MDCLXXIX, le tout entouré de deux palmes liées ensemble par un ruban; sur la palme à g. CHRISTIANUS V et sur celle à dr. CAROLUS . XI; à l'entour **Die hier bindet wirdt gebvnden — vnd da dvrch der Friede gefvnden**, à l'ex. le nom du graveur C.S. (Christof Schneider). Rev. Mercure planant dans l'air, au-dessus de la ville d'Öresund; il tient le caducée ailé et la bourse; dans le champ: *Lauter Freude* à rebours. Hild. 74. mm, 40. Ar. gr. 23. Belle et rare.
Voir la reproduction.

No. 320.

1681. **Traité de l'empereur Léopold, avec l'Espagne, pour soutenir la Paix de Nimègue**

320 *Médaille.* PAX SIT PACIFICIS SIT BELLVM IN BELLA MOVENTES. Buste cuirassé, drapé et lauré de l'Empereur et buste drapé de l'impératrice Éleonore; sous les bustes: P.H.M. (Müller) et la pomme de pin d'Augsbourg. Rev. PACI ET IVSTITIÆ SIC BENE — CONVENIET. La Justice et la Paix dans un bige à g., à l'ex: MDCLXXXI P. H. M. Wellenheim 7205. mm. 46. Ar. gr. 36. Belle, rare. *Voir la reproduction.*

1681. **Traité entre l'Espagne et l'Angleterre, pour soutenir la Paix de Nimègue.**

321 *Jeton*. CAROL · II · D · G · HISP · ET · INDIAR · REX 16 — 81. Le roi à cheval. Rev. PACE · DATA · HÆC · DET · CONNEXIO · FRVCTVM. Deux mains jointes tenant une branche d'olivier et une rose (Angleterre); en bas; une corne d'abondance. Dans le champ PA—R ET IMP—AR. Jeton de Bruxelles. van Loon III éd. fr. 275, éd. holl. 294. D. 4456. Ae. t.b.c.

1682. **Traité entre les États des Provinces-Unies, l'empereur Léopold, le roi d'Espagne et le roi de Suède pour soutenir la Paix de Nimègue.**

322 *Jeton* de Bruxelles · CONTRA · INFRACTORES 16 — 82 l'aigle autrichien et le lion néerlandais tenant ensemble une haste, du ciel paraît un bras offrant un rameau d'olivier. Rev. GECT · POVR LE BVREAV DES FIN · Armoiries couronnées de l'Espagne. van Loon III éd. fr. 280, éd. holl. 299. Dugn. 4467. Ae. t.b.c.

1683. **Courtrai et Dixmude occupés par les Français**

323 *Médaille*. Droit du n. 291. Rev. MARS JUS — NEGATUM REPETENS. Mars armé montre à l'Espagne assise, le Traité de paix de Nimègue; à l'ex: CURTRACUM ET DIXMUDA — CAPT · — MDCLXXXIII, van Loon III éd. fr. 282, éd. holl. 301. mm. 41. Br. Belle.

Dans le traité de Nimègue n'était pas stipulé que le roi de France restituerait à l'Espagne le vieux bourg de Gand, la ville et châtellenie d'Alost, occupés par les Français; en 1683, le roi Louis XIV prétendait que ces places lui appartenaient de droit; c'est ce que Mars tâche de prouver à l'Espagne, en montrant le traité de Nimègue. L'occupation des villes de Courtrai et de Dixmude, par le comte d'Avaux, était la compensation exigée par la France, pour les places mentionnées ci-dessus.

1684. **Traité de vingt ans, conclu à La Haye, entre la France, l'Espagne** et **les Provinces-Unies** dans une Salle de la Cour, qui en a pris le nom de Trèveszaal (Chambre de la Trève) et l'a gardé jusqu'à présent.

324 *Médaille* de la ville d'Amsterdam. DUBUS PRÆLATA TROPHÆIS. Un guerrier représentant La France; il porte trois fleurs de lis sur le brassard, donnant le choix entre une épée et une palme à l'Espagne, représentée aussi par un guerrier s'appuyant sur un bouclier aux armoiries de ce royaume. Entre ces deux guerriers se trouve un autel sur lequel les sceptres du Saint-Empire, de la France et de l'Espagne. En bas, l'aigle impériale écrase un serpent. Rev. CONSERVAT — UTRAMQUE. La ville d'Amsterdam personnifiée entre deux autels; l'un enflammé et sur l'autre une bourse; plus loin on découvre la mer avec quelques vaisseaux à voiles; sur la base des autels ANNO — 1684, à l'ex: INDUCIIS XX AN · PACTIS. van Loon III éd. fr. 296, éd. holl. 316 n. 1. Ar. gr. 84.5. Belle et rare.

1684. **Traité de vingt ans, conclu à La Haye, entre la France, l'Espagne et les Provinces-Unies.**

325 *Jeton.* LOVIS LE GRAND — ROY · DE FRANCE. Buste du roi à dr. Rev. LE · REPOS · SVIT — * LA · — VICTOIRE. van Loon III éd. fr. 294 n. 5, éd. holl. 314 n. 5. De la Tour n. 1815. Laiton. t.b.c.

1684. **Trève de vingt ans, conclue à La Haye et confirmée à Ratis bonne** entre l'Empereur, la France, l'Espagne et les Pays-Bas.

326 *Médaille.* ZWANZIG · IAHRIGER · STILLSTAND · MDCLXXXIV $\frac{5}{15}$ AUG. Mars assis, endormi devant un trophée d'armes; l'ange de paix descend du ciel, muni d'une chaîne pour enchaîner Mars Rev. ES · TRAUM · — UND · SCHLAFFE · MARS · — SO · LANG · UNAUFGEWECKT · — BIS · IHN · DER · EDLE · FRID · — IN · BAND · UND · FESSEL · — STECKT · en bas: · CIL (Leher). Forster 489, manque à van Loon. mm. 43 Plomb, t.b.c. Extr. rare.

No. 327.

1684. **La Sainte-Ligue.** Traité entre Léopold I, empereur d'Allemagne, Jean III Sobieski, roi de Pologne, et Marc-Antoine Justinien, doge de Venise contre les Turcs, sous les auspices du Pape.

327 *Médaille.* DIE EINTRACHTS TREV · — DIS HEL — DEN DREY · — MIT SIEG ERFREV. Tréfeuille sur laquelle sont placés, au milieu, l'Empereur debout, la légende LEOPOLDVS I · ROM · I : autour de la tête; à gauche le roi Jean III Sobieski debout, autour de la tête: IOH · III · REX · POLONIA · et à droite le doge de Venise, autour de la tête: M : A · I · DVX VENETIA, les trois princes, les épées en haut, tenant ensemble une chaîne, signe de la conclusion du traité, à l'ex: CONFOEDERATIO — ET — CONCORDIA en bas M. B (Martin Brunner). Rev. ❀ DURCH DIESEN BUND · DER TÜRCKEN HUND ·

MUS GEHN ZU GRUND · A · 1684. Le chien turc attaqué par le lion de St.-Marc et les aigles de l'Autriche et du Pologne. Sur la tranche: ✿ DVRCH GOTTES HAND · DIS DREYFACH BAND · HAB LANG BESTAND · Szechenyi pl. 33.8. mm. 56. Ar. gr. 68.5. Superbe. Extr. rare.

Voir la reproduction.

L'Autriche, plus menacée que jamais par les Turcs, réussit, grâce à l'intervention du Saint-Siège, à conclure un traité d'alliance avec Jean Sobieski et le doge de Venise, contre les Ottomans.

1687. **Paix Perpétuelle d'Androussovo. L'impératrice Sophie de Russie entre dans la Sainte-Ligue.**

328 *Médaille.* CONCORD. $\overset{P}{X}$ ISTIAN. La Concorde assise dans une colonnade. Les colonnes ornées des armoiries de l'Autriche, du Pologne, de la Russie et de la Venise; en bas: G–H (George Hautsch). Rev. en 12 lignes: LEOPOLDI MAGNI — ROM · IMPERATORIS — IOHAN · III · POLON · REGIS — ET — REIPVBLICÆ VENETÆ — CONCORDIBVS ARMIS — ADVERSUS TURCAS — EXERCITUS — MOSCOVITARUM — STABILI FOEDERE — IUNGITUR — MDCLXXXVII en bas: L.G.L. Wellenheim 7300. Montenuovo 1059. mm 45. Ar. gr. 33.7. Belle.

No. 329.

1688. **Traité entre l'Angleterre, la France, la Turquie et l'Alger** contre les Provinces-Unies des Pays-Bas et l'Empire.

329 *Médaille satirique.* SOLIMAN III · LVDOV : XIIII · MEZOMORTO · IACOBVS II · Les quatre princes prêtant serment devant un autel allumé, orné du Chrisme et du croissant; du feu sort un serpent. A l'ex : CONTRA CHRISTI — ANIMUM Rev. IN FOEDERE QUINTUS. Au-dessus de trois fleurs de lis et un croissant plane le diable coiffé d'un bonnet de prêtre, tenant une épée et un foudre; à l'ex: 1688. van Loon III éd. fr. 347, éd. holl. 372 n. 3. Med. Ill. I pag. 632 n. 54. mm. 38. Ar. gr. 25. Belle, rare.

Voir la reproduction.

No. 330.

1689. **Traité entre Louis XIV, roi de France, le sultan de Turquie et le dey d'Alger.**

330 *Médaille satirique.* GALLIA SVPPLEX. Le roi de France à terre devant le sultan de Turquie en lui offrant deux sacs d'argent; derrière le Sultan, deux Turcs debout; à l'exergue : VIRO IMMOR = TALI. Rev. en cinq lignes: AMIC : TVRCA — AMICI ALGERINI — AMICI BARBARI — CHRISTIANO-RVM — OSOR ET HOST o van Loon III éd. fr. 404, éd. holl. 433 n. 2. Manque aux Med. Ill. mm. 38. Ar. gr. 31.9. Belle.

Voir la reproduction.

Dans le traité conclu fut stipulé que le roi de France ne traiterait sur la paix avec l'Autriche et les autres Puissances chrétiennes, sans la permission du Grand-Turc; cet accord indigne fut le sujet de cette médaille satirique.

1689. **Traité de paix d'Altona, entre le Danemark et le Holstein, par l'intermédiaire des Électeurs de Brandebourg et de Saxe et des Provinces-Unies.**

331 *Médaille.* SIC PRIDEM AVULSÆ REDEVNT IN FOEDERA DEXTRÆ. Deux mains sortant des nuages, se liant et tenant deux palmes traversant une couronne; en bas, le monogramme de Christian V de Danemark et Christian Albert de Holstein—Gottorp. Rev. Légende en 15 lignes. POST XIV — ANNORVM TÆDIA, — ET BREVE — FORTVNÆ LVDENTIS — INTERSCENIVM, — DEI. O. M. MVNERE, — AVGVSTISSIMI CÆSARIS — ELECTORVMQ · SAX · ET · BRAND · — FELICIBVS AVS-PICIIS, — LEGATORVMQ · OPERA, — REGEM INTER DVCEMQ · — CONCORDIA — PROCVRATA · A · MDCLXXXIX — D · XX · IVNII · en bas: A K (Arvid Karlsteen). van Loon III éd. fr. 407, éd. holl 437 n. 1. mm. 52. Ar. gr. 58.5. Superbe, rare.

Plus que jamais Louis XIV, par son alliance avec James IV, menaçait les Provinces-Unies, le Brandebourg et les États de l'Empire. Pour avoir les mains libres contre la France, le Stadhouder des Pays-Bas, Guillaume III, et les princes cités croyaient utile de rétablir la paix entre le roi de Danemark et le duc de Holstein. Les États-Généraux des Provinces-Unies envoyaient le seigneur de Heemskerk à Altona pour soutenir, tant par des conseils que par de l'argent, les tentatives des Électeurs mentionnés pour rétablir la paix.

No. 332.

1689. **Traité de paix entre la France et l'Alger.**

332 *Médaille satirique.* SE IPSISSIMO. Boule ornée de trois fleurs de lis, détonant; à l'ex: IMP : GALLIC. Rev. NECESSITATI NE QUIDEM DII RESISTUNT. Le Pape tient d'une main un clystère près de Louis XIV et de l'autre un vase de nuit sur lequel on lit IMM, D. L (Immunitas Ditionum Legatorum) tandis que sur un autre vase de nuit on lit AVENIO (Avignon). Un Algérien tient un autre vase dans lequel Louis XIV vome de l'argent; à l'ex: LUD : M · XIV DIT : LEGAT : IMMUNITA : — ET AVINIONE P · AL : VIII CEDENTE ETIAMQ : AURO PACEM AB — ALGER : PETENTE. — 1689. van Loon III éd. fr. 428, éd. holl. 458. Ar. gr. 53.9. Belle et fort rare.

Voir la reproduction.

Pour avoir les mains libres contre l'Empereur, contre Guillaume III, prince d'Orange, et contre l'Électeur de Brandebourg, Louis XIV conclut un traité de paix onéreux avec le dey d'Alger en lui payant une grosse somme et aussi avec le Saint-Siège en cédant au Pape la ville d'Avignon et en lui donnant d'autres indemnités.

1691. **Congrès de princes, tenu à La Haye.**

333 *Médaille.* INGENTES ANIMO. DIGNAS IOVE CONCIPIT IRAS — CONCILIUMQVE VOCAT. Jupiter dans le Conseil des dieux; à l'ex: CONVENTUS FŒDERAT · PRINCIP · — PRÆSIDE GUILIELMO III · R · BRIT · — HAGÆ COMIT · CELEBR · 1691. Signée .P.H.M (P. H. Müller). Rev. CONSILIO CONCORDIA ET FORTITVDINE. La Sagesse, La Bravoure et la Concorde auprès d'un autel allumé sur lequel on lit : SAL · PVBL · en bas : .P.H.M. sur la tranche : * — * REX REGVM CONSVLTA DEVS FORTVNET VBIQVE! Signé FK. van Loon éd. fr. IV pag. 41 n. 1, éd. holl. III 531 n. 1. Med. Ill. II pag. 16 n. 182. mm. 50. Ar. g. 44.5. Superbe.

Congrès de princes, tenu à La Haye, sous les auspices de Guillaume III d'Orange, Stadhouder des Pays-Bas, et roi de la Grande-Bretagne, pour maintenir la paix et au besoin de s'allier contre Louis XIV, roi de France. Au congrès assistaient l'Électeur de Brandebourg, les princes de Würtemberg, l'Électeur de Bavière, les ducs de Lünebourg-Celle et de Brunswick-Wolfenbüttel, le Landgrave de Hesse-Cassel le Marquis de Kastanaga, gouverneur des Pays-Bas espagnols, les princes de Nassau, Stadhouder de Frise, de Nassau-Sarbrück, Nassau-Dillembourg et Nassau-Idstein, les princes du Palatinat, de Brandebourg-Anspach, de Holsteyn, d'Anhalt-Zerbst, de Birkenfeld, de Saxe-Eisenach, de Soulzbach, de Courlande, d'Erbach, d'Arko, de Sanfray, Reviera, Gryal, Brouay, Tiremont, Lippe, Fugger, Palfi et autres, ainsi que les envoyés extraordinaires de l'Empereur, des rois de Suède et de Danemark etc.

1691. **Congrès de princes, tenu à La Haye.**

334 *Même médaille* en étain, inscr. sur la tranche. Belle.

335 *Même médaille* en étain, sans inscr. sur la tranche. Belle.

Même sujet.

336 *Médaille.* CONCOR — DIA PRIN — CIPVM · à l'ex: FOEDERATI PRINCIPES — CONSILIA CONFERVNT — HAGÆ COM · — 1691 · trois mains jointes tenant deux aigles militaires. Rev. CVRA HVC TRADVCITVR OMNIS; inscr. sur la tr. ✻ IBI SALVS VBI MVLTA CONSILIA. La Prudence assise tenant de la main gauche un miroir ardent; par la concentration des rayons du soleil elle met le feu à un bouclier aux armes de France, à un turban ottoman et à d'autres instruments de guerre, dispersés sur le sol. v. L. éd. fr. IV 41 n. 2, éd. holl. III 531 n. 2. Med. III. II pag. 17 n. 183. mm. 42. Ar. gr. 29.5. Belle.

337 *Même médaille* en étain, sans incription sur la tranche. mm. 42. Superbe.

No. 338.

1693. **Paix de Ratzebourg, entre Christian V, roi de Danemark, et le duc de Brunswick-Lünebourg.**

338 *Médaille.* ⁎ CHRIST · V · D · G · DAN — NOR · VAN · GOT · REX. Buste cuirassé et drapé du roi à dr. Signée ANT . MEIBUS . F. Rev. QVAE SVSPECTA DIIS ·

MERITO SIVA DEHCIT ARMA; à l'ex: PAX RAZEBVRG · — 1693. v. Loon IV éd. fr. 146, éd. holl. 87 n. 2. Danske Mynter 32.3. mm. 48. gr. 57. Belle, rare.
Voir la reproduction.

La guerre étant éclatée entre Christian V, roi de Danemark, et le duc de Brunswick à cause de la fortification de la ville de Ratzebourg, l'ambassadeur des Provinces-Unies, Hop, et l'ambassadeur anglais, Lord Lexington, visitèrent le roi de Danemark à Pinnenberg près de Hambourg pour lui prier de traiter la paix avec le duc. Après un bombardement de la ville de Ratzebourg par les Danois pendant quelques jours, ces ambassadeurs réunis à Hambourg réussirent de conclure une trève et enfin de faire conclure le traité de paix de Ratzebourg, entre le roi de Danemark et le duc de Brunswick-Lünebourg.

1696. **Paix avec la Savoie**

339 *Médaille* au buste de Louis XIV, droit comme le n. 291. Revers MINERVA — PACIFERA et à l'ex: PAX SABAUDIAE · — M · DC · XCVI. Minerve debout de face, la tête tournée à dr. appuyée sur la lance qu'elle tient de la main droite, élève de l'autre un rameau d'olivier, après s'être débarassée de son bouclier, qui gît à terre; devant elle, l'Hymen tenant un flambeau et assis sur un coussin où repose un double écusson formé des armes de France et de celles de Savoie. van Loon IV éd. fr. 237, éd. holl. 178. mm. 41. Br. belle.

Par l'accord, conclu entre Louis XIV et Victor-Amédée II duc de Savoie, le duc rentrait en possession de tous les territoires que les Français lui avaient enlevés et même il obtenait Pignerol.

No. 340.

1696. **Préliminaires de paix à Ryswick.**

340 *Médaille.* POST NVBILA PHOEBVS. L'Hôtel de ville de Hambourg, éclairé par le soleil; à l'ex: BELLVM PAX — RVRSVM — 1696. Rev. Vue d'une ville fortifiée (Hambourg) à côté d'une riviére; au-dessus, glaive et palme, et en haut, deux figures dans les nuages, la Guerre et la Paix,

se baisant; à l'entour, dans un demi cercle: SALVS · POPVLORVM. Or. mm. 51, gr. 34 (Pièce de dix ducats), belle, extr. rare.

Voir la reproduction.

La défection du duc de Savoie désorganisait la coalition contre la France. La médiation de la Suède fut acceptée par les alliés. Des conférences s'ouvrirent au château de Nieuwburg (Neubourg), appartenant au prince d'Orange, à Ryswick, à peu de distance de La Haye; Harlay de Bonneuil, Verjus de Crécy et Caillères représentaient la France; le Comte de Kaunitz, l'Autriche; don Quiros, l'Espagne; Heinsius, van Weede et van Haren, les Provinces-Unies des Pays-Bas; le comte de Pembroke, l'Angleterre; le baron de Lilienroth exerçait au nom de la Suède les fonctions de médiateur. La ville de Hambourg ayant des démêlés avec le roi de Danemark, des négociations de paix furent entamées à Pinneberg et un traité provisionnel y fut signé, en attendant un traité de paix définitif au congrès de Ryswick.

1697. **Congrès à Ryswick, pour les négociations de paix** sous la médiation de Charles XII, roi de Suède. Paix signée entre les Provinces-Unies et la France, le 20 septembre 1697.

341 *Médaille de la ville de Gouda.* PAX ALMA GAVDIVM GOVDÆ. Le roi Guillaume figuré comme Hercule, qui après avoir terrassé la Discorde, met le feu à un tas d'armes posées sur l'autel de la paix pour détruire IMPERium TYRannidis. En haut, l'écusson de Gouda; sur la base: I. DRAPENTIER. Rev. PACI RYSVICIÆ. Au milieu, la Paix assise sur un piédestal; à ses pieds sont assis la Navigation et le Commerce; d'un côté, la mer couverte de vaisseaux; de l'autre côté, un paysan qui laboure son champ. Dans le lointain, le château de Ryswick; sur le piédestal, l'inscription MDCXCVII — COnSuleS. SenatusQue GOVDANVS DICARVNT FELicitatis SECULI · van Loon IV éd. fr. 248, éd. holl. 190 n. 1 variété. Méd. Ill. n. 495. mm. 73. Étain t.b.c. rare.

1697. **Paix de Ryswick.**

342 *Médaille miniature de la ville de Muiden.* DE VREEDE TOT RYSWYK GESLOOTEN. Sur un autel, toutes sortes d'armes, consumées par le feu; l'autel est orné de l'écusson de la ville, soutenu par deux tritons; à l'ex: 1697. Rev. DE BARMHERTIGHEYD ROEMT TEGEN HET OORDEEL. La Charité tenant une branche d'olivier, tend la main à une mère désolée qui tient un enfant dans ses bras; aux pieds de la Charité, un pigeon. En bas à gauche, la signature I.L.F (Jean Luder fecit). van Loon IV éd. fr. 248, éd. holl. 190 n. 2 variété. Dirks Répertorium n. 2473*b*. Ar. gr. 3. Belle.

343 *Médaille pareille;* la signature I.L.F. entre les deux figures; le pigeon tourné à gauche derrière la Charité. Dirks Repert. 2473*d*. Ar. Belle.

344 *Médaille pareille;* autre variété sans signature; le pigeon entre les figures et tourné à dr. Dirks Repert. 2473*a*. Ar. t.b.c.

345 *Médaille pareille;* autre variété sans signature; le pigeon tourné à g. derrière la Charité. Dirks Repert. 2473*b*. Ar. t.b.c.

346 *Médaille pareille;* autre variété; légère différence de gravure du droit; le revers comme le précédent. Ar. t.b.c.

347 *Médaille pareille;* autre variété; le pigeon tourné à g. devant les pieds de la Charité. Ar. b.c.—t.b.c.

1697. **Paix de Ryswick** entre l'Angleterre, la France et les Pays-Bas.

348 *Médaille.* GVLIELMVS · III · DEI · GRA :— MAG : BR : FRA : ET : HIB : REX :. Buste lauré, cuirassé et richement drapé du prince d'Orange, roi de la Grande-Bretagne. Rev. RESTITVTORI · — BRITANNIA :· — MDCXCVII La Britannia assise, ayant sur la tête une couronne rostrale, un trident dans la main, s'appuyant sur un bouclier aux armoiries de l'Angleterre et de l'Écosse. van Loon IV éd. fr. 250, éd. holl. 192 n. 1. Med. Ill. p. 192 n. 599. mm. 69. Ar. gr. 103. Superbe et rare médaille par John Croker.

Voir la reproduction sur la planche VIII.

No. 349.

Même sujet.

349 *Médaille.* LVDOVIC' XIV D : G · M · FR · ET NAV · REX CHR · Buste cuirassé, drapé et lauré de Louis XIV à dr. Signée W (Christian Wermuth). Rev. WILH · III · D : G · M · BRIT · FRAN · ET HIB · REX · Buste cuirassé, drapé et lauré de Guillaume III à dr., sous le buste W. Sur la tranche: SIC BENE CONVENIVNT · RISVICI · D · $\frac{11}{21}$ SEPT · M · DC · IIC · ❀. Med. Illustr. II page 173 n. 459. De Vries en de Jonge II pl. XI.8. mm. 20. Bronze doré. Belle.

Voir la reproduction.

1697. **Paix Universelle de Ryswick, entre la France, l'Angleterre, le Saint-Empire, l'Espagne et les Pays-Bas.**

350 *Médaille.* LVDOVICVS · MAGNVS · — REX · CHRISTIANISSIMVS. Buste lauré et drapé de Louis XIV. Signée: R (Roussel). Rev. SALVS · — EVROPÆ. La Paix debout tenant de sa main gauche levée un rameau d'olivier et avec la torche qu'elle tient de sa droite mettant le feu à un tas d'armes. A l'exergue: PAX · TERRA · MARIQVE PARTA — 1697. Signée R. van Loon IV éd. fr. 257, éd. holl. 199 n. 1. Med. Ill. page 176 n. 466. mm. 70. Ar. gr. 146. Belle.

1697. **Paix Universelle de Ryswick, entre la France, l'Angleterre, le Saint-Empire, l'Espagne et les Pays-Bas.**

351 *Médaille.* LUDOVICUS MAGNUS REX CHRISTIANISSIMUS · Sa tête à dr. Signée . I. MAVGER. F. Rev. comme la précédente. van Loon IV éd. fr. 257, éd. holl. 190 n. 2. Med. III. n. 467. mm. 41. Br. belle.

Même sujet.

352 *Médaille.* Droit comme au n°. précédent. Rev. PATER PATRIÆ. Le roi vêtu à la romaine, offre une branche d'olivier à la France agenouillée; à l'ex: PAX · CUM · GERM · HISP · — · ANGL · ET · BAT · — M · DC · XCVIII · van Loon IV éd. fr. 257, éd. holl. 199 n. 3. mm. 41. Br. belle.

Même sujet.

353 *Médaille* pareille; variété, la date 1697 en *chiffres arabes.* Br. belle.

Même sujet.

354 *Médaille.* Droit comme au n. 351. Rev. VIRTVS — ET · ÆQUITAS · Mars armé d'une lance et la Justice avec les balances, tenant ensemble une couronne de laurier. A l'exergue PACATA EVROPA — 1697 — R (Henri Roussel). van Loon IV éd. fr. 259, éd. holl. 201 n. 1. Med. III. 469. mm. 41, frappe originale. Belle.

355 *Médaille* pareille; refrappe. Br. belle.

Même sujet.

356 *Médaille,* variété de la précédente, sans nom de graveur sous la tête du roi. mm. 41. Br. belle.

No. 357.

Même sujet.

357 *Médaille* au buste du roi Guillaume III, par Boskam GVILLELMVS · MAG — INVICTISSIMVS. Buste lauré du roi à dr. en bas: I. BOSKAM. F. Rev. PACIS · ALVMNA · CERES · Dans un paysage on voit un heaume d'où sort du blé; à l'ex. MDCXCVII. Med. III. 437. van Loon IV éd. fr. 250, éd. holl. 192 n. 3. mm. 38, gr. 19. Arg. Superbe.

Voir la reproduction.

1697. **Paix de Ryswick.**

358 *Jeton de Bruxelles.* Armoiries heaumées de Jean Baptiste de Leeuw, trésorier de Bruxelles. Rev. STABILITA · PACE · QVIESCIT 16—97. Le lion belge couché tranquillement sous deux mains jointes qui tiennent un caducée ailé entre deux branches d'olivier. van Loon IV éd. fr. 253, éd. holl. 195 n. 5. Dugn. 4643. Ae. beau.

1697. **Paix de Ryswick,** traité entre l'empereur Léopold et la France.

359 *Médaille.* ✿ LEOPOLDVS · D · G · ROM · IMP · AVG · GERM · HVNG · BOHEM · REX. Buste lauré de l'Empereur à dr. Signée C · W · (Christian Wermuth). Rev. PAX GERMANO — GALLICA · La Paix debout tenant un caducée ailé et une branche d'olivier; à l'exergue: REDDITA . RISVICI . ⚘ Oct. 31 . DCIIIC. van Loon IV éd. fr. 255, éd. holl. 197 n. 1. Med. Ill. n. 489. Étain mm. 31, t.b.c.

1697. **Paix de Ryswick.**

360 *Médaille.* Droit comme au n. 359. Rev. AVSTRIAE EST IMPERARE ORBI VNIVERSO. Armoiries impériales de l'Autriche, entre les écussons de Hongrie et de Bohème. Sur la tranche: * ✿ * CONSILIO ET INDVSTRIA. Comparez v. Loon IV éd. fr. 255, éd. holl. 197 n. 1. Étain. mm. 32. Belle.

Même sujet.

361 *Médaille.* GOTT LOB — DER KRIEG — HAT NUN — EIN Tambour déchiré et ayant un trou (LOCH). à l'ex: MDCXCVII. Rev. Corbeille au-dessus de laquelle est suspendue une corne d'abondance d'où tombent des monnaies, des fruits et des fleurs HERR MACHE GANZ UND FEST DEM FRIDE SEINEN BODEN · Comparez v. L. IV éd. fr. 255, éd. holl. 197 n. 2. Med. Ill. 491. mm. 39. Ar. gr. 16.1, t.b.c.

No. 362.

Même sujet.

362 *Médaille.* GOTT LOB DER KRIEG HAT NUN EIN Tambour avec trou rond et la peau déchirée; à l'exergue: MDCXCVII. Rev. WER ABER FLICKT DEM

FRIDE SEINEN BODEN. Corne d'abondance au-dessus d'une corbeille avec trou rond; tout autre gravure et autre légende que v. Loon IV éd. fr. 255, éd. holl. 197 n. 2, manque aux Medallic Illustrations. mm. 38. Ar. gr. 16.1. Belle et rare.

Voir la reproduction.

No. 363.

1697. **Paix de Ryswick.**

363 *Médaille.* * DER FRID ERNEHRT. Épée posée en pal, la pointe en haut et entourée d'un rameau d'olivier. Rev. * DEN GOTT BESCHERT Dans le champ, en 6 lignes: ANN · SAL — MDCXCVII — D · 30 · OCTOBR — PAX ·ORBI — EUROP · RE — STIT · Montenuovo 1147. mm. 22.5. Ar. gr. 4.2, tranche cordonnée. Belle, rare.

Voir la reproduction.

Même sujet.

364 *Jeton* allemand en mémoire de la Paix, par Christian Wermuth. On lit EUROPA sur une partie du globe terrestre; dessus, couronne traversée par deux branches d'olivier, en sautoir; en haut יהוה (Jehovah) brillant; à l'entour: GOTT IST VERSÖHNT. Rev. dans le champ: DER — ALLGEMEINE — FRIDE — GESCHLOSEN — D · 30 · OCT · — IN — 16 RISWICK · 97; à l'entour: * DER FRID UNS KRÖNT * Med. Ill. page 716 n. 3. mm. 20. Ar. gr. 1.4, beau, rare.

365 *Jeton* pareil en vermeil, le bord un peu ébréché et avec petit trou.

Même sujet.

366 *Médaille.* HINC PAX, VNDE ÆQVITAS. Le lion néerlandais, avec couronne royale, porte branche d'olivier, le glaive et les bascules de la Justice au-dessus du globe terrestre sur lequel on lit Evropa. A l'exergue: ANGLORVM GLORIA — REGE — WILHELMO III — M . DC . XCVII. Signée I . B . F (Jan Boskam fecit). Rev. PAX HVIC DOMVI. Façade du palais de Guillaume III, à Ryswick; à l'ex: PAX GENER · IN ARCE RYSVVYK · — DOMO PRINCIP · ARAVS · — MAG · BRIT · REGIS — M · DC · XCVII · I . BOSKAM F. van Loon IV éd. fr. 264, éd. holl. 206 n. 4 (XVI). Med. Ill. p. 167 n. 449. Ar. gr. 79. Belle et fort rare.

Voir la reproduction sur la planche VIII.

No. 367.

1697. **Paix de Ryswick.**

367 *Médaille.* QVEM DAS FINEM, REX MAGNE LABORVM · L'Europe sur le taureau, s'enfuyant dans les flots; à l'ex: EVROPA — PERTVRBATA · M · DC · IIC. Rev. en 13 lignes: VAH! — QVOD METENTAT — NVMEN: — QVO TVRBINE TVRBOR · — PER MARE PER TERRAS, — HEV! QVIBVS ACTA MALIS — AST PORTARE SVOS — QVOQVE — SIC DEVS ASSOLET IPSE — LVCIDA NEC SEMPER — NOS-MET AD — ASTRA — VEHIT. mm. 32. Ar. gr. 14.5, t.b.c. Extr. rare. Inédite.

Voir la reproduction.

No. 368.

1697. **Paix de Ryswick, entre les Pays-Bas et la France.**

368 *Médaille.* FELIX TEMPORUM REPARATIO. Entre deux autels allumés, L'Abondance donnant la main à la Paix qu'on reconnaît parce qu'elle met le feu à un tas d'armes; à l'ex: GFN (Nürnberger). Rev. PACE TERRA MARIQUE PARTA IANUS CLUSUS. Temple de Janus, fermé; à l'ex: CIƆIƆCXCVII; sur la tranche: · IAM REDIT ET VIRGO REDEUNT SATURNIA REGNA. van Loon IV éd. fr. 266, éd. holl. 208 n. 3, (XIX). Med. Ill. 434. mm. 42.5. Ar. gr. 35. Belle et fort rare.

Voir la reproduction.

Même sujet.

369 *Médaille.* SIC REDIT — ALMA QUIES. Mars assis sur un monceau d'armes, à côté d'un trophée de plusieurs instruments d'agriculture, soutenu par la Paix debout. Au trophée est attaché une carte sur laquelle on lit:

PAX RYSWIC 1697. Sous Mars: P· H· M (Philip Heinrich Müller). Rev. ❀ COELO DEMITTITUR ALTO ❀ Un caducée ailé, environné de rameaux d'olivier, est planté sur la partie du globe terrestre qui comprend EUROPA. En haut, le nom יהוה au milieu d'une lumière éclatante. Sur la tranche: * PAX UNA TRIUMPHIS INNUMERIS POTIOR. van Loon IV éd. fr. 266, éd. holl. 208 n. 2 (XIIX). Méd. Ill. II page 162 n. 433. mm. 45. Ar. gr. 35. Belle.

1697. **Paix de Ryswick.**

370 *Médaille*. Ange de paix, sonnant de la trompette le cri PAX au-dessus du château de Ryswick; à l'ex: PAX RYSVICCEN · — SIS · Rev. CONCORDI PACE LIGABO. La Paix deb. accostée de la date 16—97, tenant une branche d'olivier de la main droite et de la gauche les armoiries des États pactisants, liées par un ruban et entourant l'écusson de Suède. Signée G.H. (George Hautsch) sur la plinthe au coin droit; sur la tranche: ❀ ET · PACEM ET OTIVM DABO IN ISRAEL · PARALIP · XXII. van Loon IV fr. éd. 266, éd. holl. 208 n. 5 (XXI) var. Med. Ill. n. 51. Hild. 12. mm. 37. Ar. gr. 18. Belle, rare.

371 *Médaille* pareille, variété; la Paix debout sur une base à carreaux; la signature G.H au coin gauche. Même inscription sur la tranche qu'au n. 370; var. de van Loon n. XXI. Med. Ill. n. 452. Hild. 12*b*. mm. 37. Ar. gr. 21.6. Superbe, fort rare, coin brisé.

372 *Médaille* pareille sans inscr. sur la tranche, la signature aussi au coin gauche. Hild. 12*c*. mm. 37. Ar. gr. 15. Fort rare, coin brisé, t.b.c.

373 *Médaille* pareille avec inscription sur la tranche. Hild. 12*b*. mm. 37. Étain. Belle et fort rare, coin brisé.

1697. **Paix de Ryswick**, par l'intermédiaire du roi de Suède.

374 *Médaille*. NUNQUAM VIOLETUR AB ÆVO La Paix repose à l'ombre d'un olivier; à l'ex.: TRANQUILLITAS — REDUX · — * Rev. NE TOTA DEHISCAT. La Paix et Mercure occupés à lier d'un rameau d'olivier, le globe fendu du côté de l'Europe; à l'ex: PAX RYSWICK · CONCL · — MEDIANT · SVECIA · — • 1697 • van Loon IV éd. fr. 266, éd. holl 208 n. 6 (XXII) mm. 32. Ar. gr. 14.5. Superbe.

Le congrès de Ryswick, sous la médiation de l'ambassadeur de Suède, le baron Lilienroth, fut ouvert le 9 mai 1697 et durait jusqu'au 20 septembre. Le traité définitif fut conclu le 30 octobre. Par ce traité, le roi Louis XIV abandonna à l'Empereur allemand toutes les places occupées pendant la guerre, sauf l'Alsace et le Strassbourg qui restaient incorporés dans la France.

No. 375.

1697. **Paix Universelle de Ryswick.**

375 *Médaille.* INTER · CASTRA - EX · LAURIS · - OLEA · -- PACE GENERALI — IN EUROPA. Entrevue du Maréchal de Boufflers et du comte de Portland entre les deux camps, pour aplanir les difficultés qui retardaient la conclusion de la paix; à leurs pieds se trouvent les armoiries de l'Empire, de la France, de l'Angleterre et des Provinces-Unies. Rev. YUSTITIA AC PACE EUROPAE REDDITA La Paix tenant la Justice par la main, la présente à l'Europe qui est assise. A l'ex: MDCLXXXXVII. van Loon IV éd. fr. 266, éd. holl. 208 n. 8 (XXIV). Med. Ill. II p. 159 n. 47. mm. 24. Ar. gr. 6. Belle et rare.

Voir la reproduction.

Même sujet.

376 *Médaille offerte par les États de Frise.* APERTO DIGNA TIMERI. La Frise personnifiée portant le chapeau de la Liberté sur une lance. A quelque distance, le temple de (IANVS BIFRONS) ouvert; à l'exergue: FRISIA. Rev. CLAUSO PIA GRATA FI — DELIS. Au lointain, plusieurs navires marchands sur une mer calme. La Frise debout tenant un étendard à l'antique, surmonté d'un caducée, autre symbole de la paix; elle fait des libations auprès du temple de Janus, fermé. A l'exergue: PACIS GEN · RYSWYK — MDCXCVII. Signée ARONDEAUX F. van Loon IV éd. fr. 271, éd. holl. 213 n. 1 (XXV). Med. Ill. II pag. 170 n. 454. mm. 67. Ar. gr. 94.5. Belle et rare.

Même sujet.

377 *Médaille* formée par le droit et le revers conjoints de la boîte dans laquelle fut offerte la médaille d'or de la ville d'Amsterdam. Les armoiries de la ville sur deux *fasces de licteur* où, suspendus à des rubans, se trouvent les quatre écussons aux armoiries des bourgmestres d'Amsterdam; à l'entour, les armoiries des conseillers. Rev. Les armoiries anciennes d'Amsterdam (het Koggeschip) entourées de: ❀ TENET ÆQUORA TUTA. v. Loon IV éd. fr. 271, éd. holl. 213 n. 3 (XXVII). Voir Medallic Ill. II p. 171 n. 455 note. mm. 78. Ar. gr. 51.5. Superbe, rare.

Les quatre bourgmestres dont les armoiries se trouvent dans le champ, étaient Johan Hudde, Johan Corver, Jakob Boreel et François de Vicq. Les armoiries à l'entour sont de Johan Huydekoper, seigneur der Maarseveen, Corver, Hudde, Boreel,

Witsen, Kloek, Valkenier, Johan Six, de Vry, de Vicq, Hooft, de Vries, Hinlopen, Bas Bakker, de Haze Georgio, Reaal, de Vroede, Bernard, Valkenier, van Oosterwyk, Burg, Hochepied, Scott, Munter, Pancras, Deutz, van Stryen, Geelvink, van Kollen, Hudde, Bors van Wavern, Blaauw, Elias, van Bambeek et van Kollen.

1697. **Paix Universelle de Ryswick.**

378 *Médaille.* CÆSA FIRMABANT FOEDERA PORCA. Les plénipotentiaires des Puissances intéressées à la paix, ferment le temple de Janus. Sur le devant, un autel au pied duquel une truie qui vient d'être immolée; signée ARONDEAUX F. Rev. Le château de Ryswick; dessus: RYSWYK · GUILELMI · III · D · G · — M · BRITAN · ETC · R · PALAT · à l'ex: MDCXCVII à l'entour, les armoiries des Puissances pactisant avec les noms en hollandais. v. Loon IV éd. fr. 273, éd. holl. 215 n. 2 (XXIX). Med. Ill. p. 169 n. 453. Hild. 14. mm. 48. Ar. gr. 43.5. Belle.

La Paix Universelle de Ryswick fut conclue par les ambassadeurs de l'Empereur, de France, d'Espagne, d'Angleterre, de Suède, des Provinces-Unies, de Savoie, de Brandebourg, de Lorraine, du Palatinat, du Saint Empire, de Saxe et de Bavière.

Même sujet.

379 *Médaille.* CAROLVS · XII · — D · G · REX · SVECIAE. Son buste lauré et drapé à dr.; sous le bras A K en monogr. (Arvid Karlsteen). Rev. AVSPICIVM · IMPERII · FELICITAS · EVROPAE. Le roi comme guerrier romain reçoit un rameau d'olivier de l'Europe personnifiée; à l'ex: PACE · ORBI · CHRISTIANO · — PARTA · RYSVVICI · - A · 1697. van Loon IV éd. fr. 275, éd. holl. 217 variété, le buste sans cuirasse et à chevelure courte et var. de Med. Ill. n. 478. Hild. 7. mm. 52. Ar. gr. 53.5. t.b.c. et fort rare.

Même sujet.

380 *Médaille.* CAROLVS · XII · — D · G · REX · SVE. Son buste cuirassé et drapé à dr. Rev. A · CAROLO · VENIT · ISTA · QVIES · L'Europe sur le taureau, portant branche d'olivier; à l'ex: PARTA · RYSVICI — 1697. Hild. 8. mm. 25. Br. doré. t.b.c.

1697. **Paix Universelle de Ryswick, confirmée aussi par Lothar François, archevêque de Mayence.**

381 *Médaille.* LOTHAR · FRANC · D · G · ARCHIEP · & EL · MOGUNT · EP · BAMB. Buste de l'archevêque à droite en ornat épiscopal; Signée P.H.M (Müller). Rev. NON NISI CONIVNCTIS RADIIS. Main sortant des nuages, tenant un verre ardent sous les rayons d'un soleil brillant et mettant le feu à un monceau d'armes, par la concentration des rayons. Au lointain, paysage montagneux du Rhin. mm. 44. Br. Belle et rare.

1697. **Paix Universelle de Ryswick, confirmée aussi par Lothar François, archevêque de Mayence.**

382 *Médaille.* Même buste et légende; sous le buste: P. H. MILLER. Rev. IRRIGAT U—T ERIGAT· Devant un socle, le Rhin et le Mein personnifiés sont couchés. Sur le socle, deux anges portant l'écusson aux armoiries de l'archevêque; à l'ex: SECURITAT· GERMANOR· — ASSERTORI· P.H.M. Sur la tranche: ❀ ERIS SICVT FONS AQVARVM, CVIVS NON DEFICIENT AQVÆ · ESAI · LVIII (E · K·). Manque à van Loon, Dirks Repertorium etc. mm. 45. Étain b.c.

No. 383.

1697. **Paix de Ryswick.**

383 *Double Ducat* émis par l'archevêque de Mayence en mémoire de la Paix de Ryswick L · F · D · G · A · – & E · M · E · B · Armoiries posées sur un manteau d'hermine et surmontées de la couronne électorale; en bas: 16 — 96 · + · Rev. FAVENTE NVMINE. La Paix debout tenant rameau d'olivier et se reposant sur le bouclier de Méduse. Or. gr. 7. Superbe, rare.

Voir la reproduction.

La date 1696 est du vieux style; le nouveau style ne fut introduit dans tous les États que depuis 1700.

Même sujet.

384 *Ducat* sur la Paix; même type que le double Ducat. Catal. Reimmann 345. Or gr. 3.5, avec trace d'oeillet.

No. 386.

Même sujet.

385 *Double Ducat* du même prince, aussi avec la date fautive 1696. L · F · D · G · A · & · E · M · E · B · Écusson aux armoiries comme le précédent; en bas: 1696. + Rev. ARA PACIS. Autel sur lequel toutes sortes d'armes sont allumées; Or, gr. 7. Superbe et rare.

Voir la reproduction du ducat n. 386.

1697. **Paix de Ryswick.**

386 *Ducat* au type du Double Ducat précédent. Catal. Reimmann 7420. Or, gr. 3.5. Superbe et rare.

Voir la reproduction au-dessus du n. 385.

No. 387.

Même sujet.

387 *Ducat* du même prince, autre type. L · F · D · G · A · — & · E · M · E · B. Armoiries comme au précédent. Rev. CONCORDIA. La Concorde assise tenant couronne et corne d'abondance. Köhler 872. Heller 301. Or. Superbe.

Voir la reproduction.

No. 388.

1698. **Anniversaire de la Paix de Ryswick.**

388 *Pièce de Six Ducats,* frappée par la ville de Nuremberg EXOPTATA DIV PAX COE — LI EX MVNERE VENIT. Chronogramme formant la date 1698. La Paix debout sur un piédestal, tenant de sa main droite une branche d'olivier et de sa gauche un caducée ailé. Contre le piédestal, deux génies tenant des palmes; l'un se reposant sur l'écusson de l'Empire et l'autre sur celui de Nuremberg; sur le piédestal, les initiales GFN du graveur Nürnberger. Rev. Le nom de יהוה brillant au-dessus de la ville de Nuremberg; à l'ex: MONETA REIPUB : — NORIMBERGEN — SIS · 1698. mm. 42.5. Or, gr. 21. Belle, avec trace d'oeillet.

Voir la reproduction du droit.

1697. **Paix de Ryswick.**

389 *Jeton.* LVDOVICVS · MAGNVS · REX · Buste de Louis XIV à dr.; sous le buste: T.B.F. Rev. MOTOS · PRÆSTAT · COMPONERE · FLVCTVS Neptune sur son

char traîné par deux chevaux marins, commande aux vagues de la mer; à l'exergue: ESTATS · DE · LILLE — 1697. van Hende 452. mm. 31. Br. t.b.c.

Ce jeton fait allusion à ce que le Traité de paix de Ryswick fut comme une trêve signée par la France et les autres Puissances de l'Europe, en prévision du bouleversement qui s'opérerait à la mort du roi d'Espagne et préparé par les succès maritimes des Français en 1697.

No. 390.

1699. **Trève entre l'Autriche et la Turquie et Traité de paix de Carlowitz.**

390 *Médaille.* LEOPOLDVS - MAGNVS ROM · IMP · S · A · Buste lauré, cuirassé et drapé de l'Empereur, orné de la Toison d'or; sous le bras: G H. (Hautsch). Rev. PAX PARTA TRIVMPHIS. Jupiter sur un aigle volant, foudroyant les Titans et les précipitant dans le Tartare. A l'ex: ARMISTIT · CVM — TVRC 1699. Sur la tranche: ⚜ PAX VIVAX MITI LEOPOLDI EX ORE REFVLGET chronogr. formant la date 1699. Wellenheim 7355. mm. 43. Ar. gr. 28.5. Belle et rare.
Voir la reproduction.

Après le Traité de paix de Ryswick, la guerre de l'empereur Léopold contre les Turcs continuait. Louis de Bade, le duc Charles de Lorraine et le prince Eugène furent victorieux, surtout à Salankemen et à Zenta. Par le Traité de Carlowitz, en janvier 1699, le sultan fut forcé d'abandonner la Transylvanie, la Hongrie et une grande partie de la Croatie.

Même sujet.

391 *Médaille.* LEOPOLDO M · PACATORI ORBIS TERRARVM. Buste lauré et cuirassé de l'Empereur à dr.; sous le buste: G H. Rev. PORRECTA MAIESTAS AD ORTVM SOLIS. Victoire tenant de la main gauche la tête de Janus bifrons et de la droite une couronne; à g. le soleil levant,; à l'ex: ARMISTIT . CVM — TVRC . 1699 . sur la tranche: + AVREA CONDIT SECVLA. van Loon IV éd. fr. 290, éd. holl. 232 n. 3, Wellenheim 7359. mm. 35. Ar. gr. 14,9. Belle, rare.

No. 392.

1699. **Paix de Carlowitz, entre l'Autriche, la Russie et la Turquie.**

392 *Médaille.* PANNONIIS RESTITVTIS • VII • CAL • FEBR • M DC IC • La Paix debout foulant aux pieds l'Envie, des drapeaux et un tas d'armes. Elle sonne du cor le mot PAX. Rev. PRÆCLARIS — LEO — POLDI — VICTORIIS. Étendard surmonté du Chrisme, avec les armoiries de la Hongrie et de la Transylvanie et les noms des victoires de l'Empereur. mm. 47. Ar. gr. 25.8. Superbe. Extr. rare. *Voir la reproduction.*

No. 393.

1700. **Paix de Carlowitz, entre la Turquie et la Russie.**

393 *Médaille.* PETRVS ALEXEEWITZ · M · D · TZAR M · D · MOSCOV. Buste cuirassé et drapé à dr. de Pierre le Grand; sous le buste: GFN· et au bras: H. Rev. QVA VICIT VICTOS PRETEGIT ILLE MANV · claud. à l'ex: VICTA ASOF MOSCHIS 1696 · — FACTA CONCESSAQVE — PACE · 1700· Iversen III.5, Reichel 895. mm. 41. Ar. gr. 31. Belle, rare.

Voir la reproduction.

La Paix de Carlowitz fut signée le 26 janvier 1699 entre les ambassadeurs de Pierre le Grand et de Mustapha II sultan de Turquie, de l'Empereur Léopold et du doge de Venise Le Sultan vainqueur d'abord des Vénitiens, à Chio 1695, et des Impériaux à Temeswar 1696, fut ensuite battu par Pierre le Grand à Azov, qui resta aux Russes par le traité de Carlowitz, par les Impériaux à Zenta et par les Vénitiens à éMtelin.

1700. **Paix de Travendal, entre Charles XII, roi de Suède, le roi Frédéric IV de Danemark et le duc Frédéric IV de Holstein.**

394 *Médaille.* CAROLVS · XII · — D · G · REX · SVECIAE · Buste cuirassé et drapé du roi à dr.; sous le buste: AK (Arvid Karlsteen). Rev. TONNINGAM · TVENDO · FRIDERICOS · CONCILIAT. La Suède armée debout tenant les armoiries du Danemark et du Slesvig, reçoit le plan de la ville forte de Tonningen; à l'ex: A°. MDCC. v. Loon IV éd. fr. 306, éd. holl. 248 n. 1. Hild. 33. mm. 52. Étain, t.b.c.

La Paix de Travendal, château du Holstein, fut signée le 18 août 1700, sous les auspices des États des Provinces-Unies, tandisque les armées opposées Danoises et Suédoises étaient campées près de Segeberg, dans le voisinage de Travendal.

395 *Médaille* pareille; autre gravure du buste; la cuirasse ornée d'arabesques; les cheveux comme hérissés. Manque à van Loon et à Hildebrant. mm. 52. Étain, belle.

Même sujet.

396 *Médaille.* SEPTEM IVNGIS TRINVNE TRIONES. Le nom יהוה rayonnant entre la Petite Ourse et la Grande Ourse, deux signes du Zodiaque; à l'ex: PAX SEPTENT · — CIↃIↃCC. Rev. ORIENTES DISSIPAT UMBRAS. Le soleil de la paix repousse au-dessus de l'hémisphère septentrionale, les brumes de la guerre. Sur la tranche: † PAX PAX TIBI ET PAX ADIVTORIBVS TVIS. I · PARAL · 13 · V · 18 Hildebr. 36, Danske mynter pl. 6 n. 1, van Loon IV éd. fr. 306, éd. holl. 248 n. 2. mm. 37. Ar. gr. 18. t.b.c. Fort rare.

397 *Médaille* pareille en étain; même inscription sur la tranche. t.b.c.

1703. **Propositions de paix, en 1703.**

398 *Médaille.* CAROLVS · XII · DEI GRATIA · REX · SVECIAE · Tête du roi à dr. Rev. SECURIUS BELLUM PACE DUBIA. Lion chassant un renard et un porc; à l'ex: M · DCC · III. Hild. 80. mm. 30. Étain bronzé. b.c.

1704. **Propositions de paix, en 1704.**

399 *Médaille.* CAROLVS · XII — D · G · REX SVEC · Buste drapé du roi à dr.; au bras: V. HACH. (D. G. von Hachten à Hambourg). Rev. SECURIUS BELLUM PACE DUBIA. Lion chassant un renard et un porc; à l'ex: MDCCIIII. Sur la tr. A DEO VICTORIA etc. Hild. 81. mm. 30. Ar. gr. 11.8 avec oeillet. b.c.

1704. **Fête d'enfants, célébrée à Augsbourg** en mémoire du Traité de Paix des religions, en 1555. Cette fête d'enfants fut célébrée annuellement le 10 août; en 1704, cette fête fut ajournée un peu par les troubles de guerre et tenue quelques jours après, le 13 août, le jour même de la bataille de Hochstedt.

400 *Médaille losangée.* WANN SI NOCH REDEN, — WIL ICH HÖREN · ES · 65. Les enfants avec leur maître et maîtresse, levant les yeux vers le ciel; à l'exergue: AVGSPVRGISCHER — KINDER FRIE — DENS FEST. — + Revers, Chrono-

gramme en quatre lignes DER SITZET — AN DER HöCHSTEN Stätt — HATS FEINDES LIST — GETILGET. en bas: 13 . AVG . - GFN. van Loon IV éd. fr. 433, éd. holl. 383 n. 1. mm. 31. Ar. gr. 7.5. Belle.

1706. **Paix et Alliance de Venise avec Zürich et Berne.**

401 *Médaille.* QVOS TRINVS IVNXIT FOEDERE Deux lions tenant les écussons de Zürich et de Berne; au milieu, le lion de St. Marc; à l'ex. ·: FIRMET :· AMOR Rev. en 7 lignes: SER · REIP · — VENETÆ CVM · ILL · REB · PP · TIGVR ET BERN — RENOV · FOEDERIS — MONVMENTVM — 1706. Haller n. 92. mm. 26. Ar. gr. 5.7. Belle.

1706. **Trève de dix semaines, conclue à Altranstadt.**

402 *Médaille de Frédéric August de Saxe* ❀ GLÜCK UND HEIL ZU ALLEM STANDE. Armoiries de Frédéric August II de Saxe, entourées de palmes. Rev. GOTT GIB FRIED IM SACHSEN LANDE Main tenant une épée traversant une couronne; sur l'épée on lit: TERROR PANCIVS LIPS, et sur la couronne: AVG . 26 . 27; à gauche, rameau d'olivier; à dr. palme; dans le ch. en lettres minuscules: T . II . I . SEPT . M . — 17 — 06. Sur la tranche: DER STILLSTAND AUF ZEHN WOOHEN GAR, BRING UNS DEN FRIED ZUM NEUEN JAHR . 1706. Hildebr. 92*a*. mm. 27. Ar. gr. 7.1. Belle. Extr. rare.

Le roi Charles XII de Suède envahit la Saxe par son armée, venant de Pologne. Au mois de septembre, les négociations de paix furent entamées et une trève de dix semaines fut acceptée.

No. 403.

1706. **Paix d'Altranstadt, entre la Suède, la Saxe et la Pologne.**

403 *Médaille* CAROLVS · XII · D · G · REX · SVECIAE. Buste cuirassé à dr.; sous le bras: AK (Arvid Karlsteen). Rev. FECIT · PAX · AVREA · NODVM. Les armoiries de la Suède, de la Saxe et de la Pologne, attachées à une colonne; à l'exergue: DOMITIS · IRIS · ALTRAN – STADAE · A · 1706 · – D · 14 · SEPT. Hild. 96. mm. 52. Ar. gr. 58. Belle.

Voir la reproduction.

Paix d'Altranstadt, village dans la province de la Saxe prussienne, entre Charles XII de Suède, l'empereur Joseph I et le roi de Prusse et traité du roi de Suède avec Frédéric August de Saxe (August II de Pologne) dans lequel ce dernier fut contraint d'abandonner le trône à Stanislas Leczinski.

404 *Médaille* pareille en bronze, avec traces de dorure; t.b.c.

1706. **Paix d'Altranstadt, entre la Suède, la Saxe et la Pologne.**

405 *Médaille.* CAROL · XII · R · SVEC · PACIFICATOR. Buste drapé du roi à dr.; à l'ex. MDCCVI. Rev. SAXONIAE · — SARMATIAE · dans le ch FELICITAS en haut, armoiries de la Pologne; en bas, celles de la Saxe. Hild. 97, mm. 26. Ar. gr. 7.5, t.b.c.

Même sujet.

406 *Médaille.* ALTA PAX GENTEIS ALAT ENSESQYE LATEANT. Mercure au-dessus de la ville de Leipzig; à l'ex: LIPSIA · Rev. COGNATO SANGVINE VICTA. Mars et Hercule foulant aux pieds l'Envie; sur la plinthe: P · H · M · (Muller) à l'ex: PAX SVECIAM INTER ET — POLONIAM PACTA — ALT RANSTAD · MDCCVI. Sur la tr: + IIDEM INTER SE POSITO CERTAMINE REGES FOEDERA IVNGEBANT · VIRG · Hild. 99. mm. 37. Ar. gr. 28.5. Belle.

No. 407.

Même sujet.

407 *Médaille* satirique sur la Paix d'Altranstadt. Trois mains jointes sortant des nuages; en bas * ⚜ * - WAS DIESE — BESCHLIE — * SEN * 'A l'entour: ⚜ THUT MANCHEN VERDRIESSEN DAS ERS° KAN WISSEN. Rev. QVJA — MVNCTVS – *fuld* – *tezibi!* ERGO OPORTET MVLTVM PATJ, vraisemblablement par Wermuth. Merseb 2686. Amp. 15073 manque à Hild. mm. 27. Ar. gr. 7.5, t.b.c. rare.

Voir la reproduction.

1706. **Paix d'Altranstadt.**

408 *Médaille.* CAROL : XII · — D : G : REX · SVEC : Buste drapé du roi à dr.; sous le bras: *J. M.* (Johann Memmius). Rev. DAS IST VOM HERRN GE-

SCHEHEN · & · Ps · CXVII · V · 23 · ❀ Héraut au galop, portant un fanon sur lequel on lit FRIEDE FRIEDE. A l'ex: $\frac{14}{24}$ Octobr 1706. Dassdorff 1143. Hild. 100*a*. mm. 39. Ar. gr. 22, t.b.c. fort rare.

No. 409.

1706. **Paix d'Altranstadt.**

409 *Médaille.* Deux hommes se rencontrant; dessus, en cinq lignes, en caractères allemands: **Wass neues? — ist es Fried? — Ja; man ist des Krieges müd — und ist durch diesen Zug in Sachsen — der Güldne Friedd'raus erwachsen.** Rev. Six personnes d'age différent, levant les mains; au ciel paraît le nom יהוה brillant; à l'entour: **Gott sey in der höh geehrt — der den Frieden hat beschert** — à l'ex. **Alt Ranstadt + — $\frac{14}{24}$ October + — + 1706 + — +** Hild. 101. mm. 42. Ar. gr. 21.5, t.b.c. rare. *Voir la reproduction.*

Même sujet.

410 *Médaille.* CAROLVS XII · D · G · REX SVEC · Buste lauré du roi de Suède à dr.; sous le bras C.W. (Christian Wermuth). Rev. D · G · FRID · AVG · REX POL : EL · SAX · Buste lauré de Frédéric August, roi de Pologne, à dr.; sous le bras: C . WERMUTH. Sur la tranche: CONVENIVNTQVE PALAEO RANSTADII XVII · DECEMBR · MDCCVI ❀. Comparez Hild. 104 avec une autre inscr.; sur la tranche. Étain. mm. 33. Belle.

Même sujet.

411 *Médaille.* CAROLVS XII D : G : REX SVEC : Son buste cuirassé et drapé à dr. Rev. NON HAEC ULTIMA META LABORUM. Hercule couvert de la peau de lion, entre deux colonnes; à l'ex: XII . LABORES HERCUL . à l'entour, douze boucliers sur lesquels les noms des victoires de Charles XII DESC · IN SEEL — NARVA — TRAI · DVNÆ — CLISSOW — LEMBERG — FRAUSTAD — PAX ALTRANST · — GRODNO — THORUN — PULTOFS — RIGA — PAX TRAVENTH · Hild. 106. Czapski 5408. mm. 44. Ar. gr. 35.5, t.b.c. Fort rare.

1706. **Paix d'Altranstadt.**

412 *Médaille.* CAROLVS · XII · D · G · REX · SVEC · Buste du roi cuirassé et armé à mi-corps de face tourné à dr.; à g.: I. M. (Memmius). Rev. CONCVSSIT VTRAMQVE. Lion brisant une colonne et dégageant une autre de sa base; à l'ex: 1706. Hild. 107, mm. 28.5. Arg. gr. 6.8, t.b.c. rare.

Même sujet.

413 *Médaille.* 1706. CAROLVS XII — D · G · REX SVEC · Buste drapé du roi à dr. Rev. CONCVSSIT VTRAMQVE. Lion brisant une colonne et dégageant une autre de sa base. Hild. 108. mm. 17. Ar. gr. 2.5. Belle. rare.

1706—1707. **Paix d'Altranstadt.**

414 *Médaille satirique.* Légende en huit lignes **Es ist — Friede — und ist — Keiner! — das weist du — und noch — Einer — 1706.** Rev. Légende en huit lignes **Wier — Zwey — haben Einen — Sinn! — Geldt! — Niemand weiss — wohinn.** Sur la tranche: ZEHN WOCHEN STILLESTAND · BRACHT FRIED IN SACHSEN LAND · ANNO 1707. Médaille satirique rare, par C. Wermuth, manque à Hild. mm. 26. Ar. gr. 7.1, t.b.c.

Quoique la paix fût conclue entre le roi de Suède et l'Électeur de Saxe, roi de Pologne, ce dernier fut contraint par les Russes, avec lesquels il était allié, de leur donner du secours, entre autres dans l'attaque des Russes sur le général Suédois Mardefeld, près de Kalisch.

Même sujet.

415 *Médaille satirique*, droit du n°. 414 **Es ist Friede und ist Keiner!** etc. Rev. du n. 407: *QVIA MVNCTVS* etc. Inscription sur la tranche. mm 26. Ar. gr. 7.1, b.c. Rare.

1707. **Paix d'Altranstadt.**

416 *Médaille.* CAROLVS XII · — D · G · REX SVEC · Buste de Charles XII à dr. Rev. A DEO · ET CAROL. Main sortant des nuages et tenant le traité de paix; en bas: LIBERTAS à l'ex: 1707. Hild. 121. Friedlander und Seeger 4197. mm. 11. Ar. gr. 2.8. Belle rare.

1708. **Paix d'Altranstadt, entre l'empereur Joseph I, les rois de Prusse et de Suède et restitution des églises de Silézie.**

417 *Médaille.* DIE HOFFNVNG BESSER ZEITEN. L'Espérance sur un aigle s'élévant au dessus d'un I couronné; à l'ex: IST SIE DA? — * Rev. IA · IA · IA · La Foi, la Justice et la Douleur accostant un bouclier sur lequel ZÜCHTIG — GERECHT — GOTTSE — LIG. En haut, l'aigle de l'Empire; à l'ex: SO GEBET DEM KAISER WAS — DES KAISERS IST, UND — GOTT WASS GOTTES IST. — 1708, manque à Hild. mm. 45. Ar. gr. 24 Belle et rare.

No. 418.

1709. **Traité de paix d'Altranstadt** concernant la Silézie, conclu le 22 août 1707 et confirmé à Breslau, le 8 février 1709.

418 *Thaler* au buste cuirassé et drapé du roi Charles XII de Suède · CAROL : XII D · G · SVEC · GOTH · VAND · REX PROPUGNATOR FIDEI · Sous le bras, le nom du graveur *F. M.* Sous le buste, en lettres minuscules: *1 Reichsthlr. Nach alten schr. u. Korn.* Rev. COLLAPSAM FORTITER — RESTITUIT. Le lion suédois armé d'une épée, près d'une colonne sur la base de laquelle on lit: AUGUST — CONFES. A l'exergue: IN MEMOR · TRACTAT · ALTRANSTAD · — 22 AUGUST. MDCCVII CONCLUSI, — ET BRESLAU D · 8 FEBR — MDCCIX COM — PLETI. Hild. 145. mm. 41. Ar. gr. 29. Superbe.

Voir la reproduction.

1707. **Alliance de Zürich, avec les trois États des Grisons.**

419 *Médaille.* IUNGIT FOEDERA PACTA FIDES ⋆ Deux figures casquées, représentant Zürich et Rhetiae, se donnant la main, devant un autel; derrière Zürich personnifié on voit le lac de Zürich. Rev. en 10 lignes: MONUMENTUM — ILLUSTR · REIP · — TIGURINAE — CUM ILLUSTR · REP · — TRIUM FOEDERUM — RHAETORUM — CONFOEDERATIONIS — CELEBRATAE · — TIGURI D · V · MAII — MDCCVII. Haller 93. mm. 39. Ar. gr. 19.9. Belle.

1709. **Rupture des négociations de paix à La Haye, entre la France, l'Angleterre, les Pays-Bas et l'Espagne.**

420 *Médaille satirique.* DECIPIT VNDE PATET. Arc en Ciel; sur la plinthe: DESINIT IN LACRYMAS · à l'ex; ABRVPTA PRÆLIMIN · PACIS — MENSE APR · MAY · IVN · — MDCCIX. Rev. *Ein Schelm — ders Guth meint*, deux mains jointes sortant des nuages, van Loon V éd. fr. 137 n. 3, éd. holl. IV.562 n. 3. Med. Ill. II pag. 354 n. 189. mm. 35. Ar. gr. 16, coin brisé. Extr. rare. Belle.

Même sujet.

421 *Médaille.* Même droit qu'au n. 420; à l'ex. ABRVPTA PRÆLIMIN · PACIS — MENSE APR · MAI IVN · MDCCIX et au rev. la Paix deb. accostée de: AV WEY — DER FRIED HAT SCHON EIN C①H — 17 - 00. v. L. éd. fr. V 137 n. 2, éd. holl. IV 562 n. 2. Med. Ill. 188. mm. 34. Ae. coulée.

No. 422.

1709. **Rupture des négociations de paix à La Haye.**

422 *Médaille satirique.* s.d. FAITES VOUS CELA POUR M'AFFRONTER? Deux chevaliers en costume de la Cour; celui tourné à dr. offrant une prise de tabac et celui tourné à gauche donnant une chiquenaude à l'autre. Rev. JE CHERCHE DU COURAGE POUR MON MAISTRE. Homme remuant la terre avec son bâton et tenant de la main gauche une lanterne. Manque à van Loon et Med. Ill. Fieweger n. 70. mm. 32. Ar. gr. 14.4. Belle. Fort rare. *Voir la reproduction.*

1709. **Paix entre le pape Clément XI et l'empereur Joseph I.**

423 *Médaille.* IOSEPHVS ⁂ D ⁂ G ⁂ — ROM ⁂ IMPERATOR ⁂ S ⁂ A ⁂ Buste cuirassé et drapé de l'Empereur à dr. avec collier de la Toison d'or; sous le buste: P.H.M. (Ph. H. Müller). Rev. ALBANI IN FRATRES SE FLECTIT SIDVS AMORE ·, chronogr. formant la date 1709; les armoiries papales couronnées entre les armoiries couronnées de l'Empereur et de l'Espagne; à l'ex: ITALIAE TRAN = — QVILLITAS · van Loon éd. fr. V page 155, éd. holl. IV page 581. mm. 43. Ar. gr. 25.5, t.b.c. Rare.

Dans la guerre de Succession, le Pape avait soutenu Philippe V comme roi d'Espagne; les Autrichiens envahissaient alors les États papals, occupaient Bologne et siègeaient Ferrare et Urbino. Dans cet état de choses et que le secours promis par Louis XIV tardait de venir, le Pape envoya le cardinal Paolucci à l'ambassadeur d'Autriche, le marquis de Prie, pour négocier un traité de paix; Le 15 février 1709, le traité fut signé, mais le Pape tardait à reconnaître l'archiduc Charles comme roi catholique d'Espagne et ce fut seulement le 4 octobre que le Pape ratifia le traité dans un assemblé convoqué exprès.

Négociations de paix à Utrecht.

424 s.d. *Jeton.* LUDOVICUS MAGNUS REX. Buste vieux de Louis XIV; sous le buste: H.R.F (Jérome Roussel). Rev. NEC · PACE · MINOR · Hercule debout de trois -quarts à droite et tournant la tête vers la gauche; la main gauche à la poignée de sa massue. De la Tour n. 1850. Ae. b.c.

1712. **Congrès pour la paix à Utrecht, ouvert 18/29 janvier 1712.**

425 *Médaille.* • BELLI • FUGAT • NUBES • SOLEMQ • REDUCIT • PACIS • La ville d'Utrecht éclairée par un soleil dans lequel on lit יהוה; à l'exergue: CONGRESSUS PACIFER — INCHOAT · 29 IANUAR — MDCCXII · Rev. AUDIT UIDET TACET RIDET. La France, l'Espagne, la Grande-Bretagne, l'Empire et la république des Provinces-Unies, reconnaissables aux cimiers de leurs casques, sont assises autour d'une table dans la salle du congrès. van Loon éd. fr. V 208 n. 1, éd. holl. IV 636 n. 1. Med. Ill. II p. 391 n. 246. mm. 72. Laiton. t.b.c. Extr. rare.

Les ministres anglais, Harley comte d'Oxford et St. John, désirant de conclure la paix après la longue guerre de Succession, ouvrirent des négociations avec Louis XIV; les préliminaires furent fixés entre les deux Cours et Utrecht fut indiqué comme la ville ou le congrès pour la paix serait convoqué. On fit part de ces préliminaires aux Provinces-Unies et à l'Empereur, mais les États des Provinces-Unies seuls furent disposés à accepter ces préliminaires.

No. 426.

1712. **Même sujet.**

426 *Médaille satirique sur le congrès pour la paix à Utrecht.* ULTRAJECTUM Vue de la ville d'Utrecht; en haut, l'arc en ciel, symbole de la paix; à l'entour, chronogramme: SI IVBET ANNA NIMIS NON FIDIT BELGA COLORI formant la date 1712; à l'exergue: CONGREGATO 29 (XII changé en 29) IAN. CONVENTVI — LEGATIONVM EVROPAEAE PACIS STABILIS — SVASOR. — D. D. D. Revers coupé en deux par une barre sur laquelle est écrit: LONDINI Sur l'une des moitiés du champ on voit le lion belge couché entre les jambes du cheval de Troye, et devant lui, un renard armé d'une pique. Vis à vis, une poutre posée en équilibre sur un globe ailé; sur la poutre, plusieurs bouteilles de vin, faisant allusion au champagne dont Louis XIV avait fait présent aux ministres d'Angleterre; à un des bouts est assis un singe qui boit; les *glou-glou* de la bouteille sont marqués par ces mots allemands: SCHLUCK, SCHLUCK, SCHLUCK A l'autre bout se trouve le coq de la France, qui tient la harpe d Irlande et une palme et qui appelle les poules par ces mots: GLUCK, GLUCK, GLUCK Le chronogramme qui sert

de légende, est digne du reste de la pièce IMBELLES FRVSTRA SVADENT BELLA. L'autre moitié du revers représente le coq de la France qui crie: PAX, PAX, PAX et qui tient une palme. A ce cri, le lion, un des supports des armes de l'Angleterre, s'avance avec une palme sur laquelle est écrit: TORRIS qu'il croise avec celle que tient le coq: mais le léopard qui tient un sabre et une palme où est écrit le mot WICHS, refuse de prêter l'oreille au chant du coq et se détourne. La légende est aussi un chronogramme: RIGIDVS NON MITIS PACIFICATOR · van Loon éd. fr. V 208, éd. holl. IV 636 n. 2. Med. Ill. n. 248. Médaille rarissime. mm. 43. Ar. gr. 28.6. Belle. *Voir la reproduction.*

427 *Médaille* pareille coulée en étain. a.b.c.

1712. **Préliminaires de paix à Utrecht.**

428 *Jeton.* MAX · EMANUEL D · G · S · R · I · AR · EL · ET VIC · &. Son buste à dr. Rev. FELICES SI VOTA SECUNDENT. Allusion aux préliminaires de paix. A l'ex: I · C · N · I · M · E · A · 1712 — 17 MAII · D · BA. Variété inédite de v. Loon éd. fr. V 211 n. 2, éd. holl. IV 640 n. 2 et de Dugn. 4792. mm. 24. Ar. gr. 2.7, t.b.c. rare.

Même sujet.

429 *Médaille satirique* sur l'attaque du Comte Magnus Steenbock sur Altona et Tonningen, pour sécurer à la Suède plus d'avantages à la Paix d'Utrecht. NON ADIUTOR SED CUSTOS PROPERA DUX. On voit le roi Charles XII rampant d'un tonneau sur lequel on lit: IN EXTRE — MIS — ANGUSTIIS, il s'adresse à un Turc et un Tartar debout devant lui; au lointain on voit son palais de Bender, brûlant; au ciel on voit le croissant entouré de l'inscription: IN ANE AUXILIUM. à l'ex.: CLAUSUS UTERQUE SEDET TE — REX TUA LUNA FEFELLIT — A° · MDCCXII — MENS FEBR. Rev. NEC SPES NEC ULLA POTESTAS PAR MERITIS PŒNA Éléphant portant de sa trompe un flambeau et voulant enflammer un tonneau d'où on voit sortir la tête d'un bouc (Steenbock); on lit sur le tonneau: AD AN — GUSTIAS — REDACTUS et sur le couvercle: ANNO · MDCCXIII — D: 17 MAII. De loin on voit une ville (Altona?) en flammes. En haut, un soleil brillant dans lequel on voit le nom יהוה; à l'entour: MIHI AD IUTOR A l'exergue: TETUA SPES FALLIT — CONSILIUMQUE — COMES. Manque à Hildebrand. mm. 60. Ar. gr. 94. Belle et rare.

Voir la reproduction sur la planche VIII.

Les ambassadeurs suédois à la conférence de la paix d'Utrecht, persuadés qu'il leur serait impossible d'acquérir des clausules avantageuses pour leurs pays, avisèrent au roi de s'emparer de quelques villes allemandes pour soutenir leurs démonstrations. L'attaque du comte Magnus Steenbock sur Altona et Tonningen fut le résultat de cet avis.

1713. **Paix d'Utrecht.**

430 *Médaille.* ANNA · D : G : MAG : BRI : — FR : ET · HIB : REG : Buste de la reine Anne laurée et drapée à g ; sous le buste: I. C. (Croker). Rev. COMPOSITIS · VENERAN — TVR · ARMIS · à l'ex: MDCCXIII. La Britannia assise tenant branche d'olivier et haste; à g., une mer calme avec des navires; à dr., des paysans labourant. v. Loon éd. fr. V 230 n. 1, éd. holl. IV 660 n. 1. Med. Ill. n. 256. mm. 59. Br. Belle.

No. 431.

1713. **Même sujet.**

431 *Médaille.* ANNA · D : G : MAG : BRI : — FR : ET · HIB : REG : Buste drapé et lauré de la reine Anne à g., signé sous le bras : · I. C. (Croker). Rev. COMPOSITIS · VENERANTVR · ARMIS · La Britannia debout tenant un rameau d'olivier, une haste et une bouclier; à g., une mer calme sur laquelle voguent des navires; à dr. des paysans labourant; à l' ex :MDCCXIII. van Loon éd. fr. V 230 n. 2, éd. holl. IV 660 n. 2. Med. Ill. 257. mm. 34.5. Or, gr. 22.9. Superbe et rare. *Voir la reproduction.*

432 *Médaille* pareille en argent. mm. 34.5, gr. 13.9. Belle. *Voir la reproduction du n. 431.*

1713. **Même sujet.**

433 *Médaille.* LUDOVICUS MAGNUS REX CHRISTIANISSIMUS. Tête de Louis XIV à dr. Rev. SPES FELICITATIS ORBIS. Astrée descendant du ciel sur un nuage. Elle tient un caducée, une corne d'abondance et des balances. Signée: D. V (Du Vivier) à l'ex. PAX ULTRAJECTENSIS. – XI . APR . M . DCCXIII. Module plus petit que van Loon éd. fr. V 231, éd. holl. IV page 661 n. 1. Med. Ill. page 406 n. 268 sans nom de graveur sous la tête. mm. 41. Br. Belle.

Même sujet.

434 *Médaille* offerte par la préfecture de Coutances. Droit comme le numéro précédent, signé I. MAVGER. F. Rev. LIBERATORI · PACIFICO. La ville de Coutances offre une couronne à Louis XIV debout habillé comme Imperator romain; à l'ex.: PRÆF · INS · CONS · — 1713, signé . I. C. R. (Joseph Charles Roettiers). Med. Ill. II pag. 406 n. 269 variété. mm. 41. Br. belle.

1713. **Paix d'Utrecht.**

435 *Jeton satirique.* Légende allemande en six lignes : KEHR — MICH UM, SO — KANSTU SEHEN — WAS HINKUNF — TIG WIRD GE — SCHEHEN. Revers légende allemande en sept lignes. Chronogramme formant la date 1713. DA VVIrD sICH — ALLERERST — DIE NOTH AN — HEBEN — *Matth 24 v. 8.* par Chr. Wermuth. Dirks Rep. II n. 3043. Rev. Belge 1882 pl. XIII.5. mm. 22. Ar. gr. 3.7. t.b.c. rare.

En Allemagne, on restait bien sceptique sur les résultats de la paix d'Utrecht, ce que prouvent les différents monuments métalliques satiriques frappés à ce sujet.

436 *Jeton satirique* pareil. Neumann 32980. Ae. t.b.c. rare.

No. 437.

1713. **Même sujet.**

437 *Médaille d'or* (Ducat) inédite. SO BALD DIE HARMONIE GEMACHT Main jouant d'une harpe (l'Angleterre?) tandis qu'un coq chante (la France?) Rev. HAT VTRECHT FRIEDEN HERGEBRACHT. Vue de la ville d'Utrecht ; à l'ex : · 1713 Or, gr. 3.5. Superbe. Unique.

Voir la reproduction.

No. 437.

Même sujet.

438 *Médaille satirique.* ES IST — FRIEDE — UND IST — KEINER — DAS MACHT — MANCHER — UND NICHT — EINER. Rev. UTRECHT DEN XI · APRIL · — WAS NEUES — IST ES FRIEDE — IST MANN DES — KRIEGES MÜDE, — WER HATS DENN — AUFSTAPPET GEBRACHT — DAS MAANN — DEN FRIED — SO SCHWACH UND — SCHLECHTERDINGS — GEMACHT. Dans le champ, à côté de la lég. : TALLART — D'ALLART. Sur le bord, un peu relevé, chronogramme : ✽ DA VVIrD sICH ALLERERST DIE NOTH ANHEBEN ✶ *Matthäi 24 V. 8.* mm. 27. Ae. Belle. Extrêmement rare.

Voir la reproduction.

Par le Tallart de cette médaille on désigne Camille d'Hostun, duc de Hostun, marquis de la Baume, lieutenant général français, ambassadeur extraordinaire à

Londres, où il eut le mérite de conclure les deux traités de partage de la monarchie espagnole 1698—1700. Dans la guerre qui suivit il eut d'abord des succès et gagna le bâton de maréchal, 1703 Il fut victorieux à Spire du prince de Hesse-Cassel, 15 novembre 1703, et par la prise de Landau il délivre l'Alsace. Chef de l'armée d'Allemagne, il fut complètement battu a Hochstedt par Eugène et Marlborough. Prisonnier sept ans en Angleterre, il ne fut pas, dit on, étranger aux événements qui amenèrent la disgrâce des Whigs et la paix d'Utrecht.

No. 438.

1713. **Paix d'Utrecht.**

439 *Médaille satirique.* PAX VLTRAIECT · PACTIO · VLTERIOR · SERVITVTIS. Homme cuirassé et couronné marchant à g. offrant une palme, et traînant derrière lui une chaîne. Rev. ERGA SOCIOS RIGIDI ERGA HOSTES PLACIDI. Homme debout de face, tourné à dr., tenant de sa main droite une épée, la pointe en haut, et protégeant son nez avec la main gauche; à droite paraît une main qui fait tomber des monnaies dans un vase de nuit. Médaille rare par Chr. Wermuth, non signée. Dirks Repert. II n. 3046. mm. 35. Étain. Belle, extr. rare.

Voir la reproduction.

1713. **Paix d'Utrecht; ratification de la Paix, le 12 mai.**

440 *Médaille offerte par les États de Frise.* INVIDIA FREMENTE PAX ET LIBERTAS TRIVMPHANT. La Paix et la Liberté s'embrassant; elles sont debout sur un monceau d'armes rompues et foulent aux pieds l'Envie. Signée *J. Drapentier f.* Rev. HAEC MVNERA PACIS. Un trophée composé d'instruments de toutes sortes d'arts et surmonté de deux cornes d'abondance en sautoir, sur lesquelles s'élève un caducée ailé, symbole de la paix et du commerce; sur le piédestal on lit: PACE · TRAIECTI — EX · DIFFICILI · — BELLO · RESTITVTA — ORD · FRIS · DEP · — FIERI · IVSSERVNT · — A · CIↃIↃCCXIII. van Loon éd. fr. V 227 n. 1. éd. holl. IV.657 n. 1. Med. Ill. II p. 404 n. 264. mm. 67. Ar. gr. 73, t.b.c. (champ bruni).

No. 441.

1713. **Paix d'Utrecht.**

441 *Médaille.* La Paix fermant le temple de Janus, à la porte duquel sont enchaînés deux guerriers; sur la porte, le millésime formant avec l'exergue, la légende: ANNO – MDCC – XIII – TRAIECTUM. Derrière la Paix, Mercure, dieu du commerce; il tient une banderolle sur laquelle on lit EUROPÆ — PAX REDDITA. Rev. Europa assise sur le rivage d'une mer calme couverte de vaisseaux; elle tient une corne d'abondance et un rameau d'olivier; à l'ex: EUROPA. van Loon éd. fr. V 227 n. 2, éd. holl. IV.657 n. 2. Med. Ill. II pag. 402 n. 262. mm. 48. Ar. gr. 45. Superbe.

Voir la reproduction.

No. 442.

1713. **Paix d'Utrecht.**

442 *Médaille.* QVAESITAE TEM — PORA — PACIS EVNT. Vue de la ville d'Utrecht; au-dessus, Saturne ou le Temps assis sur un nuage; à l'ex: FOEDERE ICTO. Signée: D. WYS. Rev. DIFFINGITE ARMA : PAX EST. (à l'ex:) III EID · APRIL · — CIƆIƆCCXIII. Mercure assis sur un coffre-fort et à côté de lui, deux forgerons qui brisent des armes à coups de marteau et en forgent des socs de charrue. van Loon éd. fr. V 227 n. 3, éd. holl. IV 657 n. 3. Med. Ill. II p. 404 n. 265. mm. 45. Ar. gr. 33.5. Belle et rare.

Voir la reproduction.

Même sujet.

443 *Médaille* offerte par la ville de Bois-le-Duc. AGUNT IN PACE La pucelle de Bois-le-Duc assise; dans le lointain, vue de la ville; à l'exergue, dans un cartouche orné: · S · P · Q · S · Rev. TEMPORA OPTATA La Paix debout entre deux colonnes et à ses pieds, une corne d'abondance; à sa droite, Mars enchaîné à une des colonnes, et à sa gauche, deux Génies (la Religion et la Justice); à l'exergue: CIↃIↃCCXIII. van Loon éd. fr. V 227 n. 4, éd. holl. IV 657 n. 4. Med. Ill. p. 405 n. 266. mm. 27. Ar. gr. 6.7. Belle.

No. 444.

1714. **Paix d'Utrecht.**

444 *Médaille satirique sur la Paix d'Utrecht, mécontentement de l'empire allemand.* Trois personnes demi-nus, un Anglais, un Français et un Hollandais font en même temps leurs besoins derrière une muraille; le premier dit: I AM PLEASE · le second: SI VOUS PLAIT · et l'autre, fumant en même temps sa pipe, dit: IK · MAEK MEE ·; à l'entour: CONCORDIA RES PARVAE CRESCVNT; à l'exergue: NOOT BREEKT ISEN - PAX OU TREC · 1713 · le tout écrit à rebours. Revers. Les mêmes personnes bien habillées, regardant ce qu'ils ont fait de l'autre côté, disent, l'Anglais: FIE · WHAT IS THAT? le Français: SANS REGARD · le Hollandais, toujours en fumant sa pipe: WAT! BEHAEGT U DAT? à l'entour: DISCORDIA MAXIMA DILABVNTVR · et à l'exergue: DAT SOL IE HIR BEWISN · — PAX · IN TREC · 1714 · toute la légende écrite à rebours. Revue Num. Belge 1878 pl. VIII n. 27. Med. Ill. pag. 409 n. 273. mm. 43. Ar. gr. 28.5. Superbe et de toute rareté.

Voir la reproduction.

1714. **Ratification de la Paix d'Utrecht, entre l'Espagne, la France et les Provinces-Unies, le 26 juin 1714.**

445 *Médaille* offerte par la ville d'Amsterdam. DIVA TEGENS BATAVOS QVA CVSPIDE REPPVLIT HOSTES — NVNC OLEAS PACIS SVRGERE SIGNA IVBET. Le lion néerlandais dans son enclos, tenant une lance surmontée du chapeau de la Liberté; auprès de lui, Pallas tenant d'une main un bouclier sur lequel on voit un chat, ancien emblème de la Liberté et de l'autre frappant la terre de sa lance qui en fait sortir un olivier. Signée D. W. (De Wijs). Revers, dans une couronne d'olivier, fermée en bas par l'écusson de la ville, une légende en 19 lignes: PACE — CVM POTENTISSIMIS — GALLIARVM ET HISPANIARVM — REGIBVS — VLTRAIECTI COMPOSITA — AD DIEM XI · APRILIS ET XXVI · IVNII — PVBLICA SECVRITATE — ET — LIBERTATE VINDICATA — PRO — FELICI REIPVBLICAE REPARATIONE — MERCATVRAE — INCREMENTO — ET — SECVLI VBERTATE — S. P. Q. A. VOTA SVSCEPERVNT CIϽIϽCCXIII — ET — CIϽIϽCCXIV. van Loon éd. fr. V 248 n. 1, éd. holl. IV 680 n. 1. mm. 70. Or, gr. 182.5. Superbe. Extr. rare. Dans une boîte originale en ivoire ciselé.

Voir la reproduction sur la planche VIII.

446 *Médaille* pareille en argent. mm. 70. gr. 120. Belle.

Voir la reproduction du n. 445.

1714. **Ratification de la Paix d'Utrecht.**

447 *Médaille.* La province d'Utrecht assise sur un tas d'armes près d'une colonne, se soutenant sur son écusson et tenant de sa droite levée un rameau d'olivier. Elle regarde une mer calme, couverte de vaisseaux marchands; à l'ex.: *D. Drapentier.* Rev. VREDE MET SPANGIEN EN DEN STAAT. Colombe tenant un rameau d'olivier en son bec, volant au-dessus d'une mer calme, couverte de navires marchands. van Loon éd. fr. V 248 n. 3, éd. holl. IV 680 n. 3. mm. 33. Ar. gr. 13.6. Belle et rare.

1714. **Paix d'Utrecht,** rétablissement de Joseph Clément, archevêque de Cologne, dans ses Etats.

448 *Jeton.* IOS · CLEM · ARCH · COL · S · R · I · ARCHICAM · ET ELECT · DVX BAU · Buste de l'archevêque en ornat, à dr.; sous le buste: H. B. Rev. SUBDITIS CLEMENS. Lion couronné, assis; à l'exergue: 1714. Dugn. 4824. Ae. t.b.c.

1714. **Paix d'Utrecht.**

449 *Jeton* de la ville de Tournai. CONCORDIA · RES · PARVÆ · CRESCVNT. Armoiries des Provinces-Unies. Rev. HINC DECVS ❀ ET ❀ ROBVR · Armoiries de la ville de Tournai, entre 17—14. En bas: ·TORNACVM· van Loon éd. fr. V 247, éd. holl. IV 699. Dugn. 4821. Ar. t.b.c.

Tournai fut une des villes, dans lesquelles les Hollandais devaient mettre garnison, suivant le Traité de paix d'Utrecht; c'est la cause de l'apparition des armoiries des Provinces-Unies sur ce jeton.

1715. **Paix d'Utrecht, confirmée par Joao V, roi de Portugal.**

450 *Jeton.* JOANNES V · D · G · PORTUGALIÆ REX · Buste cuirassé et drapé à dr.; sous le buste: M.DCCXV. Rev. NECTIT ET FIRMAT. Grand olivier auquel sont attachées deux couronnes; à l'ex.: PAX — TRAIECTENSIS. van Loon éd. fr. V 258 n. 1, éd. holl. IV 690 n. 1. Dugn. 4827. Ar. gr. 7. t.b.c. rare.

Ce fut seulement le 6 février 1715 que la paix entre l'Espagne et le Portugal, conclue à Utrecht, fut ratifiée à Paris; par ce traité, les villes d'Albuquerque et Puebla, occupées par les Portugais, furent restituées à l'Espagne.

1714. **Paix de Rastadt.**

451 *Médaille.* CONVENERE DVCES PRO PALMIS IVNGERE PALMAS. Le prince Eugène et le maréchal de Villars assis sur des armures sous des palmiers, se donnant la main. Rev. IVNGVNTVR IVPPITER ET SOL. Signe du zodiaque „Pisces"; dessous: VI · MARTII ⁂ — A : MDCCXIIII ⁂ à l'ex.: PAX RASTADIEN — SIS. van Loon éd. fr. V 240 n. 1, éd. holl. 670 n. 1. Ar. mm. 44, gr. 20. Belle et rare.

Le Traité de paix d'Utrecht n'avait pas été accepté par l'Empereur et la guerre entre la France et l'Allemagne fut continuée; enfin on se décida à ouvrir des conférences pour la paix, à Rastadt. Le 26 novembre 1713 arrivaient au château le prince Eugène, ambassadeur de l'Empereur et le maréchal de Villars (Claude Louis Hector, duc de Villars) pour le roi de France, et enfin, dans la nuit du 5 au 6 mars 1714, la Paix fut signée entre la France et l'Empire.

452 *Médaille* pareille en étain, avec clou en cuivre. Belle et rare.

No. 453.

Même sujet.

453 *Médaille.* CAROLVS VI D ✶ G ✶ — ROM ✶ IMP ✶ SEMP ✶ AVG ✶ Son buste drapé et lauré à dr.; sous le buste, étoile. Rev. MEDIIS GRESCEBAT IN ARMIS. Olivier entouré de trophées d'armes; à l'ex: PAX RASTATDIENS — A : MDCCXIIII. v. Loon éd. fr. V 240 n. 2, éd. holl. IV 670 n. 2. mm. 22. Or. gr. 21. Superbe. Extr. rare. *Voir la reproduction.*

Même sujet.

454 *Médaille* pareille en argent. gr. 15.2. Superbe.
Voir la reproduction du n. 453.

1714. **Paix de Rastadt.**

455 *Médaille.* IN GALEA MARTIS NIDVM FECERE COLVMBAE. Deux colombes faisant leur nid sous un heaume à visière ouverte. Signée v (Vestner). Revers: DAT PACEM RASTSTATT : — PATRIAE EST VRBS ILLA QVIETIS · le chronogramme forme la date 1714. Vue du château de la princesse douairière de Bade; à l'exergue: MARTIVS EXPELLIT — PACIS FVNDAMINE MARTEM. Même revers que la médaille van Loon éd. fr. V 241 n. 2, éd. holl. 6. Wellenheim 7563. Berstedt 535*b*. mm. 54. Ar. gr. 57. Belle et rare. *Voir la reproduction sur la planche VIII.*

456 *Médaille* pareille en bronze. Belle, rare.
Voir la reproduction du n. 455.

457 *Médaille* pareille en étain. Belle, rare.
Voir la reproduction du n. 455.

Même sujet.

458 *Médaille.* CONSTANTIAE AVGVSTI ☙ La Constance debout portant corne d'abondance; en bas: v (Vestner). Rev. Comme la médaille précédente. van Loon éd. fr. V 241 n. 2, éd. holl. IV 672 n. 2. mm. 44. Ar. gr. 61. Belle. *Voir la reproduction sur la planche VIII.*

Même sujet.

459 *Médaille.* OLIM DVO FVLMINA BELLI. Buste du prince Eugène de Savoie, cuirassé et drapé, à dr., avec l'ordre de la Toison d'or, vis à vis du buste du maréchal de Villars cuirassé et drapé à g. avec le ruban de l'ordre du St. Esprit. Rev. NVNC INSTRVMENTA QVIETIS · Génie écrivant le Traité de paix; sous la table: MB (Martin Brunner); à l'ex.: M·DCCXIV. van Loon éd. fr. V 242 n. 1, éd. holl. IV n. 673 n. 1. mm. 35. Ar. gr. 15. Belle et rare.

No. 460.

Même sujet.

460 *Médaille.* CAROL·VI·D·G·ROM· IMP·S·A·G·H·H & B·RX· Buste lauré et cuirassé de l'Empereur à dr. avec collier de la Toison d'or; sous le buste, étoile. Rev. POST BELLVM BELLARIA PACIS. Génie casqué volant et versant le contenu d'une corne d'abondance; à l'ex.: PAX RASTAD · — 1714· van

Loon éd. fr. V 242 n. 1, éd. holl. IV 673 n. 2. Berst. 535. Forst. 788. mm. 26. Or, gr. 7. Superbe. De la plus haute rareté.

Voir la reproduction.

No. 461.

1714. **Paix de Rastadt.**

461 *Médaille.* CAROL · VI · D · G · ROM · IMP · S · A · G · H · N · I · H · & B · REX. Sa tête laurée à dr. Rev. CONSTANTIA ET FORTITVDINE et dans le champ: CAROLI — EVGENII. Rameau d'olivier sur le globe terrestre, enluminé par le nom de Jehova, rayonnant; à l'ex: PAX GERMANO GAL — LICA FIT RA — STADII chronogr de 1714. mm. 25. Ar. gr. 4.5. Inédite. De la plus haute rareté.

Voir la reproduction.

No. 462.

Même sujet.

462 *Médaille émise par la châtellenie de Courtrai.* SIT MAGNO CAROLO SEX — TO TIBI GLORIA DAPHNES. Chronogramme formant la date fautive 1704. Buste lauré de Charles VI à dr.; sous le buste: PH : ROETT : — IUN : F : Rev. VIRGINI PACIFERÆ — CEDE MAVORS. Chronogramme formant la date 1714. La châtellenie de Courtrai, personnifiée, assise portant rameau d'olivier. Minerve debout portant les armoiries de l'Empire, foulant aux pieds Mars. Belle médaille, extrêmement rare. Dirks Repertorium n. 3098, Revue Belge 1871 pl. II n. 2. mm. 52. Ar. gr. 45.4.

Voir la reproduction.

1714. **Paix de Rastadt.**

463 *Médaille.* SVFFICIT — UNUS ▾ Le prince Eugène cuirassé debout tenant de sa main droite levée, un rameau d'olivier et de sa gauche, une épée; à l'ex: EX UTROQ. SUMMUS · en bas, arabesque. Rev. en douze lignes: GLORIÆ — IMMORTALI — **EVGENII** PRINCIPIS — VICTORIS PERPETUI — NUNQUAM VICTI — POSTQUAM — DERELICTÆ A SOCIIS PATRIÆ — INCREDIBILI PRUDENTIA — PACEM FECIT — **RASTADII** — ANNO 1714 — DIE 6. MARTII — arabesques. mm. 48. Étain avec clou en cuivre. Inédite. Belle, unique.

No. 464.

1714. **Paix de Rastadt, entre l'Allemagne et la France.**

464 *Médaille satirique,* méfiance des Allemands, au sujet de la Paix, offerte par la France. ✣ **ist den lilien wohl zŭ traŭen, weil sie lieblich an zŭ schaŭen, — solt aŭch ŭnter ihren Schein, sonst etwas verborgen seyn.** tige de trois fleurs de lis, entourée d'un serpent. Rev. en huit lignes: was neües! — wird es Friede? — ist man des krieges — müde? — wer hat's denn aufs — *Tapet* gebracht — das man an Frieden — had gedacht? mm. 32. Ar. gr. 14.5. Belle. Extr. rare.
Voir la reproduction.

1714. **Paix de Rastadt.**

465 *Médaille.* FORTI DVLCE VENIT FORTI MEL FORTIS AB ORE. Chronogramme formant la date 1714. Lion couché; à l'ex.: IVD : CAP : XIV · — V : 14. Rev. IANVS A MARTE MENSE MARTIO CLVSVS. Mars fermant le temple de Janus; á l'ex: PAX RASTADIENS · en bas: N (Nürnberger). Étain avec clou en cuivre. mm. 43, t.b.c. rare.

Même sujet.

466 *Médaille.* LVDOVICVS MARCHIO BAADENSIS ❀ FRANCISCA SIBYLLA AVG : GUBERNATRIX ✻ Buste du marquis de Bade, opposé au buste de sa mère et tutrice; dessous, les armoiries de Bade et de Saxe-Lauenbourg; à dr. V (Vestner); dans le champ, en haut: DABO PACEM IN FINIBVS VESTRIS *Livi : 26.* Rev. PAX RASTADII IN ARCE COMPOSITA EST et à l'inté-

rieur, aussi en chronogr.: NIDUM PACIS HIC INSTRUO, formant chaque 1714. Vue du château; sur un cartouche: ET IN LOCO ISTO — DABO PACEM *Agg*: 2. Bally 1145. mm. 44 Ar. gr. 29.5. Belle avec trace d'oeillet.

1714. **Paix de Rastadt.**

467 *Médaille* pareille, mm. 35. Ar. gr. 14.2. Belle, trace d'oeillet.

Même sujet.

468 *Ducat.* LUDOVICVS MARCH BAD * AUGUSTA MAR · BAD · GUBER * Bustes superposés du marquis et de sa mère. Rev. * MARTIUS IN RASTADT PROTULIT PACIS OLEAS les armoiries de Bade et de Saxe-Lauenbourg, sous une couronne. Bally 156. Or. Beau et rare.

469 *Ducat* pareil. Or. t.b.c. trace d'oeillet.

Même sujet.

470 *Jeton* de 1715. MICHEL · FALLOUX · SR DU LIS · ESCR MAIRE · DANGERS 1715. Armoiries couronnées. Rev. NON SIBI – SED POPULO. Ruche entourée d'abeilles; à l'ex.: ANNO · PACIS · G · — · 1714. mm. 28. Ae. t.b.c.

Jeton de Michel Falloux, maire d'Angers, émis le jour de l'an 1715. Presque tous les jetons français font allusion aux événements remarquables de l'année précédente.

Même sujet.

471 *Médaille satirique.* OPTIMA RERVM La Paix portant palme et corne d'abondance, perce le coeur d'un guerrier tombé par terre. Rev. PESSIMA RERVM Guerrier debout sur un trophée d'armes sous un ciel couvert de nuages, d'où sortent des foudres ; à l'ex: · 1715. mm. 44. Étain. t.b c. rare.

1714. **Paix de Baden en Argovie.**

472 *Médaille.* * CAROLVS VI · D · G · ROM · IMP · ET LVD · XIIII · D · G · FR · ET NAV · REX · Leurs bustes cuirassés et laurés, opposés; en haut: FEL · TEMP · REPARATIO · Rev. HIS · IVNCTIS IVNGITVR ORBIS. Jupiter et Apollon réunissant par un ruban, le globe terrestre fendu par la guerre; à l'ex: VNA DVOS ITERATA DEOS CONCORDIA STRINX . - GIT. Sur le globe on voit mentionnés divers États: ANGLIA · HIS — PA — NI — A · AFRICA etc. van Loon éd. fr. V.244 n. 1, éd. holl. IV.675 n. 1, mm. 49. Ar. gr. 44. Superbe. Extr. rare.

Voir la reproduction sur la planche IX.

Dans le Traité de paix de Rastadt, entre la France et l'Empire, fut stipulé que les Électeurs de Bavière et de Cologne seraient rétablis dans leurs États. Pour régler les divers intérêts des princes et États de l'Empire, il fallait un autre traité. On choisit pour s'assembler la petite ville de Baden, dans le canton d'Argovie en Suisse. Le 7 septembre 1714, ce traité fut signé à Baden par le prince Eugène et le maréchal de Villars.

473 *Médaille* pareille en étain, avec clou en cuivre, b.c.

1714. **Paix de Baden en Argovie.**

474 *Médaille.* CAROLVS VI ▵ D ▵ G ▵ — ROM ▵ IMP ▵ SEMP ▵ AVG ▵ Buste lauré et drapé de l'Empereur à dr., signé G. W. V. (Vestner). Rev. PACI — GERMANIÆ. La Paix mettant le feu à un tas d'armes; derrière elle est une statue de la Justice, sur un piédestal carré; signé P. H. M (Müller) à l'exergue: RESTITVTÆ — M DCC – XIV. van Loon éd. fr. V 244 n. 2, éd. holl. IV 675 n. 2. mm. 44. Étain. Belle.

Même sujet.

475 *Médaille* au même buste, par Vestner. Rev. PRIMVS AQVAS FAVSTVS GENIVS MOVET INDE SALVTEM · — ET LAETAM PACEM BALNEA SANA TRAHVNT · vue du bain de Bethesda avec IOH . V . — V . II . à l'ex.: PAX BADENS · — 7 SEPT . 1714 – V. v. Loon éd. fr. V 246, éd. holl. IV 677. Haller n. 102. mm. 43.5. Br. b.c.—t.b.c. rare.

476 *Médaille* pareille en étain. Haller n. 102. Belle.

No. 477.

Même sujet.

477 *Médaille.* HAS TANDEM AD THERMAS FESSVS MARS ABLVIT ENSEM. Vue de la ville de Baden du côté du Limmat; sur le devant, Mars nettoyant son glaive dans l'eau; en haut, ange portant l'écusson de la ville; sur un ruban: BADENA. Rev. EXSOLVUNT GRATES CAESAR ET IMPERIUM L'empereur Charles VI et la Germania sacrifiant; à l'ex.: IANI TEMPLO BADENAE IN — ARGOVIA CLAVSO. Haller n. 101. Wunderly 3157. mm. 49. Ar. gr. 43.8. Belle et rare. *Voir la reproduction.*

478 *Médaille* pareille en bronze. Belle et rare.

Même sujet.

479 *Jeton* au buste de Louis XIV. Rev. Lég. commençant par: NÉ 1638. et finissant par: PAIX GENERALE – 1715. Ar. mm. 32, beau.

1715. **Traité d'Anvers.**

480 *Médaille.* TANDEM EXSPECTATA VENIS dans le lointain on voit la ville de Gouda et celle d'Utrecht. Sur le devant, la Paix, couronnée d'olivier et portant une corne d'abondance, donne le caducée ailé de Mercure à l'ISALA (Yssel) sur lequel Gouda est bâti; à l'exergue: PACI TRAIECTINÆ. Signée: I. DRAP. (Drapentier). Rev. en 14 lignes. **Q.**(uod) **F.**(elix) **F.**(austam) **Q.**(ue) **S.**(it) — TRAIECTI AD RHENVM — PACE — POST XII ANNORVM BELLVM — INTER GALLOS HISPANOS & BATAVOS CONVENTA — IVRE MERCATVRAE RESTITVTO — PROLATIS FINIBVS AC MOX ANTVERPIAE CONSTITVTIS LIMITIBVS — OPERA & CONSILIO CVM CAETERIS PACIFICATORIBVS — CONSVLIS GAVDANI — IN PERPETVAM REI MEMORIAM — NVMISMA HOC CVDI IVSSERVNT — S·P·Q·G· — MDCCXVI. van Loon V éd. fr. 262, éd. holl. IV 694. Ar. mm. 73, gr. 121.3. Belle.

Traité d'Anvers, conclu entre l'ambassadeur de l'empereur allemand, le comte de Konigsegg, et les envoyés des Provinces-Unies, van der Dussen, van Rechteren, van Gockinga et van Geldermalsen, au sujet de la barrière, des limites et des places dans lesquelles les Hollandais devaient mettre garnison, suivant un des articles du traité d'Utrecht.

Le 15 novembre 1715, ce traité fut signé par le comte de Konigsegg, au nom de l'Empereur, par Mr. Cadogan pour l'Angleterre et par les quatre députés hollandais. Comme M. van der Dussen était pensionnaire de Gouda, le Conseil de la ville fit frapper en 1716, la médaille en mémoire de la Paix d'Utrecht et du traité d'Anvers.

Bruno van der Dussen, plénipotentiaire des Provinces-Unies, à la Paix d'Utrecht et à Anvers.

Adolf Hendrik, comte de Rechteren, seigneur d'Almelo, aussi ambassadeur des Provinces-Unies, à Utrecht et à Anvers.

Scato Ludolph van Gockinga, bourgmestre de Groningue.

Adriaan van Borssele, membre du Conseil d'État, seigneur de Geldermalsen.

1718. **Paix de Baden, entre les Cantons de Zürich et de Berne et l'Abbé de St. Gall.**

481 *Médaille.* La Paix assise tenant rameau d'olivier et de palme, dans un entourage d'armes; en haut, sept armoiries de Cantons; à l'ex.: · PAC · AROV · HELV · CONCL · — ET · SIGN · DD · 18 IUL - 9 ET · 11 · AVG · — 1712. Rev. Les armoiries de Zürich, de Berne et de St. Gall, liées ensemble et tenues par deux mains jointes sortant des nuages; à l'exergue: PAC · BAD · CONCL · ET · SIGN · — TIG · ET · BERN · CVM · ABB — S · GALLI · D · 15 IVN · — 1718. Haller n. 100. Belle médaille. mm. 47. Ar. gr. 22. Belle.

1718. **Paix de Passarowitz.**

482 *Médaille.* GEORGIVS · D : G : MAG — BR : FR : ET · HIB : REX · F · D · Buste lauré, cuirassé et drapé, à dr. Signée: I C (Crocker). Rev. PACIS · ARBITER · Le roi debout comme empereur romain, sous une riche draperie, indique la Morée sur un globe terrestre; à l'exergue: INTER · GERMAN : TURC · — ET

VENET : — AD PASSAROWITZ — 1718. Med. Ill. II p. 437 n. 39. mm. 45. Ar. gr. 46.5. Belle.

Dans le Traité de paix de Passarowitz, (Poscharewatz en Servie) conclu le 21 juillet 1718, entre la Venise, l'empereur Charles VI et l'empire Ottoman, la Turquie abandonna la Servie aux Autrichiens.

Dans la Paix de Carlowitz, l'empereur allemand avait garanti à la république de Venise, la possession de la Morée que les Turcs avaient occupée. L'Empereur attaqua les Turcs, les défit et occupa Belgrade. C'était alors que les Turcs priaient le roi George d'Angleterre d'intervenir et par son intermédiaire, la Paix de Passarowitz fut conclue.

No. 483.

1718. **Paix de Passarowitz.**

483 *Médaille.* CAROLVS VI ▴ D ▴ G ▴ ROM ▴ IMP ▴ SEMP ▴ AVG ▴ Buste cuirassé, drapé et lauré de l'Empereur à dr., signée v (Vestner). Rev. VICTOR NON ALIO SVBSCRIBIT PACTA COLORE. Mercure offre à l'Empereur, le traité de paix, sur lequel on lit le chronogramme: IN DVCIÆ CVM HOSTIBVS, formant la date 1718. Derrière Mercure on aperçoit un Turc agenouillé. A l'exergue, un autre chronogramme en quatre lignes: IN PACIS INDVCIAS DEBEL = — LATO · SVPPLICI HOSTI — GLORIOSE CONCES = — SAS. Wellenheim 7628. mm. 49. Ar. gr. 44. Superbe.

Voir la reproduction.

Même sujet.

484 *Médaille* pareille, moins belle. Ar. gr. 43. b.c.

Même sujet.

485 *Médaille.* ELIGE — ALTERVTRVM Vue de la ville; en haut, l'aigle impériale portant sceptre et palme. Rev. OB — INDVCIAS — TVRCIS — CONCESSAS — M DCCXVIII à l'ex: PASSAROVIZI · — D · XXI · IULI · le tout dans une couronne de laurier. Wellenheim 7638, Szech 56 n. 51, Weifert 49. mm. 44. Ar. gr. 30.5. Belle, rare.

No. 486.

1718. **Paix de Passarowitz.**

486 *Médaille.* NVLLA SALVS BELLO PACEM TE POSCIMVS Deux Turcs portant des rameaux d'olivier; aux pieds, leurs épées; à l'ex.: PAX PETENTIBVS – DATA. Rev. ACCEPTA ACCEPTÆ SVNT VERBERA CAVSA QVIETIS. Arbre auquel sont suspendus deux tambours turcs, déchirés; à l'ex: PASSAROVITU · XXI · IYLU · — A° MDCCXVIII · — * van Loon, Suppl. n. 26. Dugn. 4874. mm. 32. Ar. gr. 13.7. Belle, rare. *Voir la reproduction.*

Même sujet.

487 *Jeton.* CAROLUS VI ROM : IMP : — DUX BRABANTIÆ C : FLAN — DRIÆ· Buste lauré et drapé de Charles VI à dr.; sous le buste: R (Roettiers). Rev. VICTORIA PACEMTA URUNEA DABIT. Chronogr. formant la date 1718. L'Autriche assise sur des armes et tenant une branche de laurier. La Turquie à genoux, lui offre une branche d'olivier; dans le lointain, la ville de Belgrade; à l'ex: STRENA KALEND = — IANUAR: van Loon Suppl. 135, Dugn. 4876. Cat. de Coster n. 13. Ae. Beau, rare.

Par la prise de Belgrade, par le prince Eugène de Savoie, au nom de l'empereur Charles VI, les Turcs furent forcés de conclure la Paix avec l'Empereur.

1721. **Paix de Nystadt, entre Frédéric I, roi de Suède, et Pierre le Grand, tzar de Russie.**

488 *Médaille.* FRIDERICUS · — D · G · REX · SVECIAE · Buste cuirassé du roi à dr. Rev. VIGEAT · CONCORDIA · FELIX · Caducée ailé et six épis de blé; à l'ex: POSITO · CERTAMINE · — NYSTADII · 1721 · Hild. 15 (par Hedlinger). mm. 40. Br. F.d.c.

Dans le Traité de paix de Nystadt en Finlande, le roi de Suède céda à Pierre le Grand, la Livonie, l'Esthonie, l'Ingrie et la Carélie.

Même sujet.

489 *Médaille* aux mêmes légendes, autre buste, par C. G. Hartman. Hild. 16. mm. 28. Étain, belle.

1725. **Paix de Vienne, entre l'Empire et l'Espagne.**

490 *Médaille.* CAROLVS VI · D · G · — ROM · IMP · SEMP · AVG · buste drapé de l'Empereur à dr., par Werner. Rev. SILENTIO ET · FIDE ARBITRIS. La Paix et la Foi debout; à l'ex.: PAX INTER IMP : ET · HISP : — VIENNAE · PACTA — 1725. Wellenheim n. 7681. mm. 43. Ar. gr. 39.7. Superbe.

491 *Médaille* pareille en bronze. mm. 43. Belle.

No. 492.

Même sujet.

492 *Médaille.* IMP : CAES : CAROLUS — DIVI LEOPOL : F : AUG : Son buste lauré et drapé à dr.; sous le buste: *De Gennaro. f.* Rev. CONCORDI — PACE LIGAVIT Mercure près de l'Autriche et l'Espagne se donnant la main; en bas, dans un cartouche: VINDOBONAE — 1725. Wellenheim 7679. Ar. mm. 55.5, gr. 52.5. Superbe et rare.

Voir la reproduction.

493 *Médaille* pareille en bronze. Well. 7680. mm. 55. Belle et rare.

1725. **Paix de Vienne.**

494 *Médaille.* CAES · AVG · CAR · VI · R · IMP · S · A · GE · HI · HV · BO · REX · AR · A · D · BVR · Buste lauré, cuirassé et drapé de Charles VI à dr.; sous le buste: V (Vestner). Rev. PYRENEN, ALPESQVE TIBI MEA DEXTERA CEDIT. L'Empereur et le roi d'Espagne se rencontrant; à l'ex.: PACE FACTA 1725 — D . 7 MAY. mm. 49. Ar. gr. 44.6, t.b.c. rare.

1727. **Préliminaires de Paix, signés à Paris.**

495 *Jeton.* LVD · XV · D · G · FR · ET · NAV · REX · Buste nu de Louis XV enfant, à droite, lauré. Rev. PACIS FIRMANDÆ EREPTUM PIGNUS. La France offre un rameau d'olivier à l'Espagne. De la Tour n. 2181. mm. 27. Laiton, t.b.c.

Le 31 mai 1727, les préliminaires de paix furent signés à Paris, entre la France, l'Espagne, l'Angleterre et les Provinces-Unies des Pays-Bas.

496 *Jeton.* LVD · XV D · G · FR · — ET N · REX Buste jeune, cuirassé, lauré et drapé de Louis XV, à gauche. Rev. Comme le précédent. De la Tour n. 2185. mm. 25. Laiton, beau.

497 *Jeton* pareil, légère différence de gravure. Laiton, t.b.c.

Même sujet.

498 *Jeton.* LVD XV · D · G · FR · — ET NAV REX. Buste couronné et drapé de Louis XV jeune, à gauche. Rev. comme le précédent. De la Tour n. 2183. Laiton, beau.

No. 499.

1728—1729. **Congrès de Soissons.**

499 *Médaille satirique.* VENIVNT Toutes sortes d'animaux tenant conseil; sous le hibou qui préside: Rom. XIII. - V. 7.? à l'exergue, en deux lignes en demi-cercle: MENSE AVG. MDCCXXIIX — SPECTATVM VENIVNT, VENIVNT SPECTENTVR VT IPSI: Rev. en 5 lignes: SED — QVOMODO — ET — QVANDO — CON — VENIVNT· en bas: No. 2. mm. 41. Étain. t.b.c. rare.

Voir la reproduction.

Congrès de Soissons, tenu par les ambassadeurs plénipotentiaires de France, d'Angleterre, d'Espagne, de l'Empereur et des Provinces-Unies des Pays-Bas, pour régler les successions de l'Espagne et de la Pologne. Ce congrès, trainé au long, n'avait pas de résultats décisifs.

Dans les préliminaires de paix, signés à Paris, le 31 mai 1727, on se décida que tous les différends seraient résolus dans une conférence. Le congrès de Soissons, ouvert le 14 juin 1728, durait jusqu'au mois de juin 1729, mais sans résultat décisif. La conférence fut renouvelée à Séville, où un traité fut conclu, le 9 novembre 1729, entre l'Angleterre, l'Espagne, la France et les Provinces-Unies.

No. 500.

1728—1729. **Congrès de Soissons.**

500 *Médaille satirique.* CHAQVE CHOSE A SA SAISON. Paysage dans un temps nébuleux; des sauterelles et des colimaçons mangeant les herbes; en bas: M. SEPT. – 1728 à l'ex.: ON HATE MAIS AUEC – PRUDENCE. Rev. ON JOUE — (le J surmonté d'une fleur de lis) Á SOISSON — Á MOI! Á MOI! — AINSI ON A — BESOIN DE SOIN — POUR GARDER — SOI et SON — DROIT· en bas: No. 3. Étain. mm. 41. Belle.

Voir la reproduction.

No. 501

Même sujet.

501 *Médaille satirique.* SPLENDIDIS GLORIANTVR ARMIS — SED QVAM DIV? en demi-cercle, au dessus d'une partie du zodiaque. Dans le champ on voit Philippe V debout, armé comme un guerrier romain, près d'un mur; du côté droit vient un taureau furieux et de l'autre côté, un bouc furieux; à l'ex: NEC ARMA NEC ANIMVS — IVVANT · — IN CONGRESSV SOISSON — MENS · MART · M DCC XXIX. Rev. QVID — MVRIS DVRIS — OPPONITE — CORNVA VESTRA? — VT MVTI TVTI — VOS TAMEN HI FERIENT· — ARMATI NIMIVM — NON ARMIS FIDITE VESTRIS — QVAE FRANGVNT, — HEBETANT — TEMPORA FATA — CITO· — No. X. Étain. mm. 41. Belle, rare. *Voir la reproduction.*

No. 502.

1728—1729. **Congrès de Soissons.**

502 *Médaille satirique.* EXSVRGANT HELENE, AVT POLLVX CVM CASTORE SOLI; Roi assis sur son trône entouré de conseillers et de guerriers; en bas, dans un demi-cercle: CONSILIIS ARMIS NOSTRA EST RES PVBLICA FVLTA· en haut, le soleil dans le zodiaque, entre les jumeaux et l'écrevisse. Rev. en 12 lignes; EN! — NAVIS STATVS — EVROPAE — INDVBIO PELAGO ERRA — AC HELENAE EXORTV — MVLTA PERICLATIMET — TVRBET EAM BELLVM — VEL PAX TRANQVIL^L I — AMOENA! — CONSILIIS ARMIS — QVISQ · PARATVs — ERIT — No. XII· à l'ex., dans un demi-cercle: IN CONV · SOISSON · MENS · MAI · MDCCXXIX· mm. 41. Étain. Belle, rare.

Voir la reproduction.

1731. **Second traité de Vienne.**

503 *Médaille.* GEORGIVS · II · D : G : MAG : BRI : FRA : ET · H : REX · F · D · Sa tête lauré à g.; signée I. C. (Crocker). Rev. PRÆSTAT · COMPONERE Neptune dans une conque traînée par quatre hippocampes, commandant aux vents de se calmer; à l'ex.: FOEDVS · VIENNENSE — M · DCC · XXXI. van Loon Suppl. 58. Med. III. II p. 496 n. 39. mm. 47. Br. Superbe.

Dans le congrès de Soissons, principalement tenu pour terminer la question, les disputes et la guerre au sujet de la succession espagnole, les ambassadeurs n'ont pu trouver moyen de concilier les divers partis; ce fut seulement par les conférences, tenues à Séville en 1729, et à Vienne en 1731 et par le traité signé 5/16 mars 1731 entre l'Angleterre, la France, l'Espagne, les Provinces-Unies des Pays-Bas et l'Empereur d'Allemagne, que la paix fut rétablie.

504 *Médaille* pareille d'un module plus grand. mm. 48. Signée E · H par Ehrenfried Hannibal à Clausthal. Comparez. v. Loon Suppl. 58. Med. III. 39 et Knyph 3204. mm. 48. Ar. gr. 56.5, t.b.c.

No. 505.

1731. **Paix de Vienne.**

505 *Médaille.* CAROLVS VI·ROM : IMP : S · A · ET GEORG : II · MAG : BRIT : REX F · D · Bustes opposés de l'empereur Charles VI et du roi George II; en bas: M · HOLTZHEY · FEC · Rev. TRANQUILLITATI EUROPÆ Æ. Mercure dans son char marin, donnant la main à Jupiter accompagné de son aigle descendu sur la terre; à l'ex.: FOEDUS VIENNENSE — INIT : D : XVI · MART : — MDCCXXXI. van Loon Suppl. 59. Med. Ill. 40. mm. 49. Ar. gr. 39.8. Superbe et Extr. rare. *Voir la reproduction.*

Même sujet.

506 *Médaille.* CAROLVS VI · D · G · ROM · — IMPERATOR SEMP · AVG · Son buste lauré et drapé à dr. par Vestner. Rev. VNDIQVE DECERPTAE FRONDI PRAEPONIT OLIVAM. La Victoire couronnant Hercule assis; à l'ex: PACE ORBI CHRIST · — PARTA · — MDCCXXXI — C · PR · S · CAES · M. Manque aux Med. Illustr. Wellenheim 7687. mm. 41. Ar. gr. 27.5, belle et rare.

507 *Médaille* pareille en bronze. mm. 41. Belle.

No. 508.

1735. **Trève conclue entre la France et l'Autriche.**

508 *Médaille.* CAROLVS VI · D · G · ROM · IMP · S · A · PACATOR ORBIS CHRIST ·

Son buste lauré et drapé à dr.; sous le buste: VESTNER · F· Rev. NOVA· FOEDERA SPONDET· l'Espérance avec ancre et portant rameau d'olivier. Elle est debout devant la ville de Vienne, au-dessus de laquelle s'élève un arc en ciel; à l'ex. ARMISTITIO INTER CÆSAREM — ET REG · GALL · PROMVLGATO · — III · OCT MDCCXXXV. Wellenheim 7702. mm. 44. Ar. gr. 27.5. Belle et rare. *Voir la reproduction.*

Par la part que Charles VI prit à la succession de Pologne en 1733, il s'engagea dans une lutte contre la France, l'Espagne et la Sardaigne. Malheureusement ses troupes furent battues en Allemagne, en Italie à Parme, à Guastalla et à Bétonto. Au mois d'octobre 1735, une trève fut conclue à Vienne, entre la France et l'Autriche et en novembre, entre l'Autriche, l'Espagne et le Piémont. La paix définitive fut conclue en 1737 et la ratification traînait jusqu'au 18 novembre 1738.

No. 509.

1735. **Trève conclue à Vienne, novembre 1735.**

509 *Médaille.* CAROLVS VI · D · G · — ROM · IMP · SEMP · AVG · Buste lauré et drapé de Charles VI à dr. Rev. SPE RENA—SCITURÆ PACIS. La Paix arrose un olivier êtêté à rameau jeune; à l'ex.: IN DUC · PUBLIC · MENS · NOU · 1735. mm. 44. Ar. gr. 29.2. Superbe.

Voir la reproduction.

Au mois de novembre, la trève entre l'Autriche, l'Espagne et la Sardaigne, fut conclue à Vienne.

1737. **Paix entre l'Allemagne, la France, l'Espagne et la Sardaigne.**

510 *Médaille.* DIE KÖNIGE DER HEERSCHAAREN SIND UNTEREINANDER FREUNDE · PS. 68 · 13. Bustes du roi Louis XV et de l'empereur Charles VI, portés par des Génies; sur leurs ailes on lit: CONCORDIA, CONSTANTIA, FAUSTINA. Sous le buste de Charles VI: N . D . I OCT 1685 et sous le buste de Louis XV: 15 FEB 1710. En bas, cartouche avec la date 1737, posé sur un trophée; sur le cartouche on lit: CESSANTI — BUS ARMIS — PUB — LICO — FAUSTÆ AC CONST. — CONCORDIÆ — AUGURIO. Revers, Double aigle impériale couronnée, au-dessus d'un croissant, en coeur de l'aigle: SUUM CUIQUE, sur les ailes, les

fleurs de lis de la France; le glaive, tenu par l'aigle, est entouré d'un rameau d'olivier. Sur le croissant on lit: PS. 72. 7. Signée P. P. — W. (Werner) le tout entouré d'une triple légende: NICHTS IST SO GROSS, ES WIRD DURCH ZWITRACHT ENDLICH KLEIN ⚜ — NICHTS IST SO KLEIN, ES WÆCHST DURCH EINTRACHT UNGEMEIN (aigle impériale) NICHT ZWITRACHT, EINTRACHT NUR MUSS NUN UND EWIG SEYN ⚜ Wellenheim 7706. mm. 55. Ar. gr. 58.5. Belle.

511 *Médaille* pareille en étain. mm. 54. Belle.

No. 512.

1737. **Paix de l'Autriche avec la France.**

512 *Médaille.* CAROLVS VI D · G · — ROM · IMP · SEMP · AVG · Buste cuirassé, drapé et lauré de l'Empereur à dr.; signé au bras: DSD Rev. TRIVMPHIS POTIOR La déesse de la Paix, la Victoire et deux Génies avec des fanons; à l'ex.: ORBE — MDCCXXXVII — PACATO mm. 32, Ar. gr. 14.5. Inédite. Extr. rare.

Voir la reproduction.

Même sujet.

513 *Médaille.* CAROLVS VI . D . G . — ROM . IMP . SEMP . AVG . Son buste lauré, cuirassé et drapé à dr., signé au bras: MB (Martin Brunner). Rev. PACIS . FIRMITAS . STABILITA . ET . AGNITA. La Paix debout sur une base, tenant deux rameaux d'olivier au dessus de quatre princes appuyés sur des boucliers aux armes de l'Empire, de la France, de l'Espagne et de la Sardaigne; au dessus de la plinthe: WK (George Wilhelm Kittel); à l'ex: MDCCXXXVII · en bas: N. Belle médaille inédite. mm. 43. Br. Extr. rare.

1738. **Jubilé de 25 ans de la Paix d'Utrecht.**

514 *Médaille.* V · LUSTR : FOED : BELG : PACE STABIL : La Néerlande accompagnée du lion, est assise devant le temple de Janus bifrons, fermé; elle tient un livre sur lequel on lit: EU - AN - GE - LI - UM; à ses pieds, des armes et Mars captivé. En haut, La Renommée sonnant de deux trompettes sur les fanons desquelles: IUBI - LATE — XXV; à l'exergue: XI · APRIL · — MDCCXXXVIII Signée N · V · — SWINDEREN · — F. Rev. ORBIS CHRISTIAN:

QUIETE INTER SE COMPOSITA. A un ruban sont suspendues les armoiries de l'Angleterre, de l'Allemagne, de la France, de l'Espagne, du Portugal, du Danemark et de la Pologne. van Loon Supplement 127. Méd. III. pag. 525 n. 85. mm. 55. Ar. gr. 60 Belle.

1738. **Jubilé de 25 ans de la Paix d'Utrecht.**

515 *Médaille.* FAC DEVS AETER = — = NAM PACEM. La Néerlande, assise entre La Paix et la Liberté, dans la haie hollandaise (Hollandsche tuin); la haie est ornée des armoiries des sept provinces; en haut, le nom de Jéhova, rayonnant. Signée: M · HOLTZHEY · FECIT ·; à l'exergue, la date: MDCCXXXVIII. Revers, légende en 10 lignes ❁ — LIBERTATE — TAM IN REBVS SACRIS QVAM CIVILIBVS — MAIORVM VIRTVTE ADSERTA — FINIBVS FIRMATIS ET QVIETE PVBLICA STABILITA — SIBI ET SVIS — FOEDERATORVM RESPVBLICA — SVMMO DEI MVNERE — VACATIONEM A BELLO — PER ANNOS · XXV · — LAETA GRATVLATVR · — ❁ van Loon Suppl. 126. mm. 61. Ar. gr. 77, t.b.c.

1738. **Traité conclu entre la France et la Suède.**

516 *Médaille.* LUD · XV · REX – CHRISTIANISS · Buste drapé de Louis XV à dr.; au bras: DU VIVIER Rev. FÆDUS CUM SUECIS REDINTEGRATUM La France et la Suède se donnant la main, au dessus d'un autel allumé; sur le socle: J. C. R. (Joseph Charles Roettier); à l'ex: M · DCC · XXXVIII · Hild. II page 60 n. 58. mm. 41. Br. Belle.

Ce Traité de paix et d'alliance, fut conclu le 31 octobre 1738, entre le Landtsmarskalken, le comte C. G. Tessin et l'ambassadeur français, le comte St. Severin.

1739. **Paix de Belgrade.**

517 *Médaille.* АННА · БМ IMПЕРАТ · ICA МОΔЕРЭ|С · ВСЕРОС · Buste drapé de la Czarine à dr. Rev. СΛАВА IMПЕРIN. Aigle sur un trophée et portant branche d'olivier dans son bec; à l'ex: M · СТУ · ВОС · — 7 · С · 1739 · mm. 22. Ar. gr. 4.6, t.b.c.

La Paix de Belgrade fut conclue entre Anne Ivanovna, impératrice de Russie et les Turcs, après l'occupation d'Oczakow et de Choczem, par le général russe Burchard Christophe, comte de Münich.

1740. **Alliance de Louis XV avec l'évêque de Bâle.**

518 *Médaille.* LUD · XV · REX – CHRISTIANISS · Buste cuirassé et drapé du roi à dr.; sous le bras: I · DASSIER · Rev. UNDIQUE — SERENAT · Génie ailé versant une corne d'abondance sur l'écu de Bâle, qu'on voit sur un globe; à l'ex.: TRANQUILL · PRINCIP · — BASIL · RESTIT · 1740 · Haller 2124. Br. mm. 54. Belle.

Par l'alliance de Louis XV avec l'évêque de Bâle, Jacques Sigismond de Reinach-Steinbrunnen, la paix fut rétablie dans l'évêché.

1742. **Souhaits de maintenir la paix aux Pays-Bas.**

519 *Médaille.* NON PARVVM MAGNO REDDIT PRO MVNERE MVNVS La Néerlande assise, assure à la Patrie la paix et le bonheur, car elle tient une branche d'olivier et le caducée ailé, tandis-que la Patrie tient une corne d'abondance; à l'ex: CONCORDIA Sur la plinthe: M · HOLTZHEY F E C. Revers: ARMA PARAT PACEM PRAESTET VT BELLICA VIRTVS · la Valeur assise tenant une carte avec un plan de fortifications; derrière et autour d'elle, des navires et des instruments de guerre; sur la plinthe: M.H. à l'ex: MDCCXLII. Superbe médaille par Martinus Holtzhey. van Loon Suppl. 167. mm. 55. Ar. gr. 58, f.d.c. rare.

Voir la reproduction sur la planche VIIII.

Même sujet.

520 *Médaille.* Préparatifs de guerre, sur terre et sur mer, par la république des Provinces-Unies, dans l'espoir que la Paix serait rétablie.
HUIC — DEVOTA. TUENDÆ. Pallas debout tenant lance surmontée du chapeau de la Liberté et se reposant sur l'écusson des Pays-Bas, entouré d'armes; à gauche, navire et une indienne versant le contenu d'une corne d'abondance, sur laquelle on lit: SUM — MUS — & IMUS. Rev. Des bascules, sur l'une des coupes, rameau d'olivier, (la paix) et sur l'autre, une épée (la guerre); en haut: UTR — UM·; entre les coupes: EX ÆQUO — & BONO. dans le champ: Om het Oorlogs — vuur te weeren, — Dat, als andren, ons mogt deeren, etc. Signée N.V.S.F (van Swinderen) van Loon Suppl. 168. mm. 49. Ar. gr. 47, belle, rare.

No. 521.

No. 522.

1742. **Paix de Breslau, entre l'Autriche et la Prusse.**

521 *Médaille.* MARIA THERESIA D - G . REG . HVNG . BOHEM . ETC. Buste couronné et richement drapé de Marie Thérèse; sous le buste: M · HOLTZHEY · FEC. Rev. FACTA FELIX GERMANIA PACE. La Paix assise sur les nuages, tenant de sa droite, les armoiries de l'Autriche-Hongrie et

de la Prusse et de sa main droite, un caducée et rameau d'olivier; devant elle, deux guerriers tenant Bellona enchaînée; dans le lointain, la ville de Breslau et un paysan labourant; à l'exergue: BRESLAV· MDCCXLII van Loon Suppl. n. 172. mm. 49, Ar. gr. 46. t.b.c. rare.

Voir la reproduction.

1742. **Paix de Breslau.**

522 *Médaille.* FRIDERICVS D·G·REX BORVSS·EL·BRANDENB·ETC·Buste lauré, cuirassé et drapé du roi de Prusse à dr.; sous le buste: M · HOLTZHEY. FEC. Revers de la médaille précédente n. 521, au buste de Marie Thérèse. Le buste de Frédéric d'un tout autre dessin que van Loon Suppl. 173. mm. 49. Ar. gr. 46.5. Belle, rare.

Voir la reproduction page 131.

Après la mort de son père, Frédéric Guillaume I, roi de Prusse, son fils, Frédéric II, tâchait de conquérir la Silésie. Au mois de décembre 1740 il entra avec son armée dans ce pays, en 1741 il fut victorieux sur les Autrichiens à Mollwitz et en 1742 près de Chaslau, ce qui amena le Traité de paix de Breslau, le 27 juin de cette année.

Même sujet.

523 *Médaille.* FRIDERICVS D · G · REX BORVSS · SILES · VTR · DVX SVPR · Buste cuirassé et drapé du roi de Prusse à dr.; sous le bras: VESTNER.F Rev. PAX GLORIOSA. Hercule s'appuyant sur sa massue couverte de la peau de lion, couronné par un Génie; à droite, armure et trophée, couronné par un autre Génie; dans le lointain, la ville de Breslau; à l'ex: VRATISLAVIA · — D · XXVII · IVN · — MDCCXLII. Wellenh. II.6507. Henckel 4065. mm. 44. Ar. gr. 29. Belle et rare.

Même sujet.

524 *Médaille.* FRIDERICUS — BORUSSORUM REX. Buste cuirassé et drapé du roi de Prusse, signé sous le bras: A.R.W. (Adam Rudolph Werner). Rev. PRONEPOS MAIOR BELLO FELICIOR PACE La Renommée sonnant de la trompette, devant la statue de Friedrich Wilhelm, le grand Électeur; sur la base: FRIDER — WILH — MAGNVS A l'ex.: MDCCXLII. Signé: I · L · Œ · (Oexlein). Manque à v. Loon. mm. 43. Étain. Superbe.

Même sujet.

525 *Médaille.* FRIEDE — FRIEDE. La colombe avec le rameau d'olivier, au-dessus des armoiries de la Prusse et de l'Autriche-Hongrie; à l'exergue: PUBLIC · IN BRESLAV — D · 27 · IVNII · Rev. Légende en chronogramme en cinq lignes, sous l'emblème de la Providence: ES KOMT GOTT EH — WIR VNS VERSEHN VND LAESSET VNS VIEL GVTS GESCHEN. Wellenh. 7859. mm. 32.5. Ar. gr. 9.6. Belle.

526 *Médaille* pareille, petit trou. Ar. b.c.

1744. **Voeux pour la paix, après la prise de Prague par les Prussiens.**

527 *Médaille.* VON K · M · IN PREVSSEN EROBERT — D · 16 · SEPT · 1744 · — PRAG Vue de la ville de Prague; à l'ex.: ZVM DRITTEN MAHL — IN 3 · IAREN. Rev. DIE — WELCHE SIEGES FAHNEN — SCHWINGEN — LASS HERR — AVCH BALD DEN — FRIEDEN — BRINGEN! Henckel 1482. mm. 32. Ar. gr. 11. Belle.

No. 528.

Même sujet.

528 *Ducat.* s.d. BEFIEHL DEM HERRN DEINE WEGE L'arche de Noé dans les flots; en haut vole la colombe de la Paix, portant rameau d'olivier dans son bec; à l'ex.: UND HOFFE — AUF IHN Rev. ER WIRDS WOHL MACHEN L'offrande de Noé. L'arc-en-ciel au-dessus de quelques personnes à genoux entourant un autel allumé. Or, t.b.c. rare.

Voir la reproduction.

1745. **Négociations de Paix.**

529 *Médaille.* CLAV — DANTVR — BELLI — PORTAE. Le temple de Janus bifrons entr'ouvert; Mars veut quitter le temple, mais une main sortant des nuages et tenant faisceau de flêches (Les Provinces-Unies) tâche de faire reculer le dieu; à l'ex : 1745. Rev. SALVS PV — BLICA LEX SVPREMA. La Néerlande assise dans l'enclos, tenant une lance sur laquelle le chapeau de la Liberté et un caducée; à côté, le lion néerlandais, une bible etc. van Loon Suppl. n. 195. mm. 28. Ar. gr. 6.7. t.b.c.

1745. **Négociations de Paix séduisantes offertes par la France aux Provinces-Unies.**

530 *Médaille.* NE CESSE · CONSI — DERARE · TIBI. Bascules sortant des nuages sur lesquels est inscrit: TEKEL ·; sur la coupe dr. à la fleur de lis française, se trouve un rameau d'olivier avec des fruits auxquels un vipère ronge. Celle à gauche, sur laquelle un coussin avec S(alus) P(opuli), descend ayant un poids plus élevé; au milieu des balances est attaché le faisceau de flêches; à l'ex.: *N. V. S.* (van Swinderen). Revers faisant suite au chronogramme du droit: QVÆ · SINT · QVÆ FVERINT · QVÆ · — MOX · VENTVRA · et formant ensemble la date 1745. Le lion néerlandais debout devant un autel sur lequel la bible en folio et une palme et levant son glaive vers le soleil dans lequel apparaît la fleur de lis française. van Loon Suppl. 196. mm. 27. Ar. gr. 17. Superbe.

1745. **Négociations de paix séduisantes offertes par la France aux Provinces-Unies**

531 *Médaille* pareille, variété, la bible en quarto, les rayons du soleil plus allongés Variété de van Loon Suppl. 196. mm. 27. Ar. gr. 17. Belle.

Même sujet.

532 Petite médaille au même type et à la même légende, seulement sans chronogramme et sans bible; au droit, la date 1745 à l'exergue, et au revers *N. V. S.* van Loon Suppl. 197. mm. 15. Ar. gr. 5. Belle.

533 *Médaille* pareille, plus grande, la date entre deux feuilles. mm. 28. Ar. gr. 6.3. Belle.

1745. **Traité de paix à Füssen**, entre Marie Thérèse, impératrice d'Autriche, et Maximilien Joseph III, Électeur de Bavière, le 19 avril 1745.

534 *Médaille.* MARIA THERESIA HVNG · BOH · REG · ARCHID · AVST · Son buste drapé à dr. par Vestner. Rev. PULCHRUM DARE ORBI QUIETEM, SECULO PACEM SUO. La Paix devant le temple de Janus bifrons; à l'ex.: PACE INTER REG . HUNG . ET — ELECT · BAUAR · SIGNATA — XIX APR · MDCCXLV · — v. Wellenh. 7886. mm. 44.5. Br. belle, rare.

Füssen, sur le Lech, est une forteresse destinée à défendre la Bavière contre le Tyrol; c'est là que fut signé le traité de paix, dans lequel Maximilien Joseph, fils de Charles Albert, renonça, après la mort de son père, aux prétentions de celui-ci, sur l'héritage de l'Empereur Joseph II, en faveur de Marie Thérèse.

Même sujet.

535 *Médaille.* MARIA THERESIA · ROM · AVGVSTA REG · HVNG · BOH · Buste comme sur la médaille précédente; en bas: VESTNER. Revers comme la précédente. mm. 45. Br. Belle, rare.

Même sujet.

536 *Médaille.* MAR : THERESIA · D : G : — REG : HUNG : BOH : Buste diadémé et richement drapé de Marie Thérèse à g. Signée I · D · Rev. ET MENTE ET ARMIS · Minerve assise sur les nuages au-dessus du globe terrestre; sa main gauche repose sur le bouclier de Méduse; dans la main droite, une lance; à gauche du globe: 1745. à dr.: I · D · F · (Jean Dassier). Wellenh. 7890. mm. 50. Ar. gr. 83. Belle et rare.

Même sujet.

537 *Médaille* pareille en bronze. mm. 55. Belle, rare.

Même sujet.

538 *Médaille.* PAX · MELIOR · BELLO: Marie Thérèse et l'Électeur Maximilien Joseph se donnant la main, dans la cour d'un palais; à l'ex: MDCCXLV ∞. Rev. FLORENT · VICTORIA · RIGNA · La Victoire debout sur le coq gaulois; à l'ex.: MDCCXLV Wittelsbach 2126. mm. 39. Ae. t.b.c. Fort rare.

(1745). **Paix de Dresde.**

539 *Médaille.* M : THERESIA · D : — G : R : I : HU : BO : REG: Buste drapé et diadémé de Marie Thérèse à dr. ; sous le buste H F (Fuchs). Rev. ❀ IUSTITIAM ET CLEMENTIAM COMITATUR FELICITAS Epée et palme en sautoir sur une corne d'abondance renversée d'où se répand beaucoup d'argent et une palme entourée d'une couronne de laurier. Wellenheim 7888. mm. 44. Ar. gr. 29. Belle. Fort rare.

Par la Pragmatique Sanction rendue par l'empereur Charles VI, sa fille Marie Thérèse devait succéder dans tous ses États. Néanmoins, peu de temps après la mort de l'Empereur, éclata la guerre de succession d'Autriche, dans laquelle Frédéric II, roi de Prusse, occupa la Silésie et tâchait de l'attacher à la couronne prussienne.

La Paix de Breslau, en 1742, mit fin à la première guerre de Silésie ; en 1744 éclata la 2de guerre de Silésie ; par la Paix de Dresde, conclue le 25 décembre 1745, la possession de presque toute la Silésie fut assurée au roi de Prusse.

No. 540.

Même sujet.

540 *Médaille.* Bustes de MAR · THER · R · H.B · AVGVSTA ·; de FRID · II · R · PR · EL · BRAND ·; et de AVG · III · R · POL · EL · SAX · dans des couronnes de feuilles, posées en triangle; en bas: Werner. Rev. AMICE CONSPIRANT Les trois aigles couronnées de l'Autriche, de la Prusse et de la Pologne planant au-dessus d'ALBIS, DANUBVS et WADRUS les trois rivières personnifiées; à l'ex.: GERM · PACATA — 1745. mm. 44. Ar. gr. 29. Belle, rare.

Voir la reproduction.

Même sujet.

541 *Médaille.* PACIFICATORVM GERMANIAE TRIAS · trois colonnes sur lesquelles les bustes de MARIA — THERES — R · H · B · — AVGVSTA; de FRID — R · PR · — ELECT — BRAND ·; et d'AVG · III — R · POL · — ELECT — SAX ·; à l'ex: NON SINE — NVMINE. Rev. SPERATA TEMPORVM FELICITAS La Paix, l'Abondance et la Justice se donnant la main, dans un paysage à trois rivières; à l'ex: PACIS FOEDERE INITO — DRESDAE · XXV DEC · MDCCXXXXV. mm. 44. Étain, belle.

1745. **Paix de Dresde.**

542 *Médaille.* MARIA THERESIA · AUGUSTA · ROMANORUM IMPERATRIX. Son buste diadémé et drapé à dr.; signé *A. R. Werner f.* Rev. GLORIOSA VICTRIX ANIMORVM Venus dans son char sur les nuages; quatre Génies lui offrent leurs coeurs. Signé P P W (Werner) A l'ex.: SÆCULI DECUS — 1745. mm. 44. Ar. gr. 29. Belle.

Même sujet.

543 *Médaille* pareille, la draperie du buste diffère, signée *A. R. W. f.* Revers comme la précédente. mm. 44. Ar. gr. 29.2. Belle.

No. 544.

Même sujet.

544 *Médaille.* FRIDERICUS II ♣ BORUSSORUM REX ♣ Buste cuirassé, drapé et lauré du roi de Prusse à dr. Signée MARME . F. Rev. Aigle couronné et éployé avec rameau d'olivier dans son bec, tenant de ses serres aussi des branches d'olivier auxquelles sont attachés cinq cartouches avec vues des batailles de *Molwiz, Friedberg, Schazlau, Sorr* et *Wilsdorff*; au centre, vue de la ville de Dresde, au-dessus: DRESDA — DEN XXV · DEC · — MDCCXLV ·; à l'ex: REGI FORTI INVICTO — SAPIENTI MAGNANIMO — PACIS PRINCIPI — M ⁎ FECIT ⁎ van Loon Suppl. 204. mm. 41. Ar. gr. 40.5. Belle et rare.

Voir la reproduction.

Même sujet.

545 *Médaille.* IESVS CHRISTVS REX REGNANTIVM VTRIVSQVE PACIS DATOR. Le Christ enfant de face, la tête entourée d'une gloire et tenant de sa main droite un rameau d'olivier et de sa gauche un globe crucigère. Signé I. L. ŒXLEIN. *f.* Revers. L'enfant Jésus dans la crèche, tenant de la main un serpent. Mars debout à gauche offre un rameau d'olivier ainsi que la Paix debout à dr. En haut, un ange volant, tenant une

trompette et un ruban sur lequel on lit: GLORIA IN EXCELS · DEO ET IN TERRA PAX Signé I.L – OE A l'exergue: DRESDÆ D · XXV · DEC · – A · MDCCXLV · Henckel n. 1495. mm. 41. Ar. gr. 22. Belle.

1745. **Paix de Dresde.**

546 *Médaille* pareille en bronze. mm. 41. F.d.c.

Même sujet.

547 *Médaille.* DER KESSELS DORFFER SIEG Sur le champ de bataille est érigé un drapeau avec l'aigle prussienne, couronnée par un ange tenant une couronne de laurier et une palme; à l'ex.: D · 15 DEC · Rev. BESCHLOS DEN SCHWEREN KRIEG Ange volant au-dessus de la ville de Dresde et tenant une banderole sur laquelle on lit: FRIEDE AVF ERD; à l'ex.: ZU DRESDEN — D · 25 · DEC · — 1745 Henckel 1491. mm. 33. Ar. gr. 12.8. t.b.c.

Même sujet.

548 *Médaille.* POST — PALMAS IN LVSATIA ET MISNIA L'aigle prussienne couronnée tenant des branches d'olivier; à l'ex.: VENIT VIDIT — VICIT Revers, chronogramme en cinq lignes: FRIDERICVS — MARIA THERESIA — ET AVGVSTVS — NOVA PACE — IVNGVNTVR A l'ex.: D · XXIV · DEC ·; en bas: G . W . K. mm. 31. Ar. gr. 9. Belle.

Même sujet.

549 *Médaille.* D ▾ G ▾ AVGVSTVS III ▾ REX POL ▾ ET EL ▾ SAX ▾ Tête du roi à dr.; en bas: *P. P. Werner fec.* Rev.: ANNI TERMINVS TERMINAT ARMA Janus debout portant des branches de laurier; de sa gauche il tient la clef avec laquelle il a fermé son temple, et repose sur une panoplie; à l'ex.: PAX CONCLVSA – MDCCXLV. mm. 44. Ar. gr. 28. Belle, rare.

Dans la guerre de la succession d'Autriche, Auguste III (Frédéric Auguste) roi de Pologne et Électeur de Saxe, fut un des membres de la ligue contre Marie-Thérèse; cette ligue se composait, outre du roi susdit, des rois de France, d'Espagne, de Prusse, de Sardaigne, de l'Électeur de Bavière. Seulement les Anglais prêtaient secours à l'Impératrice, reine de Hongrie. A la Paix de Dresde, Marie-Thérèse se rallia avec les rois de Prusse et de Pologne, Électeur de Saxe; c'était seulement à Aix-la-Chapelle que la paix entre l'Autriche et les autres Puissances fut conclue, en 1748.

1746. **Négociations de paix à Bréda, entre la France, l'Autriche, l'Angleterre et les Provinces-Unies.** Exhortation à la paix.

550 *Médaille.* ✤ DA . PACEM . DOMINE . IN . DIEBVS . NOSTRIS. La Hollandia dans son enclos, gardée par le lion. Elle porte le chapeau de la Liberté, sur une lance et de sa gauche, une palme. Rev. en cinq lignes, le chronogramme formant la date 1746; MARS · – SIS E XVL · – ATROX · DISCORS – SIS · EXVL · — ERINNYS. van Loon Suppl. 286. Richel n. 3. mm. 21. Ar. gr. 4.3, t.b.c. rare.

Les négociations de paix à Bréda, — entre les représentants de la France et des Puissances maritimes, Unico Willem, comte de Wassenaer, était le représentant des Provinces-Unies, — étaient les précurseurs des négociations de paix à Aix-la-Chapelle.

551 *Médaille* comme la précédente, seulement au-dessus du chronogramme formant la date 1746, se trouve la date 17 — 47; mm. 21. Ar. gr. 3.2, t.b.c. Extr. rare.

No. 552.

1748. **Préliminaires de paix à Aix-la-Chapelle.**

552 *Médaille.* GVIL . IV . D . G . PR . AR . &. NASS . F . B . GVB . DVX . &. ARCHITHAL. Son buste cuirassé et drapé, à g. avec manteau d'hermine; sur le manteau: N. V. S. Rev. VSQVE HVC ADJVVIT NOS JEHOVA; légende intér.: PRÆLIMINARIA — AQVISGR . DECRETA La Paix debout sur des armes; à l'exergue: 17$\frac{5}{3}$48 Richel n. 8. v. Loon Suppl.: droit du n. 238, revers du n. 266. mm. 38. Ar. gr. 23. Belle et rare.

Voir la reproduction.

Après la capitulation de Bergen op Zoom et de Maestricht, les préliminaires de paix furent signés à Aix-la-Chapelle, le 30 avril, par les ambassadeurs de France, d'Angleterre et des Provinces-Unies des Pays-Bas. Le traité de ces préliminaires se composait de 24 articles. La date mentionnée sur la médaille, 5 mars, est erronée.

Même sujet.

553 *Médaille.* W · C · H · FRISO D · G · PR · ARAVS · ET NASS · TOT · BELG · LIB · GVB · HAERED · Buste cuirassé, casqué et lauré du prince d'Orange à dr.; sous le buste: HOLTZHEU F. Rev. EN GERMINA — PACIS. Hercule debout levant sa massue d'où sortent des branches d'olivier; à l'ex: PRAELIM · AQVISGRANI — DECR · AN · LIBERT · IVBILATO · en deux lignes semi-circulaires; manque à van Loon Suppl. Comparez Richel n. 6. mm. 29. Ar. gr. 7.1. Belle. Extr. rare.

Même sujet.

554 *Médaille.* LUDOVICO XV · VICTORI PACIFICO Louis XV, représenté comme Hercule, se détourne de la Victoire qui lui présente une couronne de laurier et se tourne vers la Paix qui lui offre un rameau d'olivier; sur la terre, plusieurs couronnes municipales et l'écusson de Maestricht. Revers, en 12 lignes: QUOD — SUBACTIS TOTIUS — BELGII CIVITATIBUS, — AUSTR · ANGL · ET BAT · — TER ACIE SUPERATIS, — TRAJECTOQUE AD MOSAM —

DEDITIONI ADACTO, — PACIS CONDITIONES PRÆVIAS — AQUISGRANI SANCIVIT, ET GLORIAM ARMIS PARTAM — MODERATIONE CUMULAVIT · — M·DCC·XLVIII. van Loon Suppl. 321. Fleurimont 77. Richel n. 9. mm. 41. Br. t.b.c. rare.

1748. **Négociations de paix à Aix-la-Chapelle et éclipse du soleil.**

555 *Médaille.* LVX CVM PACE REDIT Soleil brillant au-dessus de l'hémisphère sur laquelle on lit: LAETANTE EVROPA; dans la lumière, une colombe, portant branche d'olivier, se dirigeant vers la terre. Rev. éclipse du soleil: POST — TENEBRAS A l'ex.: DEFICIENTE SOLE · — CIↃIↃCCXXXXVIII · — XXV · IVL · van Loon Suppl. 281. Richel n. 10. mm. 37. Ar. gr. 14. belle. Rare.

Avant la conclusion définitive de la Paix d'Aix-la-Chapelle, dont les préliminaires furent déjà signés dans la nuit du 30 avril—1 mai, se montra une éclipse du soleil, le 25 juillet 1748, qui fut visible en Europe, en Asie et en Afrique; lorsque, quelque temps après, le soleil brillait, l'espérance de paix se réveillait.

556 *Médaille* pareille frappée en bronze. Belle, rare.

1748. **Paix d'Aix-la-Chapelle.**

557 *Médaille* de la ville de Bois-le-Duc. MINACIA — MARTIS. Mars cuirassé à l'antique, brandissant son glaive et tenant torche allumée, menace la ville de Bois-le-Duc; à l'ex.: S·P·Q·S· (Silvaducentis). Rev. MITESCUNT TEMPORA PACE. La Pucelle de Bois-le-Duc, debout près de son écusson, tient un rameau d'olivier et une corne d'abondance; à l'ex.: MDCCXLVIII — MARME.F: van Loon Suppl. 269. Richel n. 11. Snoeck. n 66. mm. 32. Ar. gr. 13. Belle.

Même sujet.

558 *Médaille* plus petite; au revers: MARME.FC: Richel n. 12. Snoeck. n. 63. mm. 27. Ar. gr. 6.7. Belle.

Même sujet.

559 *Médaille,* variété; Mars courant à dr. et au revers: MARME.FC: van Loon Suppl. n. 269 texte. Snoeck. n. 65. Richel n. 13. mm. 27. Ar. gr. 6.7. b.c. – t.b.c.

Même sujet.

560 *Médaille.* DES KRIEGES MÜDE Femme couronnée portant sceptre, entourée de trophées, assise sur le globe, tenant de sa gauche un bouclier sur lequel: EUROPA, et foulant aux pieds quelques épées. Rev. ZU AACHEN FRIEDE La Renommée sonnant de deux trompettes; à l'ex.: D·18·OCT· —1748 méd. par Kittel. Richel n. 14. mm. 24. Ar. gr. 10.6. t.b.c.

Le second traité de paix, conclu à Aix-la-Chapelle, peut être rangé parmi les traités de paix universels, comme la Paix de Münster, de Ryswick, d'Utrecht etc. parceque presque toutes les Puissances de l'Europe y étaient intéressées. Le 18 octobre, le traité fut signé dans l'hôtel (Het Hof van Holland) de l'ambassadeur des Provinces -Unies des Pays-Bas, le comte de Bentinck, par les ambassadeurs de la Grande -Bretagne, le comte de Sandwic et le chevalier Robinson, de la France, le comte de Saint Severin d'Aragon et le seigneur du Theil, de l'Empire, le comte de Kaunitz (Kounic) -Rietberg. Le 20 octobre signaient aussi les ambassadeurs d'Espagne, le marquis de Sotomayor, de Gênes le marquis Doria, de Modène le comte Monzone, tandis que le 3 novembre suivait la signature du comte de Chavanne, ambassadeur de Sardaigne. Par le Traité d'Aix-la-Chapelle, la guerre de Succession fut terminée et Marie-Thérèse reconnue comme souveraine légitime de ses États et comme impératrice d'Allemagne.

No. 561.

1748. **Paix d'Aix-la-Chapelle.**

561 *Médaille.* SANANDIS EUROPAE VULNERIBUS L'Europe reçoit deux vases de Saturne. Sur la terre, une pierre au nom du graveur: I. — OK. Rev. OCTAVA HOS TANDEM TRIBUIT VINDEMIA FRUCTUS Intérieur d'un moulin à l'huile et d'un pressoir; par les fenêtres on voit des troupes retournant à leurs quartiers et des navires; en haut: A · MDCCXLVIII · M · OCT · à l'ex.: PAX AQUISGR· Richel n. 17. mm. 44. Ar. gr. 29.3. F d.c. Extr. rare.
Voir la reproduction.

562 *Médaille* pareille en bronze. mm. 44, t.b.c. Fort rare.
Voir la reproduction du n. 561.

Même sujet.

563 *Médaille.* PACATI — GLORIA MVNDI Dans le lointain, la ville d'Aix-la-Chapelle; sur le devant, une colonne à laquelle sont attachées les armoiries de la Prusse et de l'Autriche, au-dessous desquelles une inscr : GAV - DIVM - REI - PVBLICAE; près de la colonne: la ville d'Aix-la-Chapelle personnifiée tenant un globe sur lequel une colombe avec branche d'olivier dans son bec. A l'ex: PAX AQVISGRANI SIGNATA — MDCCXXXXVIII — M · OCTOBR · Rev. ✿ PAX URBES PAX REGNA LIGAT PAX CONGREGAT ORBEM · les armoiries de l'empire d'Autriche, de la France, de l'Espagne, de la Grande-Bretagne, de la Sardaigne, des Provinces-Unies, de Modène et de Gênes autour d'un médaillon sur lequel: NON — SINE — NVMINE — DIVUM Van Loon Suppl. 278. Medallic Illustr. 348. Richel n. 19. mm. 44. Ar. gr. 28. Belle et fort rare.

564 *Médaille* pareille en bronze. mm. 64. Belle, rare.

1748. **Paix d'Aix-la-Chapelle.**

565 *Médaille.* ET MIHI ET TIBI Le Rhin personnifié offre une couronne d'olivier au Po personnifié; dans le lointain, la ville d'Aix-la-Chapelle; à l'ex: AQVIS-GRANI — MDCCXXXXVIII Revers: BONA IAM PERACTIS IVNGITE FATA · HOR · (atius) La Paix agenouillée sacrifiant sur un autel devant le temple de Janus bifrons, fermé. A droite, une bataille, à gauche, paysage à champs labourés; à l'ex.: SIC IVNGIT PATRIA — VOTA · Richel n. 20. mm. 44. Br. belle.

Même sujet.

566 *Médaille.* W · C · H · FRISO D · G · PR · AR · ET NASS · ETHNARCHA BELLI D · HÆR · ASSERT · LIB · Buste cuirassé et drapé du prince Guillaume IV de Nassau-Orange à dr.; au bras: M · HOLTZHEY · F Rev. E SVPERIS ASTRÆA – REDVX BONA SÆCVLA REDDENS La déesse Astrée sur des nuages, retournant sur la terre et tenant une corne d'abondance, le rameau de la Paix et des balances, est reçue par la Foi occupée à sacrifier sur un autel; à gauche de l'autel, le lion néerlandais tenant une bible sur laquelle on lit: RE : – LI : — GIO et une lance surmontée du chapeau de la Liberté. A l'exergue: PAX AQVISGRANI SANCITA — ANNO LIB · IVBILÆO — MDCCXLVIII · van Loon Suppl. 258. Richel n. 25. mm. 43. Ar. gr. 27.5. Belle.

1748. **Paix d'Aix-la-Chapelle, entre la France, la Grande-Bretagne, l'Espagne, la Hongrie, la Sardaigne, les Provinces-Unies, les républiques de Modène et de Gênes.**

567 *Médaille.* REDVNI – = VNTVR Les armoiries de ces huit Puissances, liées ensemble, sont posées sur deux tiges de lis en fleurs et entourées de rameaux d'olivier. Revers, comme la médaille précédente. van Loon Suppl. 268. Richel n. 23. mm. 43. Ar. gr. 28. Belle.

1748. **Paix d'Aix la Chapelle, dans l'année séculaire de la Paix de Münster.**

568 *Médaille.* Buste comme au n. 566 avec BELL · DVX et sous le buste: M · HOLTZHEY · F · Rev. E · SVPERIS ASTRÆA · REDVX BONA SECVLA REDDENS · Astrée assise sur des nuages, retournant sur la terre. Elle tient une corne d'abondance, des bascules et le rameau de la Paix; à l'ex., en trois lignes: PAX . AQVIS-GR · SANCITA — ANNO LIBERT · IVBIL · — MDCCXLVIII · van Loon Suppl. 259 Richel n. 26. mm. 35. Ar. gr. 14.5. t.b.c.

1748. **Paix d'Aix-la-Chapelle, dans l'année séculaire de la Paix de Münster.**

569 *Médaille* pareille, même buste et même revers que la précédente, seulement la légende de l'exergue en deux lignes semi-circulaires. v. Loon Suppl. 275. Richel n. 27. mm. 29. Ar. gr. 7.7. Belle.

No. 570.

Même sujet.

570 *Ducat ou Médaille* au même type. W · C · H · FRISO D·G · PR · AR · ET N · ETHNARCHA B·DVX HÆR·; sous le buste: ASSERT·LIB·; au bras: HOLTZH Rev. comme la précédente; manque à van Loon Suppl. Richel n. 29. mm. 21. Or. Superbe. *Voir la reproduction.*

1748. **Paix d'Aix-la-Chapelle.**

571 *Médaille.* W · C · H · F · P · AVR · NAS · F · BEL · GVB · Buste du prince Guillaume IV à g. en uniforme. Signée C· MARSHOORN. *fec.* Rev. Dans une couronne formée par un rameau d'olivier et une palme, légende en 7 lignes: EEN — SALOMON VOOR — NEERLANDS STAAT, — EEN — VREDESTICHTER — NAAR — GODS RAAD! Dirks Repertorium n. 1067. Manque à Richel. mm. 37. Ar. gr. 18. t.b.c. rare.

1748. **Même sujet et naissance du prince héréditaire, Guillaume V.**

572 *Médaille de la Monnaie à Harderwijk.* IN EODEM ANNO. Dextre sortant des nuages et tenant une branche d'oranger et une palme. Rev. Sous les armoiries de la Gueldre: ÆQUITAS ET JUSTITIA — OBSERVATA CIRCAREM MONETÆ — FELICI TEMPORE QUO GUIELMVS QUINTUS — NATUS ET SPES PACIS RENATA — HARDEROUICI · — M · D·C·C·X·X·X·X·VIII · En bas, la marque du maître de la Monnaie, v. Hensbergen. van Loon Suppl. 287. Manque à Richel. mm. 39, Ar. gr. 19. Superbe.

1748. **Paix d'Aix-la-Chapelle.**

573 *Médaille.* LUD · XV · REX — CHRISTIANISS · Tête à bandeau, de Louis XV à dr.; sous la tête: *fm.* (François Marteau). Rev. SALUS GENE — RIS HUMANI La Paix assise sous un baldequin décoré de fleurs de lis et entourée d'attributs d'arts et d'industrie; à l'ex: PAX AQUISGRANENSIS — XVIII · OCTOBRIS — M · DCC · XLVIII ·; sur la plinthe: J. C. R. (Roettier). v. Loon Suppl. 322. Richel n. 33 mm. 41. Ar. gr. 33.5. Belle, rare.

1748. **Paix d'Aix-la-Chapelle.**

574 *Médaille* pareille en bronze. mm. 41. Belle.

Même sujet.

575 *Médaille.* W · C · H · FRISO D · G · AR · ET · NASS · PR · COM · C · V · DS · BVR · LEERD · CVLEMB · FOED · BELG · GVB · HÆR · Buste cuirassé et drapé du prince à dr.; sous le buste: I · G · HOLTZHEY · F ·; à l'ex., sur un ruban: MAG · CVLEMB · EXÆR · P · F · C · Rev. ACCIPE COMPOSITÆ PACIS PIA MVNERA PRINCEPS Le quartier de Nimègue personnifié offrant au prince d'Orange un étendard auquel est suspendu l'écusson du comté de Culemborg. Sur la plinthe: I · G · H · FEC · A l'ex.: GVLIELMO · IV · COMITATVM · CVLEMB · — ÆT · DEV · ANIMI · MON · PROCERES · TETR · — NEOM · D · D · a. d. IX KAL · NOV · — MDCCXLVIII. v. Loon Suppl. 282. Manque à Richel. mm. 78. Étain. t.b.c. Extr. rare.

Le comté de Culemborg, acheté par le quartier de Nimègue, en 1720, fut conféré par les États du quartier, au prince d'Orange en reconnaissance de la conclusion du Traité de paix d'Aix-la-Chapelle.

On remarque sur cette médaille, les titres du prince, comte de Catzenellenbogen, Vianden, seigneur de Buren, Leerdam et Culemborg.

No. 576.

Proclamation de la Paix d'Aix-la-Chapelle, à Londres, le 2 février 1749.

576 *Médaille.* GEORGIUS II — · D · G · REX Tête laurée du roi à g.; sous la tête: I · KIRK · F · Rev. PAX — COMMERCII NUTRIX La Britannia assise près de la mer, tenant une branche d'olivier et une corne d'abondance, foulant aux pieds des armes. Sur l'eau, deux navires marchands; à l'ex.: PROCLAM · 2 · FEB · — MDCCXLVIII · (vieux style; 1749 nouveau style). Med. Ill. 345. Richel n. 40. mm. 35. Ar. gr. 12.7, t.b.c. rare.

Voir la reproduction.

1749. **Feu d'artifice à La Haye, à l'occasion de la proclamation de la Paix d'Aix-la-Chapelle.**

577 *Médaille.* IN — AETERNAM MEMOR · — EXCELLENTISSIMI — IGNIS ARTIFICIALIS — OCCASIONE PACIS AQVISGR · — SVMMO IVSSV ACCENSI — INVEN · ET DIRIG · — L · S · DE CREVZNACH — HAGAE COM · DIE XIII — JVN — MDCCXLIX. Dans le champ, au dessus du L. (de la

8me ligne): (S.T). Rev. ALTER IGNIS PRIORI LAETIOR Vue du feu d'artifice et du théâtre sur lequel le feu fut tiré; à l'ex: IOH^S GEORGE HOLTZHEY · F · v. L. Suppl. 290. Richel n. 42. mm. 61. Étain. Belle.

1749. **Feu d'artifice à la Haye, à l'occasion de la proclamation de la Paix d'Aix-la-Chapelle.**

578 *Médaille* pareille, moins belle.

Même sujet.

579 *Médaillon* uniface, repoussé, avec représentation minuscule du feu d'artifice et du théâtre sur lequel le feu fut tiré; à l'exergue: AQUISGRANENSI PACE FESTIS IGNIBUS — CELEBRATA HAGÆ COM · IDIB · JUN — CIↃ IↃ CCXLIX et dessous: H · J · BEGUIN NATIF DE PARIS — ELÈVE DE L'ACADEMIE — ROYALE. v. Loon Suppl. 292. Richel n. 43. mm. 66 Ar. Superbe. Fort rare.

Voir la reproduction sur la planche VIIII.

1749. **Proclamation de la Paix d'Aix-la-Chapelle, à Namur.**

580 *Jeton* offert par les États de Namur, en mémoire de la Paix, en 1749. MAR · THER · D · G · JMPERAT · ET REG · HUNG · ET · BOH · Buste drapé de Marie-Thérèse à dr.; sous le buste: R · (Roettier) en bas: 1749 Rev. ATILLA VENIT AD EUM PORT : RAMUM OLIVÆ. L'arche de Noé sur le mont Ararat, vers laquelle vole une colombe tenant un rameau d'olivier dans son bec; à l'ex.: VOVEBANT — ORDINES — NAMURE · En bas: W: Manque à Richel; Dirks Repertorium 1099. Ae. t.b.c.

1749. **Paix d'Aix-la-Chapelle et espoir d'un temps fortuné.**

581 *Médaille.* Droit comme le revers de: v. Loon Suppl. 258 (n. 566 de cet ouvrage) mais avec: AN · LIB · IVB · MDCCXLVIII · à l'exergue. Revers: IN BATAVISQVE SIMVL SPES TEMPORIS ALMA FELICIS. L'Espérance debout, le corps entouré de nuages, la tête entourée de rayons et portant une corne d'abondance; à l'ex.: MDCCXLIX. van Loon Suppl. 283. Richel 38. mm. 25. Ar. gr. 4.2. belle.

1748. **Jubilé séculaire de la Paix de Westphalie, fêté à Augsbourg.**

582 *Médaille.* DIE · FRIEDENS · SONNE · SO · IN · MVNSTER · AVFGEGANGEN · Soleil se levant au-dessus de la ville de Münster, fortifiée; devant la ville, la Germania est assise, entourée d'armes et armures; à côté: T (Thiebaud); à l'ex: MDC·XLVIII· Rev. MAGHT · DAS · AVGH · DIESE · STATT · NOCH · KAN · IM · FRIEDEN · PRANGEN · Vue de la ville d'Augsbourg; sur le devant, des balles de marchandises et Génie ailé labourant; à dr: T à l'ex: MDCC·XLVIII· Foster 117. mm. 32. Ar. gr. 12. t.b.c. trace d'oeillet. Rare.

Voir aussi le n. 198.

1748. **Même sujet, fêté à Kaufbeuren.**

583 *Médaille.* HAC — EXORANTE La Foi sacrifiant sur un autel; au ciel paraît le nom יהוה; à l'ex. PAX WESTPHAL · — SVBSCR · XXIV · OCT · — MDCXLVIII Rev. HAC — TVENTE L'Abondance assise, protégée par une main céleste, portant bouclier; à l'ex.: MEM · SEC · KAVFBVRAE · — CELEBR · XX · OCT · — MDCCXLVIII. mm. 29. Ar. gr. 7.5. Belle.

Voir aussi le n. 203.

No. 584.

1748. **Même sujet, fêté à Memmingen.**

584 *Ducat.* DOMINE HVMILIA RESPICE. Vue de la ville de Memmingen; en haut plane un aigle portant l'écu de la ville. A l'ex: S · R · I · LIB · CIV — MEMMINGA · Rev. légende en 7 lignes: MEMORIAE — SECULARI — PACIS — WESTPHALICAE — MDCCXLVIII — D · XXIV — OCTOBR · Or. Superbe, rare.

Voir la reproduction.

1755. **Paix d'Augsbourg** (en 1555). Deuxième jubilé centenaire.

585 *Médaille.* CAROLVS V · ET · FRANCISCVS · I · IMPERATORES · AVGVSTI · Bustes opposés de l'empereur Charles-Quint et du roi François I, tous les deux laurés, cuirassés et décorés de l'ordre la Toison d'or Signée sous le bras de Charles: *P. P. W.* (Werner). Rev. ILLO DANTE HOC FIRMANTE et à l'ex.: STABILIS ERIT Chronogr. formant le millésime 1755. Colonne, entourée de branches d'olivier, sur laquelle une charte: PAX — RELI — GIOSA; dessus, deux mains jointes. Wellenheim 7774. mm. 44. Ar. gr. 29. Belle.

586 *Médaille* pareille en étain avec clou en cuivre. belle.

1755. **Même sujet.**

587 FRIEDE — DEM GEWISSEN Trois mains tâchent de saisir trois rameaux d'olivier, tombant du ciel. A l'ex.: RELIGIONSFRIEDE — ZU AUGSPURG — 1555 Rev. NOCH ZU GENÜSSEN Corbeille remplie de fleurs et de fruits. A l'ex.: ERNEURTES AN — DENCKEN — 1755 mm. 30. Ar. gr. 9.7. belle.

1760. **Voeux pour la paix, le jour de l'an 1760.**

588 *Médaille.* CVRA DEI PATRVMQVE PATRIAE La Hollande assise, entourée de toutes sortes de marchandises. Elle tient le chapeau de la Liberté,

entouré d'une branche d'oranger. Dans le lointain, choc de cavaliers (allusion à la guerre de Sept ans, entre l'Autriche et la Prusse) et combat naval (guerre entre la France et l'Angleterre); sur la plinthe: I. G. HOLTZHEY. FEC. Rev. ADDICENTIBVS AVSPICIIS. Sous un ciel couvert de nuages, la colombe de la Paix vole vers un olivier; à l'ex.: INITIO ANNI - MDCCLX. van Loon Suppl. 356. mm. 43. Ar. gr. 26.3. Belle.

Cette médaille fait allusion à la neutralité des Provinces-Unies, pendant la guerre de sept ans et la guerre entre la France et l'Angleterre. A la fin de l'année 1759, des conférences de paix eurent lieu à Ryswick et à La Haye, entre le duc d'Aiguillon, ambassadeur de France et Howe, ambassadeur d'Angleterre.

1762. **Négociations de paix, entre la France et l'Angleterre, à Augsbourg.**

589 *Médaille.* EVROPAE ALMAM NE TARDET PACEM. Un Indien armé d'un arc et de flêches, soutient un Génie qui élève la Paix au dessus d'une colonne à laquelle est attachée l'aigle de l'Empire, ayant l'écusson d'Augsbourg en coeur; au pied se trouvent les armoiries de la France et de la Grande-Bretagne; à l'ex: MDCCLXII Rev. DVRET VSQVE AD EXTREMVM. Mercure assis près du lion néerlandais, au bord de la mer, entouré de marchandises; sur la plinthe I · G · HOLTZHEY · FEC · à l'ex: BELG. FOED. van Loon Suppl. 365. Betts n. 442. mm. 45. Ar. gr. 28. Belle et rare.

Le duc de Choiseul, ministre français, chercha à mettre fin à la guerre continentale. A la suite d'une conférence très secrète avec les ambassadeurs alliés de la France (le 25 mars 1761) il rédigea une déclaration pour proposer de réunir à Augsbourg un congrès en vue de la paix, tandis que les cours de Versailles et de Londres continueraient leurs négociations parallèles.

No. 590.

1762. **Paix entre la Prusse, la Russie et la Suède, conclue à Hambourg, le 27 mai 1762.**

590 *Médaille.* HERR MACHE GANTZ UND FEST DEN FRIED AN ALLEN ORTEN Main sortant des nuages et laissant tomber des fleurs et des fruits dans une corbeille. Rev. GOTT LOB — DER KRIEG — HAT NVN — EIN (LOCH = trou, le trou se trouvant dans un tambour au dessous de la légende); à dr.,

des drapeaux et des deux cotés du tambour, la date 17—62. Henckel 1652. Manque à Hild. mm. 29. Ar. gr. 9.5. t.b.c. rare.

Voir la reproduction.

Le 5 mai 1762, un Traité de paix séparé fut déjà conclu entre Pierre III, tsar de Russie et Frédéric, roi de Prusse et le 22 mai, entre la Suède et la Prusse.

1763. **Paix de Paris.**

591 *Médaille.* LUDOVICUS XV — REX CHRISTIANISS. Buste lauré de Louis XV à dr.; au bras: B · DUVIVIER F. Rev. PAX — UBIQUE VICTRIX La Paix debout tenant un caducée ailé et un rameau d'olivier, devant un amas d'armes et de drapeaux sur lequel est enchaîné le Génie de la guerre. A l'ex.: GALLORUM ET BRITANNORUM — CONCORDIA — MDCCLXIII ·; sur la plinthe: J · C · R · (J. C. Roettier). mm. 41. Ar. gr. 36. Belle.

Les préliminaires de paix, signés à Fontainebleau, le 3 novembre 1762, aboutirent à la Paix de Paris, signée le 10 février 1763, entre la France, l'Espagne, la Grande-Bretagne et le Portugal, et qui prépara la fin de la guerre de Sept Ans.

1763. **Paix de Paris et préliminaires de paix à St. Hubertsbourg.**

592 *Médaille.* ADES PAX ET TOTO MITIS IN ORBE — MANE. Temple de Janus bifrons, orné des armoiries de la Russie, de l'Espagne et du Portugal, de la Suède et de la Saxe; à l'intérieur du temple on voit Neptune et Apollon concluant un traité devant un autel allumé; sur le degré par lequel Mars veut entrer dans le temple, on lit: SVVM QVIQVE Mars est accompagné de Minerve et d'une Amazone (l'Allemagne); sur la plinthe: I · G · HOLTHEY · FEC ·; à l'exergue: MDCCLXIII. Rev. ALMA PACE — INTER — RVSSIAM ET BORVSSIAM - D · 5 MAJI MDCCLXII · — BORVSSIAM ET SVECIAM — D 22 MAJI MDCCLXII — ANGL · FRANC · HISP · ET PORTVGAL · D · — · 10/16 FEB · MDCCLXIII · — AVSTR · BORVSS ET SAXON · — D · 18 FEB · MDCCLXIII · — RECONCILIATA. van Loon Suppl. 368. Lopez Fernandes n. 46. Hild. n. 40. mm. 49. Ar. gr. 42. t.b.c. rare.

Voir la reproduction du droit sur la planche IX.

1763. **Préliminaires de Paix à Hubertsbourg, entre l'Autriche, la Prusse et la Saxe, pour mettre fin à la guerre de Sept Ans.**

593 *Médaille-Boîte* repoussée par Abraham Remshart Silbertr. (eiber) à Augsburg. Frédéric le Grand à cheval, devant un camp. FRIDERICVS — REX BORVSSOR : EL : BRAND : et sur le fond: EX UTROQUE — MAXIMUS. Main céleste tenant des balances; sur une des coupes, deux livres, et sur l'autre, épée couronnée de laurier; entre les balances, écusson aux armoiries de la Prusse. La boîte contient 39 médaillons imprimés en couleurs, représentant les batailles et événements éclatants de Frédéric le Grand, numérotés. 1. *Lowositz*, 2. camps des armées prussiennes et saxonnes à Pirna, 3 et 4 bataille de Prague et bombardement de Prague n. 22 Paix entre les gouvernements de la *France*, de l'*Autriche*, de la *Russie*, de la *Suède*, de l'*Allemagne*, de *Prusse*, de la *Grand-Bretagne* et de *Hesse*, 32. Paix avec la Suède, 34. Paix avec la Russie, 38 et 39. Préliminaires de Paix à Hubertsbourg. mm. 47. Ar. gr. 24.5. Belle et rare.

1763. **Préliminaires de Paix à Hubertsbourg, entre l'Autriche, la Prusse et la Saxe, pour mettre fin à la guerre de Sept Ans.**

594 *Médaille.* INEDIA FLVCTIBVSQVE FESSVS. Mars, assis sur un tambour entouré de drapeaux, est occupé à mettre son épée dans le fourreau; sur la plinthe: HOLTZHEY · FEC ·; à l'ex.: IN . A[I]. MDCCLXIII. Rev. CONSTANTER ET LIBERE · — FOED · BELGIVM La Hollandia assise montre dans le lointain, un combat naval, allusion à la conduite courageuse du capitaine Dedel, dans le rencontre avec la flotte anglaise. van Loon Suppl. 367. mm. 44.5. Ar. gr. 26.8, t.b.c.

1763. **Paix de Hubertsbourg.**

595 *Médaille.* IAM REDIRE AVDET La Germania debout tenant sceptre et épi de blé; à côté, paysan labourant; au-dessus de la plinthe: OE; à l'ex.: GERMANIA — PACATA Rev. NVNCIA — PACIS Le château de Hubertsbourg; dessus, la Renommée volant, sonnant d'une trompette; au-dessus de la plinthe: OEXLEIN ·; à l'exergue: D · 15 · FEBR · MDCCLXIII. Henckel 1658. mm. 45. Ar. gr. 21.5. Belle.

No. 596.

Même sujet.

596 *Ducat* au même type, seulement une partie du Zodiaque au dessus de la Germania; sur la plinthe, sous le château: LOOS. Friedensberg und Seg. 4453. Henckel 1659. Or, Superbe.

Voir la reproduction.

597 *Médaille* pareille. mm. 22. Ar. gr. 2.5. Belle.

Voir la reproduction du n. 596.

No. 598.

1763. **Paix de Hubertsbourg.**

598 *Médaille.* FRANCISCVS M · THERESIA · AVGG · leurs bustes superposés à dr. l'Empereur lauré, l'Impératrice diadémée. Rev. MINERVAE PACIFICAE Minerve debout tournée à g. tenant de sa main gauche une corne d'abondance et de sa droite, le caducée au-dessus d'un autel aux armoiries de l'Autriche; à ses pieds, sa lance et son bouclier; à l'ex.: DIE XV · FEBR · — MDCCLXIII · Médailles de Marie-Thérèse 155. mm. 46. Ar. gr. 35. Belle. *Voir la reproduction.*

Même sujet.

599 *Thaler* de la ville de Nuremberg. FRANCISCVS · D · G · — ROM · IMP · SEMP · AVG · Armoiries de l'Empereur. Rev. BENEDICTVS DOMINVS QVI DEDIT PACEM IN FINIBVS NOSTRIS · La Nora debout sacrifiant sur un autel, contre lequel l'écusson de Nuremberg; de sa main gauche elle tient un rameau d'olivier; sur la base: I · L · Œ · A l'exergue: X · St · E · F · MARK — 1763 — S · F · Cat. Schulthess Rechb. 7165. Madai 5085. mm. 41. Ar. gr. 28.1, t.b.c.

No. 600.

Même sujet.

600 *Ducat de Heinrich XII de Reuss-Schleiz.* Monogramme couronné entre 17 — 63; dessous: XII; à l'entour: AUF KRIEGES LAST. — Rev. FOLGT RUH UND RAST. Armoiries heaumées de Reuss - Schleiz; en bas: IC — H. Or, beau et rare. *Voir la reproduction.*

1763. **Paix de Hubertsbourg.**

601 *Thaler* du même prince; HEINRICH D . XII . I . REUSS . G . U . H . V . PLAUEN . Son buste cuirassé et drapé à g.; sous le bras: ST. Rev. AUF KRIEGES LAST FOLGT RUH UND RAST . écusson écartelé, heaumé et timbré; en bas, en demi-cercle: X · EINE MARCK FEIN · — I · C · 1763 · H · mm. 40. Ar. gr. 28, t.b.c.

Même sujet.

602 1/2 *Thaler de Heinrich XXX de Reuss-Greiz* · HENR · XXX · I · L · RVTH · COM · ET · DOM · DE · PL · D · G · C · G · S · ET · L · Armoiries écartelées, heaumées et timbrées. Rev. NEGLECTAE · VIRTVTI · DECVS · RESTIT La Vertu reçoit un sceptre de la Paix; à l'ex.: MDCCLXIII — XX · EINE · F · M · mm. 37, Ar. gr. 14, t.b.c. Rare.

Même sujet.

603 *Médaille.* FRIDERICUS BORUSSORUM REX. Buste cuirassé et drapé de Frédéric le Grand à dr.; sous le bras: G · (George). Rev. ÆTERNÆ CONCORDIÆ. Les armoiries de la Prusse, de l'Autriche et de la Saxe électorale, liées par des guirlandes de fleurs. En bas, sur une bande: PAX AD HUBERTSB · — D · 15 · FEBR · 1763 · Henckel 1656. mm. 32 Ar. gr. 13.5. Belle.

Le 15 février 1763, fut signé le traité de Hubertsbourg. Il fut négocié par Ewald-Frédéric, comte de Hertzberg, pour le roi de Prusse, par Heinrich Gabriel von Collenbach et Frisch pour l'impératrice Marie-Thérèse et l'empereur François et par Henri, comte de Brühl, pour Auguste III, roi de Pologne, Électeur de Saxe.

Même sujet.

604 *Médaille de la ville de Francfort.* OB REDDITAM ORBI ET URBI QUIETEM · La ville de Francfort personnifiée près d'un autel allumé; à côté, aiguière; sur la plinthe: I · L · OEXLEIN · A l'exergue: FRANCFURT — D. XX . MARTII Rev. NOMEN DOMINI TURRIS FORTISSIMA · Vue de la ville de Francfort, du côté du Mein; sur le devant, caducée ailé, entre deux cornes d'abondance; à l'ex.: ANNO PACIS · — MDCCLXIII. mm. 45. Ar. gr. 29. Belle et rare.

Même sujet.

605 *Médaille de la ville de Francfort.* Dans un cartouche rocaille, en six lignes: ZUM — ANDENKEN — DES — FRIEDENS — FRANCFURT — 1763 · Rev. comme la médaille précédente, sans légende à l'exergue mais à l'entour, légende allemande: DER NAMEN DES HERRN IST EIN FESTES SCHLOS mm. 32. Ar. gr. 13. Belle.

Même sujet.

606 *Médaille de la ville de Hambourg.* SAECVLVM AVGVSTI REDIENS Temple de Janus bifrons, fermé entre IAN · — CLV ·; à l'ex.: MDCCLXIII · D · X · ET XV FEBR ·; dessous, dans un cartouche: N · G · L · (Nikolaus Gottlieb

Lütkens, Senator). Rev. INTER SVPPLICATIONES GERMANIAE · Hambourg personnifié agenouillé devant un autel allumé, sur lequel on lit: DEO — PACIS · et contre lequel l'écusson de la ville; au-dessus de la plinthe: OEXLEIN ·; à l'ex.: PIETAS HAMB · — D · XV · MAI · Henckel 1660. mm. 48. Ar. gr. 36. Belle, rare.

607 *Médaille* pareille en bronze, module réduit. mm. 38.5. Belle.

1763. **Paix de Hubertusburg**.

608 *Thaler* ou *Médaille*. FRANCISCVS IOSIAS D · G · D · S · COBVRG SAALFELD Buste du duc de Cobourg-Saalfeld, à dr.; en bas: STOCKMAR · F: Rev. Dans un cartouche rocaille: PAX — GERMANIÆ — SEX ANNI BELLO — VEXATÆ DIVINO BENEFICIO — HVBERTSBVRGI RESTITVTA chronogr. formant la date 1763. mm. 41. Ar. gr. 29.5, t.b.c. rare.

Même sujet.

609 *Jeton* des États de Namur, au buste de Marie-Thérèse. MAR · THER · D : G · JMP · ET · REG · AP · HUNG · ET · BOH · Buste drapé de Marie-Thérèse à dr.; dessous: R · (Roettier); en bas: J763 Rev. ATILLA VENIT AD EUM PORT: RAMUM OLIVÆ L'arche de Noë sur le mont Ararat vers laquelle vole une colombe apportant une branche d'olivier; à l'ex.: VOVEBANT ORDINES — NAMURC: dessous: R: Cat. de Coster n. 824. Ae. Beau.

Même sujet.

610 *Médaille-boîte*, contenant dix miniatures imprimées en noir et médaillons contenant le texte. FRANC · I · R · I · MAR · THER · I · FRID · AUG · III · R · P · E · S · FRID · IV · R · B · E · B · Bustes superposés de l'empereur François I et de l'impératrice Marie-Thérése, de Fréd. Aug., roi de Pologne et de Saxe, et de Frédéric IV, roi de Prusse. En bas: I · THIEBAVD · FECIT · Rev. SIT FIRMA — PER AEVUM. Devant une colonne ornée de palmes et éclairée par l'oeil de la Providence, se trouve la Paix debout donnant la main à la Germania debout. En haut est attaché à la colonne, tableau sur lequel on lit: VBERTO — BURGUM — D · XV FEBR — MDCCLXIII. mm. 50. Ar. gr. 17.7, belle et rare.

La boîte contient des gravures se rapportant à la guerre de Sept Ans, la description en allemand et en français.

No. 1. Representations des Puissances en Guerre depuis l'an 1755 jusqu'à l'an 1763 à la Paix successivement établie.

No. 2. L'an 1755, la Guerre comenca entre le Roi d'Angleterre, et le Roi de France, 1756. entre l'Imperatrice Reine, et le Roi de Prusse l'Autriche s'allia avec la France, la Russie, la Suede, et la Saxe, et le Roi avec l'Angleterre.

No 3. 1761. Les Puissances belligerantes s'entretinrent de la Paix et choisirent Augsbourg pour Congrés.

No. 4. L'An 1762 l'Espagne s'allia avec la France, portant la Guerre dans le Portugal et l'Angleterre s'allia avec le Portugal.

No. 5. L'an 1762 deceda l'Imperatrice de la Grande Russie Elisabet, le 5 Mai son Successeur Pierre III. fit la Paix avec le Roi de Prusse, l'Imperatrice Catarine la ratifia le 21 Mai Suède suivit le meme Exemple.

No. 6. 1762. le 3 Nov. les Praeliminaires de la Paix entre la France et l'Angleterre, et entre l'Espagne et le Portugal furent signés à Fontainebleau, et le 10 Febr. 1763 le traité definitif.

No. 7. 1762 le 24 Nov. suivit la Convention entre l'Imperatrice Reine, la Prusse, et la Saxe. 1763 le 11 Febr. l'Empereur, et le St. Empire accepta la Neutralité.

No. 8. Vue du Chateau de Huberts-bourg en Saxe

No. 9. 1763 le 15 Février suivit la Conclusion et Ratification de la Paix à Huberts-bourg entre l'Empereur, l'Imperatrice Reine, le Roi de Pologne comme Electeur de Saxe et le Roi de Prusse.

Les gravures attachées à l'intérieur du couvercle et du fond de la boîte ont aussi rapport à la Paix, *a* ET TERRAM RECREAT PAX. La Paix debout sur un bouclier et drapeau. Elle tient de sa droite une torche ardente comme pour allumer un amas d'armes à gauche. De sa main gauche elle montre des champs nouvellement labourés, *b.* ET DAT PRO — SPERA NAVTIS Neptune dans son char, remarque avec plaisir les marchandises posées sur le rivage. Dans la mer illuminée par le soleil levant, on remarque des navires dont l'un porte un pavillon sur lequel: PAX.

Sur le revers d'une des gravures: Cette Médaille aussi bien que celle du Roi de Prusse se trouve chez Jacques Langenbucher à Augsbourg.

1763. **Paix de Hubertusburg.**

611 *Médaille du nouvel an de 1764.* MAGNAS INTER OPES INOPS. Mercure effrayé repose sa main gauche sur des ballots de marchandises. Des vents soufflant des nuages, dispersent toutes sortes de papiers. Sur les nuages descend la Paix portant un rameau d'olivier. Rev. NON CESSIT MALIS SED CONTRA AVDENTIOR IBIT. Un homme âgé, drapé comme consul romain, tenant un sceptre entouré d'un serpent et éclairé par la Providence; sa main gauche repose sur une colonne, la base à décor d'une couronne de chêne, renfermant deux mains jointes. Au lointain, la mer drapée de navires aux pavillons d'Amsterdam, de Hambourg etc., sur la plinthe: I · G · HOLTZHEY · FEC ·; à l'exergue: INITIO ANNI — MDCCLXIV. van Loon Suppl 370. mm. 44.5. Ar. gr. 26.6. Superbe.
Cette médaille fait allusion aux grandes pertes subies par le commerce d'Amsterdam et de Hambourg, causées par la guerre, et au fait que la prévoyance, l'humanité et la prudence des Magistrats de ces deux villes les ont sauvées d'un plus grand désastre.

Même sujet.

612 *Jeton.* CAR : ALEX : LOTH : DUX BELG : PRÆF : Buste cuirassé et drapé du duc Charles Alexandre à g.; sous le bras: R· (Roettier). Rev. PACIS — ARTES Caducée ailé, entouré de rameaux d'olivier et d'instruments servant aux arts et aux sciences; à l'ex.: M · D : CC . LXIII — R · Cat. de Coster 825. Ae. beau.

1763. **Paix de Hubertsbourg.**

613 *Médaille.* GENUNG GEFOCHTEN UND GESIEGT Guerrier assis près d'un olivier, se reposant sur l'écu de Prusse; devant lui, corbeille de fleurs et de fruits. Rev. DA UNS DIE FRIEDENS POST VERGNÜGT Postillon à cheval, sonnant du cor, le cri: FRIEDE; à l'ex: 1763 Wellenh. 6524, Friedensberg et S. n. 445 mm. 30. Ar. gr. 10. Belle, rare.

Même sujet.

614 *Jeton des archers de Ratisbonne.* Sur une colonne on lit: TRAN - QVILLI - TATI - SAEC ·; au-dessus, sphère et couronne de feuilles; au-dessus de la plinthe: I · C · B · — I · N · K ·; à l'ex.: MDCCLXIII. Rev. en 8 lignes: MEMORIAE — PACIS TERRA — MARIQVE PARTAE — SAECVLARIBVSQVE — COMITIORVM IMPERII — SCLOPETARII — RATISBON . — F . F . mm. 34. Ar. gr. 14. Beau, rare.

No. 615.

Même sujet.

615 *Florin d'or* du nouvel an de 1764, d'Adam Friedrich von Seinsheim, évêque de Würtzbourg.

AD · FRI · D · G · EP · BAM · ET WIR · S · R · I · P · F · O · D · Buste en ornat à g.; dessous, écusson écartelé. Rev. FLOREBO REDIVIVO HOC GERMINEPACIS. (chronogr. de 1764). La Franconie personnifiée deb., la main gauche reposant sur l'écusson de Würtzbourg, la main droite étendue comme pour accepter un rameau d'olivier qu'une colombe, volant vers elle, tient dans son bec; à l'ex., dans un cartouche: S. P. Q. W. Or, gr. 3.1. Superbe.

Voir la reproduction.

1770. **Voeux pour la paix.**

616 *Médaille* du jour de l'an. FLOREAT HIC GRATIIS ANNUS Phénix sur un autel allumé; à l'ex: SIC LABITUR — ÆTAS Rev. légende en 9 lignes; GELYK EEN FENIKS UYT — ZYNS VADERS ASCH ONTSPRUYT — ZIEN WY WEER HET NIEUW IAAR — MEN LOOFD MET DANKGEBAAR — EN DOET VOOR 'T NIEUW GEBEDE — ZWYG OORLOG VREDE BLOEI — ZOO WENSCHEN WY U HEDEN - DAT STEEDS UW ZEGEN GROEI — 1770 En haut, l'Abondance ailée; en bas, branche d'olivier et palme en sautoir; van Loon Suppl. 436. mm. 33. Ar. gr. 14, t b.c.

Quoique dans les Provinces-Unies on profitât de la paix, les affaires de Pologne et de Turquie firent craigner des guerres dans une autre partie de l'Europe.

1774. **Traité de paix de Kaïnardji, entre la Russie et la Turquie, conclu le 21 juillet 1774.**

617 *Médaille* Б · М · ЕКАТЕРИНА · II · ІМПЕРАТ · И САМОДЕРЖ · ВСЕРОССІИС · Buste cuirassé, drapé et couronné de Cathérine II à dr.; sous le buste: I · G · IÆGER · F Rev. ТВЕРДОСТІЮ РА ЗУМОМЪИ СИЛОЮ femme casquée debout montrant de son caducée, un navire à voiles; de sa main gauche elle tient une lance; à droite, sur un autel, trophée d'armes et l'écusson de Russie; contre la base sont posés trois boucliers avec: КЕР – КИ – ЕНІ En haut, légende. A l'ex: МИРЪСЪ ОТТОМАНСКОЮ ПОРТОЮ — ЗАКЛЮЧЕНЪ · 10 ІЮЛЯ · — 1774 ГОДА · mm. 82. Étain, t.b.c.

Après les congrès échoués, tenus à Focsiani et Bucarest, pour rétablir la paix entre la Russie et la Turquie, en 1772 un congrès fut tenu à Koutchouk-Kaïnardji; la Turquie y fut représentée par le rëïs-effendi Munib et Resmi-Ahmed; la Russie par le prince Nicolas Repnine.

No. 618.

1774. **Paix de Kaïnardji.**

618 *Médaille.* L'impératrice Cathérine à cheval, donnant la main au sultan de Turquie, aussi à cheval. Au-dessus de Cathérine, l'aigle russe; au-dessus du Sultan, le croissant. A l'ex.: **Zwey · Haende · bringen · de — Streitt · zu · ende** ❧ — 1774 · Rev. en 9 lignes: — **O freŭde — Wenn · der · Heldenn — Krafft so vieler Länder — Wohlfart schafft Ihr — Güst ŭ Himelscher — Verstand ist — Von — Der · gantzen Welt — Erkand** — · 1774 · mm. 44. Étain. Inédite. Extr. rare. Belle. *Voir la reproduction.*

Même sujet.

619 *Médaille.* ГРАФЪ · ПЕТРЪ АЛЕКСАНДРОВИЧЬ · РУМЯНЦОВЪ · ГЕНЕРАЛЪ ФЕЛДМАРШАЛЪ · Buste cuirassé et drapé du comte Pierre Alex: Romanzov (Rumjanzoff) à dr. sous le buste: I · G · IÆGER · F Rev. ПОБѢ ДИТЕЛЮ И ПРИМИРИТЕЛЮ · Le maréchal debout comme un capitaine romain près d'un trophée d'armes, tenant un rameau d'olivier et une lance; à l'ex.: 10 ІЮЛЯ 1774 ГОДА · Signée: П · Б (Put Bobrotschikow). C'était le général Romanzov qui signa le Traité de paix avec le grand-vizir turc. Beau médaillon. mm. 94. Br. Belle.

1774. **Paix de Kaïnardji.**

620 *Médaille.* CATHARINA · II · VICTRIX TURCARUM GLORIOSA · La Paix descendant sur terre, dans un nuage, sonnant d'une trompette avec fanon sur lequel on lit: PAX - RUSI - Æ; en bas, partie de l'hémisphère sur lequel: RUSIÆ REGNU Rev. PRUDENTIA ET FORTITUDINE TURCA DEVICTUS Autel aux armoiries de la Russie à g.; le général Romanzov montrant au grand vizir, à dr. de l'autel, qui s'incline vers lui, un livre ouvert dans lequel on lit les actes stipulés de la paix: CR - IM - ET - MA - RE; à l'ex.: IM LAGER · D · 21 · IVL : — 1774 · mm. 38. Étain, belle.

Même sujet.

621 *Médaille.* ПРИОБРѢТЕНЪ — ПОБѢДАМИ · La Paix assise; contre elle sont posés trois boucliers; sur le premier on voit: К, sur le second: Е et sur le troisième: КИ · Rev. МИРЪ СЪ — ТУРКАМИ ·; branche d'olivier et palme en sautoir; au milieu, caducée ailé; à l'ex.: ІЮЛЯ 10 · Д · — 1774 · Г · Reichel 2519. mm. 21. Ar. gr. 4.5. Belle.

No. 622

1777. **Traité de paix et d'alliance entre la France et la Suisse, conclu à Soleure.**

622 *Médaille.* LUDOVICUS XVI REX CHRISTIANISS Buste cuirassé et drapé de Louis XVI à dr., signé sous le bras: Schwendiman F. Rev. HELVETIOS NOBIS SOCIOS NOVA FOEDERA IVNGANT Gallia et Helvetia se donnant la main, près d'un autel; à côté, Minerve, assise sur une colonne, offre un rameau d'olivier; à l'ex.: SOLODVRI XXV AVG — MDCCLXXVII — · mm. 54. Ar. gr. 63.4. Belle et rare.

Voir la reproduction.

1777. **Traité de paix et d'alliance avec la Suisse, à Soleure**

623 *Médaille.* LUD · XVI · REX – CHRISTIANISS · Buste drapé de Louis XVI à dr.; sous le buste: DUVIVIER F Rev. dans une couronne d'olivier, en cinq lignes: FŒDUS — CUM HELVETIIS — RESTAURATUM — ET STABILITUM — MDCCLXXVII. Haller n. 107. mm. 41. Ar. gr. 36.5. Portative. Belle.

624 *Médaille* pareille, légèrement variée; le F de DUVIVIER F: touche la draperie du buste. mm. 41. Ar. gr. 32.3. Belle, non portative.

1778. **Excitation à la paix.**

625 *Médaille allemande.* Betracht die Waag Sie bringt an Tag Freud oder Plag Des balances portées par une main sortant des nuages, — sur la coupe droite, branche d'olivier et de laurier; sur la gauche, deux épées, – au dessus du globe terrestre, sur lequel on lit: AMERICA. ASIA. EURO A. AFRICA. placé au milieu d'un trophée. Revers, en neuf lignes: Fast will die — ganze Welt gewezte — Schwerder ziehen! HERR – lasse Kron und Thron die — Friedens Palmen blühen Sprich — zu der ganzen Welt Sprich — zu den Teutschen Reich — dies grose Segens Wort — Mein Fride sey mit Euch A l'exergue: 1778. Betts n. 560. mm. 39. Étain, t.b.c

1779. **Paix de Teschen, entre l'Autriche, la Prusse, la Bavière et la Saxe.**

626 *Médaille.* Buste lauré de Frédéric le Grand à dr. sur une base sur laquelle on lit: FRIDERICUS — BORUSSORUM — REX — IUSTUS — ARMIPOTENS; de chaque côté, figure allégorique; à l'ex: LOOS Rev. OLIVA LAURO POTIOR Bellona assise sur un rocher, décore son heaume d'un rameau d'un olivier qui s'élève à dr.; elle à jeté par terre, son glaive et son bouclier. A l'ex.: LITIB · DIREMT · PACE — TESCHEN · D · XIII · MAI · — MDCCLXXIX · Henckel 1185. Ampach 11517. mm. 43. Ar. gr. 28.5. Belle.

1779. **Paix de Teschen, par l'intermédiaire de la France et de la Russie.**

627 *Médaille.* TRANQVILLITAS GERMANIÆ INTERRVPTA Colonne rompue, entourée de drapeaux et d'armes; au lointain, camp.; à l'ex.: D : III IVLII — MDCCLXXVIII (commencement de la guerre); sur la plinthe: STIELER F · Rev. RESTAVRATA Colonne érigée, ornée d'un caducée ailé et d'une lyre; sur la base, les armoiries de l'Autriche, de la Prusse et de la Saxe; au lointain, paysage pacifique avec paysan labourant; à l'ex., en deux lignes sémi-circulaires: OPERA RVSS · ET · GALL · INTERPOSITA — TESCHENÆ D · XIII · MAII MDCCLXXIX Ampach 11518. mm. 46. Ar. gr. 42.5. Belle et rare.

Après la mort de l'Électeur Maximilien-Joseph de Bavière, le bénificiaire du traité de Füssen, l'empereur Joseph II. l'Électeur de Saxe, ainsi que Frédéric, roi de Prusse, réclamaient certaines parties de Bavière au détriment de l'héritier présomptif, Charles, duc de Deux-Ponts. Cathérine II de Russie, ainsi que Louis XVI, offrirent leur médiation et on convint alors de tenir un congrès à Teschen dans la Silésie autrichienne. Les médiateurs officiels étaient: pour la France, le baron de Breteuil, pour la Russie, le prince Nicolas Repnina. Le 13 mai, les divers traités entre les parties intéressées furent signés.

1779. **Paix de Teschen, par l'intermédiaire de la France et de la Russie.**

628 *Médaille* pareille. mm. 46. Ar. gr. 41, t.b.c.

Même sujet.

629 *Médaille.* SERO MEMORANDA NEPOTI. La Renommée volant au-dessus de la ville de Teschen; à l'ex.: PAX TESCHENENSIS — D . XIII MAII MDCCLXXIX Rev. GAVDENT VERE AGRI SED CRESCVNT GAVDIA PACE Flora s'ornant de fleurs et marchant à dr. regarde la Paix qui vole en haut, apportant un rameau d'olivier et une corne d'abondance; dans le champ, en bas: Œ· (Oexlein). Henckel 1788. Ampach 11519. mm. 45. Ar. gr. 21.5. Belle.

1779. **Paix de Teschen.**

630 *Médaille* aux bustes opposés de: IOSEPHVS II · et de: FRIDERICVS II · sous une guirlande de laurier; à l'ex.: GERMANIA -- GAUDET · Rev. DIE XIII MAY · MDCCLXXIX · GER — MANIÆ PAX EST RESTAVRATA La Providence éclaire deux colonnes entourées de palmes; celle à gauche est surmontée de la couronne impériale d'Autriche; au pied, l'écusson de France est incliné; celle à droite est surmontée de la couronne de Prusse et l'écusson de Russie est incliné au pied; en bas: TESCHEN; dessous, la signature: R· (Reich). Henckel n. 1787. mm. 46. Étain avec clou en cuivre. Belle.

631 *Médaille* pareille, le revers légèrement varié; REICH · sur la base, au-dessous des colonnes. Henckel 1787 var. mm. 45. Étain avec clou en cuivre. Belle.

632 *Médaille* pareille en argent, variété; les rayons entourant l'emblème de la Providence plus minces et plus courts; TESCHEN. dans une incuse. mm. 43.5. Ar. gr. 27. Belle et rare.

633 *Médaille* comme le n. 630; les bustes des deux princes et la guirlande émaillés. mm. 45. Étain. Belle.

Même sujet.

634 *Médaille.* *Friedens Denckmahl – zu Teschen, d. 13 Maj – Anno -- 1779* Obélisque aux armes de l'Autriche, et de la Saxe surmontées de celles de la Prusse. Revers en sept lignes: *Nur Joseph — u zwey Friederich, — Könen bald Friedcn — schlüssen. Und enden — einen schweren Krieg — ohn Vieles Blutver — giessen* Dessous, deux palmes enrubannées. mm. 44. Étain, t.b.c.

1779. **Paix de Teschen.**

635 *Médaille.* Vue de la ville de Teschen; en haut, Génie volant, tenant palme et parchemin déroulé sur lequel on lit: IOSEPH — FRIDRICH A l'ex.: TESCHEN · D · 13 · MAY · — 1779. Revers, en huit lignes: **Nun steigt — der Cherub Himel an — und trägt den neuen — Friedens Plan — Mit** IOSEPHS **Preis — und** FRIDERICHS — **Ruhm — Ins Heiligthum** Sur le bord: REICH. Henckel 1789. Wellenheim 8199. mm. 35. Ar. gr. 13.5. Belle.

636 *Médaille* pareille en étain, avec clou en cuivre.

Même sujet.

637 *Médaille.* FRIDERICUS BORUSSORUM REX Son buste lauré et drapé à gauche; sous le buste: ABRAMSON FEC · Rev. HANC — INCRUENTA FRAXINUS Minerve sur les nuages, tient le bouclier prussien; à l'ex.: PAC · GERM · TESCH · SILES · — D · XIII MAII — MDCCLXXIX Comparez Fried. und Seg. 4482. Henckel 1781 var. mm. 43. Ar. gr. 27.5. Belle, rare.

Même sujet.

638 *Thaler de Brandebourg—Prusse de Frédéric II.* CANDIDA PAX REDIT La France et la Russie représentées par deux femmes, la première tenant une couronne de laurier et la seconde un rameau d'olivier; entre eux, les armoiries de l'Autriche et de la Prusse; à l'ex.: TESCHEN D · XIII · MAI · — MDCCLXXVIIII — G Rev. Le Temple de Janus fermé. CLAVSVM ESTO par Götzingen. Cat. Pniower 414. — Ar. gr. 28. Belle. rare.
Voir la reproduction sur la planche IX.

Même sujet.

639 *Thaler du Margrave Alexandre d'Ansbach-Bayreuth.* DEO CONSERVATORI PACIS. La Germania debout près d'un autel, élevant les yeux vers le soleil qui perce les nuages; contre l'autel est incliné l'écusson à double aigle; à l'exergue: GERMANIA VOTI COMPOS — MDCCLXXVIIII — D · XIII MAY Rev. dans une couronne de laurier: IN MEMORIAM — PACIS — TESCHINENSIS Cat. Schulth. 6240. Henckel 1791. mm. 40. Ar. gr. 28, t.b.c.

1779. **Paix de Teschen.**

640 *Quart de Thaler* du même prince, sur la Paix de Teschen. Dem der die Herzen lenckt. La Germania debout près d'un autel, élevant les yeux vers le soleil qui perce des nuages. Écusson à double aigle, incliné contre l'autel; à l'ex: Teschen den . 13 . May — 1779. Rev. dans une couronne de laurier: Und uns — den Frieden, — Schenckt. Ampach 15529. mm. 31. Ar. gr, 7. Beau.

Même sujet.

641 *Thaler* du même prince. VIRTVTE ET AEQVITATE PACATA GERMANIA. La Paix debout mettant le feu à un tas d'armes; à côté, les armoiries de Brandebourg-Ansbach; à l'exergue: TESCHINAE ·; dessous: G Rev. en neuf lignes: D · O · M · — PRO INSTAVRATA — GERMANIAE PACE · — CHRIST · FRIED · CAROL — ALEXANDER · — MARCHIO BRANDENBVRG · — GRATIARVM MONVMENTVM — FIERI FECIT · — MDCCLXXVIIII · Schulthess 6239. Ar. gr. 28. Superbe et rare.

No. 642.

1779. **Paix de Teschen. Fêtes de réjouissance de la Paix, en Saxe.**

642 *Médaille. Bey Gott ist kein Ding — unmöglich.* Marie-Thérèse de face, donnant les mains à l'Électeur de Saxe à droite et au roi de Prusse à gauche accompagné du Czar de Russie. Au-dessous de ces quatre personnes, leurs armoiries respectives, surmontées de guirlandes. Rev. *Friede geschlossen zu Teschen — den 13 · May · Anno 1779* · à l'ex.: *Friedens Danck Fest in Sachsen d. 6. Jun. — Anno 1779.* Vue de Teschen; Fried. u. Seg. 4516. Étain. mm. 52. Belle et rare.

Voir la reproduction.

1779. **Paix de Teschen.**

643 *Médaille.* Teschen wird durch diesen Frieden bey den spätsten — Nachkommen — merkwürdig. Vue de la ville de Teschen; à l'ex.: Friede zu Teschen · — den 13 May · 1779. Rev. Die Erde freüet sich des Frühlings; und die Botschaft des Friedens ver „ — mehrt diese — Freüde. type du n. 629. mm. 64. Étain, belle, rare.
Voir la reproduction sur la planche X.

1779—80. **Paix de Teschen et moisson favorable.**

644 *Médaille.* Herr! Dŭ krönest das Jahr mit deinen gŭt l'Abondance debout près d'un autel, tenant un livre sur lequel on lit: HA—LE—LV—IA; sur la base, le nom du médailleur REICH; à l'ex.: Ps: 65. v. 12. Rev. légende en huit lignes: Das nŭn verflosne Jahr — Ist voll des Höchsten Güte — Die Waffen sind in Rŭh — Der Herr schŭf Heil ŭnd Fride — Sein Segen füllte ŭns — mit Korn, Most, Oel ŭ. Waizer — Das soll der Christen Herz — zŭm Dank Altar stets reizen En haut: 1779 ·; en bas: 1780. mm. 41. Étain, belle. Inédite. Extr. rare.

1780. **Alliance entre Louis XVI et l'évêque de Bâle, Frédéric de Vangen.**

645 *Médaille.* LUD : XVI · REX — CHRISTIANISS : Son buste drapé à dr.; en bas: J · P · DROZ · F · Rev. FŒDERE — CUM PRINCIPATU — BASILEENSI — NOVATO ET FIRMATO — ANNO V EPISCOPATUS — FREDER · DE VANGEN — MDCCLXXX dans une couronne de laurier. Haller 2124*b*. mm. 42. Ar. gr. 38.4. Belle.

No. 646.

1780. **Déclaration de la neutralité armée, lancée par l'impératrice Cathérine II, le 9 mars 1780. Traité de neutralité armée, entre la Russie, les Pays-Bas, le Danemark et la Suède, dans la guerre de l'indépendance américaine.**

646 *Médaille.* CATHARINA MAGN D · G · IMP · AVTOCR · RVSSOR · Buste couronné, voilé et drapé de l'Impératrice à dr.; sous le buste: I · G ·

HOLTZHEY FEC · Rev. MARE — LIBERVM. Neptune debout dans sa conque ornée des armoiries des quatre Puissances pactisant, protège Mercure assis sur une corne d'abondance, vide; un marin affligé les regarde; à l'ex.: MDCCLXXX ·; sur la plinthe: I · G · HOLTZHEY · FEC · van Loon Suppl. 549. Betts 571. mm. 49. Ar. gr. 42.5 Belle, rare.

Voir la reproduction.

En avril 1780, l'impératrice Cathérine II de Russie, fit un projet de convention avec le Danemark, la Suède et les Provinces-Unies; après une longue correspondance, les États des Provinces-Unies consentirent à la conclusion du traité, le 20 novembre 1780. Le traité définitif de neutralité armée entre les quatre Puissances, fut conclu à St. Pétersbourg, le 24 décembre.

1781. **Traité de neutralité armée.**

647 *Médaille.* PROC : SCOP : BONO : VOT : REIPU : NERV : Marin tenant une rame à l'écusson des Provinces-Unies, se reposant contre une colonne à laquelle sont attachés les écussons de Russie, de Danemark et de Suède et une ancre; à g., des navires marchands. Signée: I M LAGEMAN · Rev. légende en 7 lignes. DE KOOPVAARDY — GETERGT etc. v. Loon Suppl. 553. Betts 573. mm. 31. Ar. gr. 9.8. Belle, rare.

1781. **Consolidation de la paix entre l'Autriche et les Provinces-Unies.**

648 *Médaille.* IOS · II · D · G · R · IMP · G · ET · H · REX. Son buste lauré à dr.; sous le buste: A · V · BAERLL · F · Rev. ✿ PEREGRINATOR IN BATAVIA ILLUSTRISSIMUS · Dans le champ, en dix lignes: BELLO ADSERTA — PRIUS, PACE AUCTA, — NEC HOSTIBUS ANGLIS — DIRUTA AD HUC, CAESAR, — TECTA BATAVA VIDES · — DICAVEANT, VALIDAE NE — QUAE MIRACULA DEXTRAE — VIDERIS, HEU TORPOR MOX — POPULETUR INERS! — CIϽIϽCCLXXXI · van Loon Suppl. 561. mm. 46. Ar. gr. 43.6. Belle, rare.

Par le voyage de l'empereur Joseph II dans la Hollande, en 1781, sous le nom de comte de Falkenstein, les différends existant entre l'Autriche et les Provinces-Unies au sujet de l'Escaut, furent apaisés. Du 5 au 16 juillet 1781, il visita, accompagné seulement du comte de Tercy, les villes de Rotterdam, La Haye, Leyde, Harlem, Le Helder, Zaandam et Amsterdam. A Amsterdam il eut des conférences avec le Bourgmestre, Joachim Rendorp, seigneur de Marquette.

1782. **Traité de paix et de commerce, conclu à La Haye, le 7 octobre 1782, entre les États des Provinces-Unies et les États-Unis de l'Amérique.**

649 *Médaille de la ville d'Amsterdam.* JUSTITIAM — ET NON TEMNERE DIVOS Obélisque auquel est attaché l'écusson d'Amsterdam, couronné par Mercure qui vient en planant; à côté, coq chantant, ancre et corne d'abondance; à l'ex.: S · P · Q · AMST · — SACRVM · Rev. FAVSTISSIMO FOEDERE — JVNCTAE. La Renommée sur les nuages, sonnant de sa

trompette, tenant de sa main droite les armoiries des deux républiques, surmontées d'une couronne navale; en bas: DIE VII OCTOB . MDCCLXXXII · van Loon Suppl. n. 575. Betts 604. mm. 45. Ar. gr. 38. Belle.

No. 650.

1783. **Préliminaires de paix, conclus à Paris, entre les Provinces-Unies et la Grande-Bretagne.**

650 *Médaille.* NVLLA SALVS BELLO · Olivier devant lequel une ancre, une corne d'abondance, un drapeau, un tambour et un canon; au lointain, la mer avec navire; à l'ex.: I · M · LAGEMAN · F · Rev. en six lignes: FVNDAMENTA · — PACIS · A · BRITANN · — ET · BELGAR · — LEGATIS · POSITA · — PARIS · II SEPTEMBR · — MDCCLXXXIII · van Loon Suppl. 591. Betts n. 609. mm. 31. Ar. gr. 10.2, belle et fort rare.

Voir la reproduction.

1783. **Paix de Versailles, conclue le 3 septembre 1783, entre la France, les États-Unis de l'Amérique et la Grande-Bretagne.**

651 *Jeton.* LVD · XVI · REX · — CHRISTIANISS · Son buste en habit royal à dr.; sous le bras: GATTEAUX. Rev. Dans une couronne de chêne: LIBERTE — DES MERS — PAIX DE — 1783 Manque à Betts. mm. 30. Ar. gr. 11.2. t.b.c. Fort rare.

No. 652.

Même sujet.

652 *Médaille.* LUD · XVI · REX — CHRISTIANISS Buste drapé de Louis XVI à dr.; en bas: B · DUVIVIER Revers: PAX FRANCIAM INTER ET ANGLIAM La Paix debout, le pied gauche sur une proue de vaisseau; elle tient une corne d'abondance et branche d'olivier. A l'exergue: VERSALIIS — MDCLXXXIII; sous la plinthe: DUVIV. Betts 612. mm. 41.5. Ar. gr. 34.2, belle.

Voir la reproduction.

1783. **Paix de Versailles, entre la France, la Grande-Bretagne, l'Espagne, les Provinces-Unies et les États-Unis de l'Amérique.**

653 *Médaille.* LIBERTAS AMERICANA Le roi de France montre du doigt, l'écusson primitif des États-Unis de l'Amérique (aux treize barres), attaché par une femme à une colonne surmontée du chapeau de la Liberté; dans le champ, à dr.: OE (Oexlein); à l'ex.: MDCCLXXXIII Rev. COM — MVNI CONSENSV Pallas casquée tenant lance et les armoiries de la France, de la Grande-Bretagne, de l'Espagne et des Provinces-Unies, attachées à un ruban; à côté, un olivier; à ses pieds, le bouclier de Méduse. van Loon Suppl. 593, Betts 608. mm. 45. Ar. gr. 25.5, t.b.c. Fort rare.

654 *Médaille* pareille en étain. F.d.c., clou en cuivre. Fort rare.

No. 655.

Même sujet.

655 *Médaille.* SIC HOSTES CONCORDIA IVNGIT AMICOS Deux femmes se donnant la main; l'une (La Paix) tient un rameau d'olivier, l'autre (La Liberté) tient une lance surmontée du chapeau de la Liberté; elles sont entourées des armoiries des Pays-Bas, de l'Angleterre, de la France, de l'Espagne et des États-Unis de l'Amérique; à gauche, une forteresse, MAHO(N) et à droit GIBR(ALTAR) jetant des bombes sur les flottes qui environnent ces forteresses; à l'exergue, une grande ville, (Paris), où les préliminaires furent signés et la légende: PRVDENTIA & FATIS Rev. ENSIBVS EX MARTIS LVX PACIS LÆTA RESVRGIT ✢ La Paix, foulant aux pieds la Guerre, tient un rameau d'olivier et une corne d'abondance; dans les nuages, la

Renommée sonnant: FIAT PAX; à l'ex.: OPE VVLCANI — 1783 van Loon Suppl. 592. Betts. 610. mm. 41.5. Ar. gr. 18.3. Belle. Fort rare.

Voir la reproduction.

Benjamin Franklin, John Jay et John Adams furent chargés des négociations de paix à Versailles, par le congrès des États-Unis de l'Amérique. Les pourparlers se prolongèrent jusqu'au 30 novembre 1782. Ce jour là furent signés les préliminaires de paix aux termes desquels l'Angleterre reconnaissait officiellement l'indépendance des États-Unis. Ces préliminaires devinrent définitifs en mars 1783, par la conclusion des accords entre l'Angleterre, la France et l'Espagne, le tout constituant le traité de Versailles, signé définitivement le 3 septembre 1783.

No. 656.

1785. **Traité de paix de Fontainebleau.**

656 *Médaille.* GEEN KRYG TUSSCHEN U LIEDEN Le lion néerlandais, armé comme pour se défendre contre l'aigle autrichien suivi par une volée d'oiseaux de proie; entre eux s'élève la fleur de lis française, comme pour défendre les Pays-Bas; au lointain, la ville de Paris; à l'ex.: DE LELY HEEFT DEN KRYG — VERHOED · — EER 'T ZWAARD ZICH — BAADDE IN MENSCHEN — BLOED · dessous: I · EVERTS Rev. VOLGENS DEN MUNSTERSE VREDE VAN DEN 30 IAN: 1648 Le lion néerlandais armé, couché près de l'Escaut, sur le territoire des Provinces-Unies des Pays-Bas, indiquée par une borne pyramidale avec ST—BR (Staats-Brabant) et comme pour défendre la chaîne qui ferme l'Escaut, étant attachée à une borne pyramidale indiquée par SAF (Saeftinge) sur le territoire belge. En haut, un ange portant palme et banderole sur laquelle: NIET VERDER; à l'ex.: NADER BEVESTIGD OP DEN — XX SEPT: MDCCLXXXV — EN BEKRAGTIGD OP — DEN VIII NOVEMB : MDCCLXXXV van Loon Suppl. 626*a*. mm. 44. Ar. gr. 22. Belle.

Par le Traité de paix de Münster, le droit des Provinces-Unies des Pays-Bas de fermer l'Escaut, fut reconnu. En 1784, l'empereur Joseph II exigea que les citoyens belges eussent dorénavant le droit d'affréter leurs vaisseaux pour les deux Indes, dans les ports néerlandais et que le paiement des droits de barrière dépendît de sa bonne volonté. Par l'intermédiaire du roi Louis XVI, la guerre qui menaçait d'éclater entre les Provinces-Unies et l'Empereur d'Autriche, fut conjurée Les préliminaires de paix furent signés, le 20 septembre 1785, et le Traité de paix définitif à Fontainebleau, le 8 novembre suivant.

1785. **Traité de paix de Fontainebleau.**

657 *Médaille de la ville d'Amsterdam* en mémoire du traité de Fontainebleau. DUPLICI — FOEDERE SALVA. La pucelle néerlandaise assise sur un trône orné du lion des États; à côté, les drapeaux des Compagnies des Indes orientales et occidentales. Elle offre un rameau d'olivier à l'Escaut personnifié tenant une rame sur laquelle SAF — TIN — GA En haut, la Renommée sonnant de la trompette avec fanon sur lequel deux mains jointes dans une couronne. Le tout éclairé par le soleil au centre duquel, la fleur de lis française. A l'ex.: VIII NOV · PACE CVM ROM · IMPER · — X EJVSD · FOED · CVM REGE · — GALL · INITIS · Rev. GRATI ANIMI MONUMENTUM — ILLUSTRISSIMIS HUJUS DIFFICILLIMI — NEGOTII PRAEFECTIS DICATUM — A QUISBUSDAM CIVIBUS — MERCATORIBUS AMSTELODAMENSIBUS — MDCCLXXXV· l'écusson d'Amsterdam, surmonté d'une couronne navale et d'une guirlande, posé sur un trident et une rame en sautoir; Signée: I · G · HOLTZHEY · — FECIT · van Loon Suppl. 627. mm. 49. Ar. gr. 38.5. Belle.

Même sujet.

658 *Médaille de la ville de Rotterdam* en mémoire du traité de Fontainebleau, frappée en 1786.
HOC — DEFENSORE — BEATA. La pucelle néerlandaise assise dans un fauteuil, en méditation, de sorte quelle ne remarque point l'unicorne anglais qui tâche de la bouleverser en sautant et l'aigle autrichienne qui vole vers elle. Heureusement une main sortant des nuages et tenant le bouclier aux armes de la France, la défend; à l'exergue: I · V · BAERLL · A^DZ. FECIT. Revers GOUDETE — BATAVI · Mercure attache à une colonne, les armoiries de la France et des Provinces-Unies; à l'ex.: HOC MONUM · DUPL · FELIC · — D · D · GRATI CIVES — ROTTERODAMENSES · — 24 APR^L — 1786; van Loon Suppl. 642. mm. 50. Ar. gr. 38.5. Belle.

Même sujet.

659 *Médaille de Zierikzee; fête du 12 mai 1786, en mémoire du traité.*
Armoiries de la France et des Provinces-Unies; sur un ruban: AMICUS — CERTUS — IN — RE — INCERTA — CERNITUR; en bas: DE MEYER f. Rev. Armoiries de Zierikzee; sur un ruban: FAVENTE DEO Dans le champ: IN MEMORIAM — FOEDERIS CUM REGE — CHRISTIANISSIMO ET REP · BAT · LETI — CIVES ZIERIZEENSES — HUNC DIEM — CELEBRAVERUNT — XII CAL · MAI · — MDCCLXXXVI · van Loon Suppl. 641. mm. 34. Ar. gr. 15, belle.

1790. **Paix de Verelä en Finlande, entre la Russie et la Suède, le 3 (14) août 1790.**

660 *Médaille.* Ѣ · М · ЕКАТЕРИНА · II · ІМПЕРАТ · ИСАМОДЕРЖ · ВСЕРОССІИС · Buste

cuirassé, drapé, lauré et couronné de l'impératrice Cathérine II à dr.; sous le bras: ЕЬІР · 1789 · Г · — ТИМОѲЕИ ИЕАНОВЬ · (par Timoteus Iwanoff). Rev. СОСЪДСТВЕННЫЙ И ВѢЧНЫЙ Rameau d'olivier passant par une couronne de laurier. Signée: G. A l'exergue: МИРЪ СЪ ШВЕЦІЕЮ ЗАКЛЮ = — ЧЕНЪ 3 АВГУСТА — 1790 ГОДА · (par Joh. Bapt. Gass.) Hild. 86. mm. 76. Ar. gr. 100. Superbe.

Voir la reproduction sur la planche X.

Les négociations de paix furent menées de la part de Suède, par le général-major Gustaf Armfelt et de la part des Russes par le général-lieutenant Otto Henrik Igelstrom. La ratification du traité suivit le 20 août.

1790. **Traité de Reichenbach, armistice entre l'Autriche et la Turquie.**

661 *Médaille ovale.* PIETATIS IN GENVS HVMANVM ERGO légende entourant une couronne de chêne dans laquelle: LEO — POLDO — II — AVGV — STO Rev. en 11 lignes: QVOD · — CRVENTAM · CAEDIBVS · — POPVLORVM · LAVREAM — SPREVIT · — IMPERIVM · INTRA · — FINES · — COERCENDO · CIVES · HOSTES · — SERVAVIT · — PACE · VLTRO · DATA · ACCEPTA · — ORBI TERRARVM · — COSVLVIT · — M · D · C · C · L · X · X · X · X · mm. 53/46. Ar. gr. 35. Belle, rare.

En 1790, l'Autriche était comme alliée de la Russie en guerre avec la Turquie et menacée par la Prusse. Après la mort de Joseph II, le 10 février 1790, son frère Léopold II devenu Empereur, signa avec la Prusse, le traité de Reichenbach, le 27 juillet 1790, complété pour l'occident par le traité de La Haye, signé le 10 décembre. L'armistice entre l'Autriche et la Turquie fut signé à Giurgiévo (Giurge) le 19 septembre 1790.

1791. **Traité de Pillnitz.**

662 *Médaille.* LEOP · II · IMP · FRID · WILH · REX PR · FRID · AVG · EL · SAX · Les bustes superposés des trois princes en uniforme, à dr.; en bas: HOECKNER · FEC ·. Rev. FELICITAS TEMPORVM La Saxe assise, tournée à gauche et vue du château; à l'ex.: PILNIZII D · XXV AVG · — MD · CCXCI · Dassd. 1619. Ampach 15563. Hennin 215. mm. 52. Ar. gr. 56.2. Superbe.

Par le traité de Pillnitz, conclu le 27 août 1791, dans le château de l'Électeur de Saxe, les trois princes s'allièrent pour s'opposer contre l'Assemblée constituante de France.

Même sujet.

663 *Médaille.* LEOP · II IMP · ROM · FRID · GVIL · II REX BOR · FRID · AVG · EL · SAX · Les trois bustes superposés à dr. drapés d'une autre manière; sous les bustes: G · I · KRÜGER · IUN · Rev. FVTVRI SPES CERTA SERENI La Saxe assise, tournée à droite et vue du château; à l'ex.: PILLNITII D · XXV · AUG · — MDCCLXXXXI · Hennin 216. mm. 50. Ar. gr. 49. Belle.

1791. **Traité de paix de Pillnitz.**

664 *Médaille.* LEOPOLD · II · U · FRID · WILHELM · II · SAHEN · SICH Les têtes laurées et opposées des deux princes; en bas: DEUTSCHLAND — FREUE DICH; dessous: R · (Reich). Rev. en dix lignes: KEIN KRIEG — IN BLUTIGEN — GEWAND — HINFORT MEHR — WÜTHE; — EWIG GLÜCK FÜR — UNSER DEUTSCHES VATERLAND — BRING — DIESER FRIEDE · à l'ex.: PILNIZ — D · 23 · AUG — 1791 ·; le tout dans une couronne de laurier. Wellenheim 8294. Henckel 1928. Hennin 213. mm. 43. Étain avec clou en cuivre. Belle et rare.

No. 665.

1792. **Paix avec le sultan Tippou-Sahib de Maïssour.**

665 *Médaille* au buste de Cornwallis. CAR · MARCHIO CORNWALLIS STRATEGUS ACERRIMUS · Son buste drapé à g.; en bas: C · H · KÜCHLER · FEC · Rev. FAS SIT PARCERE HOSTI. Cornwallis recevant les enfants du Sultan; à l'ex.: SULTANO TIPPOO DEVICTO — OBSIDES RECIPIT — MDCCXCII ·; sur la plinthe: C · H · K · FECIT · mm. 48. Ar. gr. 60.3. Belle.

Voir la reproduction.

Le sultan de Maïssour, Tippou, envahissait le territoire du sultan de Travancore, allié des Anglais. Lord Cornwallis, gouverneur de l'Inde Britannique, s'empara de Bangalore et assiégea Seringapatam lorsque, après la journée d'Arikéra, le 15 mai 1791, Tippou demanda la paix, qui fut conclue le 24 février 1792, mais il devait céder aux Anglais, une partie de ses États et payer une grosse somme d'idemnité de guerre.

666 *Médaille* pareille en bronze. Belle.

1794. **Paix régnant en Danemark, en Norvège et en Slesvig-Holstein.**

667 *Médaille.* FRA · DANMARKS · SLETTER · NORGES · FIELD · OPSTIGER · TAK · FOR · FRED · OG · HELD · Autel allumé, orné des armoiries du Danemark; sur la plinthe: T · E · BAUERT — FECIT ·; à l'ex.: 1794. Rev. HIER · OFFERN · FREUDIG · KIND · UND · GREIS · FÜRS · HEIL · DES · FRIEDENS · DANK · UND ·

PREIS · Autel allumé, orné des armoiries de Holstein; même signature et date. Bergsöe pl. I n. 11. mm. 32. Ar. gr. 10.5, t.b.c.

Cette médaille est frappée en commémoration de la paix extérieure et intérieure régnant en Danemark et Slesvig-Holstein, sous le ministère de A. P. Bernstorff.

1795. **Paix de Bâle.**

668 *Médaille.* FRIDERICO WILH · R · BOR · P · P · FORTI PRUDENTI Buste cuirassé et drapé du roi de Prusse à dr. décoré de la croix de l'aigle noire; sous le buste: LOOS. Rev. TRANQUILLITAS PACIS — ATQUE OTII La Paix debout offre à Mars, assis devant un palmier auquel sont suspendues ses armes, un caducée et un rameau d'olivier. A l'ex: PARATA BASILEAE — DIE V APRILIS — MDCCXCV Henckel 1959. mm. 43. Ar. gr. 27.5. Belle.

Des conférences furent ouvertes à Bâle, dès le 12 janvier 1795. Barthélemy représentait la France; le roi de Prusse envoya le comte de Goltz pour traiter de la paix, mais le comte de Goltz mourut le 6 février et fut remplacé par Hardenberg. Le Traité de paix de Bâle, entre la France et la Prusse, fut signé le 5 avril 1795; le 22 juillet de la même année, y fut conclue la paix entre la France et l'Espagne.

Même sujet.

669 *Médaille* à la même légende, seulement le buste du roi Friedrich Wilhelm est presque de face et décoré de l'étoile de Commandeur de l'aigle noire; LOOS se trouve à gauche, tout en bas. Revers comme la précedente. Henckel 1960. mm. 43. Ar. gr. 27.6, t.b.c.

Même sujet.

670 *Médaille.* TECUM REGNABO Minerve offrant un rameau d'olivier à un guerrier; à l'ex: PACE CUM GALLIA FACTA — BASILIAE D · V · APR · — MDCCXCV · Rev. REGNAVI Guerrier tenant torche flamboyante; à l'ex., le nom du graveur: STIERLE; mm. 34. Ar. gr. 14. Belle et rare.

Même sujet.

671 *Médaille.* FRIEDR: WILHELM II KOENIG VON PREUSSEN Buste du roi à dr. en uniforme; sous le bras: R. Rev. FRIEDE DEN VÖLKERN Aigle portant dans son bec, un rameau d'olivier et dans ses serres, un caducée, planant au-dessus d'un paysage éclairé par le soleil; à l'ex.: BASEL D · 5 · APRIL — 1795 Wellenheim 6557. Fried. un Seg. 4567. mm. 33. Ar. gr. 14.5. t.b.c. Extr. rare.

1796. **Paix de la France avec le roi de Sardaigne, le 15 mai 1796.**

672 *Jeton.* HEROS BUONAPARTE · Son buste en uniforme à dr. Rev. LES, FRUITS — DE SES — ACTIONS · — 1796 dans une couronne de laurier et de chêne. mm. 24. Laiton, beau.

Dans le traité de Paris, entre le Directoire et le roi de Sardaigne, Victor Amédée III, celui-ci dut céder à la France, la Savoie et Nice.

No. 673.

1797. **Paix de Campo Formio.**

673 *Médaille.* BONAPARTE GEN^{AL} EN CHEF DE L'ARMÉE FRANC^{SE} EN ITALIE Buste à dr. de Bonaparte en uniforme; sous le bras: B · DUVIVIER F ·; à l'ex.: OFFERT A L'INSTITUT NATION · — PAR B · DUVIVIER — A PARIS Rev. LES SCIENCES ET LES ARTS RECONNAISSANTS Le général Bonaparte à cheval, tenant un rameau d'olivier, précédé par la Prudence et la Valeur. La Victoire plane derrière tenant une couronne au-dessus du général et portant de la gauche, l'Apollon du Belvédère. Au-dessus de la plinthe: B · DUV · A l'ex.: PAIX SIGNÉE — L'AN 6 · REP · FR · Hennin n. 811. mm. 56. Ar. gr. 90.7. Belle, rare, le revers frappé au coin brisé.

Voir la reproduction.

A Campo Formio, château dans la province vénitienne d'Udine, fut conclue la paix entre l'Autriche et la République française, le 17 octobre 1797. Les plénipotentiaires étaient le général Bonaparte et le comte Cobenzl. Les préliminaires de paix et un armistice furent constitués à Leoben, le 18 avril 1797. D'après ce traité, la République française fit l'acquisition des Pays-Bas autrichiens et en revanche l'Autriche acquit la ville de Venise et un territoire en Italie, qu'on fixerait après.

Même sujet.

674 *Médaille* pareille. mm. 55.5. Bronze, belle.

Même sujet.

675 *Médaille.* BUONAPARTE GÉNÉRAL EN CHEF DE L'ARMEÉ D'ITALLIE Buste de Bonaparte à g. en uniforme; sous le bras: CIV · ET ART · LUG · OFF · Rev. A BUONAPARTE L'ITALIQUE · — LE 26 VAN^{E} L'AN VI La Paix assise à droite, s'appuyant sur une corne d'abondance et tenant un rameau d'olivier; devant elle, un autel allumé, orné de deux mains jointes; au-dessus de la plinthe: CHAVANNE · F · A l'ex : IL NE COMBATTI QUE POUR — LA PAIX ET LES DROITS — DE L'HOMME Hennin 815. mm. 44. Br. Belle.

1797. **Paix de Campo Formio.**

676 *Médaille* pareille en métal de cloche, le bord du revers un peu rogné. Hennin 815. mm. 43. t.b.c.

677 *Médaille* pareille avec petit trou au-dessus de la tête. Métal de cloche. t.b.c.

Même sujet.

678 *Médaille.* BUONAPARTE NÉ A AJACCIO LE 15 AOUT 1769. Son buste à g. en uniforme. Rev. dans une couronne de laurier: LA FRANCE — LUI DEVRA — LA VICTOIRE — ET LA PAIX. Au dessous: AN 6 DE LA RÉPUBLIQUE. Hennin 834. mm. 32.5. Br. b.c.—t.b.c.

679 *Médaille* pareille en argent, légère différence de la couronne de laurier du revers. Tranche fleuronnée. Hennin 834. mm. 33. gr. 15.1. Belle.

Même sujet.

680 *Jeton.* BUONAPARTE OB : GENER : D : FRANKEN · — CARL LUD · ERZHERZ · V · OESTERR : Les bustes opposés des deux généraux; en bas: IETTON Rev. IN UDINE ANGEFANGEN IN CAMPO FORMIDO GESCHLOSSEN Obélisque sur lequel on lit: DEN — 16 — OCTOB — 1797 A gauche, héraut autrichien et à dr., héraut français, sonnant de leurs trompettes: FRI — DE; à l'ex: LAUER Henn. 820. mm. 33. Laiton t.b.c.

1799. **Espoir de paix, après les campagnes glorieuses austro-russes en Italie.**

681 *Médaille.* FRANCISCO · II · ROMAN · PAVLO · I · RVTHEN · IMPERATORIBVS · Bustes accolés et laurés des empereurs d'Autriche et de Russie; en bas: BALDENBACH · Rev. légende en 12 lignes: CIↃ · IↃCC · XCIX · — EVROPA — IN · SPEM · ERECTA — GALLIS · ITALIAE · DOMINATV — FORTITER · FELICITER · DEPVLSIS — CONSTANTIAM · CONCORDIAMQVE — PRINCIPVM · ARIS · SCEPTRIS — LEGIBVS · CVLTVM · AVCTORITATEM — OBSEQVIVM · REDDITVRAS — HVMANVM · TANDEM — GENVS · PACE — BEATVRAS · Hennin n. 902. Wellenheim 8370. mm. 48. Ar. gr. 26.5. Belle.

Après la victoire de l'archiduc Charles, sur Jourdan à Stockach et sur Schérer à Magnano et du général russe Souvorof sur Moreau, l'empereur d'Autriche et le tzar de Russie croyaient pouvoir traiter de la paix avec la France.

1800. **Négociations de paix à Paris.**

682 *Médaille.* FRIEDRICH WILHELM III KOENIG VON PREUSSEN Son buste en uniforme à g.; sous le buste: LOOS Rev. IHM DANKEN — WIR AM SCHLUSSE DES IAHRHUNDERTS Aigle éployé, tenant couronne d'olivier dans son bec, au-dessus de toutes sortes d'attributs de paix; à l'ex.: DES FRIEDENS — SEGNUNGEN — 1800 Henckel 2073. mm. 36.5. Ar. gr. 14. Belle.

1800. **Négociations de paix à Paris.**

683 *Médaille.* ES IST NOCH NICHT ENTSCHIEDEN La Paix à genoux devant un autel, indique le signe des balances, dans la partie du zodiaque visible entre les nuages. Dans un médaillon sur la face de l'autel: 1800: Rev. DAS JAHR 1800 EUROPA DEN FRIEDEN Dans le champ, en 22 lignes: ANDENKEN — DES LEZTEN DEC: — DES XVIII SECULS — 1791 — REVOLUT: IN FRANKREICH — 1792 — TOD LEOP: II U: KRÖNUNG FRANZ II — 1793 — LUDWIG XVI UNTER D · GUILOTINE — 1794 — POLN GIBT SICH EINE CONSTITUTION — 1795 — UND WIRD VERNICHTET — 1796 — FRANZOSEN IN FRANKEN — 1797 — ITALIEN REPUBLICANISIRT — 1798 — BUONAPARTE IN AEGIPTEN — 1799 ITALIEN WIEDER — EROBERT Bramsen 78. Josef und Fellner 1819. g. — Wellenh. 8376. Trésor pl. 81 n. 12. mm. 43. Étain. Belle et rare.

1800. **Exhortation à la paix, par l'Union de la Grande-Bretagne et de l'Irlande.**

684 *Médaille.* FRIENDSHIP UNION AND PEACE La Britannia et l'Irlande debout devant un obélisque. mm. 38.5. Étain b.c.

1801. **Préliminaires de paix à Lunéville, signés entre la France et l'Autriche.**

685 *Médaille.* FINIATVR ÆRVMNARVM PERIODVS. A droite, une mer agitée; au-dessus, des nuages noirs d'où se répand la foudre; à gauche s'élève le soleil au-dessus d'une mer calme et un Génie sort d'un nuage, sonnant de la trompette et tenant branche d'olivier et serpent arrondi; à l'ex: INITIVM SECVLI XIX · MDCCCI · — A · L · B · VII · Revers: OPTIMVS CVM OMNIBVS VOTISQVE· Un coussin est mis sur une pierre carrée; sur le coussin, un foudre en repos; au lointain, une mer calme, drapée de navires et d'un triton sonnant d'une coquille; en haut, Mercure; dans le soleil apparaient les balances, signe du Zodiaque; à l'ex: PRÆLIMIN · LUNAVILL · — DECRETIS ANN · LIB · — FRANC · X · Manque à M·H (Medallic History of Napoleon) Bramsen 126. van Loon Supplement 863. mm. 45. Ar. gr. 29.5. Belle et rare.

Dans les négociations de paix provisoires à Paris, Lunéville fut choisie pour y tenir les conférences par les ambassadeurs des Puissances diverses. Le comte de Cobenzl, ainsi que l'archiduc Charles, y représentaient l'Autriche et Joseph Napoléon la République française. — Dans la Paix de Lunéville, la République batave fut reconnue.

Même sujet.

686 *Médaille.* CAR · LVD · AVSTR · BOHEM · SERVATOR Buste casqué à dr.; sous le bras: *Guillemard.* Rev. Paysage paisible; à gauche, autel contre lequel des armes, des drapeaux et écusson au lion de Habsbourg. En haut, colombe portant rameau d'olivier dans son bec. A l'exergue:

VIRTUTE · BELLICA · — SAPIENTIA · CIVICA · — PAX · REDUCTA · — MDCCCI · sur la plinthe: F· ST· F· méd. par Guillemard et Stuckhart. Manque à M·H et v. Loon Suppl. Bramsen 135. mm. 43, Arg. gr. 19, t.b.c.

1801. **Paix de Lunéville.**

687 *Médaille.* BONAPARTE PREMIER CONSUL DE LA RÉPUBLIQUE FRANSE Son buste à dr. en uniforme; sous le bras: ANDRIEU F· Rev. PAIX DE — LUNÉVILLE· La Paix debout tournée à g. portant corne d'abondance et rameau d'olivier; au-dessus de la plinthe: ANDRIEU · F ·; à l'exergue: LE XX · PLUVIOSE — AN IX · van Loon Suppl. 873 M·H pl. XII n. 41 variété. Bramsen 108. mm. 42, Ar. gr. 34.3, t.b.c.

688 *Médaille* pareille en bronze. Belle.

689 *Médaille* pareille, variété avec la légende commençant en bas. M·H· pl. XII n. 41. Bramsen 107. mm. 42. Ar. gr. 34.5, belle.

Même sujet.

690 *Médaille.* BONAPARTE Son buste à dr. en uniforme; au bras: I · G · H K (Hancock) en bas: K & K: (Kempson & Kindon). Rev. Dans une couronne, formée par une palme et une branche de chêne: SAGESSE — DANS — LES CONSEILS — ET COURAGE — DANS — LES COMBATS· — MDCCCI Bramsen 114. Millin pl. XV n. 45. mm. 38.5. Br. Belle.

Même sujet.

691 *Médaille.* BONAPARTE PR·CONSUL DE LA REP·FRAN· Buste de Napoléon en uniforme à g.; en bas: J· P· DROZ F· AN IX· — 1801· Rev. BONHEUR AU CONTINENT· Le soleil, éclairant la partie laurée du globe sur laquelle est gravée: FRANCE, chasse les nuages vers celle indiquée par: ANGLETE; à l'ex.: PAIX DE LVNÉVILLE — AN IX · — 1801 · Mill. pl. II n. 42, Bramsen 106, Gallet n. 21. mm. 55. Br. belle, rare.

Même sujet.

692 *Médaille.* NAP · AL · BONAPARTE · P · P · CONSVL · PRIMVS · Son buste à dr. en uniforme; sous le bras: M· BÜCKLE · F· Rev. MARENGO · HOHENLINDEN — ABOVKIRA. La Paix planant au dessus d'un paysage; à gauche, une ville; à dr., les obélisques d'Egypte; à l'ex.: MENTE · ET · ARMIS · PAX · ALMA · — LVNAEVILLAE · 21 · PLUV · — A · 9 · REIP · 9 · FEBR · — 1901 ·; au-dessus de la plinthe: B · F · M·H· droit pl. XXXVIII n. 52. Revers pl. LXII n. 394. mm. 40. Bramsen 117. Étain avec clou en cuivre. Belle. Fort rare, le revers étant frappé au coin brisé.

1801. **Paix de Lunéville.**

693 *Médaille.* HEIL DEM FRIEDEN ER SCHENKET SEGEN DER ERDE La Paix debout sur une partie du globe terrestre sur laquele on lit: *Paris* et *Wien* Elle porte un rameau d'olivier et une corne d'abondance et est entourée de nuages. Rev. UND MILDE WEISHEIT VERSCHEUCHT DEN ZERSTÖRENDEN KRIEG Minerve présente son bouclier de Méduse à Bellona élevant la torche de la guerre, mait laissant tomber son glaive par l'effroi; au-dessus de la plinthe: LOOS A l'exergue LUNEVILLE — D · 9 FEBRUAR 1801 Bramsen 113, van Loon Suppl. 874, M. H. pl. XVI n. 49. mm. 36.5. Ar. gr. 13.5. Belle.

Même sujet.

694 *Médaille* pareille légèrement variée; la feuille supérieure du rameau d'olivier, porté par la Paix, sous R de ER et on ne voit pas d'épis de blé, sortant de la corne d'abondance. mm. 36.5. Ar. gr. 14. Superbe. Inédite. Extr. rare.

No. 695.

Même sujet.

695 *Médaille. noua jubila nunciat — orbi d: 9 Febr · 1801* Bonaparte et l'empereur François I s'offrant mutuellement une branche d'olivier; entre eux: *Lunaevillae* Rev. *tempora meliora Sequentur* Femme debout offrant sur un autel allumé; par terre, des armes brisées; sur le devant de l'autel: 1801 et sur la base: *Sch.* (Schmidt). Bramsen 137. Manque à Millin et au Trésor. mm. 40. Étain. Belle, fort rare.

Voir la reproduction.

Même sujet.

696 *Médaille.* STETS LEITE SIE FRIEDE Cybèle avec couronne murale, assise sur un bige de lions, précédé par la Paix tenant corne d'abondance et rameau d'olivier; à l'ex.: LÜNEVILLE — D · 9 · FEBRUAR — 1801 Rev. WANN TAGTS AUCH HIER L'Océan personnifié, assis sur les ondes, tenant un roseau; à l'exergue, le nom du graveur: ABRAMSON; van Loon Suppl. 868, M. H. pl. LXII n. 395, Bramsen 124. mm. 42. Ar. gr. 28. Belle et rare.

1801. **Paix de Lunéville.**

697 *Médaille.* VON GALLIENS U · DEUTSCHLANDS FRIDENS SCHLUSZ La République française et l'Empire allemand sont unis par la Prospérité; à l'ex.: LUNEVILLE D : 9 : — FEBR : 1801 · Rev. HOFT KUNST U : HANDLUNG GLUCK U:UBERFLS: Mars debout contre une colonne rompue près d'un tas d'armes, reçoit le rameau d'olivier de Mercure; à l'ex.: REICH F · Bramsen 132. mm. 43. Br. Belle.

698 *Médaille* pareille en étain avec clou en cuivre. mm. 43. Belle.

Même sujet.

699 *Médaille.* INDVSTRIA AD NOVAS SPES ERECTA Dans un entourage de trophées de guerre et d'emblèmes d'industrie, Minerve et la Paix qui couronne un homme agenouillé. A l'ex: LUN : VILL : D : 9 : FEBR : — 1801 — Rev. NOVAS — MEDIATUR — ARISTAS Guerrier assis sous un palmier, brisant ses armes et regardant le soleil qui brille au dessus de l'horizon; à l'ex.: C · I · KRÜGER IUN · F · Bramsen 123. mm. 40. Arg. gr. 19.5. Belle et rare.

Même sujet.

700 *Médaille.* BUONAPARTE CONSUL Buste de Bonaparte à g. en uniforme. Rev. ZUM ANDENKEN DES FRIEDENS Génie ailé, tenant de la main gauche deux couronnes de laurier et de la main droite une torche avec laquelle il met le feu à un tas d'armes. A l'exergue UNTERZ · Z · LUNEVILLE — D · 9 FEB · 1801 Bramsen 119. mm. 40. Étain avec clou en cuivre, t.b.c.

Même sujet.

701 *Médaille.* BUONAPARTE I^{r} C · D · L · R · F · PACIFICATEUR UNIVERSEL · Buste de Bonaparte à dr. en uniforme. Rev. HEROI — BELLI PACISQUE Le buste de Napoléon couronné par la Paix; un Génie montre l'inscr. sur le socle: GALLIÆ — VINDEX A l'ex.: MDCCCI. Br. 116. mm. 43. Étain, avec clou en cuivre, belle.

No. 702.

Même sujet.

702 *Médaille.* GLUICKLICH -DURCH EINTRACHT Temple à douze colonnes; sur la frise: DER EINTRACHT A l'ex: C · I · KRÜGER · IUN · F · Rev. FROE —

LICH IN HOFNUNG Le Temps armé d'une faux, versant le contenu d'une corne d'abondance, sur l'Espérance assise; à l'ex.: 1801; manque à Millin, au Trésor et à Bramsen. mm. 40. Ar. gr. 20.5. Belle et rare, le revers frappé au coin brisé.

Voir la reproduction.

1801. **Paix de Lunéville.**

703 *Médaille.* IM FRIEDEN KEIMT DES GUTEN SAAT La Paix debout semant des grains; à l'ex: *Neufs · f.* Rev. en 10 lignes: DEM — ZWISCHEN — S · K · K · MAI · FRANS II — UND DER — FRANZÖS · REPUBLIK — D · IX · FEBR · MDCCCI — ZU — LUNEVILLE — GESCHLOSSNEN — FRIEDEN · — * (pomme de pin) * Bramsen 120. mm. 32. Ar. gr. 10.7. Belle.

704 *Médaille* pareille en étain, avec clou en cuivre. Belle.

Même sujet.

705 *Médaille.* PACE GERMANORVM CVM GALLIS FACTA. Temple de Janus bifrons fermé; à l'ex: LVNAEVILLAE — D · IX · FEBR · — MDCCCI · Rev. SPEI PERPETUAE l'Espérance assise à gauche, tenant un épi et des balances; à l'ex: HOECKNER · F · Bramsen 131. mm. 44. Étain avec clou en cuivre, belle et rare.

No. 706.

Même sujet.

706 *Médaille.* UND DER ZUKUNFT VERTRAUEND La Germania dépose des palmes sur un autel contre lequel est placé un bouclier avec l'inscr.: * GERMAN :; à l'ex.: LUNEV : D : 9 : FEBR ; — 1801 Rev. ERWUINSCHT Une déesse dans les nuages, derrière laquelle reposent dans un casque deux colombes, couronne l'Espérance qui l'embrasse; à l'ex: C · I · KRÜGER · IUN · Bramsen 139 (description erronée). Manque à Millin et au Trésor.mm. 34, Ar. gr. 10. Extr. rare.

Voir la reproduction.

Même sujet.

707 *Pièce de 5 Ducats ou Médaille* émise par la ville de Hambourg. FRIEDEN DEM JAHRHUNDERTE Génie ailé debout tenant rameau d'olivier; à l'ex:

1801. Rev. DEM VATERLANDE HEIL La ville de Hambourg personnifiée offrant sur un autel aux armoiries de la ville; à l'ex: HAMBURG Bramsen 133 Trésor 84.3. mm. 38. Or, gr. 17.3. Superbe.

Voir la reproduction sur la planche X.

1801. **Paix de Lunéville.**

708 *Médaille.* La Paix volant au-dessus de l'hémisphère sur lequel elle verse le contenu d'une corne d'abondance; en bas: L. Rev. Les signes du Zodiaque et la légende: FRIEDEN — SOLLEN SIE — HABEN — UND — FREUDEN — DIE FÜLLE — 1801 Bramsen 129 mm. 36. Ar. gr. 14, belle.

1801. **Préliminaires de la Paix d'Amiens, signés à Londres.**

709 *Jeton.* PEACE & PLENTY — OCTOBER 1 · 1801 Corne d'abondance vidée. En haut, colombe volant, tenant rameau d'olivier dans son bec. Rev. THE — DESIRE — OF ALL — NATIONS en quatre lignes; dessous, deux rameaux d'olivier en sautoir; van Loon Suppl. 866. M·H pl. XXVI n. 54. Bramsen 165. Laiton. mm. 19. Belle.

Jeton frappé à Birmingham, par Kempson et Kindon, comme les deux suivants.

710 *Jeton* pareil en cuivre, mm. 19, t.b.c.

711 Même pièce en cuivre argenté. mm. 19, t.b.c.

Même sujet.

712 *Jeton.* THE DESIRE OF THE PEOPLE 1801 Branche d'olivier, posée sur une corne d'abondance. Rev. PEACE — AND GOOD WILL — TO ALL MEN colombe volant, tenant rameau d'olivier et entourée de rayons. mm. 17. Laiton doré. Superbe. Inédit.

Même sujet.

713 *Jeton.* PEACE, COMMERCE & PLENTY Bord de mer, avec un tonneau sur lequel: TO FRANCE ballot et gerbe de blé; à côté, corne d'abondance; dessous: KETTLE; dans le fond, trois navires; en haut, colombe portant rameau d'olivier. Rev. PRELIMINARIES OF PEACE — BETWEEN — GREAT - BRITAIN AND FRANCE · — SIGNED — OCTOBER I[st] 1801 le tout autour de l'écusson anglais; variété de van Loon Suppl. 865. Bramsen 164. mm. 24. Laiton t.b.c.

Même sujet.

714 *Médaille.* THEY SHALL PROSPER THAT LOVE THEE La Paix debout au bord d'une mer calme, versant le contenu d'une corne d'abondance; au lointain des navires marchands; à côté, des ballots de marchandises. Rev. PRELIMINARIES OF PEACE — BETWEEN — GREAT BRITAIN AND FRANCE — SIGNED — OCTOBER I.[st] 1801 · van Loon Suppl. 864. M·H pl. XV n. 50. Bramsen 162. mm. 38. Étain F.d.c.

1801. **Préliminaires de la Paix d'Amiens, signés à Londres.**

715 *Médaille* pareille, belle mais avec petit trou. Étain.

716 *Médaille* pareille uniface, seulement le droit. mm. 37. Br. argenté.

1801. **Congrès d'Amiens.**

717 *Médaille.* JOSEPH NAPOLEON — PRINCE FRANÇAIS Son buste à g. en uniforme. Signée: F· DUBOIS· F· Rev. légende en 12 lignes, dans une couronne de laurier: NÉ A CORTE — 1768 — MINISTRE PLÉNIP.RE — AU CONGRÈS D'AMIENS — 1801 etc. V.Q.R. 14199. Bramsen n. 1304. mm. 50. Br. Belle.

1802. **Congrès d'Amiens et Constitution à Lyon de la République Cisalpine.**

718 *Médaille.* LEGES MUNERA PACIS Tête de Bonaparte à g.; au cou: MERCIÉ F LUG Revers légende en 11 lignes AUSPICE — BONAPARTE — INTER GALLOS — GALLORUM NEPOTES — CISALPINI — ANTIQUUM FOEDUS — RENOVANTES — GENTEM SUAM — LEGIBUS CONDIDERUNT — LUGDUNI — ANNO X · REIP · GAL · Br. 192. M · H pl. XVIII n. 58. mm. 48. Br. belle.

1802. **Paix d'Amiens.**

719 *Médaille.* NAPOLEON BONAPARTE PREMIER CONSUL. Son buste lauré à g.; sous le cou: DUMAREST F· Rev. PAIX - D AMIENS · Bonaparte, représenté comme Mars, tenant de sa gauche la statue de la Victoire, offre le rameau de la Paix à une ville personnifiée, couchée sur le sol et accoudée sur un lion; à g.: DUMAREST F · A l'ex.: LE VI · GERMINAL AN X · — XXVII · MARS — MDCCCII · van Loon Suppl. 881, M. H. pl. XVI n. 51. Bramsen n. 195. mm. 48 Br. belle.

Le traité d'Amiens fut signé entre la France, l'Espagne et la République batave d'une part, l'Angleterre de l'autre. L'Angleterre restitua toutes ses conquêtes, sauf Ceylan et la Trinité. Le Cap fut déclaré port franc. La Porte ottomane recouvra l'Egypte, dont l'évacuation par les Français fut confirmée. Les Iles Joniennes formèrent une république, dite des Sept Iles, sous la suzeraineté commune de la Porte et de la Russie. L'Angleterre s'engagea de ne se mêler en rien aux affaires intérieures de la République batave, de l'Allemagne et de l'Helvétie.

Même sujet.

720 *Médaille.* BONAPARTE PR · CONSUL DE LA REP · FRAN · Tête de Napoléon à gauche; au cou: DROZ F · Rev. LE RETOU-R D ASTREE (épis). L'Astrée, tenant de sa main droite levée un caducée ailé et un rameau d'olivier et de sa gauche des bascules, descend sur la terre; en bas: DROZ F Sur la tranche: PAIX GENERALE A AMIENS AN DIX ❀ MDCCCII feuille et caducée. van Loon Suppl. 880, var. M. H. pl. XI n. 52, var. Bramsen n. 199. Tout comme Gallet pl. III n. 17. mm. 40. Br. doré. Belle.

1802. **Paix d'Amiens.**

721 *Médaille* pareille, sans inscription sur la tranche. van Loon 880. Bramsen n. 200. mm. 39. 5. Br. Belle.

Même sujet.

722 *Médaille ou Pièce de dix Ducats* (Portugalöser). BEGLÜCKENDE — FRUCHT Cérès donnant la main à Mercure, en lui présentant des épis; entre eux, autel sur lequel les armoiries de Hambourg; à l'ex.: HAMB· — BANCO Rev. DES WIEDERGEGEBENEN FRIEDENS Neptune s'appuie sur une urne qui porte l'inscription: ELBE. Il porte sur la main droite la Paix qui tient un rameau d'olivier et une corne d'abondance; sur la plinthe: ABRAMSON·; à l'exergue: 1802 Bramsen n. 202, mm. 42. Or, gr. 34.2. Belle et Fort rare.

Voir la reproduction du no suivant.

No. 723.

Même sujet.

723 *Médaille pareille ou Portugalöser de cinq Ducats,* d'un module plus petit; variété, au lieu de la signature ABRAMSON on lit $\frac{A}{S}$ sous l'urne; manque à Bramsen. Gädechens I pag. 16 anm. mm. 37. Or, gr. 16.8. Superbe, rare.

Voir la reproduction.

Même sujet.

724 *Médaille* pareille frappée en argent, mm. 37, gr. 13.3. Belle.

Voir la reproduction du n. 723.

Même sujet.

725 *Médaille.* MARQUIS — CORNWALLIS Son buste à g. en uniforme; en bas: BRITISH PLENIPOTENTIARY AT AMIENS; au bras: I · G · H (Hancock) et sous le buste: K · & · K · (Kempson & Kindon). Rev. POST NUBILA PHŒBUS

La Britannia assise à g., tenant médaillon au portrait du roi George III; dessus, le rameau de la Paix; devant la Britannia, Génie tenant une pierre sur laquelle on lit les noms des plénipotentiaires à la Paix d'Amiens: (AD)DINGTON — (H)AWKSBURY — (COR)NWALLIS — (BO)NPARTE — OTTO; à l'ex.: DEFINITIVE TREATY — CONCLUDED 1802; van Loon Suppl. 878. M·H pl. XXVI n. 53. Bramsen n. 204. mm. 38. Br. doré. Belle.

726 *Médaille* pareille en étain. Belle.

1802. **Paix d'Amiens.**

727 *Médaille.* GEORGIUS III·D:G·BRITANNIARUM REX·FID·DEF·& Buste cuirassé et drapé du roi à g., portant l'ordre de St. George; sous le buste: C·H·K· (Kuchler). Rev. TRIUMPHIS POTIOR. La Paix tenant de la main gauche un rameau d'olivier et de sa droite, une torche avec laquelle elle allume un tas d'armes; à ses pieds, une corne d'abondance et un caducée; au lointain, une mer calme drapée de navires; sur la plinthe: C·H·KUCHLER·FC A l'ex.: PAX UBIQUE — MDCCCII· Manque à van Loon, à M·H et à Bramsen. mm. 48. Br. F.d.c. rare.

728 *Médaille* pareille en étain. Belle.

No. 729.

Même sujet.

729 *Médaille.* SIC POTENTI JVSTITIÆ — PLACITVMQVE PARCIS· La Paix sur des nuages, tenant de sa gauche une palme et une branche de laurier et de sa droite, des balances; à ses pieds, corne d'abondance; à l'ex.: PAX TERRA MARIQVE AMBIAN· — FACTA — XXV - XXVII·MART· — MDCCCII·; un Génie, tenant une massue sur laquelle le chapeau de la Liberté, renverse une coupe sur un autel enflammé; au lointain, une mer calme sur laquelle Neptune dans sa conque. Rev. Légende en 11 lignes sous un soleil brillant: AVSPICE DEO O·M· — VNIVS HEROIS VIRTVTE — ET CONSIL·VICTORIBVS GALLIS, — POST INNVMERA, AD RHENVM, — DANVBIVM,

PADVM, TIBERIM, — PRAELIA, EVROPAE OPTATAM — NIMIS DIV PACEM REDDIDIT, — EFFRENEM LICENTIAM DOMVIT, — JVSTAM LIBERT · STABILIVIT, — RELIGIONI DECVS — RESTITVIT · van Loon Suppl. 884. Bramsen n. 205. mm. 45. Ar. gr. 26.8. Superbe, rare.

Voir la reproduction du droit.

Cette médaille non signée est l'oeuvre du graveur Holtzhey.

Le traité d'Amiens fut accueilli par une joie unanime. La confiance était générale. Bonaparte paraissait avoir, comme Henri IV, consommé le mariage de la France avec la paix. Heureuse époque, mais hélas! sans lendemain.

1802. **Paix d'Amiens.**

730 *Médaille.* ALLEN VÖLKERN ÖFF—NET SIE DIE MEERE La Paix planant dans les airs, au-dessus de la mer drapée de navires; à l'ex.: NEUS F· Rev. en dix lignes: SEEFRIEDE — ZWISCHEN — DER FRANZÖS : REP : — UND IHRER ALLIIRTEN — MIT — GROSSBRITTANNIEN — GESCHLOSSEN ZU — AMIENS — DEN XXV MERZ — MDCCCII ·; en bas, pomme de pin (marque de l'atelier d'Augsbourg) entre deux étoiles. Bramsen n. 206. M·H· pl. 62 n. 403. mm. 32. Br. t.b.c.

731 *Médaille* pareille en étain bronzé, mm. 31, t.b.c.

Paix d'Amiens, proclamée en Angleterre.

732 *Jeton.* PAX INTER MAGNAS GENTES Colombe, tenant branche d'olivier dans son bec, perchée sur une épée perçant un tambour, entouré d'armes mises en feu; au lointain, des navires marchands. Rev. PEACE PROCLAIMED — BETWEEN G.T BRITAIN — & FRANCE — NATIONAL — THANKSGIVING — JUNE 1.st 1802; dans le champ, trompette avec fanon sur lequel: 29 — APRIL; van Loon Suppl. 877. Br. n. 208. mm. 25. Laiton, beau.

Même sujet.

733 *Médaille.* MY SOUL DOTH MAGNIFY THE LORD Femme tourelée, agenouillée devant la Paix tenant une tablette sur laquelle on lit: OCTO - I - 1801 (la date des préliminaires); à l'ex.: MARCH · 27 · 1802 — K · & · K Rev. WE PRAISE — THEE O GOD La Foi deb. levant la main droite aux cieux et de la gauche tenant une croix et une palme; à gauche, la Westminster-abbey; à dr. médaillon au buste de George III; sur la plinthe: I · G · H (Hancock); à l'ex.: THANKSGIVING JUNE · I · Bramsen n. 210. mm. 39. Étain, t.b.c.

1802. **Paix d'Amiens.**

734 *Médaille.* BONAPARTE — IER CONSUL Buste de Bonaparte en uniforme à g. Rev. PAIX — GENERALE — L AN * 10 dans un entourage d'arabesques. Bramsen n. 211. Étain, portative. mm. 41, avec l'oeillet 45.5. Belle. Extr. rare.

1802. **Paix d'Amiens.**

735 *Médaille* aux bustes de: BONAPARTE PREMIER CONSUL · ; CAMBACERES SECOND CONSUL ·; LEBRUN TROISIEME CONSUL ·; signée: JEUFFROY. Rev. dans le champ: PAIX – INTÉRIEURE, – PAIX – EXTÉRIEURE ·; à l'ex.: ARRÊTÉ DU 30 FLORÉAL AN X · — 20 MAI — MDCCCII ·; à l'entour: LE CORPS LEGISLATIF AUX CONSULS DE LA RÉPUBLIQUE FRANÇAISE. Br. n. 218. mm. 65. Br. argenté, t.b.c.

1803. **Anniversaire de la Paix d'Amiens.**

736 *Médaille.* ROBERT BANKS LORD HAWKESBURY Son buste à g.; au bras: HANCOCK En bas: SECRETARY OF STATE Rev. INTEGRITY — AIDS DISPATCH La Britannia assise contre une colonne sur laquelle plusieurs chartes. Mercure est envoyé de l'autre côté de la mer, pour porter une charte. A l'ex.: MDCCCIII; en bas: K · & · K mm. 49. Br. belle et rare.

1803. **Négociations de paix avec l'Angleterre, pour maintenir le traité d'Amiens.**

737 *Médaille* miniature. ARMÉ – POUR LA PAIX Tête casquée de Napoléon. Rev. A BONAPARTE — DENON · DIR · G · D · MUSÉE · C · D · ARTS. – 1803 Ibis entre un lotus et un foudre. M. H. pl. XVI n. 67. mm. 13. Br. belle.

1805. **Paix de Presbourg,** conclue le 26 décembre 1805, entre la France et l'Autriche.

738 *Médaille.* NAPOLEON — EMP. ET ROI. Sa tête laurée à droite; au cou: DROZ FECIT ·; en bas: DENON DIREX. M : DCCCVI. Rev. Le temple de Janus, fermé; sur la frise: TEMPLVM . JANI .; à l'ex.: PAIX DE PRESBOURG — XXVI · DÉCEMBRE — MDCCCV · — en bas: ANDRIEU FT DENON DT Variété de Bramsen n. 455. Avers comme de Gallet pl. IV n. 23. M · H pl. 35 n. 113. Trésor pl. 76.4. mm. 40. Ar. gr. 34.7. Superbe, rare.

739 *Médaille* pareille en bronze. Belle, rare.

Même sujet.

740 *Médaille* pareille en bronze; au cou: ANDRIEU F · Bramsen n. 455. mm. 40. Br. Belle.

Après la bataille d'Austerlitz, qui couta aux Autrichiens et aux Russes 15000 tués ou blessés et 20.000 prisonniers, un armistice fut signé à Urchitz, entre l'empereur d'Autriche et Napoléon. Les opérations de l'armée d'Italie n'étant plus favorables à l'Autriche, l'empereur autrichien devait se résoudre à subir les conditions du vainqueur. Le traité de Presbourg, négocié par Talleyrand pour la France, par Giulay et Lichtenstein pour l'Autriche, fut conclu le 26 décembre 1805. La France garda les États italiens incorporés à l'Empire, le Piémont, Gênes. Parme et Plaisance.

Même sujet. Te Deum dans la Cathédrale de Vienne.

741 *Médaille.* NAPOLEON — EMP · ET ROI. Buste lauré de Napoléon à dr.; au cou: DROZ FECIT ·; en bas: DENON DIREX · — M : DCCCVI · Rev. ACTIONS DE GRACES — POUR LA PAIX Vue de la cathédrale de St. Etienne, à Vienne. Au-dessus de la plinthe: DENON D · — ANDRIEU · F · A l'ex.: ORDONNÉES À VIENNE — PAR L'EMPEREUR NAPOLÉON — LE XXVIII · DÉCEMBRE — MDCCCV · Bramsen n. 461. M. H. pl. 34 n. 114. mm. 40. Br. t.b.c.

No. 742.

1807. **Paix de Tilsit, le 7 juillet 1807, entre la France, la Russie et la Prusse.**

742 *Médaille.* ALEXANDER I NAPOLEON I Leurs bustes opposés par ABRAMSON Rev. NITEANT CELSI LVCIDA SIGNA POLI; dans le champ, deux étoiles; en bas, en deux lignes sémi-circulaires: CONGRESSVS AVGG · PROPE TILSAM — MEDIO IN FLVM · NEME · D · XXV IVN · MDCCCVII M · H · pl. XLIII n. 221. Bramsen n. 636. mm. 42. Ar. gr. 27.8. Extr. rare. Superbe.

Voir la reproduction.

La Paix de Tilsit mit fin à la quatrième coalition. L'empereur Napoléon et le tsar Alexandre se virent une première fois sur un radeau, construit pour les recevoir, amarré au milieu du Niémen. Bientôt les entrevues se multiplièrent dans la ville de Tilsit Les deux souverains se prodiguèrent les marques de la plus cordiale amitié. Ce fut entre eux un partage du monde européen. Le roi de Prusse devait céder une partie de ses États; ces derniers territoires formèrent avec la Hesse-Cassel, le Brunswick et une partie de Hanovre, le royaume de Westphalie, qui fut donné à Jérome Bonaparte.

Même sujet.

743 1807. *Médaille.* ✿ NAPOLEON PRIMVS — ALEXANDER PRIMVS — FR · WILHELM TERTIVS Têtes accolées et tournées à dr. d'Alexandre de Russie et de Friedrich Wilhelm de Prusse, en regard de celle de Napoléon, tournée à g. Rev. NVBES FVGAT SOLEMQVE PACIS REDVCIT Le soleil, se levant sur l'océan, dissipe les nuages. A l'ex.: CONGR · AVGG · PRO · TILSAM · — MEDIO IN FLUM · NEME · — D · XXVI · IVN · — MDCCCVII Br. 639. M · H pl. XLIII n. 220. mm. 42. Br. belle, rare.

1807. **Paix de Tilsit, le 7 juillet 1807, entre la France, la Russie et la Prusse.**

744 *Médaille.* NAPOLEON · — ALEXANDRE I · — F · GUILLAUME III · Têtes accolées des trois princes; celles de Napoléon et d'Alexandre laurées; celle de Guillaume avec bandeau; en bas: ANDRIEU · F · DENON DIRT. Rev. NIEMEN. Le dieu du Niémen repose sur son urne, tenant un modèle du pavillon de l'entrevue; aux pieds du dieu, un olivier; à l'ex.: PAIX DE TILSIT — M · DCCC · VII ·; sous la plinthe: DENON D · — DROZ F · Bramsen n. 640. Gallet pl. V. n. 28. M · H pl. XLI n. 219. mm. 40. Br. belle.

Même sujet.

745 1807. FRID · AVGVST · III · D · G · REX SAX · DVX · VARSOV · Buste drapé du roi à g.; grand-croix de l'ordre du faucon-blanc à une écharpe sous le buste, accostée du nom du graveur: KRÜGER SEN . F. Rev. PAX ADES ET TOTO MITIS IN ORBE MANE Femme debout tenant un rameau d'olivier et allumant un autel un avec flambeau; l'autel est entouré de deux rameaux d'olivier et orné d'un caducée ailé; à ses pieds, une corne d'abondance. A l'ex. TILSIT D · VIII · IUL · — MDCCCVII en bas: KRÜGER SEN · F · Br. 644. mm. 47. Ar. gr. 38.3, belle et rare.

Même sujet.

746 *Médaille.* FRIEDR : AUG : KOENIG V · SACHS : TRIT Z · RHEIN : BUNDE Armoiries du royaume de Saxe; à l'ex.: POSEN D II DEC — 1806 Rev. HEIL DIR IM SIEGERKRANZ FRIEDENGEBER; dans le champ, couronne de laurier; à l'intérieur: NAPO — LEON; à l'ex.: TILSIT D · 8 · IUL — 1807 Manque à Bramsen. mm. 41. Étain. t.b.c. Extr. rare.

Même sujet.

747 *Jeton.* NAPOLEON — EMPEREUR Buste lauré à dr. Rev. FRIEDE UND GLÜK; Rameau d'olivier entre deux cornes d'abondance en sautoir; à l'ex.: IETTON Manque à Bramsen et à M. H. mm. 24. Laiton, beau.

Même sujet.

748 *Jeton.* NAPOLEON EMPEREUR DES FRANCAIS Tête laurée de Napoléon à dr. Rev. FRUIT DE LA VALEUR La Valeur assise tenant branches d'olivier; à l'ex.: IETTON Manque à Bramsen et à M. H. mm. 27. Laiton, t.b.c.

1809. **Le Traité de paix de Presbourg, rompu par l'Autriche.**

749 *Médaille.* Temple de Janus, avec la porte brisée; sur la frise: TEMPLVM · JANI ·; à g.: ANDRIEU F · à dr.: DENON DIR ·; à l'ex.: TRAITÉ DE PRESBOURG — ROMPU PAR L'AUTRICHE — IX AVRIL MDCCCIX. Rev. ABENSBERG * ECKMUHL

Napoléon deb. en costume romain, les bras étendus au-dessus de deux trophées d'armes; à l'ex: BATAILLES DES XX . ET XXII . AVRIL . — MDCCCIX . — XL · M . PRISONNIERS; à g.: DENON D; à g.: BRENET F M · H · pl. 44 n. 237, Bramsen n. 844. mm. 41. Br. belle.

No. 750.

1809. **Paix de Schönbrunn (Vienne), le 14 octobre 1809.**

750 *Médaille.* FRIEDRICH AUGUST — KÖNIG VON SACHSEN (lég. intérieure) Buste de Frédéric August, roi de Saxe, à g.; légende extérieure: ✻ AUCH ER STIMT MIT IN UNSERN WUNSCH SEIN HOHER FREUND BÜRGT FÜR ERFÜLLUNG Rev. SEY WILKOMMEN FRIEDE SEY VON DAUER WIR BEDÜRFEN RUH ✻ La Paix debout près d'un autel enflammé, tenant corne d'abondance et rameau d'olivier; sur l'autel: FÜR — DEUTSCH : — LAND; à l'ex.: SCHÖNBRUN · D : 14 · — OCTBR : 1809 mm. 40 ,étain vernissé. Belle, inédite. Extr. rare.

Voir la reproduction.

La nécessité de la guerre de 1809 remonte à la Paix de Presbourg. Napoléon ayant mutilé l'Autriche sans l'anéantir, lui avait inspiré un désir ardent de la revanche. Le comte de Stadion qui avait remplacé Cobenzl comme chancelier et l'archiduc Charles, successeur de Colloredo comme ministre de la guerre, s'occupaient de réorganiser l'armée. Après les batailles de Tengen, d'Abensberg, de Landshut, d'Eckmühl et de Ratisbonne, du 19 au 23 avril 1808, Aspern et Essling, les 21 et 22 mai, Wagram, le 6 juillet, un armistice fut conclu à Znaïm. Des négociations s'ouvrirent à Altenburg, entre Champagny et Metternich. Metternich refusa d'accepter les conditions rigoureuses de Napoléon et se fit remplacer par le prince de Lichtenstein; quelques adoucissements furent accordés et le traité fut en fin signé à Schönbrunn, dans la nuit du 13 au 14 octobre 1809.

1809. **Paix de Vienne** (Schönbrunn).

751 *Médaille.* NAPOLEON — EMP · ET ROI · Son buste lauré à dr., signé au cou: ANDRIEU F · Rev. L'empereur deb. auprès d'un autel sur lequel il pose de la main droite un rameau d'olivier et mettant le feu à un monceau d'armes à dr.; à g.: ANDRIEU F · D · D ·; à l'ex.: PAIX DE VIENNE — MDCCCIX M. H. pl. 45 n. 249, Bramsen n. 876 var. mm. 41. Br. Belle.

1809. **Paix de Vienne** (Schönbrunn).

752 *Jeton*. NAPOLEON EMPEREUR DES FRANCAIS · Sa tête laurée à g. Rev. ICH GEBIETE NUN ISTS FRIEDE Branche de laurier et palme en sautoir; dessous: D . 14 OCT · — 1809 Bramsen 878. mm. 24. Laiton, beau, rare.

1813. **Congrès de Prague. Voeux pour la Paix.**

753 *Médaille* évidée en boîte. EINTRACHT ÜBERWINDET ALLES. Temple à sept colonnes, à chacune desquelles sont attachées les armoiries d'une des Puissances alliées: Würtemberg, Prusse, Russie, Saxe, Autriche, Angleterre et Suède; sur la frise: HEIL EUCH VEREINTEN; à l'ex.: 1813·; au-dessous de la plinthe: *St:* Rev. GERECHTIGKEIT WEISHEIT·U: EINIGKEIT BEGLÜCKEN· D: MENSCHHEIT. La Justice, la Sagesse et la Concorde debout; à l'ex.: *Tho. Stettner*; la boîte contient douze estampes en couleurs, relatives à divers événements arrivés en Allemagne et en France en 1813; sur une des explications on lit: Der Rheinübergang der Verbündeten bei Basel *am 21. u. 22. Dec. 1813. Der ungemessene Stolz des Einen welcher Europa beherrschen wollte, wird nun gebrochen werden, u bald wird die bedrängten Völker des Friedens Palme süss erquicken.* Br. n. 1291. mm. 50. Vermeil. Superbe, rare.

Au mois d'août 1813, s'ouvrait à Prague, un congrès pour rétablir la paix entre l'empire français et les autres Puissances. Le comte Louis de Narbonne-Lara, ambassadeur français à Vienne, représentait la France; Karl Wilhelm Freiherr von Humboldt, la Prusse; Johann Protasius von Anstett, la Russie et le prince de Metternich, l'Autriche; le 10 août à minuit, heure exacte de l'expiration de l'armistice de Pleswitz, Metternich prononça la dissolution du congrès et lança la déclaration de guerre de l'Autriche à la France.

1814. **Allusion à la Paix de Paris**

754 *Médaille*. LOUIS XVIII ROI DE — FRANCE ET DE NAVARRE · Buste de Louis XVIII à dr. par Andrieux. Rev. IL PORTE LA PAIX DU MONDE. La France s'élance au-devant d'un bateau voguant vers le rivage; à dr.: Brenet; à l'ex.: MDCCCXIV Bramsen n. 1406. mm. 40. Br. Belle.

Après la chute de Napoléon, Talleyrand fit voter par le Sénat, le 6 avril, un acte qui appelait librement au trône, Louis-Stanislas Xavier de France (Louis XVIII); le 24 avril, celui-ci débarqua à Calais et le 3 mai, il fit son entrée à Paris, après qu'il eût donné la déclaration de St. Ouen, le 2 mai.

Même sujet.

755 *Jeton* au buste de Louis XVIII à g. par Chaplain. Rev. **Paix et Commerce** ⋆ *Avril* ✿ *1814* ⋆ Manque à Br. mm. 23. Lait. t.b.c.

No. 756.

1814. **Paix de Paris.**

756 *Médaille.* GEORGE PRINCE — REGENT MDCCCXVI (par erreur pour MDCCCXIV). Buste lauré du prince-régent à g.; sous le buste: J. MUDIE D. G. MILLS F· Rev. La Britannia assise offre une branche de laurier à un Génie portant le globe; à l'exergue: ENGLAND GIVES PEACE — TO THE WORLD — 1814; à g. et à dr.: DUBOIS F· — MUDIE D· Superbe médaille. Br. 1438. mm. 41. Ar. gr. 34.4. Belle. Rare.
Voir la reproduction.

757 *Médaille* pareille en bronze. Belle et rare.

758 *Médaille* pareille en étain. t.b.c. Rare.

Même sujet.

759 *Médaille.* sans date. H·R·H GEORGE PRINCE OF WALES·REGENT OF THE UNITED KINGDOMS. Son buste lauré à g.; au cou: HALLIDAY F· Rev. BRITAIN VICTORIOUS — TYRANNY OVERTHROWN . EUROPE PROTECTED . PEACE RESTORED. La Britannia debout protégeant un roi et un peuple et foulant aux pieds, un roi tyran. Elle est couronnée par un ange accompagné de la Paix; à l'ex., rose, chardon et tréfeuille réunis; sous la plinthe: T. WYON JUN: F: mm. 54. Br. Belle, rare.

Même sujet.

760 *Jeton.* THE EMPEROR — ALEXANDER Buste de l'Empereur à g. en uniforme. Rev PEACE — 1814 dans une couronne formée d'une palme et d'une branche de laurier, unies par deux mains jointes; à l'entour: THE GLORIOUS RESULT OF BRITISH PERSEVERANCE + Jeton anglais. Br. 1440. mm. 24.5. Ae t.b.c. troué.

Même sujet.

761 *Jeton.* ⚜ VIVE LE ROI! — ⚜ Buste drapé de Louis XVIII à g.; sous le buste: LOUIS XVIII. Même revers que le précédent. mm. 24. Ae. beau, rare. Inédit.

1814. **Paix de Paris.**

762 *Médaille.* BRITANNIA Tête casquée de la Britannia, à gauche; le casque orné d'un lion; derrière la tête: J · MUDIE D! Rev. THE REPOSE OF HERCULES : MDCCCXIIII · Hercule debout de face, s'appuyant sur sa massue; sous ses pieds, une aigle impériale; dans le champ, à g.: DROZ F ·; à dr.: MUDIE D · Bramsen 1441. mm. 41. Ar. gr. 35.3. Superbe.

Même sujet.

763 *Médaille* pareille en bronze. mm. 41. Belle.

Même sujet.

764 *Médaille.* DUKE OF WELLINGTON · Buste à g. en uniforme; à l'entour, sur le cordon: ENGLAND, PORTL, SPAIN, SWEDN, RUSSA, PRUSSA, AUSTA, HOLLD & FRANCE, UNITED 30TH MAY · 1814 ·:· Rev. WE PRAISE THEE O GOD, WE ACKNOWLEDGE THEE TO BE THE LORD · Lion couché; devant lui, agneau et corne d'abondance; à coté, gerbe de blé et livre ouvert; dans le fond, une église. En haut, une colombe sortant des nuages, portant un rameau d'olivier. Bramsen n. 1442. mm. 41. Étain. Belle mais avec petit trou.

Même sujet.

765 *Jeton.* FRIED : WILHELM : KOENIG VON PRUSSEN Buste du roi à dr.; en bas: KETTLE Revers en 12 lignes: THE — LIBERTIES — OF EUROPE RESTD — BY THE UNITED — EFFORTS OF ENGLAND — AND HER — AUGUST ALLIES · — THE — PRELIMINARIES — OF PEACE SIGNED — MAY 30 1814 Bramsen n. 1445. mm. 25. Laiton t.b.c.; petit trou.

Même sujet.

766 *Jeton.* F · MAR · G · L · VON BLUCHER Buste à gauche de Blücher en uniforme. Revers comme celui du précédent. Br. 1446. mm. 25. Br. t.b.c. petit trou.

Même sujet.

767 *Médaille.* FRIEDE AUF ERDEN Femme, portant un enfant qui tient une branche d'olivier et une corne d'abondance, plane dans les nuages au-dessus de la partie du globe terrestre sur laquelle on lit: NANT · (ES) BORDEAUX, PARIS, AMSTERD · (AM) MADRID, HAMB · (OURG), CASSEL, LION, GENEVE, BERLIN, KÖNIGSB · (ERG) · A l'exergue: PARIS D · 30 MAI — 1814 Rev. ALLES WAS ODEM HAT LOBE DEN HERRN Plusieurs groupes élèvent les bras vers le ciel; en haut: יהוה dans un triangle rayonnant; à l'ex.: LOOS Bramsen n. 1451. mm. 42. Ar. gr. 30.5. Superbe.

Le 30 mai 1814, en dictant la paix à Paris, les coalisés de 1813 envisagèrent l'objet qu'avaient poursuivi toutes les coalitions, depuis 1790, ramener la France à ses anciennes limites; c'était la pensée commune de l'Angleterre, de l'Autriche, de la Prusse, de la Russie. Le traité de Paris fut signé, outre par ces quatre États déjà nommés, par l'Espagne, le Portugal, la Suède et la France.

1814. **Paix de Paris.**

768 *Médaille.* EUROPENS WIEDERGEBURT Phénix renaissant des flammes. Rev. * VEREINIGUNG BRINGT SIEG UND FRIEDE · 1814 · Palmier accosté d'un obélisque et d'un fasce de licteur. Petite médaille inédite. mm. 26. Plomb vernis. Belle.

Même sujet.

769 *Médaille.* FRIEDRICH - WILHELM III KŒNIG VON PREUSSEN Buste lauré du roi à dr.; au cou: LOOS; en haut, en demi-cercle: VON GOTT MIT SIEG GEKROENT Rev. IHM DANKEN WIR DES FRIEDENS — SEGNUNGEN Divers attributs de la paix, ruche, corne d'abondance etc. sur laquelle un aigle éployé portant couronne de laurier dans son bec. A l'ex.: PARIS D. 30 MAI — 1814 Bramsen n. 1452. mm. 36. Ar. gr. 15.2. F.d.c.

Même sujet.

770 *Médaille.* OMNIVM VOTIS EXPETITA REDIT. La Paix dans un nuage sur le globe terrestre; en bas: XXX · MAI · — MDCCCXIV ·; signée: PÖNNINGER · F · sur le bord. Rev. PAX · — PARISIENSIS · — EVROPAE · — SALVS · dans une couronne de palmes. Br. 1454. mm. 48. Ar. gr. 44. Superbe, rare.

Voir la reproduction du droit sur la planche XI.

771 *Médaille* pareille en étain. Belle et rare.

Même sujet.

772 *Médaille.* NVNQVAM VIDEBIMVS EIS SIMILES ITERVM. Bustes superposés à dr. des empereurs François I, Alexandre I, du roi Frédéric Wilhelm III de Prusse et du prince-régent George d'Angleterre; sous les bustes: THOMASON — DIREX · Rev. AVSPICIVM MELIORIS AEVI · La Paix debout tournée à gauche; à l'ex.: PAX · PER · EVROPAM — MDCCCXIV · — MAI · XXX Bramsen n. 1459. mm. 48. Br. doré, belle et rare.

773 *Médaille* pareille en étain. mm. 47.5. Belle.

Même sujet.

774 *Médaille.* TREATY OF — PEACE — SIGNED AT PARIS La Paix offrant une branche d'olivier à un guerrier grec; à l'ex.: MAY 30TH 1814 ·; en bas: T. WYON JUN MDCCCXI; au-dessous de la plinthe: DES. - FEC.; au-dessus: Æ; Rev. Dans un rond formé par les écussons de l'Angleterre, de l'Autriche, de la Suède, de la France, de la Prusse et de la Russie, lég. en 7 lignes: THIS IS — THE WORK OF — JEHOVAH; — IT IS — MARVELLOUS — IN OUR — EYES. Br. 1439. mm. 56. Br. belle, rare.

1814. **Paix de Paris.**

775 *Médaille.* ALEXANDER · IMP · ROSSICI · AVTOCRATOR · Buste lauré du Tzar à dr. signé au cou: *Webb* Rev. Dans une couronne de laurier: ORBIS — TE — LAVDAT — PACATVS · — MDCCCXIV · Bramsen n. 1470. (mentionne par erreur: couronne de palmes). mm. 52. Étain. Belle, rare.

Le 31 mars 1814, Alexandre entra à Paris, qu'il préserva de l'insolence des Alliés, et où il mérita l'estime générale.

Même sujet.

776 *Médaille.* ALEXANDER EMPEROR OF RUSSIA. Son buste en uniforme à dr.; sous le bras: W (Webb). En bas, en demi-cercle: BORN THE 23 OF DECEMBER 1777 Rev. La Renommée planant dans l'air, sonnant de la trompette; dans le champ: EMANCIPATOR — OF — EUROPE A l'entour, sur le cordon: HE SECURED AN HONOURABLE PEACE ON THE CONTINENT AND VISITED ENGLAND JUNE 1814 ✠ Bramsen n. 1471. mm. 43. Étain, petit trou au bord mais belle.

No. 777.

Même sujet.

777 *Médaille.* WILLIAM FREDERICK KING OF PRUSSIA. Son buste en uniforme à dr.; à l'entour, sur le cordon: BY DETERMINED BRAVERY HE REGAIND THE FREEDOM AND INDEPENDENCE OF HIS COUNTRY ·:· Revers. Dans le champ, dans une couronne de chêne: HE — PROSPER'D — BECAUSE — HE — DESIRED — PEACE; à l'entour, sur un cordon: INTRODUCED BY VICTORY TO THE BRITISH NATION THE 6TH & RETURNED 27TH JUNE 1814 ·:· Bramsen n. 1472. mm. 42. Br. belle.

Voir la reproduction.

Même sujet.

778 *Médaille* pareille en étain, t.b.c. mais avec petit trou.

Même sujet.

779 *Médaille.* CAROLUS PRINCEPS A SCHWARZENBERG Buste du prince à dr. par Pichler. Rev. MARTI — PACIFERO Mars debout, s'appuyant sur un bouclier et tenant une branche d'olivier; à l'ex.: SUPERSTITES. Br. n. 1507. mm. 46. Br. belle.

1814. **Paix de Paris, fêtée à Londres.**

780 *Médaille.* H · R · H GEORGE PRINCE OF WALES REGENT· Son buste à g. en uniforme. Lég. extér.: BORN 12 AUG · 1762 · FOR THE KING INSTALL'D 5 FEB · 1811 · HE GOVERNS IN WISDOM · Rev. TEMPLE OF — CONCORD. HYDE PARK — GRAND JUBILEE; lég. extér: ERECTED FOR THE DISPLAY OF NATIONAL FIREWORKS IN COMMEMORATION OF PEACE 1ST AUG · 1814 ·:· Manque à Bramsen. mm. 42. Br. Belle. Rare.

Même sujet.

781 *Médaille.* GEORGE PRINCE OF WALES. REGENT. Buste lauré du prince de face, tourné à g., avec paludament; à la poitrine, la signature: RUNDELL: BRIDGE & RUNDELL; sous le buste: T . WYON JUN . S : 1814. Rev. JUBILEE IN HONOUR OF — THE PEACE 1 AUG: 1814. Allégorie sur la Paix; à l'exergue, le cheval de Hanovre; dessous: CENTENARY, entre rose, chardon et tréfeuille réunis et la fleur de lis; sous la plinthe: T . WYON JUN : S . et à gauche: RUNDELL BRIDGE & RUNDELL Bramsen n. 1485. mm. 68. Br. belle, fort rare.

Cette médaille sur la fête nationale de la Paix à Londres, fait aussi allusion à la fête séculaire de l'avènement de la maison de Hanovre au trône de la Grande-Bretagne.

1814. **Paix de Paris, entre la Grande Bretagne et la France.**

782 *Médaille.* ON EARTH PEACE GOOD WILL TO MEN La Paix debout sur l'hémisphère, tenant rameau d'olivier et corne d'abondance. Rev. dans une couronne d'olivier, en 8 lignes: DEFINITIVE — TREATY — OF PEACE AND AMITY — BETWEEN — GREAT-BRITAIN AND FRANCE, — SIGNED AT PARIS — MAY 30 · 1814 mm. 45. Étain, b.c. – t.b.c. petit trou.

Même sujet.

783 *Médaille.* GEORGIVS PRINCEPS WALLIÆ PATRIAM PRO PATRE REGENS MDCCCXIIII Buste lauré du prince-régent d'Angleterre, à dr.; au cou: RUNDELL BRIDGE & RUNDELL; dessous: I. BARBER. F. Rev. SEIPSAM CONSTANTIÂ — EUROPAM EXEMPLO La Constance encourageant l'Europe et couronnée par la Victoire; à l'ex. T· WYON· JUN: S: mm. 69. Br. Belle.

Voir la reproduction sur la planche X.

1814. **Paix de Paris.**

784 *Médaille.* LOUIS XVIII ROI — DE FRANCE Buste de Louis XVIII à. g. Rev. LA RENOMMÉE · PRO — CLAMANT LA PAIX — GÉNÉRALE La Renommée sonnant de la trompette. mm. 37. Plomb t.b.c.

1814. **Congrès de Vienne.**

785 *Médaille.* Arc de triomphe; dessous: SIEGS UND FRIEDENSMÜNZE — ZUM WIENER CONGRESS — OCTOBER · 1814 ·; à l'entour, en six lignes circulaires, toutes les victoires remportées sur les Français, depuis HANAU · 30 · OCT · 1813 · jusqu'à LA FERE CHAMPENOISE · 5 · FEBR · 1814 · La sixième ligne contient les noms des villes suivantes: DANZIG · ZAMOSK · MODLIN · STETTIN · GENF · NYMWEGEN · WITTENBERG · TORGAU · DRESDEN · LION · TOUL · BREDA · NANCY · BRÜSSEL · PARIS · Rev. La Paix debout sur le globe, entourée des bustes de 14 généraux et princes. KAI · FRANZ · II · — KAIS · ALEXANDER · I · — KÖ · WILHELM II · — HER · V · WEIMAR — KR · V · WÜRTEMBERG · — F · SCHWARZENBERG — F · BLÜCHER — F · WREDE — HER · WELLINGTON — GR · BÜLOW — F · WITTGENSTEIN — GR · YORK — GR · PLATOW · KR · V · SCHWEDEN et à l'entour, les noms et les dates des victoires de 1813, commençant par: TREBBIN · 23 · AUG · 1813 · et finissant par: LEIPZIG · 16–19 · OCT · 1813 · Étain mm. 77. Belle, rare.

Congrès de Vienne et second Traité de paix de Paris.

786 *Médaille-Boîte.* HEIL DEM FRIEDEN! ER SEGNET REICH DIE ERDE La Paix debout dans un paysage pacifique et éclairé par le soleil levant; à l'ex.: *F. Stettner fec*: Rev. EURE THATEN — BEWUNDERN — MILLIONEN. Arc de triomphe; sur la frise: GLORIA; à l'ex.: 1815. A l'intérieur, sept miniatures imprimées en couleurs des deux côtés, décrites dans un petit opuscule ajouté „Merkwaardigste oorlogsgebeurtenissen van het Jaar 1815". La description des deux gravures collées sur la boîte, est attachée sur le fond et l'intérieur du couvercle de la médaille: *„Goude Vrede houd op onze vloeren en verniel van het Oorlog de veeslyk Spoeren. O in dyne mild Zonschyn gaders vrolyk de Zaaiman Zyne Garven* etc. mm. 50. Étain belle, inédite et de la plus haute rareté.

1815. **Second Traité de paix de Paris.**

787 *Médaille.* GEORGE PRINCE—REGENT MDCCCXVI Buste lauré du prince-régent à g. comme du n. 756. Rev. ARMIS — ET CONSILIIS. La Victoire debout sur une pierre sur laquelle on lit: TREATIES OF PARIS Elle est entourée de toutes sortes d'armes; à l'ex.: XXX · MAY MDCCCXIV — XX · NOVEMBER MDCCCXV; manque à Bramsen et à M · H · mm. 41. Br. belle et rare.

Le second traité de Paris, conclu le 20 novembre 1815 a définitivement réglé le sort de la France. D'importantes positions stratégiques furent enlevées à la France: Philippeville, Marienbourg et Chimay, la principauté de Bouillon, Sarrebrück et Sarrelouis, Landau et Porentruy. Les places fortes du Nord-Est furent occupées par 150.000 soldats des Alliés.

Même sujet.

788 *Médaille,* sans légende. Une femme en costume romain, tournée à g., tient une torche flamboyante avec laquelle elle allume un tas d'instruments de guerre. Par le bras gauche, elle tient une corne d'abondance. Rev. légende en 9 lignes: FRIEDE — DER — VERBÜNDETEN — MÄCHTE — M · FRANKREICH — GESCHLOSSEN — ZU PARIS — DEN 20 · NOV · — 1815 Br. 1717. mm. 40. Ar. gr. 16.3. Belle. Extr. rare.

1815. **Second Traité de paix de Paris.**

789 *Médaille.* FRID · GUILIELM · III BORUSSORUM REX Son buste lauré a dr.; au cou: LOOS ·; en bas: NOBIS QUOQUE PATER Rev. SARLOISIUM ADDITUM BORUSSIAE GERMANIAE PROPUGNACULUM Une femme tourelée, assise tient un écusson avec l'inscription: HINC — HOSTES — DEPELLO; devant elle, à g. le dieu de la Sarre couché. A l'exergue: PAX PARIS · XX NOV. — MDCCCXV Bramsen 1722. mm. 42. Ar. gr. 27.3 Belle.

Cette médaille est frappée en mémoire de l'acquisition de Sarrelouis (Saarluis) par la Prusse, par le second traité de Paris.

Même sujet.

790 *Médaille.* FIELD MARSHAL ARTHUR DUKE OF WELLINGTON · K · G · Son buste à dr. Rev. dans une couronne de feuilles de laurier: IN ARMS — THE DELIVERER — OF EUROPE; — IN COUNCIL — THE PACIFICATOR — OF HIS COUNTRY mm. 41. Étain. Belle.

1817. **Second anniversaire de la Paix.**

791 *Médaille.* HOC AVSPICE ORBIS SALVS. Tête laurée de George IV; en bas: MDCCCXVII ·; à gauche de la date: MUDIE · D · et à dr.: WEBB · F · Rev. RELIGIONE · — FIDE ET CONSTANTIA La Foi et la Constance personnifiées; à l'ex.: MDCCCXVII; en bas: DEPAULIS · F · mm. 41. Br. belle.

No. 792.

1818. **Congrès d'Aix-la-Chapelle.**

792 *Médaille.* CONCORDIA INTER CHRISTIANOS EUROPAE PRINCIPES PACTA. Armoiries de l'Autriche, de la Russie, de la Prusse, de l'Angleterre et de

la France posées sur une couronne de laurier; à l'intérieur, faisceau entouré d'un ruban. Rev. La ville d'Aix-la-Chapelle assise; à l'ex.: AQVIS CAROLI MAGNI — MENSE OCTOBRI — MDCCCXVIII Belle médaille par Brandt; mm. 50. Ar. gr. 71. Superbe.

Voir la reproduction.

Le congrès d'Aix-la-Chapelle fut ouvert le 30 septembre 1818 et clos le 21 novembre suivant. L'empereur de Russie, accompagné de Nesselrode et de Capo-d'Istria et celui d'Autriche, accompagné de Metternich et le roi de Prusse, accompagné de Hardenberg et Bernstorff, assistaient en personne. Les ambassadeurs de la Grande-Bretagne étaient Lord Castlereagh et Wellington et de la France, le duc de Richelieu, Rayneval et Mounier; le résultat du congrès était le traité connu sous le nom de la Sainte-Alliance. A ce congrès, les souverains alliés accordèrent à la France, la fin de l'occupation étrangère.

1818. **Congrès d'Aix-la-Chapelle.**

793 *Médaille* pareille en bronze. mm. 50. Belle.

No. 794.

Même sujet.

794 *Médaille.* Dans une couronne de laurier, globe terrestre éclairé par le soleil; autour du globe, bande sur laquelle on lit: FRANZ II · — ALEXANDER I · — FRIEDR · WILHELM · III ·; en bas: 1818 Rev. sous une couronne, en 5 lignes: HEIL — DEM BUNDE — DER — DEN FRIEDEN — DAUERND GRÜNDET · — * * *; tout en bas: F. Manque à Henckel. Bolzenthal 93. mm. 34. Ar. gr. 19.2. Superbe. Extr. rare.

Voir la reproduction.

Même sujet.

795 *Médaille.* ALEXANDRE I · EMP · — DES RUSSIES R · D · P · Son buste à dr. en uniforme; sous le buste: MICHAUT · Rev. AIX — 1818; en haut, des balances. mm. 28.5 Br. Belle. Rare.

1823. **Pacification de l'Espagne.**

796 *Médaille.* L · ANT · GÉNÉRALISSIME — DES ARMÉES FRANÇAISES. Buste lauré du duc d'Angoulême à gauche par Caunois. Rev. CIVILIVM DISCOR-

DIARVM — IBERIAE PACIFICATOR. Le duc à cheval, portant palme; à l'ex.: 1ᴱᴿ OCTOBRE 1823·; à g., au-dessus de la plinthe : CAUNOIS F ; mm. 50. Br. Belle.

Le but de la Sainte-Alliance était principalement de maintenir dans les divers pays la supprématie des princes et des idées conservatives sur le peuple libéral. Lors de la révolution du peuple espagnol contre la perfidie de son roi Ferdinand VII, la France comme voisine, fut chargée par la Sainte-Alliance, en vertu de la résolution prise au congrès de Troppau, de contraindre le peuple espagnol par force d'armes, à se soumettre au roi.

1823. **Pacification de l'Espagne.**

797 *Médaille.* FERDIN ⋆ 7º SEDITIOSIS ⋆ — ⋆ ITERUM ⋆ PROFLIGATIS. Son buste à dr. en uniforme; au bras : B· M· F· En bas : MONET · SEGOVIENSIS · Rev. ⋆ SANCTA ⋆ FŒDERIS ⋆ UNITAS ⋆ IMPIE ⋆ FŒDERATOS ⋆ DISSIPAT ⋆ 1823 ⋆; dans le champ, double aigle couronnée (la Russie) et quatre couronnes (l'Autriche, l'Angleterre, la Prusse et la France) réunies par une branche de laurier et une branche de chêne, posées en sautoir. Ces cinq Puissances mentionnées forment la Sainte-Alliance. Frappée à la Monnaie de Ségovie. V. Q. R. n. 14237. mm. 40. Ar. gr. 30.3. Belle.

Même sujet.

798 *Jeton* de la ville de Séville. SEVILLA POR SU REY Y SENOR DON FERNANDO 7º Sa tête à dr. Revers : EN LA REST · A LA PLENIT · DE SU SOVERANIA · — ANO D 1823. Les armoiries de la France et de l'Espagne; à l'ex.: NO — DO le tout dans une palme et une branche de laurier, placées en sautoir. V. Q. R. n. 14243. mm. 26. Ar. gr. 7.3. Beau.

Même sujet.

799 *Jeton* de la ville de Séville, plus petit; SEVILLA POR SU REY Y S · D · FERN. 7º; tête de Ferdinand à dr. Rev. comme du précédent mais la légende finit: SOVERAN · — 1823 · mm. 19.5. Ar. gr. 3.5. Beau.

1829. **Paix d'Adrianople, entre la Russie et la Turquie.**

800 *Médaille.* МИРЪ СЪ ТУРЦІЕЮ. Vue du temple; à l'ex.: АДРІАНОПОЛЬ · — 2 СЕНТ: 1829 · Sur la plinthe: Р · А · КЛЕПИКОВЪ. Rev. Vue de la ville du côté de la mer; en haut, double aigle impériale portant deux rameaux d'olivier et tenant dans ses serres, un foudre; à l'ex.: БУРГАСЪ ·; en haut: 1829; signé par Alexeiev. mm. 64.5. Ar. gr. 122.5. Belle et rare.

Voir la reproduction sur la planche XI.

En 1828, la guerre était éclatée entre la Russie et la Turquie; le 7 mai, les troupes russes commencèrent à franchir le Pruth. Les Russes eurent, il est vrai, d'assez beaux succès en Asie où Menchikof et Paskévitch enlevèrent Anapa, Poti, Kars, Akhalkalaki, Akhaltzik et Ardahan. Mais en Europe, ils éprouvèrent des mécomptes. Seulement en 1823, les Russes battirent les Turcs à Koulewtch, Diebitch prit Silistrie et arriva le 20 août à Andrianople où, le 14 septembre 1829, la paix fut signée.

1829. **Paix d'Adrianople, entre la Russie et la Turquie.**

801 *Médaille.* NICOLAUS I TOTIUS RUSSIAE IMPERATOR Sa tête laurée à dr.; en bas: G · LOOS DIR · H · GUBE FEC. Rev. PAX DATA TURCIS PETENTIBUS Le tzar de Russie offrant un rameau d'olivier au sultan de Turquie; à l'ex.: HADRIANOP · D · II SEPT · ST · V · — MDCCCXXIX. mm. 39. Br. belle.

1829. **Arbitrage entre l'Angleterre et les États-Unis de l'Amérique, sur le différent des limites**

802 *Médaille.* WILHELMVS I NEERLANDIAE REX LVX · M · DVX Buste du roi Guillaume I des Pays-Bas, en uniforme, de face, un peu tourné à dr. Rev. Dans une couronne de chêne, liée par un ruban, en 10 lignes: AB — ANGLIS — ET — AMERICANIS — SEPTEMTRIONAL · — DE — TERMINO MOTO — ARBITER — VOCATUS — 1829 Dirks 310. mm. 42. Ar. gr. 28.2. Belle.

803 *Médaille* pareille en bronze. Belle.

1838. **La paix rétablie entre le Chili, le Pérou et la Bolivie.**

804 *Jeton* ou *Peseta.* NOS DAS LA GLORIA · Y LA PAZ · Indienne tenant corne d'abondance et palme; à l'ex.: 1838. Rev. · NOSOTROS EL CORAZON · — DEPARTAMENTO D POTOSI. Fortifications; à l'ex., en 4 lignes: AL VENCEDOR E YANA — COCHA SOCABAYA Y — PASIFICADOR EN — PAUCARPATA Sur la tranche: EN TI DEPOSITAMOS LA SUERTE DE BOLIVIA. Fonrobert 9519. Cat. Salbach 1557. mm. 26. Ar. gr. 6.7 t.b.c.

Ces Pesetas sont frappées en l'honneur du général Gamarra qui, par la pacification de Paucarpata et ses victoires à Yanacocha etc. a attribué beaucoup au rétablissement de la paix entre les trois États.

805 *Médaille* pareille, frappée en piedfort; tranche striée sans inscription. Cat. Salbach 1556. mm. 26. Ar. gr. 9.5. Belle, rare.

1839. **Traité de paix entre la Belgique et les Pays-Bas.**

806 *Médaille.* LEOPOLD I ROI — DES BELGES Tête du roi à g.; sous la tête: C · JÉHOTTE F · Rev. TRAITÉ DE PAIX ENTRE LA BELGIQUE ET LES PAYS-BAS La Belgique et les Pays-Bas personnifiés se donnant la main; la Belgique debout à g. offre un rameau d'olivier; derrière elle, une locomotive et l'église Ste. Gudule; derrière la personnification des Pays-Bas on remarque la mer avec deux navires marchands; à l'ex.: 19 AVRIL 1839; sur la plinthe: C · JÉHOTTE F · Dirks 549. Guioth. Tome II pl. 13 n. 71. mm 50. Br. Belle, rare.

Suivant la proposition de lord Castlereagh aux quatre grandes Puissances coalisées, l'Autriche, la Russie, la Prusse et l'Angleterre, à Chaumont, le 1er mars 1814 les Pays-Bas et la Belgique furent réunis sous la souveraineté du prince d'Orange, Guillaume VI. Le 21 juillet 1814, le prince d'Orange accepta à La Haye les conditions fondamentales de l'Union de la Hollande avec la Belgique; le 15 mars 1815, le prince fut proclamé roi des Pays-Bas, comme Guillaume I. La dignité royale fut reconnue par le congrès de Vienne, où les barons de Gagern et van Spaen représentaient le roi. L'insurrection belge, août-octobre 1830, déchira l'union de la Hollande avec la Belgique sous un seul roi. La France de la monarchie de juillet ne cachait pas ses sympathies pour la cause des Belges et l'Angleterre ne voyait pas de mauvais oeil la dissolution du royaume des Pays-Bas, pourvu que cette dissolution ne profitât à la France. C'était seulement par l'intervention militaire de la France et maritime de l'Angleterre que le roi Guillaume I fut forcé de céder. La convention de Londres, le 21 mai 1833, rétablit les relations amicales entre la France, l'Angleterre et le royaume des Pays-Bas et stipula en même temps la cessation des hostilités avec la Belgique. Les clauses relatives à la navigation sur la Meuse furent réglées en détail, le 18 novembre 1833, par une convention hollando-belge, signée à Zonhoven. Ce ne fut que le 14 mars 1838, que Guillaume I déclara adhérer aux vingt-quatre articles du traité conclu à Londres, le 15 novembre 1831, et ratifié successivement par la France, l'Angleterre, l'Autriche, la Prusse et la Russie. Un traité fut conclu à Londres, le 19 avril 1839, entre les Pays-Bas et la Belgique; notre médaille est frappée en mémoire de cette Paix.

1853. **Pacification du Pérou.**

807 *Jeton.* FUY DE LOS PASIFICADORES DEL PERU. La Paix debout tenant palme et couronne de laurier. Rev. 24 DE DICIEMBRE DE 1853 Condor sur le Cerro de Potosi, entouré de deux rameaux d'olivier. mm. 20. Ar. gr. 4. Belle.

1854. **Alliance entre l'Angleterre, la France et la Turquie, pour maintenir la Paix.**

808 *Médaille.* TURKEY ⋆ ENGLAND ⋆ FRANCE ⋆ La reine Victoria tendant les mains au sultan Abdul Medschid et à l'empereur Napoléon III; dans le champ, en haut: GOD DEFENDS THE RIGHT; à l'exergue: CIVILIZATION; en bas: CAQUÉ · F · Rev. en dix lignes: IN THE YEAR 1854 – DURING THE REIGN OF THE QUEEN — VICTORIA — AND THAT OF — NAPOLÉON III – GREAT BRITAIN — AND FRANCE — JOINED TOGETHER IN ORDER TO INSURE — THE PEACE OF THE WORLD; en bas: OBERT ÉDITEUR; mm. 50. Étain t.b.c.

La Russie menaçait la Turquie depuis quelques années; L'Angleterre et la France s'unirent alors avec la Turquie pour prévenir la guerre. Néanmoins la guerre dite d'Orient éclata encore en 1854.

Même sujet.

809 *Médaille.* ANGLETERRE · FRANCE · TURQUIE · L'empereur Napoléon III entre la reine Victoria et le sultan Abdul Medschid; dans le champ, en haut: DIEU LES PROTÈGE; à l'exergue: CIVILISATION; en bas: CAQUÉ GRAVEUR DE L'EMPEREUR.F. Rev. en dix lignes: EN 1854 — SOUS LE RÈGNE DE — NAPOLÉON III — ET CELUI DE LA REINE — VICTORIA — LA FRANCE — ET LA — G^{DE} BRETAGNE — S'UNIRENT POUR ASSURER — LA PAIX DU MONDE; tout en bas: OBERT ÉDITEUR; mm. 36. Br. belle.

1855. **Francfort. Fête séculaire de la Paix des religions.**

810 *Doppelgulden*: ZUR — DRITTEN — SÄCULARFEIER — DES — RELIGIONS — FRIEDENS — VOM 25 SEPT. — 1555—1855 Rev. FREIE STADT FRANKFURT Aigle couronnée (armoiries de la ville); sur la tranche: *** ZWEY *** GULDEN Ar. t.b.c.

No. 811.

1856. **Paix de Paris, entre la France, l'Angleterre, la Sardaigne, la Russie, l'Autriche, la Prusse et la Turquie.**

811 *Médaille.* Dans un médaillon, l'Europe assise reçoit une palme de la Paix; à l'entour, sept Génies sonnant des trompettes ou présentant des couronnes aux sept princes dont les portraits se trouvent sur des tableaux, et les noms sur le bord de la médaille: NAPOLEON III · IMP · GALL · — VICTORIA REG · BRIT · — VICTOR II R · SARDIN · — ALEXANDER II IMP · RUSS · — FRANCISC · JOS · IMP · AUSTR · — FRID · WILH · IV R · PRUSS · — ABDUL MEDSCH · IMP · TURC · Rev. dans une couronne de lierre: PAX — CONCILIATA — LUTETIAE — PARISIORUM — D · XXX · MART · — A · MDCCCLVI; en bas: G. LOOS D. W. KULLRICH F ·; dessous, sur le bord: BEROLINI mm. 56. Br. Belle

Voir la reproduction du droit.

En 1854 et 1855, la Crimée fut le principal théâtre de la guerre dite d'Orient. Les armées alliées débarquèrent au Vieux Fort près d'Eupatoria à 50 Kil. de Sébastopol. Ayant vaincu 50.000 Russes sur les hauteurs de l'Alma, les Alliés marchèrent sur Sébastopol. Les Russes, battus à Balaklava, le 25 octobre, à Inkermann, le 5 novembre, et sur le Tchernaïa, le 16 août 1855, évacuèrent Sébastopol. La paix fut signée à Paris, le 30 mars 1856.

Même sujet.

812 *Médaille.* FALL OF — SEBASTOPOL — SEP 8TH 1855 Tableau avec vue du bombardement de la ville, entouré des pavillons des quatre Puissances; en haut, balances entourées de deux tiges d'olivier. En bas, un serpent coupé en deux dans le roseaux; à gauche: SINOPE, à dr.: HANGO. Rev. Dans une couronne de laurier, entouré d'un ruban sur lequel: FRANCE — ENGLAND — SARDINIA — TURKEY, on lit, en six lignes: THE — ALLIES — GIVE PEACE — TO EUROPE — MARCH 30TH — 1856 mm. 51.5. Br. belle.

Le: SINOPE qu'on remarque dans les roseaux, se rapporte au bombardement de cette ville d'Asie mineure, par les Russes, en 1853. et Hango signifie Hango-Udde à l'entrée du golfe de Finlande; en 1854, les Russes s'attendant à une attaque de la flotte anglo-française, firent sauter les trois forts érigés en ce lieu, pour défendre l'entrée du golfe.

1856. **Paix de Paris, entre la France, l'Angleterre, la Sardaigne, la Russie, l'Autriche, la Prusse et la Turquie.**

813 *Médaille.* NAPOLEON III — EMPEREUR Sa tête à g.; sous la tête: A·BOVY Rev. PAIX DE PARIS, 30 MARS 1856· Allégorie sur la Paix offerte à l'Europe; sur l'arrière-plan, le temple de Janus, fermé; à l'ex.: LE COMTE WALEWSKI — PRÉSIDENT DU CONGRÈS; en bas: A · BOVY mm. 76. Ar. gr. 234.5. Belle. Fort rare.

Alexandre Florian Joseph Colonna, comte Walewski. ministre des affaires étrangères en France, fut président du congrès de paix, en 1856.

1856. **Traité de paix de Paris.**

814 *Médaille* en l'honneur de Camillo Benso, comte de Cavour et Salvatore Villamarina, ambassadeurs plénipotentiaires du roi de Sardaigne au congrès, après la guerre de Crimée.
TORNARE — A NUOVA GLORIA VEDREM L'AUGEL — CADUTO Aigle éployé tenant dans ses serres un serpent qui tâche de l'attaquer; en haut, une couronne murale rayonnante; en bas: P · THERMIGNON F · Rev. légende en 9 lignes: A — CAMILLO CAVOUR — E — SALVATORE VILLAMARINA — CHE NEL CONGRESSO DI PARIGI — A NOME DELLA PATRIA — SCIOGLIEVANO LA VOCE — 1856 — GL' ITALIANI NEL MESSICO mm. 55 Étain, belle.

Même sujet.

815 *Jeton.* HONNEUR AUX PACIFICATEURS DE L'ORIENT Ange de Paix planant dans l'air, tenant une palme et apportant une branche d'olivier; à l'ex.: PAIX SIGNEE A PARIS — LE 30 MARS 1856 — ★ ★ ★ Rev. AUGUSTE PRINCE QUE DIEU ÉTENDE SUR TOI SA PROTECTION DIVINE L'Empereur couché; en haut, un ange gardien et une étoile rayonnante. mm. 23.5. Laiton. Beau.

Même sujet.

816 *Médaille* en l'honneur de l'empereur d'Autriche. Dans le champ: 1856; à l'entour, les armoiries de l'Autriche, de la Russie, de la France, de l'Angleterre, de la Turquie, de la Prusse et de la Sardaigne, le tout dans un entourage d'arabesques. Rev. BEWAHRE DEINEN FRIEDEN DURCH IHN ERBLÜHET — SEGEN UND GLÜCK. Ange offre une palme à l'Austria assise; à côté, un bouclier sur lequel les noms des Puissances mentionnées en allemand; à l'ex: .SEBALD.F.DRENTWETT mm. 41. Ar. gr. 27.2; trace d'oeillet, t.b.c. Extr. rare.

1856. **Paix de Paris, entre la France et la Russie.**

817 *Médaille.* NAPOLEON III — EMPEREUR Tête de l'Empereur à g.; en bas: BORREL 1855. Rev. Légende en 11 lignes: GRANDE REVUE — PASSÉE PAR L'EMPEREUR — EN PRÉSENCE — DES MEMBRES DU CONGRÈS DE PARIS — LE 1ER AVRIL 1856 — A L'OCCASION — DU TRAITÉ DE PAIX - AVEC LA RUSSIE - SIGNÉ LE 30 MARS — 1856. mm. 37. Br Belle.

1856. **Traité de paix de Paris, ratifié par l'Angleterre.**

818 *Médaille.* Mars agenouillé offre son épée à la Paix debout; à ses pieds, l'hémisphère, bouclier aux armoiries de l'Angleterre, de la France, de la Russie et de la Turquie et corne d'abondance; dans le lointain, les forteresses de Sébastopol; en bas: OTTLEY. Rev. THE TREATY OF — PEACE - WITH RUSSIA — AFTER — TWO YEARS WAR — SIGNED AT-PARIS — 30TH MARCH — RATIFIED — 28TH APRIL 1856; le tout dans une couronne de laurier. mm. 50. Br. F.d.c.

Préliminaires de paix à Villafranca, négociés le 11 juillet 1859.

819 *Médaille.* NAPOLEON III — EMPEREUR Tête laurée de l'Empereur à g.; en bas: OUDINÉ. Revers PRELIMINAIRES — DE — VILLAFRANCA Napoléon III debout offrant sa main à François Joseph, empereur d'Autriche; à leurs pieds, la déesse de la rivière MINCIO, et derrière Napoléon, un olivier portant des fruits; à l'exergue: 11·JUILLET 1859; en bas: OUDINÉ. mm. 73. Br. belle, rare.

Dans la guerre de l'indépendance italienne, le roi Victor Emmanuel II conduisit ses troupes en personne, accompagné du prince héritier Humbert; après la bataille de Magenta, il entra à Milan avec Napoléon III et à Solférino, il battit le général autrichien Ludwig von Benedek après une lutte meurtrière. Le Traité de paix, négocié à Villafranca dans la Vénétie, le 11 juillet, et ratifié à Zürich, le 10 novembre, donna la Lombardie à Victor Emmanuel

Même sujet.

820 *Médaille.* NAPOLÉON III — EMPEREUR Sa tête laurée à g.; en bas: CAQUÉ . F . Rev. ENTRÉE TRIOMPHALE DE L'ARMÉE D'ITALIE A PARIS LE 14 AOUT. Dans le champ, en 11 lignes: DÉPART — DE NAPOLÉON III — 10 MAI · — ENTRÉE A MILAN — 6 JUIN · — ENTREVUE — DES DEUX EMPEREURS — ET PAIX — DE VILLA-FRANCA — 11 ET 12 JUILLET · - 1859. Le tout dans une couronne de laurier et de chêne, entourée d'un ruban sur lequel les noms des victoires: MAGENTA — MARIGNAN — SOLFERINO — MONTEBELLO — PALESTRO — TURBIGO mm. 50. Étain. Belle.

1859. **Paix de Villafranca, entre la France, l'Italie et l'Autriche.**

821 *Médaille.* NAPOLEON III EMPEREUR Tête laurée de Napoléon III à g.; au cou: HENRIONNET · F · Rev. Sur une table entre un rameau d'olivier et une palme, les différentes victoires et: 12 JUILL. CONCLUSION DE LA PAIX — A VILLAFRANCA; mm. 51. Br. belle et rare.

1860. **Fraternisation des Pays-Bas et de la Belgique.**

822 *Médaille.* CONCORDIA RES PARVAE CRESCUNT. Les Pays-Bas et la Belgique personnifiés s'embrassent. A côté, Minerve foulant au pied la guerre mourante entourée de chardons; à l'ex: ROM · XII · V · IO ·; en bas: M · C · DE VRIES JR F · Revers. L'UNION FAIT LA FORCE.— 1860. Les armoiries des Pays-Bas et de la Belgique, entourées de leurs pavillons et étendards et accostées du lion néerlandais et du lion belge; en bas, sur des rubans, les devises: JE MAINTIENDRAI · et: L'UNION FAIT LA FORCE ·; en bas: DOOR EENDRAGT — VERBROEDERD. Tout en bas: M · C · D · V · J · 1861. Dirks n. 834. mm. 64. Br. Belle.

1863. **Traités sur l'Escaut, entre la Belgique et les Pays-Bas.**

823 *Médaille.* LEOPOLD PREMIER — ROI DES BELGES Tête du roi à g.; sous la tête: ALEX · GEEFS · FEC · Rev. L'ESCAUT — EST — LIBRE Ange volant et traînant un bateau par l'Escaut affranchi; dans le lointain, l'église St. Jacques d'Anvers; sur l'Escaut, le soleil se levant; sur la plinthe: ALEX · GEEFS INV · ET · FEC ·; à l'ex.: TRAITÉS DES 12 MAI ET 16 JUILLET — 1863 mm. 75 Br. Superbe.

Même sujet

824 *Médaille.* ⋆ LEOPOLD PREMIER ROI DES BELGES ⋆ FETES DU COMMERCE D'ANVERS 1 ET 2 AOUT 1863 Tête du roi à g.; sous la tête: L · WIENER Rev. AFFRANCHISSEMENT — DE L'ESCAUT — TRAITÉ DU 19 JUIL · 1863 La Belgique et les Pays-Bas personnifiés debout sur un quai, montrant à la Navigation personnifiée, le traité conclu; contre le quai est couché le dieu de l'Escaut; sur le quai, une colonne dans laquelle sont gravées les dates diverses des traités se rapportant à l'Escaut: 1648—1792—1839 et 1863; sur la plinthe: LEOP · WIENER · SC · mm. 75. Br. Superbe.

En 1863, le péage établi à l'embouchure de l'Escaut au profit des Hollandais par le traité de 1839, fut racheté à la suite de négociations internationales. L'obligation de payer ce droit détournait les navires étrangers du port d'Anvers; pour les y attirer, le gouvernement belge leur remboursait le péage, mais la somme inscrite pour cet usage au budget avait monté de 500 000 francs en 1840 à 1.600.000 francs en 1858. Le péage fut enfin racheté, le 19 juillet 1863, au prix de 36.278.566 francs, dont 12 furent payés par la Belgique, 9 par l'Angleterre le reste par les autres nations qui participaient au trafic d'Anvers.

1866 **Traités définitives des limites entre le Pérou et la Bolivie.**

825 *Médaille* en l'honneur du ministre de Pérou, Mariano Lino Cornejo. UNION AMERICANA Condor éployé, tourné à g.; en bas: ⋆ 1866 ⋆ Rev. à l'entour: BOLIVIA AL HONORABLE ENCARGADO DE (dans le ch. en 6 lignes:) NEGOCIOS — DE LA — REPUBLICA DEL — PERU — MARIANO LINO — CORNEJO. Fonrobert 9150. Cat. Salbach 1504. mm. 22. Ar. gr. 4. F.d.c.

1866. **Alianza Americana. Alliance entre Le Pérou, la Bolivie l'Équateur et le Chili.**

826 *Médaille.* ALIANZA AMERICANA DE MDCCCLXVI Les quatre républiques personnifiées prêtant serment; sur la plinthe: Harry Emanuel. London.; à l'ex., trophée entouré de laurier et de palmes; tout en bas: CH · WIENER Rev. Vue du bombardement du port de Callao par la flotte espagnole; en haut, dans l'air, Génies de la république de Chili et de la Justice menaçant la flotte espagnole. Medina pl. XXXV n. 2. mm. 77. Br. belle.

Dans la guerre de l'Espagne contre le Chili, l'amiral espagnol Mendez Nunez bloqua Valparaiso en 1865 et Callao en 1866 Par l'alliance des trois États sud-américains avec le Chili, sous les auspices du dictateur du Perou, le colonel Pardo, l'amiral espagnol fut contraint à débloquer. Cette alliance fut la cause de l'intervention des États-Unis et enfin des conférences de paix entre l'Espagne et les quatre républiques réunies, ouvertes à Washington, le 12 avril 1871.

1871. **Paix de Francfort, entre la France et l'Allemagne.**

827 *Médaille.* REPUBLIQUE ★ FRANÇAISE Buste de la République à dr. Rev. RÉPUBLIQUE FRANÇAISE — 10 MAI 1871 autour d'un grènetis, au centre duquel: PAIX DÉFINITIVE — ENTRE LA FRANCE — ET LA PRUSSE — CONCLUE A FRANCFORT Jos. und Fellner 1358, mm. 51. Plomb, belle et rare.

Le 23 janvier 1871, Jules Favre se rendait à Versailles, au quartier général des Allemands et cinq jours plus tard, signait un armistice. Le 8 février fut élue une assemblée qui se réunissait à Bordeaux, le 12 février Le 1er mars. la déchéance de Napoléon III fut confirmée et l'assemblée adoptait les préliminaires de paix, arrêtés le 26 février, entre Thiers, chef du pouvoir exécutif, et Bismarck. La paix fut définitivement conclue à Francfort, le 10 mai.

Même sujet.

828 *Médaille* au buste lauré de Wilhelm I en manteau impérial, tourné à dr.; dans le champ: KÖNIG — WILHELM · I · — DEUTSCHER KAISER; devant le

buste, l'aigle prussienne éployée portant en coeur, l'écu de Hohenzollern; au-dessous de l'aigle, une tablette sur laquelle la date du commencement de la guerre: 18 JULI 1870, et du Traité de paix de Francfort: 10 MAI 1871; sur un ruban, les noms: KRONPRINZ — FRDR · KARL — BISMARK — MOLTKE; autour du buste et reposant sur les ailes de l'aigle, les noms des victoires des Allemands sur les Français: WEISSENBURG — WORTH-SPICHEREN — VIONVILLE — S^{T} PRIVAT — GRAVELOTTE — BEAUMONT — SEDAN - TOUL — STRASSBURG — SOISSONS — CHATEAUDUN — METZ - VERDUN — THIONVILLE — AMIENS — BEAUNE · LA · R : — CHAMPIGNY — ORLÉANS — BEAUGENCY — MONTMÉDY — M^{T} AVRON — MÉZIÈRES — BAPAUME — VENDÔME — LE MANS — LE BOURGET – MONTBÉLIARD — S^{T} QUENTIN — M^{T} VALÉRIEN — LONGWY — PARIS — PONTARLIER — BELFORT Sur le bord, les noms des généraux: VON ROON · STEINMETZ · VON MANTEUFFEL · KRPR : VON SACHSEN · GRH : VON MECKLENBURG · VON DER TANN · V : WERDER · V : GOEBEN · ; tout en bas, la signature: KARL WIENER FECIT . A . SCHMITZ INV : — VERLAG V . BREND'AMOUR DÜSSELDORF. Rev. La Germania debout se reposant sur une épée et écrivant en l'air: DEUTSCHLAND — EINIG — VOM — FELS — ZUM — MEER; en bas: KARL WIENER · mm. 75. Br. Superbe.

1871. **Paix de Francfort, entre la France et l'Allemagne.**

829 *Thaler* de la ville de Bremen. FREIE HANSESTADT BREMEN Armoiries; à l'ex.: EIN — THALER GOLD Rev. ZUR ERINNERUNG — AN DEN — GLORREICH — ERKÄMPFTEN — FRIEDEN — VOM 10 MAI — 1871 Ar. beau.

Même sujet.

830 *Kreuzer.* BADEN Armoiries du grand-duché de Bade; à l'ex.: SCHEIDE-MÜNZE Rev. à l'entour: ZU DES DEUTSCHEN REICHES; dans le champ, sous une étoile rayonnante: FRIEDENS — FEIER — 1871 Ae. F.d.c.

Même sujet.

831 *Kreuzer.* BADEN Armoiries du grand-duché; à l'ex.: 1 · KREUZER — 1871 Revers comme du précédent. Revue Belge 1872 pl. IV n. 44. Ae. F.d.c.

Même sujet.

832 *Kreuzer.* BUEHL Armoiries de la ville; à l'entour: DER JUGEND ZUR ERINNERUNG Rev. à l'entour: AN DES VEREINTEN DEUTSCHLANDS; dans le champ: KRIEG — SIEG UND — FRIEDEN — 1870—1871 Rev. Belge 1872 pl. IV n. 47. Ae. F.d.c. rare.

Même sujet.

833 *Kreuzer.* KARLSRUHE Armoiries de la ville; à l'entour: DER JUGEND ZUR ERINNERUNG Revers comme du précédent. Rev. Belge 1872 pl. IV n. 45. Ae. F.d c.

1871. **Paix de Francfort, entre la France et l'Allemagne.**

834 *Kreuzer.* OFFENBURG Armoiries de la ville; à l'entour: DER JUGEND ZUR ERINNERUNG Revers comme du précédent. Rev. Belge 1872 pl. IV n. 46. Ae. F.d.c

Même sujet.

835 *Médaille* offerte par les Francs-Maçons de Rio de Janeiro à Thiers, en mémoire de la Paix entre la France et l'Allemagne. Buste de Thiers de face, regardant à gauche. Rev. en douze lignes, dans une couronne de laurier: LA PAIX — EST SIGNÉE — A FRANCFORT — LE 10 MAI 1871 — BELFORT EST CONSERVÉ — A LA FRANCE — A — ADOLPHE THIERS — LES FRANCS-MAÇONS — FRANÇAIS — DE — RIO DE JANEIRO —·✿· Catal. Meili n. 3817. mm. 51. Br. Belle. Rare.

Même sujet.

836 *Médaille* frappée aux États-Unis de l'Amérique. WILLIAM, EMPEROR OF GERMANY Buste de l'Empereur en uniforme, de face. Rev. IN COMMEMORATION — OF THE — RETURN OF PEACE — 1871 mm. 28. Étain belle.

Paix de Francfort. Jubilé de 25 ans, en 1896.

837 *Médaille.* Aigle éployé s'élevant vers le soleil dans lequel on aperçoit la couronne impériale; en bas: 1871—96; dessous: LAUER Rev. Branche d'olivier au milieu de la légende: ZUR 25 JÄHRIGEN FEIER — DER — WIEDER-AUFRICHTG DES DEUTSCHEN REICHES mm. 33. Ar. gr. 17.7. Belle.

Paix de Francfort. Jubilé de 40 ans, en 1911.

838 *Médaille de la ville de Landau.* AUSMARSCH D · KRONPRINZEN V · PREUSSEN A · D · FESTUNG LANDAU DURCHS FRANZÖSISCHE TOR Vue du départ du prince royal de Prusse (plus tard l'empereur Friedrich); à l'ex.: A · MORGEN D · 4 · AUG · 1870 — A · TAGE D · SCHLACHT V · — WEISSENBURG · Rev. Le monument en l'honneur de l'empereur Friedrich, avec son buste en médaillon; à côté, médaillons aux portraits des princes de Bavière, Léopold et Arnulf, qui ont assisté à la guerre Franco-allemande; à l'ex.: ZVR 40 JÄHRIGEN — FRIEDENSGEDENKFEIER; tout en bas: B; mm. 45. Ar. gr. 31.8. Belle.

Même sujet.

839 *Médaille.* FRIEDENSSCHLVSS — FRANKFVRT A M. Buste du prince von Bismarck tourné à gauche; derrière la tête: 10 · MAI · 1871 Rev. RVHM-REICHEN — GEDENKENS Buste du maréchal von Moltke tourné à g.; derrière la tête: 1911; dessous: K GOETZ; mm. 45. Ar. gr. 37.5. Superbe.

No. 840.

1878. **Congrès de Berlin.**

840 *Médaille.* Dans un médaillon, la Paix assise offrant une palme et se reposant sur un bouclier sur lequel on lit: MIT — VEREIN — TER — KRAFT; à l'ex.: H · WECKWERTH; à l'entour, sept médaillons aux portraits des représentants des Puissances, réunis au congrès: FÜRST BISMARCK, LORD BEACONSFIELD, GRAF CORTI, GRAF ANDRASSY, FÜRST GORTSCHAKOFF, W. H. WADDINGTON, KARATH. EFENDI. Les médaillons entourés de feuilles de lierre. Revers, dans un entourage de tiges de lierre, en 10 lignes: ZUR — ERINNERUNG — AN DEN CONGRESS — IN BERLIN — 13 · JUNI - 13 · JULI 1878. — * — MÖGE ER DEN — VÖLKERN DEN — ERSEHNTEN — FRIEDEN — BRINGEN! mm. 39. Ar. gr. 16. Belle.

Voir la reproduction du droit.

Le 3 mars 1878, fut conclu un traité de préliminaires de paix entre la Russie et la Turquie; par ce traité, les limites de la nouvelle principauté de Bulgarie furent fixées provisoirement. En conséquence des résolutions du congrès de Berlin, une paix définitive fut conclue, le 13 juillet 1878, entre les ambassadeurs de Russie et de Turquie, contre-signée aussi par les ambassadeurs d'Allemagne, de la Grande-Bretagne, d'Autriche, de France et d'Italie.

1884. **Paix conclue entre la république de Chili et les républiques de Pérou et de Bolivie.**

841 *Médaille.* CHILE · EN · GUERRA — CONTRA — EL — PERU · I · BOLIVIA Représentation allégorique des victoires du Chili sur le Pérou et la Bolivie; à l'exergue, les noms des batailles: IQUIQUE — ANGAMOS — PISAGUA — SAN-FRANCISCO etc.; en bas: 1879 · AREQUIPA · 1884; dans le ch., à g.: L BOTTÉE SCULPTEUR; Rev. Le Chili victorieux, représenté par une femme, offre la Paix aux personnifications du Pérou et de la Bolivie; à l'ex.: CHILE — EN PAZ CON EL — PERU · I · BOLIVIA — 1884 En haut, à dr.: LOUIS BOTTÉE SCUL TEUR Sur la tranche: EJECUTADA POR ORDEN DE F^{CO} ECHAURREN EN 1885. Executé par MONNEHAY & GODARD GRAVEURS — PARIS Medina 119 pl. VI. Catal. Salbach 449. mm. 97. Br. Superbe, rare.

1888—1889. **Congrès international d'arbitrage Sud-Américain, tenu à Montevideo.**

842 *Médaille.* EL PRESIDENTE DE LA REPUBLICA O · DEL URUGUAY Armoiries de l'Uruguay; en bas, gravé en deux lignes semi-circulaires: AL PLENIPOTENCIARIO DE CHILE — DON BELISARIO PRATS · Rev. RECUERDO — DEL — CONGRESO — INTERNACIONAL — SUD AMERICANO — MONTEVIDEO — 25 DE AGOSTO DE 1888 — FEBRERO DE 1889 — dans une couronne de laurier; en bas: A VERA Rosa 1486. mm. 53. Or, gr. 94.4. De la plus haute rareté.

1889. **Conférence de Samoa à Berlin.**

843 *Médaille.* WILHELM II DEUTSCHER KAISER KÖNIG V. PREUSSEN Tête de l'Empereur à dr. Rev. SAMOA CONFERENZ — BERLIN · 1889 ·; au centre, les armoiries de l'Allemagne, des États-Unis de l'Amérique et de la Grande-Bretagne, surmontées de l écu de Berlin; à l'entour, en 3 lignes semi-circulaires en bas: DEUTSCHLAND — GRAF HERB · BISMARCK · — BARON V · HOLSTEIN · DR KRAUEL · à gauche: · V · ST · N · AMERIKA · — J · A · KASSON · — W · W · PHELPS · G · H · BATES · à droite: ENGLAND · — SIR E · MALET · — SCOT · CROWE · mm. 38.5. Étain, belle.

Dans la conférence de Berlin, les Iles de Samoa furent déclarées indépendantes sous le gouvernement d'un roi.

Même sujet.

844 *Médaille.* Même droit que le n. 843; module plus petit. Rev. ERINNERUNG AN DIE SAMOA CONFERENZ * BERLIN *; dans le champ, les armoiries; dessus: 18—89 mm. 28. Ae. F.d.c.

845 *Médaille* pareille en étain. Belle.

1890. **Traité définitif des limites entre les États-Unis du Brésil et la République Argentine.**

846 *Médaille.* ESTADOS UNIDOS DEL BRASIL ⁂ REPÚBLICA ARGENTINA Soleil. Tête de la Liberté à g.; en haut: 25 DE MAYO 1810; en bas: 15 DE NOVIEMBRE 1889; sous la tête: · J · D Rev. Sur une charte entourée de deux branches de laurier: TRATADOS — DEFINITIVOS — DE LIMITES; sur un ruban liant les deux branches: DE PUEBLO — A PUEBLO; en bas: 1890 Cavalcanti 252. mm. 37. Br. belle.

Le traité des limites entre le Brésil et la république Argentine fut conclu à Montevideo, le 25 janvier 1890, par Guintino Bocayuva et E Zeballos ministres des affaires étrangères des gouvernements respectifs du Brésil et de la république Argentine.

1892. **Triple Alliance entre l'Allemagne, l'Autriche et l'Italie.**

847 *Médaille.* WILHELM II ⋆ FRANZ JOSEPH I ⋆ HUMBERT I ⋆ Les têtes accolées des trois princes. Rev. EINIGKEIT Les écussons des trois Puissances posés en triangle sur deux branches de chêne en sautoir; au centre: 1892; en bas: MACHT STARK; signée: OERTEL — BERLIN; mm. 38.5. Ae. F.d.c.

Après que le prince Bismarck eût conclu à Gastein, le 7 octobre 1879, une alliance offensive et défensive avec le comte Andrassy, ministre d'Autriche, l'Italie se croyant lésée par l'action française en Tunisie, accéda en 1882 à l'alliance entre l'Allemagne et l'Autriche. Notre médaille est frappée en commémoration du dixième anniversaire de cette Triple Alliance.

1899. **Première conférence pour la paix, à La Haye.**

848 *Plaquette.* Médaillon à la tête de la reine Wilhelmina et lég. WILHELMINA D·G·REG·NEERLANDIAE, entouré de branches d'oranger auxquelles sont suspendues les armoiries des Pays-Bas et de La Haye. Sur la plinthe: BEGEER — UTRECHT; à l'ex.: IMPERIORVM · COETVS · PACIS · GENTIVM · TVENDAE · CAVSSA · CONGREGATVS — IN · CIVITATE · HAGA · COMITIS · MDCCCXCIX · Rev. La Paix retient Mars à cheval, couronné par la Mort assise derrière lui: à l'ex.: CONFIRMATA · GENTIVM · PACE · STVDIORVM · BELLICORVM · IMMANITATEM · PROHIBEBIT — LABORIS · PATIENTIA · POPULORVM · CVLTVRA · TRANQVILLITAS · ORDINIS Haut. 64 mm., long. 86 mm. de Chaufepié XLIII n. 221. Br. belle.

Même sujet.

849 *Médaille.* NICOLAI II KAISER VON RUSSLAND, PROTEKTOR Buste de l'Empereur à dr. en uniforme. Rev. dans le champ: DER — FRIEDENS — CONFERENZ — ERÖFFNET — IM HAAG — AM 18 · MAI — 1899; à l'entour, les armoiries des pays qui ont assisté, en ordre alphabétique. Belgien, Bulgarien, China, Deutsches Reich, Dänemark, Frankreich, Griechenland, Gross Britanien, Königr. d. Niederlande, Italien, Japan, Oestr. Ung., Persien, Portugal, Russland, Rumänien, Spanien, Serbien, Siam, Schweden, Schweiz, Türkei, Vereinigt. St. v. Am. mm. 50 Ar. gr. 51. Belle.

Même sujet.

850 *Médaille.* PAX — POPULIS La Paix ailée tenant branche d'olivier et se reposant sur l'écu de La Haye, debout devant le palais dans le Bois. Rev. Sur un tableau à gauche duquel une branche de chêne: CONFERENCE INTERNATIONALE — POUR LA — PAIX UNIVERSELLE — LA HAYE MAI - JUIN — 1899 mm. 28.5. Ar. gr. 10.2, belle.

1902. **Traité de paix de Tweebosch.**

851 DE LA REY Buste du général sud-africain de la Rey presque de face, couvert d'un chapeau; dans le champ, à dr.: C · DE VREESE · — 1902. Rev. TWEEBOSCH — 7^{E} MAART — 1902. Branche d'olivier; mm. 29. Ar. gr. 10.5. Belle, portative.

Traité de paix conclu entre le Transvaal, l'État libre d'Orange et le Gouvernement de la Grande-Bretagne; par ce traité, les Républiques sud-africaine et d'Orange perdirent leur indépendance.

Même sujet.

852 *Médaille.* PEACE WITH — HONOUR Un officier boer et un officier anglais se serrant la main; dans l'air, la Paix et deux colombes portant des branches d'olivier; à l'ex.: CORONATION YEAR — Rev. UNITED-SOUTH-AFRICA Armoiries du *Cap*, *Transvaal* et *Orange River*; sur un ruban: JUSTICE — FREEDOM — COMMERCE; à l'ex.: 1902; mm. 32. Ar. gr. 18.2. Superbe

No. 853.

1902. **Traité de paix, conclu entre la république Argentine et le Chili, le 28 mai 1902.**

853 *Médaille.* REPVBLICA — DE CHILE Buste lauré à dr. de la République de Chili; sur son habit, l'étoile de Chili; en bas, la signature: *O Roty* Rev. en six lignes: EMILIA HERRERA DE TORO — EN — CELEBRACION — DE LOS PACTOS — CHILENO — ARJENTINOS DE 1902 Cat. Salbach n. 451. mm. 26.5. Or, gr. 11.5. Superbe.

Voir la reproduction.

Même sujet.

854 *Médaille* pareille, module plus petit. Cat. Salbach n. 450. mm. 20.5. Or, gr. 6. Superbe.

855 *Médaille* pareille en argent. mm. 20.5. F.d.c.

1902. **Traité de paix, conclu entre la république Argentine et le Chili, le 28 mai 1902.**

856 *Médaille* sur la fête offerte par la Société Philharmonique de Santiago, en mémoire de la Paix conclue entre le Chili et la république Argentine. Armoiries des républiques Argentine et de Chili; en bas: MAYO 28 - 1902; le tout entouré de deux branches de laurier. Rev. dans le champ: PAX; à l'entour SOCIEDAD FILARMONICA DE SANTIAGO — ⋆ SET. 25 — 1902 ⋆ Cat. Salbach n. 452. mm 26.5. Or, gr. 12. Superbe, portative.

857 *Médaille* pareille en argent, portative. Cat. Salbach 453. gr. 11.2. Superbe.

1902. **Traités de désarmement et d'arbitrage, entre le Chili et la république Argentine.**

858 *Médaille*. HOMENAJE DE LA LIGA PATRIOTICA NACIONAL AL DIPUTADO Dr. ADOLFO MUJICA Armoiries de la république Argentine; en bas: ⋆ Bs. AIRES — AGOSTO 1902 ⋆ Rev. DEFENSOR — DE LA — SOBERANIA NACIONAL — EN LOS — PACTOS DE DESARME — Y ARBITRAJE — CON CHILE; rameau de laurier, entourant en partie la légende en 7 lignes. En bas: BELLAGAMBA Y ROSSI mm. 38. Bronze argenté, belle.

Médaille dédiée au Dr. Adolfo Mujica, le défenseur dévoué du traité d'arbitrage.

1903. **Entente entre la Grande-Bretagne et le Portugal.**

859 *Plaquette*. EDWARD VII sur un ruban au-dessous d'un médaillon au buste du roi de la Grande-Bretagne, en uniforme, tourné à dr. CARLOS I au-dessous d'un médaillon au buste en uniforme du roi de Portugal, tourné à g. Entre les deux bustes, branche de laurier. En bas, à dr. TONY — SZIRMAÏ Revers. Mercure planant au-dessus de la terre et tenant une tablette sur laquelle on lit: 1902 — LONDON — 1903 — LISBON (Dates de la conclusion du traité à Londres et de la ratification à Lisbonne). En haut, à g. SIGNUM — MEMORIÆ Haut. mm. 53, larg. mm. 71. Bronze. Superbe.

1907. **Triple Alliance, entre l'Autriche, l'Allemagne et l'Italie. Jubilé de 25 ans.**

860 *Plaquette*. CONCORDIA ET LABORE Bustes accolés à g. des empereurs François Joseph et Guillaume II et du roi d'Italie, Victor Emmanuel II; à g. T. SZIRMAÏ. Rev. Mercure planant au-dessus de la terre et tenant une tablette sur laquelle on lit les dates: 1882—1907 En haut, à gauche: SIGNUM — MEMORIAE Haut. mm. 45, larg. mm 60. Br. Superbe.

Cette plaquette est frappée en commémoration de la Triple Alliance entre l'Autriche, l'Allemagne et l'Italie, conclue en 1882 et maintenue alors pendant un quart de siècle. Voir aussi le n. 847.

Nos. 861—904.

DEUXIÈME CONFÉRENCE INTERNATIONALE DE LA PAIX, SUR L'INVITATION DE SA MAJESTÉ L'EMPEREUR DE RUSSIE, CONVOQUÉE PAR S. M. LA REINE WILHELMINA DES PAYS-BAS, A LA HAYE, 1907.

PLAQUETTES COMMÉMORATIVES DES 44 PUISSANCES AYANT PRIS PART A LA CONFÉRENCE.

Droit des 44 plaquettes.

PAX La Paix ailée debout, de face, tournée à dr., les bras étendus, sonnant de la trompette qu'elle tient de sa main gauche et tenant de sa droite une couronne de laurier; à gauche, médaillon au portrait du Tzar Nicolas II en uniforme, tourné à dr. et à gauche, médaillon au portrait de la reine Wilhelmina diadémée. Sous le dernier médaillon, le nom du graveur: SZIRMAI incuse.
Voir la reproduction des nos. 861—904.

Participation de l'Allemagne.

861 *Plaquette.* Droit comme décrit ci-dessus. Revers L'ALLEMAGNE — A · LA · — II · CONFÉRENCE — POUR · LA · PAIX — LA · HAYE — 1907 Une jeune femme personnifiant les Pays-Bas, assise sur une estrade, tournée à g.; de la main droite elle tient un bouquet de roses; dans le champ, à dr., devant elle, une balustrade contre laquelle une tablette entourée de branches d'olivier; en haut, à dr. médaillon à la tête de l'empereur Guillaume II. à dr.; sur la base de l'estrade: TONY SZIRMAI Bronze argenté. Haut. mm. 71, larg. mm. 90. Belle, rare.

La seconde conférence pour la Paix, tenue à La Haye, en 1907, sous la présidence de M. de Nélidow, fut visitée par grand nombre de diplomates éminents. délégués par les États mentionnés sur les plaquettes.

Participation de l'Amérique (The United States of America).

862 *Plaquette.* Même droit. Revers, même type. THE · UNITED · STATES — OF · AMERICA — AT · THE — II · PEACE · CONFERENCE — THE · HAGUE · 1907; dans le champ, en haut, à dr., écusson aux armoiries des États-Unis. Bronze argenté. Haut. mm. 71, larg. mm 90. Belle, rare.

Participation de l'Argentine (République Argentine).

863 *Plaquette.* Même droit. Revers, même type. LA RÉPUBLIQUE — ARGENTINE — A · LA — II · CONFÉRENCE - POUR · LA · PAIX — S · EXC · M · ROQUE · SAENZ · PENA — S · EXC · M · LUIS · M · DRAGO — S · EXC. M · CARLOS · RODRIGUEZ · LARRETA — DÉLÉGUÉS · PLÉNIPOTENTIAIRES ·; sur la tablette: LA HAYE -- 1907; dans le champ, en haut, à dr., écusson aux armoiries de la République Argentine. Bronze argenté. Haut. mm. 71, larg. mm. 90. Belle, rare.

Participation de l'Autriche-Hongrie.

864 *Plaquette.* Même droit. Revers, même type. AUSTRIA — ATQUE — HUNGARIA — DE · PACE · SEMPITERNA — CUM · GENTIBUS ITERUM · DELIBERANS — · HAGAE · — · MCMVII ·; dans le champ, en haut, à dr., médaillon au buste de l'empereur François Joseph en uniforme, à g. Bronze argenté. Haut. mm. 71, larg. mm. 90. Belle, rare.

Participation de la Belgique.

865 *Plaquette.* Même droit. Revers, même type. LA BELGIQUE — A LA — II · CONFÉRENCE - POUR LA PAIX — LA · HAYE — 1907; dans le champ, en haut, à dr., médaillon au buste du roi Léopold II en uniforme, à g. Bronze argenté. Haut. mm. 71, larg. mm. 90. Belle, rare.

Participation de la Bolivie.

866 *Plaquette.* Même droit. Revers, même type. LA BOLIVIE — A · LA · — II · CONFÉRENCE — POUR · LA · PAIX — S · EXC · M · CLAUDIO · PINILLA — S · EXC · M · FERNANDO E · GUACHALLA — DÉLÉGUÉS PLÉNIPOTENTIAIRES; sur la tablette: LA HAYE — 1907 Dans le champ, en haut, à dr., écusson aux armoiries de la république de Bolivie. Bronze argenté. Haut. mm. 71, larg. mm. 90. Belle, rare.

Participation du Brésil.

867 *Plaquette.* Même droit. Revers, même type, LE · BRÉSIL · — A · LA · — II · CONFÉRENCE — POUR · LA · PAIX · — S · EXC · M · RUY · BARBOSA — S · EXC · M · E · F · S · DOS · SANTOS · LISBOA · — DÉLÉGUÉS · PLÉNIPOTENTIAIRES ·; sur la tablette: LA · HAYE — 1907 Dans le champ, en haut, à dr., les armoiries des États-Unis du Brésil. Bronze argenté. Haut. mm. 71, larg. mm. 90. Belle, rare.

Participation de la Bulgarie.

868 *Plaquette.* Même droit. Revers, même type. LA BULGARIE — A LA — II · CONFÉRENCE — POUR LA PAIX — LA · HAYE — 1907 Dans le champ, en haut, à dr., médaillon au buste du tsar Ferdinand des Bulgares, en uniforme à g. Bronze argenté. Haut. mm 71, larg. mm. 90. Belle, rare.

Participation du Chili.

869 *Plaquette.* Même droit. Revers, même type. LE CHILI · — A · LA — II · CONFÉRENCE · — POUR · LA · PAIX — SON · EXC · M · DOMINGO · GANA — SON · EXC · M · AUGUSTO · MATTE — SON EXC · M · CARLOS · CONCHA — DÉLÉGUÉS PLÉNIPOTENTIAIRES Sur la tablette: LA HAYE — 1907 Dans le champ, en haut, à dr., écusson aux armoiries de la république de Chili. Bronze argenté. Haut. mm. 71, larg. mm. 90. Belle, rare.

Participation de La Chine.

870 *Plaquette.* Même droit. Revers, même type. LA · CHINE — · A · LA · — II · CONFÉRENCE — POUR · LA · PAIX — LA · HAYE — 1907 Dans le champ, en haut, à dr., écusson aux armoiries de l'Empire. Bronze argenté. Haut. mm. 71, larg. mm. 90. Belle, rare.

Participation de la Colombie.

871 *Plaquette.* Même droit. Revers, même type. LA · COLOMBIE — A · LA · — II · CONFÉRENCE — POUR · LA · PAIX — M · LE GÉNÉRAL · JORGE · HOLGUIN — M · SANTIAGO PEREZ · TRIANA — S · EXC · LE GÉNÉRAL M · VARGAS — DÉLÉGUÉS PLÉNIPOTENTIAIRES · Sur la tablette: LA HAYE — 1907 Dans le champ, en haut, à dr., écusson aux armoiries de la république de Colombie. Bronze argenté. Haut. mm. 71, larg. mm 90. Belle, rare.

Participation de la Cuba.

872 *Plaquette.* Même droit. Revers, même type. LA · RÉPUBLIQUE · — DE · CUBA — A · LA · II · CONFÉRENCE · — POUR · LA · PAIX · — M · A · SANCHEZ · DE · BUSTAMANTE · — S · EXC · M · G · DE · QUESADA ·

Y · AROSTEGUI · — M · MANUEL · SANGUILY · — DÉLÉGUÉS · PLÉNIPOTENTIAIRES · Sur la tablette: LA · HAYE — 1907 Dans le champ, en haut, à dr., les armoiries de la République. Bronze argenté. Haut. mm. 71, larg. mm. 90. Belle, rare.

Participation du Danemark.

873 *Plaquette.* Même droit. Revers, même type. LE · DANEMARK · — A · LA · — II · CONFÉRENCE · — POUR · LA · PAIX · — DÉLÉGUÉS · PLÉNIPOTENTIAIRES · — SON · EXC · M · C · BRUN · — M · LE CONTRE-AMIRAL · C · F · SCHELLER · — M · A · VEDEL · CHAMBELLAN · Sur la tablette: LA · HAYE — 1907 Dans le champ, en haut, à dr., écusson aux armoiries du Danemark. Bronze argenté. Haut. mm. 71, larg mm. 90. Belle, rare.

Participation de la République Dominicaine.

874 *Plaquette.* Même droit. Revers, même type. LA RÉPUBLIQUE DOMINICAINE — A · LA · — II · CONFÉRENCE — POUR · LA · PAIX — M · F · HENRIQUEZ I · CARVAJAL — M · APOLINAR TEJERA — DÉLÉGUÉS PLÉNIPOTENTIAIRES Sur la tablette: LA HAYE — 1907 Dans le champ, en haut, à dr., écusson aux armoiries de la République. Bronze argenté. Haut. mm. 71, larg. mm. 90. Belle, rare.

Participation de l'Équateur.

875 *Plaquette.* Même droit. Revers, même type. LA · RÉPUBLIQUE — DE · L'ÉQUATEUR — A · LA — II · CONFÉRENCE — POUR · LA · PAIX — SON · EXC · M · VICTOR · RENDON — M · ENRIQUE · DORN · Y · DE · ALSUA — DÉLÉGUÉS PLÉNIPOTENTIAIRES Sur la tablette: LA HAYE — 1907 Dans le champ, en haut, à dr., écusson aux armoiries de la République. Bronze argenté. Haut. mm. 71, larg. mm. 90. Belle, rare.

Participation de l'Espagne.

876 *Plaquette.* Même droit. Revers, même type. L'ESPAGNE — A · LA — II · CONFÉRENCE — POUR LA PAIX Sur la tablette: LA · HAYE — 1907 Dans le champ, en haut, à dr,, médaillon au buste jeune du roi Alfonso à g. Bronze argenté. Haut. mm. 71, larg. mm. 90. Belle, rare.

Participation de la France.

877 *Plaquette.* Même droit. Revers, même type. LA · FRANCE — A · LA — II · CONFÉRENCE — POUR · LA · PAIX Sur la tablette: LA · HAYE — 1907 Dans le champ, en haut, à dr., les armoiries de la République. Bronze argenté. Haut. mm. 71, larg. mm. 90. Belle, rare.

Participation de la Grande-Bretagne.

878 *Plaquette.* Même droit. Revers, même type. GREAT-BRITTAIN — AT-THE — II · PEACE · — CONFÉRENCE Sur la tablette: LA · HAYE — 1907 Dans le champ, en haut, à dr., médaillon au buste du roi Edouard en uniforme à g. Bronze argenté. Haut. mm. 71, larg. mm. 90. Belle, rare.

Participation de la Grèce.

879 *Plaquette.* Même droit. Revers, même type. LA — GRÈCE — A · LA · — II · CONFÉRENCE — POUR LA PAIX Sur la tablette: LA · HAYE — 1907 Dans le champ, en haut, au milieu, médaillon au buste du roi George en uniforme, à dr. La légende commence à dr. du médaillon. Bronze argenté. Haut. mm. 71, larg. mm. 90. Belle, rare.

Participation du Guatémala.

880 *Plaquette.* Même droit. Revers, même type. LE GUATÉMALA — A · LA · — II · CONFÉRENCE — POUR · LA · PAIX — M · JOSE · TIBLE · MACHADO — M · ENRIQUE · GOMEZ · CARRILLO — DÉLÉGUÉS PLÉNIPOTENTIAIRES Sur la tablette: LA HAYE — 1907 Dans le champ, en haut, à dr., écusson aux armoiries de la République. Bronze argenté. Haut. mm. 71, larg. mm. 90. Belle, rare.

Participation d'Haïti.

881 *Plaquette.* Même droit. Revers, même type. LA RÉPUBLIQUE D'HAÏTI — A · LA · II · CONFÉRENCE — POUR · LA · PAIX — S · EXC · M · JEAN · JOSEPH · D'ALBÉMAR — S · EXC · M · J · N · LÉGER — M · PIERRE · HUDIGOURT — DÉLÉGUÉS · PLÉNIPOTENTIAIRES Sur la tablette: LA HAYE — 1907 Dans le champ, en haut, à dr., écusson aux armoiries de la république d'Haïti. Bronze argenté. Haut. mm. 71, larg. mm. 90. Belle, rare.

Participation de l'Italie.

882 *Plaquette.* Même droit. Revers, même type. L'ITALIE — A · LA · — II · CONFÉRENCE · — POUR · LA · PAIX Sur la tablette: LA · HAYE — 1907 Dans le champ, en haut, au milieu, médaillon au buste en uniforme du roi Victor Emmanuel II, à dr.La légende commence à dr. du médaillon. Bronze argenté. Haut. mm. 71, larg. mm. 90. Belle, rare.

Participation du Japon.

883 *Plaquette.* Même droit. Revers, même type. LE · JAPON — A · LA · — II · CONFÉRENCE — POUR · LA · PAIX Sur la tablette: LA · HAYE — 1907 Dans le champ, en haut, à dr. le *mon* de l'empereur du Japon. Bronze argenté. Haut. mm. 71, larg. mm. 90. Belle, rare.

Participation du Luxembourg.

884 *Plaquette.* Même droit. Revers, même type. LE LUXEMBOURG — A · LA · — II CONFÉRENCE — POUR LA PAIX — S · EXC · M · EYSCHEN — M · LE · COMTE · DE · VILLERS — DÉLÉGUÉS PLÉNIPOTENTIAIRES Sur la tablette: LA HAYE — 1907 Dans le champ, en haut, à dr., les armoiries du Grand-duché. Bronze argenté. Haut. mm. 71, larg. mm. 90. Belle, rare.

Participation du Mexique.

885 *Plaquette.* Même droit. Revers, même type. LE · MEXIQUE · — A · LA · — II · CONFÉRENCE · — POUR · — LA · PAIX · — S · EXC · M · GONZALO · A · ESTEVA · — S · EXC · M · SEBASTIAN · B · DE MIER · — S · EXC · M · FRANCISCO · L · DE · LA · BARRA · — DÉLÉGUÉS · PLÉNIPOTENTIAIRES · Sur la tablette: LA · HAYE — 1907 Dans le champ, en haut, à dr., écusson aux armoiries de la République. Bronze argenté. Haut. mm. 71, larg. mm. 90. Belle, rare.

Participation du Monténégro.

886 *Plaquette.* Même droit. Revers, même type. LE · MONTÉNÉGRO — A · LA — II · CONFÉRENCE — POUR · LA · PAIX Sur la tablette: LA · HAYE — 1907 Dans le champ, en haut, à dr., médaillon au buste de face en uniforme du prince Nicolas Petrovitch Niegoch. Bronze argenté. Haut. mm. 71, larg. mm 90. Belle, rare.

Participation du Nicaragua.

887 *Plaquette.* Même droit. Revers, même type. LE · NICARAGUA · — A · LA · — II · CONFÉRENCE — POUR · LA · PAIX · — S · EXC · M · CRISANTO · MEDINA · — DÉLÉGUÉ · PLÉNIPOTENTIAIRE · Sur la tablette: LA · HAYE — 1907 Dans le champ, en haut, à dr., les armoiries de la République. Bronze argenté. Haut. mm. 71, larg. mm. 90. Belle, rare.

Participation de la Norvége.

888 *Plaquette.* Même droit. Revers, même type. LA · NORVÉGE — A · LA — II · CONFÉRENCE — POUR · LA · PAIX Sur la tablette: LA · HAYE — 1907 Dans le champ, en haut, a dr., les armoiries du royaume de Norvége. Bronze argenté. Haut. mm. .1, larg. mm. 90. Belle, rare.

Participation du Panama.

889 *Plaquette.* Même droit. Revers, même type. LE · PANAMA — A · LA — II · CONFÉRENCE — POUR · LA · PAIX · — M · BÉLISARIO · PORRAS — DÉLÉGUÉ PLÉNIPOTENTIAIRE Sur la tablette: LA HAYE — 1907 Dans le champ, en haut, à dr., écusson aux armoiries de la République. Bronze argenté. Haut. mm. 71, larg. mm. 90. Belle, rare.

Participation du Paraguay.

890 *Plaquette.* Même droit. Revers, même type. LE PARAGUAY — A · LA · — II · CONFÉRENCE — POUR · LA · PAIX — SON · EXC · M · EUSEBIO MACHAIN — DÉLÉGUÉ PLÉNIPOTENTIAIRE Sur la tablette: LA HAYE — 1907 Dans le champ, en haut, à dr., écusson aux armoiries de la République. Bronze argenté. Haut. mm. 71, larg. mm. 90. Belle, rare.

Participation des Pays-Bas.

891 *Plaquette.* Même droit. Revers, même type. LES - PAYS-BAS — A · LA — II · CONFÉRENCE POUR · LA · PAIX Sur la tablette: LA · HAYE — 1907 Dans le champ, en haut, à dr., armoiries du royaume des Pays-Bas. Bronze argenté. Haut. mm. 71, larg. mm. 90. Belle, rare.

Participation du Pérou.

892 *Plaquette.* Même droit. Revers, même type. LE · PÉROU — A · LA — II · CONFÉRENCE — POUR · LA · PAIX — SON · EXC · M · CARLOS · G · GANDAMO — DÉLÉGUÉ · PLÉNIPOTENTIAIRE M · GUSTAVO · DE · LA · FUENTE — DÉLÉGUÉ · ADJOINT Sur la tablette: LA HAYE — 1907 Dans le champ, en haut, à dr., écusson aux armoiries de la République. Bronze argenté. Haut. mm. 71, larg. mm. 90. Belle, rare.

Participation de la Perse.

893 *Plaquette.* Même droit. Revers, même type. LA · PERSE — A · LA — II · CONFÉRENCE — POUR · LA · PAIX — S · EXC · SAMAD-KHAN — MOMTAZOS · SALTANEH — 1ER DÉLÉGUÉ Sur la tablette: LA · HAYE — 1907 Dans le champ, en haut, à dr., les armoiries de la Perse. Bronze argenté. Haut. mm. 71, larg. mm. 90. Belle, rare.

Voir la reproduction sur la planche XII.

Participation du Portugal.

894 *Plaquette.* Même droit. Revers, même type. LE · PORTUGAL — A · LA — II · CONFÉRENCE — POUR · LA · PAIX — LA · HAYE — 1907 Dans le champ, en haut, à dr., médaillon au buste du roi don Carlos en uniforme, à g. Bronze argenté. Haut. mm. 71, larg. mm. 90. Belle, rare.

Voir la reproduction sur la planche XII.

Participation de la Roumanie.

895 *Plaquette.* Même droit. Revers, même type. LA ROUMANIE — A LA — II · CONFÉRENCE — POUR LA PAIX — LA · HAYE — 1907 Dans le champ, en haut, à dr., médaillon au buste du roi Carol en uniforme à dr. Bronze argenté. Haut. mm. 71, larg. mm. 90. Belle, rare.

Participation de la Russie.

896 *Plaquette.* Même droit. Revers, même type. LA RUSSIE — A LA — II · CONFÉRENCE — POUR LA PAIX — Sur la tablette: LA · HAYE — 1907 Dans le champ, en haut, à dr., écusson aux armoiries de l'Empire. Bronze argenté. Haut. mm. 71, larg. mm. 90. Belle, rare.

Voir la reproduction sur la planche XII.

Participation du Salvador.

897 *Plaquette.* Même droit. Revers, même type. LE · SALVADOR — A · LA · — II · CONFÉRENCE — POUR · LA · PAIX · — M · PEDRO · J · MATHEU · — M · SANTIAGO · PEREZ · TRIANA DÉLÉGUÉS · PLÉNIPOTENTIAIRES Sur la tablette: LA · HAYE — 1907 Dans le champ, en haut, à dr., écusson aux armoiries de la République. Bronze argenté. Haut. mm. 71, larg. mm. 90. Belle.

Participation de la Serbie.

898 *Plaquette.* Même droit. Revers, même type. En haut, médaillon au buste du roi Pierre en uniforme, à droite; à gauche du buste commence la légende: LA · HAYE — 1907 et à dr.: LA — SERBIE, dessous: A · LA · II · CONFÉRENCE — POUR · LA · PAIX Sur la tablette: SON EXC · — M · MILOVAN — MILOVANOVITCH — DÉLÉGUÉ PLÉNIPOTENTIAIRE Bronze argenté. Haut. mm. 71, larg. mm. 90. Belle.

Participation du Siam.

899 *Plaquette.* Même droit. Revers, même type. LE SIAM — A · LA — II · CONFÉRENCE — POUR · — LA · PAIX — M · CH · CORRAGIONI · D'ORELLI · 2ÈME DÉLÉGUÉ — CONSEILLER · DE · LA · LÉGATION · A · PARIS Sur la tablette: LA · HAYE — 1907 Dans le champ, en haut, à dr., médaillon au buste du roi en uniforme, tourné à g. Bronze argenté. Haut. mm. 71, larg. mm. 90. Belle.

Participation de la Suède.

900 *Plaquette.* Même droit. Revers, même type. LA · SUÈDE — A · LA — II · CONFÉRENCE — POUR · LA · PAIX · LA · HAYE 1907 Dans le champ, en haut, à dr., médaillon au buste du roi de Suède en uniforme, à g. Bronze argenté. Haut. mm. 71, larg. mm. 90. Belle, rare.

Participation de la Suisse.

901 *Plaquette.* Même droit. Revers, même type. LA SUISSE — · A · LA · — II · CONFÉRENCE — POUR · LA · PAIX — LA · HAYE — 1907 Dans le champ, en haut, à dr., les armoiries de la Confédération. Bronze argenté. Haut. mm. 71, larg. mm. 90. Belle, rare.

Participation de la Turquie.

902 *Plaquette.* Même droit. Revers, même type. LA · TURQUIE — A · LA — II · CONFÉRENCE · — POUR · LA · PAIX Sur la tablette: LA · HAYE — 1907 Dans le champ, en haut, à dr., le Toughra sur un médaillon. Bronze argenté. Haut. mm. 71, larg. mm. 90. Belle, rare.

Participation de l'Uruguay.

903 *Plaquette.* Même droit. Revers, même type. L'URUGUAY — A LA — II · CONFÉRENCE — POUR · LA · PAIX — S EXC · M · JOSE · BATLLE · Y · ORDOÑEZ — S · EXC · M · JUAN · P· CASTRO — DÉLÉGUÉS · PLÉNIPOTENTIAIRES Sur la tablette: LA HAYE — 1907 Dans le champ, en haut, à dr., les armoiries de la République. Bronze argenté. Haut. mm. 71, larg. mm. 90. Belle, rare.

Participation du Vénézuéla.

904 *Plaquette.* Même droit. Revers, même type. LES · ETATS · UNIS · — DU VÉNÉZUÉLA — A · LA · — II · CONFÉRENCE — POUR · LA · PAIX · — M· JOSÉ · GIL · FORTOUL · — DÉLÉGUÉ · PLÉNIPOTENTIAIRE · Sur la tablette: LA HAYE — 1907 Dans le champ, en haut, à dr., écusson aux armoiries de la république des États-Unis du Vénézuéla. Bronze argenté. Haut. mm. 71, larg. mm. 90. Belle, rare,.

1907. **Conférence de la Paix.**

905 *Médaille.* PRO · PACE (à l'exergue). La Sagesse sous les traits d'une femme couverte de vêtements flottants, qui tient une branche d'olivier de la main gauche, montre de la main droite, un laboureur qui conduit la charrue à un guerrier nu, assis, appuyé sur son glaive et son bouclier. Le guerrier reste pensif, et hésite à désarmer. Dans le champ, à g., HIPP . LE ROY – 1907 Rev. Au milieu des flots démontés, un navire sur une voile duquel on lit: PAX, vogue toutes voiles dehors, malgré la tempête. A l'horizon, les rayons du soleil levant percent les nuages et laissent apparaître le mot: SPES. à l'exergue: SOCIETÉ · HOLLANDO · BELGE · — DES · AMIS DE · LA · MEDAILLE · — · D'ART · A dr. contre la ligne de l'exergue: HIPP . LE ROY . Revue Belge 1909 pl. IV n. 26. mm. 65. Ar. gr. 111.3. Belle.

Médaille frappée en mémoire de la conférence de la Paix à La Haye, par les amis de la médaille.

906 *Médaille* pareille en bronze. mm. 65. Belle.

APPENDICES.

1544. **Paix de Crespy.**

907 *Jeton.* · AD · FACIENDAM · VINDICTAM · IN · NATIONIBVS · × L'aigle de l'Empire, armée de deux glaives, perçant le schismatique, indiqué en bas par: INFIDELITAS Rev. ⚜ · AD ALLIGANDOS · REGES · EORVM · INCOMPEDIBVS: Les colonnes d'Hercule, couronnées, enchaînées, entre lesquelles la date 1544 Van Mieris III p. 96 n. 1. Dugn. 1575. Ae. beau.

Voir aussi les nos. 7 et 8.

1577. **Rupture des négociations de Paix avec Don Juan.**

908 *Jeton.* DA · PACEM · DNE · IN (faisceau de flêches) DIEBVS · NRIS 1577 · (faisceau de flêches). Buste cuirassé de Philippe II entre une croix de St. André et un briquet; sous le buste: GELDER Rev. ✠ DISSIPA · GENTES · QVE · BELLA · VOLVNT · Ps 68. Des soldats espagnols belges armés et séparés, se tournant le dos, van Loon I éd. fr. 229, holl. 233. Dugn. 2713. Ae. t.b.c.

Don Juan nommé gouverneur et vice-roi des Pays-Bas par son frère Philippe II, attendait à la Marche en Famine les envoyés des divers États pour le reconnaître. Des négociations furent entamées avec le prince, afin qu'il ratifiât, avant son voyage à Bruxelles, la pacification de Gand, ce qu'il refusa et les négociations furent alors rompues.

Le 12 février 1577, se réunirent à la Marche en Famine, sous la protection de l'empereur Rudolphe et du consentement du roi Philippe II, les députés des États, le duc de Clèves et le prince-évêque de Liège; ils conclurent alors l'Édit Perpétuel. Cet édit était en dix-neuf articles, mais l'article fondamental était la ratification de la pacification de Gand. Voir le n. 20 sur le Traité de Bruxelles.

1596. **Trève entre l'Espagne et les Provinces-Unies et Triple Alliance entre l'Angleterre, la France et les Provinces-Unies.**

909 *Médaille* ou *Double Thaler.* ❀ RVMPITVR × HAVD × FACILE × Dextre sortant des nuages et tenant une corde à laquelle sont attachés les écussons de l'Angleterre, de la France et des Provinces-Unies. Rev. ❀ × NEXOS × FAVORE × NVMINIS × QVIS × DISSOLVES? · Les écussons des six provinces, Gueldre, Hollande, Zéelande, Utrecht, Frise et Overyssel entourant le faisceau de flêches. Van Loon I éd. fr. 471, éd. holl. 481 n. 1. Med. Ill. I pag. 160 n. 140. mm. 51. Ar. gr. 45.5. Superbe, rare.

Voir aussi les nos 37 et 38.

En 1596, Henri IV, roi de France, envoya le maréchal duc de Bouillon à La Haye pour négocier un traité de paix entre la France, l'Angleterre et les Provinces-Unies.

1601. **Traité de Lyon.**

910 *Médaille.* CLEMENS · VIII · PONT · MAX · A · IX · Buste du Pape à g. vêtu de la chape; au buste: GIOR · R (Giorgio Ran). Rev. · PAX ET SA— LVS A DOMINO La Paix tenant une longue croix et allumant avec une torche un monceau d'armes. Armand I pag. 307 n. 19. mm. 39. Br. belle médaille postérieure.

Traité de paix entre Henri IV, roi de France, avec Charles Emmanuel, duc de Savoie, sous les auspices du Pape.

1605. **Négociations de Paix.**

911 *Jeton.* PAX · AVT — VICT — ORIA — CRESCAT La Victoire présentant une clef à la Paix debout près d'un autel allumé; à l'exergue: · 1605 · Revers. · CALC · RATI — FINANCIARVM Armoiries couronnées des Archiducs, entourées du collier de la Toison d'or. van Loon II page 21. Dugn. 3597.

En 1605, les Archiducs Albert et Isabelle entamaient des négociations, qui traînèrent pendant des années, parce qu'une réconciliation entre l'Espagne et les Provinces-Unies était d'une difficulté presque insurmontable, mais qui aboutirent néanmoins, parce que la paix était devenue une impérieuse nécessité.

1608. **Propositions de paix et d'alliance entre La France et les Pays-Bas.**

912 *Jeton.* HENRICVS · IIII · FRANC ORVM · ET · NAVAR · REX · Écussons de la France et de la Navarre sous une couronne et entourés des colliers de deux ordres. Rev. HIS · TE · TVA · GALLIA · DONAT ✿ Trois couronnes, posées une et deux, et séparées par une palme et une branche d'olivier, placées en sautoir. A l'exergue: 1608 De la Tour n. 578 pl. IX n. 15. Laiton, t.b.c.

En 1607, les Archiducs avaient pris l'initiative d'une trève avec les Provinces-Unies. Henri IV envoya le président Jeannin comme envoyé extraordinaire à La Haye où il signa un traité avec les Provinces-Unies, janvier 1608, leur assurant l'alliance française en cas de reprise des hostilités.

1609. **Trève de douze ans.**

913 *Jeton* comme le n. 57, v. L. II page 46 n. 7. Dugn. 3646. Ae. b.c.—t.b.c. rare.

Même sujet.

914 *Médaillon* offert aux ambassadeurs des Provinces-Unies par le roi Philippe III d'Espagne, après la conclusion de la Trève. —
PHILIPPVS · III · HISPANIAR · REX · Buste cuirassé et drapé à dr. avec fraise et collier de la Toison d'or. Rev. · MARG · AVST · HISP-REG · A · MDCIX Buste de la reine à g. richement drapé, avec fraise. v. Loon II page 52. sans oeillet. mm. 50. Plomb, t.b.c.

Médaillon d'un relief remarquable par Rutelu Caci.

1623. **Traité de Milan et Alliance Perpétuelle des Grisons avec l'Espagne.**

915 *Médaille.* GREGORIVS ▾ XV ▾ PONT ▾ MAX ▾ A ▾ III ▾ Buste du Pape à dr. vêtu de la chape; à l'ex: · 1623 · Rev. PACIS ▾ ET ▾ RE—LI—GIONIS ▾ AMOR La Foi assise tenant une longue croix et la tiare papale; à son côté, la Paix assise tenant rameau d'olivier et allumant avec une torche un tas d'armes. mm. 35. Br. Belle. Médaille postérieure.

Sous prétexte de protéger les Valtelins catholiques qui se plaignaient d'être opprimés par les Grisons protestants, Gomez Alavarez de Figueroa y Cordova, duc de Féria, gouverneur espagnol de Milan, envahit la Valteline et y établit plusieurs forts; aussitôt après, les Impériaux occupèrent Chiavenna et l'Engadine et, par le traité de Milan, les Grisons renoncèrent à leur suzeraineté sur la vallée de l'Adda et conclurent sous la médiation du pape Grégoire XV, une alliance perpétuelle avec l'Espagne.

1629. **Paix et Édit de grâce d'Alais.**

916 *Jeton* de 1630. LVDOVICVS XIII · FRAN—CORVM · ET · NAVAR · REX · Armoiries de la France et de la Navarre, entourées des colliers de St. Michel et du St. Esprit. Rev. · TANDEM · ARBITER · ORBIS · Louis XIII debout tenant son sceptre au-dessus d'un globe terrestre; à dr., trophée et bouclier aux armes de la France; à l'ex: · 1630 · De la Tour n. 918 pl. XIX n. 9. Laiton t.b.c.—b.c.

Après la prise de la Rochelle occupée et défendue par les Anglais et refuge des protestants français, la Paix d'Alais termina les guerres religieuses. Par cette Paix un libre exercice du culte et une amnistie générale furent accordés.

Vers 1640. **Espoir de paix pendant la guerre de 30 ans.**

917 *Médaille.* GOTTES ALLMECHTIG HANDT — ERRETT DAS VATTERLANDT. La Germania se couvrant d'un bouclier sur lequel une épée et un pistolet, va être ensevelie par les flots; une main céleste la sauve en saisissant la main qu'elle lève au ciel; dans le lointain, un village et une ville avec quelques maisons brûlantes. Signée P—W (P. Walter). Rev. légende en 8 lignes, au-dessous du nom יהוה brillant. AVS MEINER ANGST ICH TE — UTSCHES LAND — DARINN ICH STECKE MEI- — NE HAND — HEB AUF UMB HILF, O GOTT — ZU DIR — DER DV AVCH SOLCH AN — DEUTEST MIR. Blätter für Münzfreunde 1886 pl. 88 n. 19. mm. 49.5. Ar. gr. 21.6. Belle et rare.

1645. **Paix de Brömsebro.**

918 *Médaille.* ✝ CHRISTIANUS · IIII · DAN : NOR : GOTTO : VANDALO : Q3 · REX · Buste drapé de Christian IV de Danemark, dans un cartouche renaissance; en bas: *I. Blum* Rev. IUSTITIA · ET · PIETAS, REGNORUM · ROBORA · FIRMAT La Justice et la Piété debout; entre eux, olivier tronqué d'où sort un nouveau jet; en haut, le nom de יהוה rayonnant; en bas: *1645*. Danske Mynter pl. XXIV n. 2. mm. 52. 5 Ar. gr. 48.8. Superbe et rare.

Voir la reproduction sur la planche XI.

Voir aussi le n. 84 au buste de la reine Christine de Suède.

1648. **Paix universelle de Westphalie.**

919 *Médaille* ou *Thaler* large. HIC MAVORS · TVMVLATVS ET · HIC · PAX — ALMA · RENATA · EST Vue de la ville de Münster fortifiée; entre les bastions: E—K Au-dessus de la ville, deux anges tenant un ruban sur lequel on lit: MONAS · WEST L'ange tourné à dr. porte une palme et celui tourné à g. sonne d'une trompette, le cri PAX Revers comme de la médaille n. 113. Madai n. 5176, variété de Dirks Repert. 110.2. mm. 53. Ar. gr. 36.2. Belle, rare.

Même sujet.

920 *Pièce de 3 Ducats* ou *Médaille d'or*, type du n. 117. **Ehr sei Gott — in der Hohe** Vue de la ville de Münster; du ciel, dans lequel apparaît le nom יהוה, descend un ange de Paix, tenant de sa gauche un rameau d'olivier et de sa droite une trompette. Rev. **Und den Menschen Friedt auff Erden** Van Loon II éd. fr. 311, éd. holl. 324 n. 1. Or, gr. 10.5. Superbe. Extr. rare.

Voir la reproduction du n. 117.

No. 921.

1648. **Paix de Münster.**

921 *Médaille miniature.* **Reichs — Friede** Encrier orné des armoiries d'Osnabrück et de Münster, accosté d'un rameau d'olivier et d'une palme; dans l'encrier, une plume et au-dessus, deux mains jointes tenant ensemble le globe impérial, la fleur de lis et un lion, représentant l'Empereur, la France et les Provinces-Unies; à l'ex.: *phil.4 V7* Rev. en cinq lignes: **Auss — Gottes güte — beschlossen — 14 · Oct: — 1648** mm. 19. Ar. gr. 3. Belle et extr. rare.

Voir la reproduction.

Même sujet.

922 *Médaille.* REGINA · — CHRISTINA · Buste drapé de la reine à dr.; la chevelure ornée de perles. Rev. REPERTRIX La Paix debout auprès d'un arbre et tenant une branche d'olivier. Hild. n. 21. mm. 26 Br. Belle.

Comparez aussi les nos. 130 et 131.

1648. **Paix de Münster, fêtée à Bâle.**

923 *Médaille miniature*, variété du n. 138. FRIDEN PFENNING; l'ange volant à g.; sans date à l'exergue. Rev. Vue de la ville comme au n. 138. mm. 22. Ar gr. 4.2. t.b.c. rare.

No. 924.

Le roi de Danemark et la Paix de Münster.

924 *Médaille ovale*. FRIDERICUS III . D . G . DAN . NORW. GOT . VAND . REX . DUX SL . HOLST . DIT . COM . IN OLD . & DELM. Son buste cuirassé et drapé de face, un peu tourné à dr., dans un entourage renaissance, en bas 16-48 Rev. SEHT WIEDER FRIED IEZ ZIERT DIE WELT, DA FRIDRICH KROHN UND SCEPTER HELT! La Paix assise sur un autel, le pied posé sur un globe, tenant une bible sur laquelle on lit: *Das höhes – te gull* dans un encadrement rayonnant. Danske Mynter I.5. mm. 48/57. Ar. gr. 51. Belle, rare.

Voir la reproduction.

No. 925.

1648. **Paix de Münster.**

925 *Médaille sans date*. HIS TV BELLO – NA DOMERIS. La Paix et la Justice assises sur une estrade, placée sur un plancher à carreaux, sur lequel

on remarque deux pigeons se becquetant; à l'ex: C MALER Rev. REDEAT — PAX — AUREA, IOVA! deux trophées en sautoir devant trois branches d'olivier, illuminées par le soleil au milieu duquel on lit יהוה. mm. 33. Vermeil gr. 11.7 avec oeillet. Belle et fort rare.

Voir la reproduction.

1650. **Commémoration de la Paix de Westphalie à Erfurt.**

926 *Jeton.* SUPER HIS SERVATA QVIESCO· main sortant des nuages, tenant l'écu de la ville d'Erfurt, entouré d'une branche d'olivier et d'une palme; en haut, le nom יהוה rayonnant. Rev. en 10 lignes: DEO — OPT · MAX · PRO — INSTAURATATUM — GERMANIÆ TUM SUÆ — CIVITATIS PACE,· S · P · Q — ERFURTENSIS SO = LENNE GRATIAR · — MONIMENT · F · F · — ANNO 1650 · — 8 · SEPT · Leitzmann 807. mm. 22. Ar. gr. 2.4. t.b.c. trace d'oeillet.

1655. **Jubilé séculaire de la Paix de Passau.**

927 *Médaille* ou *Double Thaler.* IOHAN · GEORG · D · G · SAC · ROM · IMP · ARCHIM · ET ELECT ✿ NATVS 5. MART. 1585. Le prince électeur de Saxe, Johann Georg, assis sur son trône; derrière lui, ses quatre fils et deux petits-fils portant des palmes; à l'ex.: l'écusson de Saxe accosté de: PASSAVIEN SE . 1555. - IVBILVM. 1655.; tout en bas: JC· — H· (Höckner). Le tout est illuminé par le soleil dans lequel le nom de Jéhovah en hébreu יהוה entouré de V · D · M · I · Æ (Verbum Domini Manet in Aeternum). Rev. Triple légende: VSQVE DEI VERBUM MANET, ET DOCTRINA LUTHERI ✿ légende extérieure. ✿ CUM PATRIÆ PATRE HAC IN RELLIGIONE NEPOTES ✿ légende centrale. PERPETUO MANEANT, ET QUI NASCENTUR AB ILLIS ✿ légende intérieure. Pigeon tenant rameau d'olivier dans son bec, sur un autel surmonté de la bible ouverte; à l'entour: CONFESSIO NOSTRA TRIVMPHAT ✿ le tout dans un cercle formé de rosaces. mm. 61. Ar. gr. 65. Extrêmement rare.

Voir la reproduction sur la planche XI.

1660. **Paix des Pyrénées et Mariage de Louis XIV.**

928 *Jeton.* · PACEM · ET · CONVBIA · FIRMANT. Deux mains jointes sont unies plus étroitement par une troisième qui vient d'un ciel étoilé; à l'exergue: · 1660. Rev. SVSTENTANT · IVNCTA · CORONAM · Une main de justice et une crosse, posées en sautoir, reliées à une épée en pal, la pointe en haut, surmontée d'une couronne royale. van Loon II éd. fr. 449 n. 6, éd. holl. 466 n. 6 var. Dugn. 4149. Ae. t.b.c.

No. 929.

1660. **Paix d'Oliva.**

929 *Médaille.* JOAN · CASIM · D · G · REX POL · & SUEC · M · D · L R · PRUS · Buste cuirassé, drapé et lauré du roi à dr. orné du collier de la Toison d'or; sous le bras: .I.H. (I. Höhn). Rev. ✝ PAX AETERNA AD GEDAN : A° CIƆIƆCLX · III MAII CONDITA · Aigle couronné portant couronne d olivier, planant au-dessus de la ville de Dantzick; à l'ex. branche d'olivier et palme posées en sautoir.; en bas: I H Raczynski n. 145. mm. 42. Ar. gr. 18.2. Belle et rare. Voir aussi les nos. 238—243.

Voir la reproduction.

Même sujet.

930 *Médaille* au buste de Hedwig Éleonore, reine de Suède.
HEDEW · ELEON · - D · G · REG · SVE · Buste drapé de la reine à dr., la chevelure ornée de perles. Rev. CONCEDAT · LAVRVS · OLIVAE · Minerve debout portant haste, tenant de sa main droite levée un rameau d'olivier et de sa gauche baissée une couronne d'olivier; à l'ex.: *Die . 3 . May . - 1660.* Hildebrand 8. mm. 25. Br. belle.

1663. **Renouvellement du Traité de paix de la France avec les Suisses.**

931 *Médaille.* LUDOVICUS XIIII · REX · CHRISTIANISSIMUS · Tête de Louis XIV à dr.; en bas: I. MAVGER. F. Var. du n. 247 qui porte: CHRISTIANISS Revers tout comme du n. 247. Mus. monét. page 66 n. 112. mm. 41. Br. Belle. Refrappe.

Même sujet.

932 *Plaquettes*, le droit et le revers séparés d'une médaille.
LOVIS · XIV · ROY · DE · FR · ET · DE · NAV · Buste cuirassé et drapé du roi à dr. avec longue chevelure, deux mèches retombant sur la poitrine. Revers comme du n. 250. Deux surmoulages en plomb. mm. 56. t.b.c.

1668. **Paix d'Aix-la-Chapelle.**

933 *Médaille.* CLEMENS ▾ IX ▾ PONT ▾ MAX ▾ A ▾ II ▾ Buste du Pape à g., signé: A.HAMERANO.F. Rev. ▾ CLEMENS ▾ FOEDERIS ▾ OPVS ▾ La Paix et la Clémence assises; par terre, la Discorde; à l'exergue: .AH. Comp. van Loon III éd. fr. 19, éd. holl. 21 n. 1. mm. 31. Br. Belle refrappe.

La Paix d'Aix-la-Chapelle fut conclue le 2 mai 1668, par l'intermédiaire du pape Clément IX. Le Pape y fut représenté par son ambassadeur à Cologne, Aug. Françiotto, archevêque de Trébizonde, la France par Charles Colbert, conseiller d'État, l'Espagne par Jean de Brouckhoven, baron de Bergeyk, l'Angleterre par Sir William Temple. Voir aussi les nos. 275 à 277.

Même sujet.

934 *Médaille.* CLEM · IX · PONT — · MAX · AN · II Buste du Pape à g. Rev. Le Pape accompagné du clergé, se rend à l'église de St. Pierre pour rendre grâce pour la Paix conclue; à l'ex., en trois lignes: PACE POPVLIS SVIS — A DOMINO — CONCESSA. Comp. van Loon III éd. fr. 19, éd. holl. 21 n. 2. mm. 32. Br. Coulée. t.b.c.

Même sujet.

935 *Médaille.* LUDOVICUS XIIII · REX CHRISTIANISS · Sa tête à dr.; dessous: I · MAVGER · F · Rev. PAX TRIUMPHIS PRÆLATA Le roi de France en costume romain, debout, reçoit une branche d'olivier, que lui présente la Paix assise sur des nuages; derrière le roi, un trophée. A l'exergue: FOEDUS AQUISGRANENSE — II · MAII M · DC · LXVIII; au-dessus de la plinthe: IB (Jean le Blanc). Mus. monét. n. 151. mm. 41. Br. t.b.c.

Voir aussi le no. 275.

1669. **Paix de Clément IX.**

936 *Médaille.* LUDOVICUS MAGNUS REX CHRISTIANISSIMUS. Sa tête à dr.; dessous: I.MAVGER.F. Rev. RESTITUTA ECCLESIAE GALLICANAE CONCORDIA · Autel sur lequel un livre ouvert, surmonté de deux sceptres et de deux clefs en sautoir; le tout éclairé par le St. Esprit; à l'ex.: M · DC · LXIX · Mus. monét. pag. 84 n. 159*c*. mm. 41. Br. belle.

Comparez la médaille décrite sous le n. 278. Cette Paix conclue entre Louis XIV et le Saint-Siège, connue sous le nom de Paix de Clément IX, termina pour quelque temps les querelles du Jansénisme.

1676. **Conférences pour la paix à Nimègue.**

937 *Médaille.* INNOCENTIVS ▾ XI ▾ — PONT ▾ MAX Buste du Pape à g., vêtu de la chape et couvert de la tiare; au buste: OPVS et à l'exergue: HAMERANI. Rev. FIAT ▾ PAX ▾ IN ▾ VIRTVTE ▾ TVA Le Saint-Esprit entouré de

rayons; en bas: 1676 Van Loon III éd. fr. 207, éd. holl. 220. mm. 29. Br. Belle.

La Paix de Nimègue fut conclue par la médiation du Pape. Aux conférences préliminaires et au congrès, le Pape fut représenté par son ambassadeur au cour impérial, Aloise Bevilacqua, patriarche d'Alexandrie. Par résolution des États-généraux des Provinces-Unies, du 27 novembre 1676, l'ambassadeur du Pape reçut les mêmes droits que les ambassadeurs des souverains catholiques. Voir aussi la note au n. 284.

1676. **Conférences pour la paix à Nimègue.**

938 *Médaille* pareille. INNOCENTIVS — · XI · PONT · MAX · A · I · Buste du Pape à dr. couvert d'une calotte; sous le buste: MDCLXXVI Revers comme de la médaille précédente, sans date. Comparez v. Loon III éd. fr. 207, éd. holl. 220. mm. 31. légère différence de gravure. Br. Belle.

1684. **Trève de vingt ans, conclue entre la France et l'Espagne.**

939 *Médaille.* LUDOVICUS MAGNUS REX CHRISTIANISSIMUS. Tête de Louis XIV à dr.; dessous: I.MAVGER.F. Rev. HISP · ROGANTIBUS REMISSA AUR · COR · VII · C · M · Louis XIV en costume de guerrier romain, reçoit les remercîments de l'Espagne; à gauche, la Paix tenant de la main gauche une branche d'olivier, allumant avec une torche qu'elle tient de la main droite, le registre des contributions, gisant par terre; v. Loon III éd. fr. 298, éd. holl. 318. mm. 41. Br. belle.

Cette médaille fait allusion à la remise par Louis XIV aux Espagnols des contributions dues; le traité de la trève est aussi mentionné sur les médailles et jetons nos. 324, 325 et 327.

1696. **Paix de Savoie.**

940 *Médaille.* INNOCEN. — XII · PONT · MAX · Son buste à dr. avec tiare; au buste: HAMERANVS.F. Rev. IVSTITIA · ET · ABVNDANTIA · PACIS · Une femme assise à g. tenant les attributs de la Justice et de la Paix. mm. 37. Br. Belle.

Le 9 août 1696, fut conclue la Paix de Savoie, à Turin, entre le roi de France et le duc de Savoie; le Pape et les autres princes italiens adhéraient à cette paix.

1696. **Préliminaires de paix à Ryswick.**

941 *Thaler de Nuremberg.* ✠ EXPECTATA REDI PAX! PAX SVPERVM AVREA PROLES. Chronogramme formant la date 1696. La Paix debout tenant une palme et un rameau d'olivier et les deux écussons de la ville de Nuremberg; à l'ex.: G · F · N · les initiales du graveur Nürnberger. Rev. MONETA NOVA REIP · NORIMBERG· Vue de la ville; à l'ex., dans un cartouche accosté d'une palme et d'un rameau d'olivier: MDCXCVI Madai 2312 Ar. beau.

Voir aussi le n. 388.

1697. **Paix de Ryswick.**

942 *Médaille d'or miniature de la ville de Muiden.* Variété sans signature, le pigeon entre les figures, à droite, la tête tournée à g. Dirks Repert. 2473[c] (note). mm. 21. gr. 5.7. Superbe, petit trou. Rare.

No. 943.

1697. **Paix de Ryswick; traité entre l'Empereur et la France.**

943 *Médaille.* LEOPOLDVS · — AUG · IMP · CAESAR · Buste cuirassé, lauré et drapé de l'Empereur à dr.; dessous: I K Rev. UTROQUE VICTOR Bras sortant des nuages et tenant épée et palme. Montenuovo 1140 mm. 28. Ar. gr. 7.75. Belle et fort rare. *Voir la reproduction.*

Comparez les nos. 359 et 360.

No. 944.

1697. **Paix de Ryswick.**

944 *Médaille.* CAROLVS · XII · — D · G · REX · SVECIAE · Buste cuirassé et lauré de Charles XII, le dos tourné à dr., le manteau sur le dos; en bas, le monogr. d'Arvid Karlsteen. Revers AVSPICIVM · IMPERII · FELICITAS · EVROPAE · tout comme le revers du n. 378. Comparez van Loon IV éd. fr. 275, éd. holl. 217. Hildebr. page 484 n. 7**. mm. 52. Ar. gr. 69.2. Belle, rare. *Voir la reproduction.*

Même sujet.

945 *Médaille* comme le n. 380. Hild. 8. mm. 25. Bronze, belle.

1697. **Paix de Ryswick.**

946 *Demi Scudo.* INNO ▾ — XII ▾ P ▾ M ▾ AN ▾ VII ▾ Buste du Pape à dr., tête nue, vêtu de la chape; sous le buste: S · V · (Initiales du graveur Saint Urbain) Rev. FACTVS · EST · IN · PACE · LOCVS · EIVS L'arche de Noë; à l'ex., les armoiries du Pape (des Pignatelli); à g.: S · V · Ar. t.b.c.

1698. **Anniversaire de la Paix de Ryswick.**

947 *Thaler* comme la pièce de Dix Ducats de Nuremberg, n. 388. Madai n. 5073. Ar. beau.

1701. **Négociations de Paix par le Pape Clément XI.**

948 *Médaille.* CLEMENS · XI— · PONT · MAX · ANNO · I · Buste du Pape, couvert de la tiare; sous le buste: IO . HAMERANVS. Rev. FIAT · PAX · SVPER - ISRAEL La Paix à genoux, les yeux levés vers le ciel et se reposant sur la tiare papale. Les armoiries des Albani sont attachées à une colonne; à l'ex.: 1701, van Loon IV éd. fr. 329, éd. holl. 273 n. 1. var. mm. 31. Br. belle.

Le cardinal Albani, élu pape après la mort d'Innocent XII, se hâta, après son élection, d'entrer en négociations avec les cours de Vienne, de Paris et de Madrid, pour conjurer les dissensions qui menaçaient d'éclater à cause de l'élévation du duc d'Anjou au trône d'Espagne, comme Philippe V.

1709. **Triple Alliance pour maintenir la Paix, conclue à Berlin.**

949 *Médaille.* TRIANGV= — LVS : MAIE= — STATICVS Bustes des trois rois Frédéric laurés, posés en triangle; en haut, le buste de: FRIDERICVS — REX DAN=&N: (Frédéric, roi de Danemark et de Norvège); à dr. le buste de FRIDERICVS — REX BORVSS: (Frédéric, roi de Prusse) et à g. de FRIDERICVS — AVG: REX POL: (Frédéric Auguste, roi de Pologne). Rev. QVOD TRES — IN AMPLEXVS — MVTVOS COIERINT — REGES — TANQVAM REGIVM TRIVM — FRIDERICORVM — RESERVATVM AETAS NOSTRA NOTET! POSTERITAS — ADMIRETVR · — MDCCIX · — GROSKURT.F. Wellenheim 6465. mm. 44. Ar. gr. 28. Belle.

1713. **Paix d'Utrecht.**

950 *Médaille.* ANNA · D : G : MAG : BRI : — FR : ET · HIB : REG : Buste drapé et lauré de la reine Anne de la Grande-Bretagne, à g.; sous le buste: I · C. Rev. COMPOSITIS · VENERAN-TVR ARMIS · La Britannia assise; en tout comme le n. 430. mm. 56. Ar. gr. 69.3. Belle.

Même sujet.

951 *Jeton.* LUDOVICUS · — MAGNUS REX · Tête de Louis XIV à dr.; en bas, monogramme du graveur Thomas Bernard. Rev. NON JAM FATALIA TERRENT. Navire surpris par des étoiles filantes; à l'exergue: PARTIES · — CASVELLES. — 1714 Ae. Beau. Inédit.

1720. **Paix entre la France, l'Angleterre et l'Espagne.**

952 *Médaille.* LUDOVICUS XV · D · — G · FR · ET NAV · REX · Buste cuirassé, drapé et lauré de Louis XV jeune. Rev. TRANQUILLITAS EUROPAE · Bellona en repos, assise sur un rocher, au milieu d'un amas d'armes; derrière elle, un cheval galopant; à l'ex.: PAX CUM HISPANIS . — M . DCC . XX . Au-dessus de la plinthe, à droite: I · B · (Jean Le Blanc). mm. 41. Br. Belle.

Après la mort de Louis XIV, Philippe V et une partie politique en France intriguèrent contre le Régent et contre la Quadruple Alliance; par une imprudence de l'ambassadeur de Philippe V, le prince de Cellamare, la guerre contre l'Espagne fut déclarée par le Conseil de régence, le 3 janvier 1719, tandis que le parlement anglais l'eut déjà votée, le 28 décembre 1718. — Le 26 janvier 1720, Philippe V annonça son adhésion à la Quadruple Alliance et rétablit la paix entre les trois pays; le 1 février 1720, l'ambassadeur espagnol Monteleon signa le traité de Cockpit.

1721. **Congrès de Cambrai.**

953 *Médaille.* LUDOVICUS XV · D · G · — FRAN · ET NAV · REX · Buste jeune cuirassé, lauré et drapé; au bras: DU VIVIER F. Rev. FELIX CONGRESSUS. La Victoire et la Paix, se donnant la main; à dr., en bas: D.V. à l'ex: M · DCCXXI · Mus monét. pag. 216 n. 32. mm. 41. Br. Belle.

Après le traité de paix, conclu entre l'Espagne et la France, en 1720, un congrès fut tenu à Cambrai, dans lequel fut projeté un mariage entre le roi Louis XV et l'infante d'Espagne, Marie-Anne-Victoire.

1724. **Traité de Constantinople, entre la Russie et la Turquie.**

954 *Médaille.* LUDOVICUS XV · D · G · — FRAN · ET · NAV · REX · Buste jeune, cuirassé, lauré et drapé; au bras: DU VIVIER F. Rev. VIRTUTIS ET JUSTITIÆ FAMA. La France assise sur le globe terrestre au milieu des attributs de la Guerre, de la Justice et de la Paix; au dessus de la plinthe: *NR* Norbert Roettiers; à l'ex., en trois lignes: TURCAS INTER ET RUSSOS — PAX CONSTITUTA · — VIII · JULII · M · DCC · XXIV. Mus. monét. page 221 n. 47 variété. mm. 41. Br. belle.

Dans une réunion du Conseil, le grand-vizir Damad-Ibrahim proposa de déclarer immédiatement la guerre à la Russie à propos de la Perse. Par la médiation du marquis de Bonnac, ambassadeur de France, le Traité de paix de Constantinople fut conclu, le 23 juin 1724, entre la Russie et la Turquie. La Russie aurait le Daghestan, le nord du Chirvan, Ghilan et Mazandéran; la Turquie garderait les acquisitions dans l'ouest de la Perse, le sud du Chirvan, Gendjé, Érivan, Moghan, Karabagh, Azerbaïdan, Irak.

Même sujet.

955 *Médaille.* LUDOVICUS XV · — REX CHRISTIANISS. Buste jeune et nu de Louis XV à dr.; au bras: DU VIVIER . F. Rev. comme de la médaille précédente. Mus. monét: pag. 221 n. 47. mm. 41. Br. Belle.

1742. **Préliminaires de paix à Breslau.**

956 *Médaille.* HÆC BEET ULTERIU—S PACIS PRIMORDIA CÆLUM ! La Paix couronnée, assise, tournée à dr. tenant corne d'abondance et palme. Elle pose son pied sur un bouclier et d'autres armures et fanons. Au-dessus d'Elle, la Renommée plane dans les nuages, sonnant d'une trompette sur le fanon de laquelle: PAX et tenant une couronne d'olivier. A l'ex.: XI · JUN · 1742; sur la plinthe: N · V · S · F · (Nicolaas van Swinderen fecit). Rev. dans le champ, en six lignes: ARMA CADUNT; SURGUNT OLEÆ; DUM MARTE REMOTO — PORRIGIT HUNGARIÆ DEXTRAM — REGINA BORUSSO · — PAX UTINAM RELIQUO GER — MANO AFFULGEAT ORBI · En haut: CRESCET — ADHUC · au-dessus d'un croissant et de trois oliviers dont l'un plus grand que les autres. En bas, un bras masculin et un bras féminin tenant attachés à un ruban, les écussons de la Prusse et de la Hongrie; tout en bas: COËUNT-DIVULSA. Van Loon supplement pl. XIX n. 171, Henckel 4064, Wellenh. 7856. mm. 47. Ar. gr. 39. Superbe, rare.

Voir aussi les médailles sur la Paix de Breslau, nos. 521—526.

1748. **Jubilé séculaire de la Paix de Westphalie.**

957 *Médaille.* MAIOR RERVM NVNC — NASCITVR ORDO Sur un autel orné des écussons d'Osnabrück et de Münster, placés au-dessus de deux rameaux d'olivier en sautoir, et partiellement couverts d'un tapis, on remarque un livre ouvert sur lequel on lit: IN—STRV—MENT · — PAC · — WEST—PHAL · le tout éclairé par l'oeil de la Providence. A l'exergue: FELICIB. AVSPICIIS — MDCXLVIII. Revers. NOVA IVBILA NVNCIA ORBI La Renommée planant audessus du globe terrestre sur lequel on lit: GERMAN · PACAT · — MEM · SECVL · MDCCXLVIII La Renommée sonnant d'une trompette, sur le fanon de laquelle on lit: PAX — WEST — PHAL · et tenant de sa main gauche, un rameau d'olivier. van Loon Supplement pl. XXVII n. 280. mm. 37. Br. belle, rare.

Voir aussi les médailles nos. 193—205 et 582 à 584 et le n. suivant.

1748. **Même jubilé fêté à Lindau.**

958 *Ducat,* épreuve en argent. SERVATA — LIBERTATE — VIRESCIT Écusson ornementé aux armoiries de Lindau. Rev. en Sept lignes: PACIS — WESTPHAL · — IUBILA PRIMA — LINDAV · III · — ID · AUG · — MDCCXLVIII — CELEBRATA Dessous: ɪ̇ (Jonas Thibaud à Augsbourg) et palme et branche d'olivier en sautoir.

1749. **Paix d'Aix-la-Chapelle et espoir d'un temps fortuné.**

959 *Petite médaille.* E SVPERIS ASTRÆA REDVX BONA SECVLA REDDENS Astrée assise sur les nuages, retournant sur la terre comme sur le n. 566 de cet ouvrage,

mais en bas, en deux lignes semi-circulaires: PAX AQVISGR · SANCITA — AN · LIB · IVB · MDCCXLVIII · Revers comme le n. 581 de cet ouvrage. Comparez van Loon Suppl. 283. mm. 21. Or, gr. 2.6. Superbe. Extr. rare.

960 *Petite médaille* pareille en argent, mm. 22 gr. 2.8 t.b.c.

No. 961.

1755. **Paix d'Augsbourg en 1555. Deuxième jubilé centenaire.**

961 *Médaille.* PACIS RELIGIOSAE PERENNITAS L'Augsburgia casquée debout, surprise de voir le temple de Janus fermé, tandis qu'un Génie apporte une corne d'abondance; à l'ex: D · XXV · SEPT · MDLV · dessous: P . P . W. (Peter Paul Werner). Rev. TRIPLICI COPVLA Trois autels reliés par une chaîne; sur celui à gauche, on lit dans un livre ouvert: AVG FES CON SIO; sur celui du milieu, une bible ouverte, qu'on reconnaît à l'inscription: BIBLIA et sur celui à g. un livre (ou charte) ouvert sur lequel on lit: PAX LI RE GI OSA à l'ex: MEMORIAE—BIS= SAECVLARI — MDCCLV mm. 35. Ar. gr. 14.5. Belle. Inédite.

Voir la reproduction.

Voir aussi les médailles nos. 585-587.

962 1782. **The Peace Medal.** Médaille sur les négociations d'un Traité de paix, par John Adams, entre les Provinces-Unies des Pays-bas et les États-Unis de l'Amérique.

Une Indienne, foulant aux pieds, le sceptre anglais et des fers brisés, tient un bouclier sur lequel on lit: DE — VER — KENIG — DE — STAATEN — VAN — NOORD — AMERI — CA; elle offre la main à un Frison, tandis que l'Angleterre qu'on reconnaît au dogue assis à ses pieds, offre un rameau d'olivier. Elle tient un bouclier sur lequel on lit: GROOT — BRIT — ANJEN. Des nuages descend un ange offrant à l'Amérique, le bonnet de la Liberté; sous la plinthe: B . C . V . CALKER F . Revers. Bras céleste tenant l'écusson de la Frise, au dessus d'une légende en huit lignes: AAN DE STAATEN VAN FRIESLAND — TER DANKBAARE NAGEDACHTENISSE — VAN DE LANDSDAGEN IN FEBR. EN APR. — MDCCLXXXII — TOEGEWYD — DOOR DE BURGER SOCIETEIT

— DOOR VRYHEID EN YVER — TE LEEUWARDEN. Van Loon suppl. 572. Betts 602, American Journal of Numismatics, vol. XLV n. 4, October 1911. mm. 44. Ar. gr. 29.8. Belle.

1785. **Négociations de paix à Fontainebleau.**

963 *Médaille sur le nouvel an* VIVIT DEVS – PATRIÆ PATER O · M · La Hollandia assise près d'un autel orné des armoiries de la France et de la Prusse. Son bras droit qui tient une branche d'olivier, enlace le chapeau de la Liberté, posé sur une charte contenant la constitution des Sept Provinces. De sa lance elle protège l'Escaut le SCALDIS; dans le lointain, des forteresses. En haut, dans un nuage, l'aigle autrchienne lançant des foudres. Le tout éclairé par l'oeil de la Providence. A l'ex: IN EVNTE ANNO —MDCCLXXXV. Sur la plinthe: I · G · H · · FEC · Revers MORS OPTIMI MOE-ROR—OMNIVM BONORVM. Monument funéraire; sur la base, on lit en 4 lignes: NOB . EQVITI — I . D . VAN DER CAPELLEN TOT DEN POL ETC . — LIB. TRANSISAL . VINDICI à l'ex: NAT . 2 . NOV . MDCCXLI . OBIIT 6 JUNII MDCCLXXXIV . Van Loon suppl. pl. LX n. 618.

Cette médaille est des plus curieuses; elle se rapporte à la mort de l'homme d'état, le chevalier Johan Derk van der Capellen tot den Pol et en même temps elle fait allusion aux négociations de paix à Fontainebleau. Le médailleur I. G. Holtzhey, auteur de cette médaille, témoigna par elle la perte que les Provinces- Unies ont soufferte par la mort de van der Capellen, le défenseur d'une union étroite avec la France et la Prusse, une perte qui se fit ressentir par la guerre menaçante de la part de l'Autriche à cause des droits de barrière sur l'Escaut. Voir à ce sujet, les nos. 656—659 de cet ouvrage.

1791. **Congrès et Traité de paix de Sistova.**

964 *Médaille.* LÉOPOLD · II · AVG · DVX · BVRG · BRAB · COM · FLAN · Tête laurée de l'empereur Léopold à dr. Rev. SIC FOEDERA IVNGVNT. La Paix couverte d'une couronne murale offre un rameau d'olivier à l'Empereur debout sur une estrade, protégé par un bouclier orné de l'emblème de la Providence; au pied de l'estrade, le lion belge, un caducée et une corne d'abondance; à l'ex.: MDCCXCI. mm. 35. Ar. gr. 17.7. Belle, rare.

Par le traité de La Haye, conclu le 10 décembre 1790, entre l'Autriche, la Prusse et les Puissances maritimes, la domination impériale en Belgique fut rétablie et un armistice entre l'Autriche et la Turquie fut conclu. Un congrès s'ouvrit à Sistova, entre l'Autriche et la Turquie, le 4 août 1791.

1796. **Traité de Paris.**

965 *Médaille.* ❊ BUONAPARTE GENERAL EN CHEF DE LA BRAVE ARMEE D'ITALLIE Buste de Bonaparte en uniforme à g., tête nue; au bras: P . F. (Pierre Ferrière). Rev. ❊ VOILA SOLDATS VALEUREUX LE FRUIT DE VOS TRAVAUX Minerve assise se reposant sur un bouclier entouré d'un trophée d'armes; à l'ex.: *1796* Comparez M. H. pl. III n. 9. mm. 41. Ae. t.b.c.

1796. **Traité de Paris.**

966 *Jeton* aux mêmes légendes, seulement le buste en uniforme à droite, et la date est gravée. mm. 32. Laiton, t.b.c.

1797. **Paix de Campo Formio.**

967 *Jeton.* BUONAPARTE OBERGENERAL DER FRANKENARMEE IN ITALIEN. Buste de Bonaparte en uniforme; dessous: IETTON Revers comme du n. 680 de cet ouvrage. M. H. pl. LXI n. 382. Laiton. Beau.

1800. **Négociations de Paix à Paris.**

968 *Jeton.* FRISCH MIT GEWALT Cheval libre; à l'ex.: 1800 Rev. DER FRIED KOMMT BALT Olivier entouré de drapeaux et de diverses armes de guerre; à l'ex.: IETTON mm. 24. Laiton, t.b.c.

1801. **Paix de Lunéville.**

969 *Médaille.* BONAPARTE PREMIER CONSUL, GENERAL A MARENGO Buste de Bonaparte à g.; sous le buste: B · DU VIVIER F · Rev. LA FRANCE — VICTORIEUSE La France casquée debout sous un palmier, remet des branches d'olivier aux dieux du PO, du TIBRE, du DANUBE et du RHIN; à l'ex.: PAIX CONTINENTALE — A LUNÉVILLE — AN 9 Au-dessous de la plinthe: D · V Br. 105. M · H pl. XII n. 40. mm. 57. Br. Belle.

Voir aussi les nos. 687—708.

Même sujet.

970 *Médaille* en tout comme le n. 689 de cet ouvrage, mais en bronze. Belle.

Même sujet.

971 *Médaille* comme le n. 689, mais le rameau d'olivier, porté par la Paix, est plus large et touche l'E de DE. mm. 42. Ar. gr. 36.7. Belle.

Même sujet.

972 *Médaille* comme le n. 690 de cet ouvrage, avec différent dans la bordure de l'uniforme qui est à pan découpé. Sur les autres médailles, le buste finit en pointe. mm. 38.5. Br. Belle.

Même sujet.

973 *Médaille.* BONAPARTE Buste d'un autre dessin; la bordure de l'uniforme moins large; signature au buste: Z. Revers comme du n. 690. Bramsen 114. M · H pl. XV n. 45. mm. 39. Br. belle.

Même sujet.

974 *Jeton* BUONAPARTE PR : CONSUL. Buste à dr. en uniforme. Rev. ZUM ANDENKEN DES FRIEDENS La Victoire ailée portant branche d'olivier et couronne; à l'ex.: IETTON—1801 Br. n. 122. mm. 26. Laiton argenté. Beau.

975 *Jeton* pareil, plus mince. Laiton. Beau.

No. 976.

1801. **Paix de Lunéville.**

976 *Médaille* NUN ISTS ENTSCHIEDEN Génie ailé au milieu d'un cercle sur lequel on lit: 1800—1801; à l'ex: WO SIND WIR? Rev. IUBEL IAHR UND FRIEDEN La Paix ailée debout sur la partie du globe terrestre, désignée par: EUROPA, tenant rameau d'olivier et trompette sur le fanon de laquelle on lit: PAX Br. 127. mm. 32. Laiton, belle, rare.
Voir la reproduction.

1801. **Paix de Lunéville, entre la France et la Russie.**

977 *Médaille.* REPUBLIQUE — FRANÇAISE. Le coq gaulois placé sur un sablier entouré de deux branches d'olivier en sautoir; le tout placé sur un fond rayonnant. En bas: FLOREAL · — AN 9 · Rev. ALEXANDRE I · EMPEREUR DE RUSSIE ·; dans le champ: PAIX — ET AMITIÉ — ENTRE LA — FRANCE — ET LA — RUSSIE ·; dessous: MAY . 1801·; tout en bas: TIOLLER.F; tranche feuillue. M · H · pl. LXII n. 397. Br. 149. mm. 30. Br. Belle.

Même sujet.

978 *Médaille* pareille; variété, la tranche ornée d'arabesques; mm. 28. Br. t.b.c. Extr. rare.

1801. **Paix de Lunéville.**

979 *Médaille.* BONAPARTE PR · CONSUL DE LA REP · FRAN · Buste de Bonaparte à g. en uniforme; sous le buste: P . F . (Pierre Ferrière). Revers VAINQUEUR — PACIFICATEUR Au-dessus, deux palmes en sautoir; au-dessous, couronne de laurier; en bas: GENEVE Bramsen 136. M · H · pl. XVIII n. 46. mm. 41. Étain bronzé. Belle.

Même sujet.

980 *Pièce de 30 Soldi de la République Cisalpine.* REPVBLICA — CISALPINA. Tête de femme casquée à l'antique, couronnée d'épis et de fleurs; en bas: SOLDI . 30. Rev. en cinq lignes PACE — CELEBRATA · — FORO BONAPARTE — FONDATO · — ANNO IX · M · H pl. XII n. 149. Ar. Belle.

1801. **Paix de Lunéville.**

981 *Jeton.* DER — FRIED KOMMT BALT Olivier entouré de drapeaux et de diverses armes de guerre; à l'ex: 1800 Rev. FRISCH MIT GEWALT Cheval libre galopant à dr.; à l'ex: 1801 Br. 163. Laiton. Beau.

1801. **Préliminaires de la Paix d'Amiens, signés à Londres.**

982 *Médaille.* A BONAPARTE · PAIX GENERALE · AN IIIe · DE SON CONSULAT · Tête de Bonaparte à g.; au cou: MERCIÉ · F · LUG; à l'ex.: XVIII · BRUM · AN X · — CAMBACERES IIe CONSUL · — LEBRUN · IIIe CONSUL · — CHAPTAL MINISTRE — DE L'INTER Rev. dans une couronne de chêne, en 14 lignes: LA VILLE — DE LYON AUX CIT · — VINCENT, MAÇON — ET BELEY, CHARPENTIER — POUR AVOIR SIGNALÉ — LEUR COURAGE — LE XIX · VEND · AN X, — LORS DE L'ÉCROULEMENT, — RUE GOURGUILLON · NAJAC, CONSR D'ETAT, — PRÉFET · — BERNARD CHARPIEUX — SAINT, PARENT, — MAIRES. Br. 166. M · H pl. LXIII n. 400. mm. 49. Br. belle, rare.

Cette médaille rappelle les préliminaires de la Paix d'Amiens, signés à Londres, le 1er octobre 1801, l'anniversaire de l'avènement au consulat et a servi comme médaille de sauvetage aux deux hommes qui se sont distingués à l'écroulement à Lyon, le 19 octobre.

983 *Médaille.* Même droit. Revers, dans une couronne de laurier, en 10 lignes: IL A CONQUIS — LA PAIX : — RESTAURÉ — LE COMMERCE, — L'AGRIC · ET LES ARTS — AU NOM DES LYONNOIS — RECONNOISSANS · — NAJAC, — CONSEILER D'ETAT — PRÉFET. Br. 167. M · H pl. LXIII n. 399. mm. 49. Br. belle, rare.

1805. **Paix de Presbourg.**

984 *Jeton* sans date. NAPOLEON — EMPEREUR Tête laurée de Napoléon à dr.; en bas: L (Lauer). Rev. FRIEDE UND GLÜK Olivier entre deux cornes d'abondance; à l'ex: IETTON Br. 342. Laiton. Beau.

Voir aussi les nos. 738—741.

1807. **Paix de Tilsit.**

985 *Médaille portative.* NAPOLEON . IR . REGULATEUR DE LA PAY Tête de Napoléon à dr., dans une couronne de laurier. Rev. IL CE SONT — EN-BRACE Le pavillon au milieu du fleuve, dans lequel sont, à gauche et coiffés du chapeau à cornes, les deux Empereurs, Napoléon et Alexandre I, s'embrassant, et à droite, le roi de Prusse, le chapeau à la main. Au fond, de chaque côté, on voit quelques soldats. Br. 638. mm. 39. Plomb. t.b.c. Extrêmement rare.

Voir aussi les nos. 742—748.

1813. **Traité de Breslau.**

986 *Médaille* · ALEXANDER KAISER VON RUSSLAND FR · WILHELM KOENIG VON PREUSSEN Bustes opposés des deux princes en uniforme; tout en bas: LOOS Rev. BÜNDNISS ZUM KAMPF FÜR UNABHÄNGIGKEIT UND WOHLSTAND

Monument auquel sont attachées les armoiries de la Russie et de la Prusse, entouré de trophées; en haut, on lit: D · 5 NOV. 1805. Sur la base: IM VERTRAUEN — AUF GOTT à l'ex: GESCHLOSSEN IM MÄRZ — 1813 Br. 1217. mm. 44. Br. belle.

Par le traité de Breslau, conclu le 19 mars 1813, entre Henri Frédéric Charles baron de Stein, ministre de Prusse et Charles Robert, comte de Nesselrode, ministre de Russie, ces deux Puissances appelaient à l'indépendance les peuples et les princes de l'Allemagne.

1814. **Capitulation et Paix de Paris.**

987 *Jeton.* THEY SHALL PROSPER THAT LOVE THEE La Paix debout versant le contenu d'une corne d'abondance; à dr., la mer drapée de navires et à gauche, un navire et tonneau de marchandises sur lequel on lit: TO — FRANCE; à l'exergue: 1814 et à g.: KETTLE Rev. WE CONQUOUR TO SET FREE Dans le champ, en 8 lignes: EMP · — OF RUSSIA — K · OF PRUSSIA — MARQUIS — WELLINGTON — PRINCE — SCHWARTZEN — BERG; tout en bas: MARCH 31 · 1814 Br. 1373. Laiton. Beau.

Voir aussi les nos. 754—784.

1814. **Paix de Paris.**

988 *Médaille* au buste du duc de Wellington à g. entouré des noms des divers États, comme le n. 764 de cet ouvrage, mais en argent. Br. 1442, mm. 42.5 gr. 35. Superbe et extrêmement rare.

1814. **Paix de Paris.**

989 *Jeton* sans date. FRIED · WILH III · KOENIG V · PREUSSEN · Buste en uniforme à g.; en bas: L (Lauffer). Rev. dans une couronne de laurier, en cinq lignes: GESEGNET — SEY DURCH — IHN · EIN — GANZES — VOLK En bas: IETTON Laiton. Beau.

1815. **Congrès de Vienne. Réunion de la Hollande avec la Belgique.**

990 *Médaille.* WILH : NASS : BELG : REX · LUXEMB : M : DUX: Buste du roi Guillaume I des Pays-Bas, à dr.; au buste: MICHAUT · en lettres incuses. Revers PARIBUS SE LEGIBUS AMBAE INVICTAE GENTES AETERNA IN FOEDERA MITTUNT ⋆ La Belgique portant une corne d'abondance et la Hollande portant un gouvernail, se donnant la main; entre elles, les armoiries de la Belgique et de la Hollande, sous une couronne; à l'exergue: POSTRID · ID · MART · — CIƆIƆCCCXV · sous la plinthe: MICHAUT · — FECIT. Dirks 38. mm. 72. Br. Superbe.

En conséquence de l'Acte final, articles 55 et 56 du congrès de Vienne, le royaume des Pays-Bas, composé de la Belgique et de la Hollande, fut donné au prince d'Orange-Nassau.

1839. **Traité de Londres, entre la Belgique et les Pays-Bas.**

991 Levée du siège de Maestricht resté fidèle au roi des Pays-Bas, pendant la révolution belge, après la conclusion du Traité de paix entre les deux États, en 1839. La ville de Maestricht assise sur un rocher et tenant un bouclier aux armoiries des Pays-Bas ; tout en bas : J · WIENER FEC : Rev. Armoiries de Maestricht; dessous, légende en 15 lignes : MAASTRICHT, GETROUW GEBLEVEN — AAN DEN KONING DER NEDERLANDEN, etc. Dirks n. 552. Guioth pl. XL n. 283. mm. 41. Br. belle.

Même sujet.

992 Retour de la ville de Venlo, occupée par les Belges sous Daine, depuis le 18 Novembre 1830, sous le gouvernement Néerlandais, après la conclusion du Traité de paix entre la Belgique et les Pays-Bas, en 1839. WILLEM I KONING DER NEDERLANDEN Armoiries de Venlo; tout en bas: J . WIENER FEC · Rev. en neuf lignes: DEN XXII JUNY — MDCCCXXXIX — WERD DE STAD VENLO — ONDER HET WETTIG GEZAG — AAN Z. M. DEN KONING DER — NEDERLANDEN TERUGGEBRAGT — DE XVIII . AFD . INF — NAM DEZE STAD — IN BEZIT Dirks n. 551. Guioth pl. XL n. 282. mm. 27. Ar. gr. 10. Belle.

1854. **La Sainte-Alliance entre la France, l'Angleterre et la Turquie.**

993 *Médaille.* THE HOLY ALLIANCE · — LA SAINTE ALLIANCE. Soldat anglais et soldat français devant un canon entouré des drapeaux des deux armées; à côté, tambour; à l'exergue : 1854 Sur la plinthe : PUNCH D . ALLEN & MOORE F. Rev. en six lignes, dans une couronne de laurier : ENGLAND AND FRANCE — UNITED — TO DEFEND — THE OPPRESSED, — AND AVENGE — INSULTED EUROPE mm. 44. Étain. Belle. Rare.

Voir aussi les nos. 808 et 809 de cet ouvrage.

1871. **Paix de Francfort.**

994 *Médaille.* WILHELM DEUTSCHER — KAISER KÖN. v. PREUSSEN Buste de face de l'Empereur en uniforme, décoré de ses ordres; sur le buste, à g.: BRENNER F . Rev. DEM SIEGREICHEN DEUTSCHEN HEERE Colonne surmontée de la couronne impériale, posée devant un trophée militaire, entre : 1870—1871 ; à l'entour, placé comme les rayons d'un soleil, les victoires gagnées sur les Français; de g. à dr. : 4 AUG · WEISSENB · — 6 AUG · WÖRTH — 6 AUG · SPICHEREN — 14 AUG · HERNY — 16 AUG · MARS LA TOUR — 18 AUG · GRAVELOTTE — 30 AUG · BEAUMONT — 1 SEPT · SEDAN — 1 SEPT · NOISSEVILLE — 11 OCT · 5 DEC · ORLEANS — 28 · S · STRASBURG — 27 OCT · METZ — 27 NOV · 23 DEC · AMIENS — 28 NOV · BEAUNE L · ROLANDE — 2 DEC · BAZOCHES L · HAUTES — 8 DEC · BEAUGENCY — 12 JAN · LE MANS — 15-17 JAN · MONTBELIARD — 19 JAN · ST · QUENTIN — 28 JAN · PARIS — 31 J · PONTARLIER — 10 MAI FRIEDE Henckel 2939. mm. 40. Br. Superbe.

Voir aussi les nos. 827 à 836.

1045 **Washington**. 1876. **Érection du Washington monument**. *Médaille*. ⋆ FIRST IN WAR AND IN PEACE ⋆ LAST IN SECURING Tête de George Washington à dr.; au cou: LOVETT Dans le champ, dans un demi cercle: 1775 — 100 YEARS — 1875 Sous la tête: I.F.W.DES.—G.H.L.FEC. Au revers, le monument. mm. 40. Br. Belle.

1046 **Wilhelm II ami de la Paix**. *Petite médaille*, comme le n. 1014, mais sans oeillet. mm. 22. Laiton t.b.c.

MONNAIES ET MÉDAILLES MANIFESTANT LA PAIX OU AVEC DES LÉGENDES FORMANT UNE EXHORTATION A LA PAIX.

MONNAIES DE L'EMPIRE ROMAIN.

No. 1047.

Claude, an de J. C. 31—54.

1047 *Aureus*. TI · CLAVD · CAESAR · AVG · P · M · TR · P · VIIII · IMP · XVI Sa tête laurée à dr. Rev. PACI AVGVSTAE La Paix debout tenant caducée, devant Elle, serpent. Frappé en 49 de J. C. Cohen 1ère éd. n. 48, 2de édit. n. 60. Or. Beau. *Voir la reproduction.*

Néron, 54—68.

1048 *Grand Bronze*. IMP · NERO CLAVD · CAESAR AVG · GER · P · M · TR · P · P · P · Sa tête laurée à g. Revers: PACE P · R · TERRA MARIQ · PARTA · IANVM · CLVSIT · S · C · Temple de Janus fermé, la porte à droite. Coh. 1ère édit n. 172, 2de éd. n. 162. Belle patine.

1049 *Moyen Bronze*. NERO · CAESAR · AVG · — GERM · IMP · Sa tête laurée à droite. Revers. PACE P · R · VBIQ · PARTA IANVM · CLVSIT · S · C Temple de Janus fermé, la porte à droite. Coh. 1ére édit n. 184, 2de éd. n. 171. Belle patine.

1050 *Moyen Bronze*, même droit et même légende du revers comme au n. 1044, seulement la porte à g. Coh. 1ère éd. n. 179, 2de éd. n. 164. Belle patine.

Vespasien, 69—79.

1051 *Denier.* IMP · CAESAR VESPAS · AVG · COS · III TR · P · P · P · Sa tête laurée à dr. Rev. PACI AVGVSTAE La Paix marchant à dr., tenant palme et couronne, dans le champ: EP-E Fr. à Ephèse, en 71. Coh. 1ère éd. n. 124, 2de éd. n. 276. Ar. t.b.c. rare.

1052 *Denier,* même droit Rev. PACI · ORB · TER · AVG Tête diadémée de la Paix à dr.; en bas: EP-E (Ephèse). Coh. 2de édition 289 var. Ar. t.b.c. rare.

Trajan, 98—117

1053 *Denier* au buste lauré à dr. Rev. La Paix mettant le feu à un tas d'armes; à l'ex.: PAX A l'entour: COSV · AP SP QR OPTIMO PRINC · Coh. 1ère éd. 106. 2de éd. 196. Ar. t.b.c

1054 *Grand Bronze* au buste lauré à dr.: IMP CAES NERVA TRAIAN AVG GERM · PM Rev. La Paix assise à g. tenant rameau d'olivier: S · C · TR POT COS IIII P · P. Coh. 1ère éd. 532, 2de éd. 636. Superbe patine verte.

Antonin le Pieux, 138—161.

1055 *Denier.* IMP · T · AEL · CAES · HADRI · ANTONINVS Sa tête nue à dr.: Rev. AVG · PIVS PM TR P COS DES II. L. Paix deb. à g. tenant baguette et corne d'abondance. Coh. 2de éd. 77. Ar. t b.c.

1056 *Denier.* ANTONINVS AVG PIVS P P Sa tête laurée à dr. Rev.: COS III — DES IIII La Paix deb. à g. portant branche d'olivier et corne d'abondance. Coh. 1ère éd. 56, 2de éd 188. Ar. t.b.c.

Septime Sévère, 193—211.

1057 *Denier.* SEVERVS PIVS AVG Sa tête laurée à dr. Rev.: FVNDATOR PACIS Sévère voilé debout à gauche tenant une branche d'olivier et un livre. Frappé après sa seconde campagne contre les Parthes. Coh. 1ère éd. 121, 2de éd. n. 205. Ar. t.b.c.

Maximin I, 235—238.

1058 *Grand Bronze* au buste lauré et drapé à dr. MAXIMINVS PIVS AVG · GERM. Rev. PAX AVGVSTI S · C · La Paix debout tournée à gauche et tenant rameau d'olivier. Coh. 1ère éd. 63. 2de éd. n. 38. mm. 33. Patine brune.

1059 *Grand Bronze* pareil. mm. 29. Patine brune.

Gordien III, le Pieux, 238–244.

1060 *Grand Bronze.* IMP CAES M ANT GORDIANVS AVG Buste lauré et drapé à dr. Rev : PAX AVGVSTI S C La Paix debout tournée à g. et tenant rameau d'olivier. Coh. 1ère éd. 268, 2de éd. n. 175. Beau.

Philippe père. 244—249.

1061 *Grand Bronze.* IMP · M · IVL PHILIPPVS AVG Buste lauré et drapé à dr. Rev. PAX AETERNA S · C · La Paix debout tournée à g. et tenant rameau d'olivier. Coh. 1ère éd. 168, 2de éd. n. 105. Belle patine verte.

Philippe père. 244—249. **Paix avec Sapor I, roi de Perse, en 244.**

1062 *Denier.* IMP C · M · IVL PHILIPPVS P F AVG P M Son buste radié à dr. avec le paludament. Rev. PAX FVNDATA CVM PERSIS La Paix deb. tournée à g. tenant rameau d'olivier. Coh. 1ère éd. 45, 2me éd. n. 113. Ar. Beau.

Gordien III en guerre contre les Perses, succomba à son adversaire Philippe, en 244. Pour mieux pouvoir consolider sa puissance dans l'empire, Philippe se hâta de conclure la paix avec Sapor I.

Philippe fils. 245–249.

1063 *Denier.* IMP PHILIPPVS AVG Tête radiée de Philippe fils, jeune, à dr., avec le paludament et la cuirasse. Rev. PAX AETERNA La Paix deb. à gauche, tenant une branche d'olivier. Coh. 1ère éd. n. 16, 2de éd. n. 23. Ar. Beau.

Florien, mort en 276, qui n'a régné que trois mois.

1064 *Petit Bronze.* IMP C M AN FLORIANVS P F AVG Son buste radié et drapé à dr. Rev. PACATOR ORBIS Le soleil courant à g. Coh. 1ère éd. n. 42, 2de éd. n. 47, t.b c.

Carus. 282—283. **Marcus Aurelius Carus.**

1065 *Denier* de billon. IMP CARVS P F AVG Son buste radié à dr. avec la cuirasse. Rev. PAX EXERCITI · La Paix deb. à g. tenant rameau d'olivier; à l'ex.: S · XXI Coh. IIde éd. 56. Billon, beau.

Dioclétien. 284—305.

1066 *Petit Bronze* IMP DIOCLETIANVS AVG Buste cuirassé à g. avec le casque radié et tenant une haste sur l'épaule droite. Rev. PAX AVGG · La Paix debout tournée à g., sa main gauche appuyée sur un bouclier et tenant rameau d'olivier. Comp. Coh. 282 et 2de éd. 364. Beau et rare.

MONNAIES ET MÉDAILLES PAR ORDRE ALPHABÉTIQUE.

Bâle.

1067 1740. $^1/_4$ *Thaler.* Vue de la ville; en haut: BASILEA Rev. Armoiries. ❀ DOMINE CONSERVA NOS IN PACE Ar. beau.

Batenbourg, baronnie. Guillaume de Bronckhorst 1555—1573.

1068 *Écu au lion* sans date, hache au commencement de la légende: DA ⋆ PACEM ⋆ DOMINE ⋆ IN ⋆ DIEBVS ⋆ NOSTRIS Lion rampant, couronné et à queue fourchue. Rev.: MONETA ▾ NOVA ▾ ARGENTEA ▾ BATENBOR ▾ Double aigle couronnée ayant en coeur, l'écu de Bronckhorst—Batenbourg. Comparez: v. d. Chijs pl. XIII n. 38 et Madai 6884. Ar. t.b.c.

1069 *Écu au lion* pareil, hache au commencement de la légende: DA ⋆ PACEM ⋆ DOMINE ⋆ IN ⋆ DIEBVS ⋆ NOSTRIS Rev.: MONETA ⋆ NOVA ⋆ ARGENTEA ⋆ BATENBORGEN' Même type que le précédent. v. d. Chijs pl. XIII n. 38, variété. Ar. t.b.c.

Enkhuisen, 1673.

1070 *Essai d'un Ducaton* frappé pendant l'invasion des Français, avec voeu pour la paix sur la tranche: ❀ GEEFT ONS VREEDE HEERE IN ONSE DAAGEN ❀ c'est la traduction de : DA PACEM DOMINE IN DIEBVS NOSTRIS. Droit ❀ MO · NO · ARG · CONFOED · — BELG · PRO · WESTFRIS · Cavalier cuirassé et brandissant son épée, galopant à dr.; dessous, écusson couronné de Westfrise. Rev. ❀ CONCORDIA · — RES · PARVÆ — CRESCVNT · ❀ 1673 Écusson couronné des Provinces -Unies, tenu par deux lions; en bas, dans un cartouche, les armoiries d'Enkhuisen. Van Loon III éd. fr. 73, éd. holl. 80. Verkade pl. 62.3. Superbe et rare.

1832. **Entente cordiale entre la France et la Belgique.**

1071 *Médaille.* · BELGIQUE · FRANCE · UNION · Le lion belge et le coq français, chacun sur une barricade, se donnant réciproquement la griffe et la patte; à l'exergue: JUILLET · SEPTEMBRE — MDCCCXXX ·; en bas, à droite: HART · F · Revers. ILS VAINCRONT — OU — PERIRONT ENSEMLE — MDCCCXXXII. entre une branche de chêne et une branche d'olivier. Dirks 472. Guioth pl. 21 n. CLXXI. mm. 36. Br. Belle.

La Belgique s'unit avec la France pour résister aux Hollandais, à cause du refus obstiné du roi Guillaume I de se soumettre à la décision de la conférence de Londres, du 3 novembre 1830, de retirer ses troupes derrière les limites que les grandes Puissances lui avaient désignées.

Grande-Bretagne. Reform League.

1072 1832. *Médaille.* Drapeau sur lequel on lit en six lignes : MAGNA CHARTA — 1215 — REVOLUTION — 1688 — REFORM BILLS — 1832 Au-dessus du drapeau, le bonnet de la Liberté et pigeon portant rameau d'olivier; des deux côtés et en bas, corne d'abondance, glaive, bascules de la Justice, la rose, le chardon et la tréfeuille de l'Angleterre, l'Écosse et l'Irlande, le tout sur un fond rayonnant; à l'entour, une double légende : REFORM BILLS THE MEAN OF EXTENDING — THE ELECTIVE FRANCHISE — AND OF — OBTAINING — A JUST CHEAP AND PEACEFUL GOVERNMENT · Revers. RENFREWSHIRE POLITICAL UNION — INSTITUTED 3RD DECR 1830 — TO OBTAIN A RADICAL REFORM — OF OUR NATIONAL ABUSES A dr.: W · H · Double légende entourant les fasces de licteur posées dans une couronne de laurier. mm. 42. Étain. Belle.

1073 1865. *Médaille* OUR QUEEN OUR COUNTRY AND OUR RIGHTS Couronne royale entourée d'une couronne de roses, de chardons et de feuilles, réunie par deux rubans sur lesquels on lit: JUSTICE FOR ALL — PEACE · LAW · ORDER Signée MAHER & SON BIRM. Rev.: THE CONSTITUTION IN ALL ITS FULLNESS FOR THE PEOPLE OF THE UNITED KINGDOM · Lion devant un rocher; à l'exergue: REFORM LEAGUE — EDMOND BEALES — PRESIDENT — 1865 mm. 43. Br. doré, petit trou.

Groningue ville.

1074 1562. *Pièce de quatre sous.* MONETA — NOVA * AR — GEN * GRO — NINGEN Écusson de la ville, posé sur une croix fleuronnée et coupant la légende. Rev. ❀ DA * PACEM * DNE * IN * DIEB * NOSTRIS * 156z Petit écu de la ville, en coeur d'une croix fleuronnée. v. d. Chijs pl. XVII n. 144. Ar. b.c.—t.b.c.

1075 1580. *Pièce de quatre sous* au même type. MONET * — NOVA * AR — GEN * GRO — NINGEN Rev. ❀ DA * PACEM * DNE * IN * DIEB * NOSTRIS * 1580 Verkade pl. 186 n. 2. Ar. b.c.—t.b.c.

Indes Néerlandaises.

1076 1902. Troisième jubilé séculaire de l'institution d'un gouvernement néerlandais aux Indes-Orientales. *Médaille.* DE · — VESTIGING · — VAN · HET · — NEDER — LANDSCH · — GEZAG · — IN · — INDIE · — HERDACHT · Paysage oriental avec temple de Bouddha; sur l'avant scène, le lion néerlandais tourné à gauche, debout sur la ruine d'un temple bouddhique. Rev. PONĀ VISITATIONĒ TUĀ PACE & — PRAEPOSITS TUS IUSTITIĀ · — 1602—1902 · Paysage montagneux avec grenier de riz, un Malais labourant son Sawah, avec une charrue attelée de deux buffles. Sur le devant, une indigène s'occupant à battiquer; en bas: FADDEGON Chaufepié, Médailles et Plaquettes Modernes n. 648. mm. 64. Bronze, belle.

Nimègue.

1077 *Quatre Mites.* PACE — M ∘ TE ∘ P — OSCI — OMNE (Pacem te poscimus omnes) de Voogt 45d Billon t.b.c.

Nimègue. Paix de Nimègue, 1679.

1078 *Jeton.* LOVIS · XIV · ROY · — DE · FR · ET · DE · NAV · Buste cuirassé de Louis XIV à dr. Revers, à l'ex: · PAIX · A · TOVTES · — · NATIONS · — · 1679 · Concert vocal et instrumental dans une grande salle. van Loon III éd. fr. 260, éd. holl. 278 n. XI. Dugn. 4420. Ae. t.b.c. rare.

Nimègue. Paix de Nimègue, 1679.

1079 *Jeton.* LOVIS · XIV · ROY · — DE · FR · ET · DE · NAV Buste cuirassé et drapé à dr. Rev. à l'ex. TEMPL : PACIS · — · 1679 · Le roi assis sur son trône, recevant à bras ouverts, dans le temple de la Paix, trois femmes qui représentent la triple Paix. van Loon III éd. fr. 260, éd. holl. 278 n. XII. Dugn. 4419. Laiton. t.b.c.

Même sujet.

1080 *Jeton.* Buste et légende comme du précédent. Rev. PAX OMNIBVS. Des cavaliers et piétons en retraite; à l'ex.: · 1679 · Dugn. 4422. Lait. t.b.c.

Nuremberg. Renouvellement du traité de Nuremberg, en 1536.

1081 *Médaille.* CONTRAFRAITVVRA ◇ IOAN ◇ FRIDERICI ◇ ELECTORIS ◇ DVCIS ◇ SAXONIAE ◇ MDXXXVI Buste de face, incliné à droite, cuirassé et couvert du manteau électoral, médaille d'or suspendue à une chaine d'or. Rev. ◇ NON ◇ FRVSTRA ◇ GLADIVM ◇ GESTAT ◇ NAM ◇ DEI ◇ MINISTER ◇ EST ◇ VLTOR ◇ AD ◇ IR Des cavaliers combattant; en bas, des révolutionnaires défaits. van Mieris II 445 n. 2. mm. 44, gr. 26.6. Belle médaille originale en vermeil, avec oeillet.

Par le traité de Nuremberg, conclu en 1524, entre l'Empereur Charles V et les princes protestants, l'Empereur promit de ne point persécuter les princes à cause de la religion.

Ostfrise. Edzard II, Christoph et Johann.

1082 1562. *Quart de Thaler.* ♛ EDZ ◇ CHR ◇ IOH ◇ CO ◇ ET DO ◇ PHR ◇ ORI Buste cuirassé et drapé de face, un peu tourné à g., couvert d'un chapeau à plumes. Rev. ⚜ DA ◇ PACE ◇ DO ◇ IN ◇ DIEBVS ◇ NOSTR ◇ 62 Knyphausen 9704. Ar. t.b.c. rare.

Overijssel. Province.

1083 1685. *Pièce de 28 Sous.* MO · NO · ARGEN · ORD : TRANSIS Écusson écartelé et couronné; 1—6—8—5 entre les fleurons de la couronne. Rev. DA · PAC · DOM · IN · DIEBVS NOSTRIS Double aigle couronnée ayant en coeur, la valeur 28. Verk. pl. 142 n. 1. Ar. t.b.c.

Pacte de famille. Traité entre la France et l'Espagne, 1761.

1084 *Médaille.* LUDOVICUS XV — REX CHRISTIANISS· Son buste à dr. Sur la section du col: B · DVVIVIER F · Rev. PERPETVA CONSANGUINITATIS FIDES L'amitié entre la France et l'Espagne, symbolisée par les figures de Castor et de Pollux, leurs étoiles au front, se donnant la main dans une étreinte fraternelle; à l'ex: GALLIÆ ET HISPANIÆ — FŒDUS — MDCCLXI Au-dessus de la plinthe, à g.: R · FILIUS · (Roëttiers fils). Mus. mon. n. 140. mm. 41. Br. belle.

En vertu du Pacte de famille, signé le 15 août 1761, conclu par le duc de Choiseul et le marquis de Grimaldi, entre tous les princes régnants de la dynastie de Bourbon, l'union intime des deux familles de France et d'Espagne fut proclamée pour toujours. Le Pacte ne pouvait être étendu qu'aux Bragance pour l'Espagne et au roi de Sardaigne pour l'Italie. Ainsi l'union étroite de la France, de l'Espagne et de l'Italie était formée, c'était une sorte d'*union latine.*

Pays-Bas. Guillaume I roi.

1085 *Médaille* 1830. Voeu de Guillaume I, roi des Pays-Bas, pour maintenir la paix, lors de la révolution belge. SAPIENTIA GVILIELMI – I – NASSAVII Pallas debout tenant une haste aux armoiries des Pays-Bas et couronnant un autel au buste du roi; sur l'autel, un rameau d'olivier; sur la base: BRANDT F; à l'ex.: MDCCCXXX Rev. Dans une couronne de chêne: AESTVANTE — EVROPA — BELG · FOEDER — STABILIS PACIS — ARX — ET — PRAESIDIVM Dirks n. 344. mm. 50. Br. belle.

Pays-Bas. Guillaume III roi.

1086 1874. *Médaille.* Jubilé de 25 ans du règne du roi Guillaume III. Sa tête laurée à dr., par Geerts. Rev. légende à l'entour: HET WAS VREDE IN ZYNE DAGEN etc. Zwierzina 296. mm. 22. Ae. Belle.

Pays-Bas. Guillaume III roi.

1087 1889. *Médaille.* Jubilé de 40 ans du règne de Guillaume III, roi des Pays-Bas. MDCCCXLIX · WILLEM · III · KONING · DER · NED · G · H · V · L · MDCCCLXXXIX ❀ Tête du roi à dr.; sous le cou: J · P · M · MENGER · F · Rev. OSCVLATÆ · SVNT · — PAX · ET · IVSTITIA · La Paix, représentée comme une femme à demi-nue, offre la main à la Justice et tient une palme au-dessus de sa tête; à l'exergue: J · P · M · MENGER · F · Zwierzina n. 828. mm. 51. Br. Superbe.

Pise. Traité de Pise, 1664.

1088 *Médaille.* LUDOVICUS XIIII · REX CHRISTIANISSIMUS · Buste de Louis XIV à dr. avec longue chevelure; sous le buste: J · MAVGER · F · Revers

MAJESTAS VINDICATA · La France debout, armée et casquée à l'antique, appuyée sur un bouclier aux trois fleurs de lis, donne la main, en signe de réconciliation, à la Ville de Rome, vêtue de même, qui pose un pied sur l'écusson de Corse, ayant abandonné derrière elle son bouclier sur lequel on lit: ROMA A l'ex.: FŒDUS PISANUM · — XII · FEBRUARII · — M · DC · LIV · Date fautive, le traité de Pise ayant été conclu le 12 février 1664. Mus. mon. n. 114. mm. 41. Br. Belle.

Comparez aussi le jeton n. 255.

Saxe Gotha. Johann Casimir et Johann Ernst.

1089 1608. *Demi-Taler* avec FRID : ERNEHRT — VNFRID · VERZEHRT · Légende intérieure autour des bustes cuirassés à mi-corps et opposés des deux princes; la légende est coupée par un globe crucigère qui coupe aussi la légende extérieure: D : G : IOHA : CASI : E : IOH : ERNS : FRA : DV-CES · SAXON Revers ✠ LANTG : THVRI : ET · MARCHIO : MISN : MON : IMP : Dans le champ, écusson de la Saxe-Gotha entre C — O surmonté de 1608 et entouré de 13 écussons. Ar. t.b.c.

1090 1624. *Thaler.* D · G · IO — CAS · — ET · IO - ER · F · — D · SAX — IV · CL — ET · M Buste cuirassé et drapé à mi-corps de Johan Casimir à dr.; en haut, 3 écussons et la légende coupée par six écussons; autour de la tête: FRIED · — ERNEHRT Rev. LAN — THV — MAR — MIS — COM — M · ET — RA · D — IN · R · Buste à mi-corps à g. cuirassé et drapé de Johann Ernst entre deux écussons; la légende coupée par 8 écussons; autour de la tête: VN FRIED — VERZEHRT · Var. de Mad. n. 3951. Ar. t.b.c.

Venise. Doge Dominico Contarini.

1091 *Osella* de l'an XV (1673) · OPVS - IVSTITIÆ PAX ✿ La Justice assise sur le lion Vénitien; à côté, des oliviers Rev. · S · M · VEN · DOMIN · CONT · D · St. Marc assis tenant fanon; le Duc agenouillé devant lui; à l'ex.: P · Z · 6 · ° Ar. t.b.c.

Vienne. Sainte-Alliance, 1815.

1092 *Médaille.* LVDOVICVS · XVIII — FRANC · ET · NAV · REX Buste de Louis XVIII à dr.; sur la section du col: ANDRIEU F · Revers. REGNIS · EVROPAE · — CONCORDIA · STABILIENDIS La France, sous la figure d'une femme casquée, recouverte d'un manteau fleurdelisé, présente une bannière à ses armes à la Sainte-Alliance, figurée par une autre femme casquée, ayant derrière elle un cheval couché en liberté, laquelle la réunit à un faisceau de quatre autres bannières aux armes de la Russie, de l'Autriche, de la Prusse et de l'Angleterre. Les deux figures ont une main sur un bouclier qui repose sur un socle et où on lit circulairement: RVSSIA · GALLIA · AVSTRIA · ANGLIA · BORVSS · et au centre, en trois lignes: SACRO — FOEDERE — IVNCTAE; à l'ex.: ACCESSIT · GALLIA · — NOVEMB · MDCCCXV Mus. mon. n. 28. mm. 50. Br. Belle.

Ce fut comme le manifeste de la politique nouvelle que la déclaration mystique signée par le Tzar, l'empereur d'Autriche et le roi de Prusse, devenue célèbre sous le nom de traité de la *Sainte-Alliance*. Les alliés signèrent, le 26 septembre 1815, et Louis XVIII adhéra à la Sainte-Alliance, le 19 novembre 1815.

Westfrise.

1093 1678. *Écu* (*Rijksdaalder*) au chevalier cuirassé et casqué debout tenant l'écusson de Westfrise. MO · NO · ARG · PRO — CONFOE · BEL · WEST - F · Revers ❀ CONCORDIA ❀ RES ❀ PARVÆ ❀ CRESCUNT ❀ 1678. Écusson des Provinces-Unies des Pays-Bas; sur la tranche: ❀ HEERE · ❀ GHEEFT ❀ ONS ❀ VREDE ❀ IN ❀ ONSE ❀ DAGEN Verkade 352*e* Ar. t.b.c. Extr. rare.

Cet écu, avec l'exhortation à la paix sur la tranche, est frappé dans l'atelier d'Enkhuisen, pendant les négociations de la Paix de Nimègue.

No. 1094.

Zoug.

1094 1565. *Thaler.* ❀ MONETA ❀ NO ❀ CANTONIS ❀ TVGIENSIS : 65 Armoiries. Rev. ❀ CVM + HIS + QVI + ODERT + PACE + ERAM + PACIFICVS L'archange Michel armé debout tenant bascules, avec enfant priant et diable avec globe. Haller 1235. Ar. Beau, fort rare.

Voir la reproduction.

Beau thaler par Stampfer.

1095 1621. *Thaler.* ❀ MONETA · NO · CANTONIS · TVGIENSIS Ange tenant l'écusson de la ville, entre 16—21. Rev. CVM · HIS · QVI · ODERT PACE · ERAM · PACI · (Cum his qui oderant pace eram pacificus) Double aigle couronnée. Madai 2113. Haller 1252. Ar. t b.c.

No. 1096.

1096 1620. *Demi-Thaler* même type · ❀ · MON · NO · CANTO — NIS · TVGIENSIS · 16 · 20 Rev. ❀ CVM · HIS · QVI · OD · PACE · ERAM · PACI Double aigle surmontée d'une croix. Haller 1249. Corragioni pl. XX n. 10. Ar. Beau rare. *Voir la reproduction.*

Zürich.

1097 1559. *Thaler* (*Schnabelthaler*). + MON · NO · THVRICENSIS · CIVITATIS · IMPERIALIS · Armoiries couronnées; en bas × 1559 × Rev. Écusson de la ville, entouré de la légende: DNE SERVA NOS IN PAC×. A l'entour, les écussons des avoueries Kyburg, Gröningen, Regensberg, Églisau, Greifensee, Andelfingen, Knonau, Wädenschwyl et Laufen. Haller 440 var. Beau thaler par Stampfer. Ar.

Zwolle.

1098 1659. *Ducaton* · MONETA · ARGENT — CIVITAT · ZWOL · Cavalier armé galopant à dr.; au-dessus du casque, ❀; en bas, l'écusson au St. Michel. Rev. · DA · PACEM · — DOMINE · IN · — DIEB · NOST · 16—59 · Écusson au lion néerlandais non armé, tenu par deux lions. Verkade pl. 168.5 var. Ar. t.b.c.

1099 1659. *Ducaton* pareil légèrement varié, avec ZWOL — · les caractères de la légende plus petits. Ar. t.b.c.

1100 1659. *Rixdaler*, *Écu* ou *Thaler* MONETA · ARG · — CIVIT · ZWOL ❀ Chevalier armé debout tenant l'écusson au St. Michel, entre la date 16—59 Rev. DA · PAC · DOMINE · IN DIEB · NOSTRIS Écusson couronné au lion néerlandais. Verkade pl. 171 n. 3. Ar. t.b.c.

1101 1659. *Rixdaler* pareil, variété avec NOSTRIS — · Ar. t.b.c.

1102 1659. *Rixdaler* pareil, variété · DA · PACEM · DOMINE · IN · DIEBVS · NOSTRIS · les lettres de la légende plus petites. Ar. b.c.

1103 1660. *Rixdaler* pareil avec DA · PAC · DOMINE · IN · DIEB · NOSTRIS · Verk. pl. 171.3. Ar. t.b.c.

1104 1685. *Écu léger* (Daalder) *de 30 sous.* MO : NO : ARG : CIVIT : ZWOL 1685 Écusson couronné à la croix, entre 30 — ST Rev. DA : PAC : DOM : IN : DI — EB — NOSTRIS ❀ Chevalier cuirassé debout de face, regardant à dr. et à ses pieds, l'écusson au St. Michel. Verkade pl. 173 n. 1. Ar. b.c.

1105 1686. *Daalder* autre type · MO : NO : ARG : CIVIT · ZWOL 1686 Écusson écartelé et couronné entre 30 – ST Revers. DA PAC : DO : IN — DI — NOSTRIS ❀ Chevalier cuirassé debout de face, regardant à dr.; à ses pieds, l'écusson au St. Michel. Verk. pl. 173 n. 2. Ar. t.b.c.

1106 (16)80. *Pièce de 28 sous* FLOR · ARG · CIVITA · IMP · ZWOLLÆ Écusson écartelé et couronné, entouré de fleurons. Rev. DA · PAC · DOM · IN · DIEB · NOSTRIS ❀ Double aigle impériale, chargée d'un globe crucigère, avec la valeur 28. Contremarquée de G · O sur les armoiries. Verk. pl. 174 n. 4. Ar. t.b.c.

TABLE DES MATIÈRES.

TRAITÉS DE PAIX.

Adrianople. Paix d'. n. 800, 801.
Aix-la-Chapelle. Paix d'. n. 275—277, 549, 550, 552—581, 933—935, 959, 960.
— Congrès d'. n. 792—795, 1022, 1031.
Alais. Paix d'. n. 916, 1035.
Altona. Traité de paix d'. n. 331.
Altranstadt n. 402—418.
Amiens. Paix d'. n. 717—737, 982, 983, 1032.
Amsterdam. Traité de paix d'. n. 256.
Androussovo. Paix Perpétuelle d'. n. 328.
Angers. Traité d'. n. 1035.
Angoulême. Traité d.' n. 71, 1035.
Antichristian Confederacy n. 329, 330, 332.
Anvers. Trève de douze ans. n. 54—69.
— Traité d'. n. 480, 996.
Arras. Traité d'. n. 1033.
Augsbourg. Traité de paix des religions. n. 12, 400, 585—87, 810, 961, 1003, 1004.
— La Sainte-Ligue. n. 327.
— Congrès d'. n. 589, 610.

Baden. Paix de. n. 472—479, 481.
Bâle. Paix de. n. 668—671, 1022.
Belgrade. Paix de. n. 517.
Bergen op Zoom. Conférence de. n. 41.
Bergérac. Paix de. n. 21.
Berlin. Congrès de. n. 840.
— Conférence de Samoa. n. 843—845.
— Triple Alliance. n. 949.
Bomy. Trève de. n. 3, 4.
Bréda. négociations. n. 17, 18, 550, 551.
— Paix de. n. 257—274.
Breslau. Paix de. n. 521—526, 539, 956, 986.
Brömsebro. Paix de. n. 84, 918.
Bruxelles. Traité de. n. 20.

Cambrai. Paix de n. 1.
— Congrès de n. 953.
Campo Formio. Paix de n. 673—680, 967.
Carlowitz. Paix de. n. 390—393, 482.
Cateau-Cambrésis. Paix de. n. 13—16, 40.
Cherasco. Traité de paix de. n. 76, 1030.
Chine. Traité entre la Russie et la. n. 1016.
Cockpit. Traité de paix de. n. 952.
Cologne. Négociations de paix. n. 22—25.
Constantinople. Traité de. n. 954, 955.
Copenhague. Paix de. n. 244.
Crespy. Paix de. n. 7, 8, 907.

Delft. Traité de. n. 1033.
Dresde. Paix de. n. 539—549.

Escaut. Traités sur l'. n. 823, 824.
Espagne. Pacification de l'. n. 796—799.

Fontainebleau. Traité de paix de. n. 656—659, 963.
Francfort. Paix de. n. 827—839, 994, 997, 1042.
Füssen. Traité de paix de. 534—538, 627.

Gand. Pacification de. n. 19, 20, 908.
Gastein. Triple Alliance. n. 847, 860.
Geertruidenberg. Négociations de paix. n. 1044
Giurgiévo. Armistice de. n. 661.

Hambourg. Paix de. n. 590.
Hubertsbourg. Paix de. n. 592—615.

Kaïnardji. Paix de n. 617—621.
Knaröd. Paix de. n. 70.

La Haye. Conférence. n. 44—53.
— Propositions de paix. n. 27—30, 32, 34.
— Trêve et Triple Alliance. n. 36—38, 59—61, 275, 913—14, 1026, 1028.
— Congrès des princes. n. 333—337.
— Trêve de vingt ans. n. 324—26, 939.
— Rupture des négociations de paix. n. 420—22.
— Traité de paix et de commerce. n. 649.
— Traité de 1791. n. 661, 964.
— Première conférence pour la paix. n. 848—50.
— Deuxième conférence pour la paix. n. 861—906.
— Négociations de paix. n. 909, 911—12.
Laudon. Traité de. n. 1043.
Leeuwarden. Négociations de paix. n. 962.
Leoben. Préliminaires de paix. n. 673
Leucate. Négociations de paix. n. 4.
Lima. Alianza Americana. n. 826.
Londres. Paix de. n. 281—283.
— Préliminaires de la Paix d'Amiens. n. 709—716.
— Traité de paix de. n. 806, 991, 992, 1010, 1023, 1071.
— Traité de 1903. n. 859.
— Préliminaires de paix. n. 1036, 1037.
Lübeck. Traité de paix de. n. 73—75.
Lund. Paix de. n. 311—319.
Lunéville. Paix de. n. 685—708, 969—981, 1032.
Lyon. Traité de. n. 910.

Madrid. Traité de paix de. n. 1, 43.
Marche en Famine. Traité de. n. 20, 908.
Milan. Traité de. n. 915.
Montevideo. Congrès de. n. 842.
— Traité de. n. 846.

Nice. Traité de paix de. n. 3, 5.
Nimègue. Paix de. n. 284—309, 320—322, 323, 937, 938, 1009, 1078—80, 1093.
Nuremberg. Traité de. n. 1081.
Nystadt. Paix de. n. 488—489.

Oliva. Paix d'. 238—243, 929, 930.

Pacifique. Paix du. n. 841.
Paris. Traités de paix et de commerce. n. 245—46.
Paris. Renouvellement du Traité de paix de la France avec la Suisse. n. 247—52, 931—32.
— Préliminaires de paix. n. 495—98, 499.
— Paix de. n. 591—92.
— Traité de paix de, n. 672, 965—66.
— Négociations de paix. n. 682—83, 968.
— Paix de. n. 754—84, 987—89, 1038.
— Second Traité de paix de. n. 786—91.
— Paix de 1856 n. 811—18.
— Pacte de famille. n. 1084.
Passarowitz. Paix de. n. 482—87.
Passau. Paix de. n. 9—12, 927.
Paucarpata. Pacification de. n. 804, 805.
Pérou. Pacification du. n. 807.
Pillnitz. Traité de paix de. n. 662—64.
Pinneburg. Traité de. n. 340.
Pise. Traité de paix de. n. 255, 1088.
Pleswitz. Armistice de. n. 753.
Prague. Paix de. n. 79, 80.
— Congrès de. 753, 1031.
Presbourg. Paix de. n. 738—741, 749, 984.
Pyrénées. Paix des. n. 219—237, 928, 1030.

Rastadt. Paix de. n. 451—471, 472, 1008, 1044.
Ratisbonne. Diète de. n. 76, 1039. — Trêve n. 326.
Ratzebourg. Paix de. n. 338.
Reichenbach. Traité de. n. 661.
Rome. Traité de paix de. n. 423, 948,
— Paix de Clément IX. n. 936.
Roskild. Paix de. n. 213.
Ryswick. Paix de. n. 340—389, 560, 941—947.

Sainte-Alliance de 1854. n. 808, 809, 993.
Saint-Germain. Paix du Nord. n. 310.
Saint-Julien. Traité de. n. 42.
Sainte-Ligue. La. n. 327.
Sainte-Ménéhould. Traité de. n. 1043.
Saint-Pétersbourg. Traité de. n. 646, 647.
Savoie. Paix de, — conclue à Turin. n. 339, 940, 1001.
Santiago. Traité de paix de. n. 853—858.
Schönbrunn (Vienne). Paix de. n. 750—752, 1031.
Seringapatam. Traité de paix de n. 665, 666.
Séville. Conférence et Traité. n. 499, 503.
Sistova. Congrès et Traité de paix de. n. 964.
Smalkalde. Traité de. n. 2.

Soissons. Congrès de. n. 499-502, 503.
Soleure. Traité de paix et d'alliance. n. 622 -624.
Stockholm. Traité de. n. 516.

Tafna. La. Traité de. n. 995.
Teschen. Paix de. n. 626—644.
Tilsit. Paix de. n 742—748, 985, 1032.
Tours. Traité de. n 1027.
Travendal. Paix de. n. 394—397.
Troppau. Congrès de. n. 796.
Tweebosch. Traité de paix de. n. 851, 852.

Utrecht. Paix d'. n. 424—450, 451, 514, 515, 560, 950, 951, 998, 1044.
Uxbridge. Traité d'. n. 1005.

Vasvar. Trève de. n. 253, 254.
Vereiä. Paix de. n. 660.
Versailles. Paix de. n. 650-655, 998.
Vervins. Traité de paix de. n. 39, 40, 1026.
Vienne. Traités de paix de. n. 490—494, 503—507, 508, 509, 510—513, 1011.
— Paix de (voir Schönbrunn).
— Congrès de. n. 785, 786, 806, 990, 1015, 1022, 1031.
— La Sainte-Alliance. n. 792, 796, 1092.
Villafranca. Paix de. n. 819—821.

Westminster. Paix de. n. 207—211, 245, 246, 1007.
Westphalie, Münster et Osnabrück. Paix de. n. 83, 85—206, 560, 582—584, 919—926, 957, 958, 1006, 1029.
Worms. Diète de. n. 1027.

Znaïm. Armistice de. n. 750.
Zonhoven. Convention de. n. 806.
Zürich. Alliance de. n. 419.

PAYS, PROVINCES, VILLES.

Abensberg. n. 750. Aboukir. n. 692.
Adrianople. n. 800—801.
Afrique. n. 472, 555—56, 625.
Aix-la-Chapelle. n. 275—277, 549-50, 552—81, 792—95, 933—35, 959—60, 1022, 1031.
Alais. n. 916, 1035. Albuquerque. n. 450
Alexandrie. n. 284, 937.
Algérie. n. 329, 330, 332, 995.
Allemagne-Autriche. n 2—5, 7—12, 16, 22, 27—30, 73—80, 83—166, 238, 253, 254, 299—309, 320, 322, 324, 326—29, 331 —32, 333—37, 340, 350—92, 403—18, 423—80, 482—87, 490—94, 499—513, 521—28, 534—74, 585—87, 625—44, 648, 656—59, 661—64, 673—80, 683, 685—708, 740, 907, 915, 917, 921, 943, 963 —64, 1003—4, 1012.
Allemagne. Empire. n. 827—40, 843—45, 847, 849, 860, 861, 994, 997, 1013—14.
Alma. n. 811. Alost. n. 323. Alsace. n. 374, 438.
Altenburg. n. 750. Altona. n. 331, 429.
Altranstadt. n. 402—18.
Amiens. n. 709—37, 828, 982—83, 994, 1032.
Amsterdam. n. 92—94, 99, 210, 256, 259, 260, 266, 292, 324, 377, 445, 446, 611, 648—49, 657, 767, 998, 1010.
Andelfingen. n. 1097. Androussovo. n. 328.
Angamos. n. 841. Angers. n. 470, 1035.
Angleterre. n. 16, 21, 37, 38, 691, 756—58, 764—65, 909, 1021, 1027, 1041.
Angoulême. n. 71, 1035. Anhalt-Zerbst. n. 333—7
Ansbach-Bayreuth. n. 639—41. Antigoa. n. 257.
Anvers. n. 54—58, 81, 91, 211, 218, 219, 235, 480, 823—24, 1027, 1036—37, 1039.
Ardres. n. 40. Arequipa. n. 841.
Argovie. n. 472—79, 481. Arras. n. 1033.
Artois. n. 3. Asie. n. 555—56, 625, 800.
Aspern. n. 750. Ath. n. 275. Audenarde. n. 275.
Augsbourg. n. 12, 197, 198, 320, 400, 582, 585—87, 589, 593, 610, 958, 961, 1003, 1021. Austerlitz. n. 740.
Autriche (Archiduché). n. 6, 177, 191.
Autriche. Empire. n. 749—53, 764—99, 806, 811—21, 1092.
Autriche-Hongrie. n. 840, 847, 849, 860, 864, 1008. 1013—14, 1031.

Avignon. n. 332. Azerbaïdan. n. 954.
Azov. n. 393.

Bade-Bade. n. 182, 390, 451—71, 830—34
Baden. n. 472-79, 481. Balaklawa. n. 811
Bâle. n. 95, 133—140, 518, 645, 668—71, 923, 1022, 1067.
Bangalore. n. 665—66. Bapaume. n. 828.
Batenbourg. n. 1068—69.
Bavière. n. 12, 173—174*bis*, 179, 333—37, 378, 472, 534—38, 549, 626-44, 838, 1029.
Bazoches L. Hautes. n. 994.
Beaugency. n. 828, 994. Beaumont. n. 828, 994
Beaune la Rolande. n. 828, 994.
Belfort. n 828, 835, 1042
Belgique. n. 806, 822—24, 849, 865, 991-92, 1010, 1071. Belgrade. n. 482, 517.
Bender. n. 429. Berg (Duché). n. 300.
Bergen-op-Zoom. n. 41, 552. Bergérac. n. 21.
Berlin. n. 767, 840, 843-45, 847, 949
Berne. n. 401, 481. Bétonto. n. 508.
Bidassoa. Ile de. n. 215, 224—226.
Birkenfeld. n. 333—37. Blois. n. 71.
Bohème. n. 6, 125.
Bois-le-Duc. n. 87, 444, 557—59.
Bolivie. n. 804—05, 825—26, 841 42, 866.
Bologne. n. 423. Bomy. n. 3, 4.
Bordeaux. n. 767, 827. Bouillon. n. 787.
Bourgogne. n. 1039.
Brabant. n. 19, 175, 211, 964, 1039.
Brandebourg-Anspach. n. 333-37.
Brandebourg-Électorat. n. 238, 256, 305, 331—337, 378.
Bréda. n. 17, 18, 87, 257-74, 283, 550—51, 785.
Brême. n. 829.
Brésil. États-Unis du. n. 846, 867.
Breslau. n. 418, 521—26, 539, 956.
Brömsebro. n. 84, 918. Brouage. n. 21.
Brouwershaven. n. 1002. Bruges n. 41.
Brunswick. n. 95, 180, 742.
Brunswick-Lünebourg. n. 338.
Brunswick-Wolfenbüttel. n. 333—37.
Bruxelles. n. 20, 40, 90, 206, 214, 222, 232, 285, 286, 297, 322, 358, 785, 908, 1010, 1027.
Bucarest. n. 617. Buehl. n. 832.
Buenos-Aires. n. 858 Bulgarie. n. 810, 849, 868.

Calais. n. 40, 754. Callao. n. 826. Calmar. n. 70.
Cambrai. n. 1, 16, 298, 953. Campen. n. 31.
Campo-Formio. n. 673—80. Canada. n. 1034.
Cap Le (de la bonne Espérance). n. 719, 852.
Carélie. La. n. 488—89
Carlowitz. n. 390—93, 482. Cassel. n. 767.
Cateau-Cambrésis. n 13—16, 40.
Ceylan. n. 719. Champigny. n. 828.
Charleroi n 275. Charlois (Comté). n. 1.
Chaslau. (Schazlau). n. 522, 544.
Chateaudun. n. 828. Chatelchinon. n. 1.
Chatham. n. 266. Chauchin. n. 1.
Chaumont. n. 806. Cherasco. n. 76, 1030.
Chiavenna. n. 915.
Chili. n. 804—05, 826, 841—42, 853—58, 869.
Chimay. n. 787. Chine. n. 849, 870, 1016.
Chio n. 393. Chirvan. n. 954. Choczem. n. 517.
Clausthal. n. 504. Clèves. n. 300, 908.
Clissow. n. 411. Cobourg-Saalfeld. n. 608.
Cockpit. n. 952. Coevorde. n. 31.
Cologne (Ville). n. 22—25, 83.
Cologne (Électorat). n. 22, 281, 448, 472, 1036.
Colombie. n. 871. Constantinople. n. 954—55.
Copenhague. n. 244. Corbie. n. 95, 167.
Corse. n. 1088. Courlande. n. 333—37.
Courtrai. n 323, 462. Coutances. n. 434.
Crespy. n. 7, 8, 907. Crimée. n. 811—12, 814.
Croatie. n. 390. Cuba. n. 872. Culemborg. n. 575

Daghestan. Le. n. 954.
Danemark. n 16, 21, 70, 72, 73, 84, 213, 238—244, 261—74, 305, 310—319, 331, 333—38, 340, 394—97, 514, 646—47, 667, 849, 873, 918, 924, 949, 1015, 1040.
Dantzick. n. 103, 148, 238, 241-243, 785, 929.
Delft. n 1018—19, 1033. Deventer. n. 31, 54.
Dixmude. n. 323. Dordrecht. n. 35. Douai. n. 275
Dourlens. n. 40. Dresde. n. 539-49, 785.
Dunes. n. 81. Düsseldorf. n. 828.

Eckmühl. n. 750. Écosse. n. 16, 210, 266, 1021.
Égypte. n 683, 719. Élisau. n. 1097.
Empire romain. n 1047-66.
Engadine. l'. n. 915. England (voir Angleterre).
Enkhuisen. n. 1070. Éphèse. n. 1051—52.
Équateur. n. 826, 875. Erbach n. 333-37.
Erfurt, n. 926. Érivan. n. 954.
Escaut. n. 648, 656, 823—24, 963.
Espagne. n. 13—20, 22 25, 29, 30, 32, 37—41, 43-69, 85—166, 175, 206, 211, 212, 214—237, 275—77, 284—309, 320—26, 340,

350—89, 420—450, 472, 490, 514, 549, 560, 567, 591—615, 668—71, 764, 767, 796—99, 826, 849, 876, 908—09, 911, 914—15, 928, 933—35, 939, 948, 952—53, 998, 1006, 1027, 1036, 1084.
Esslingen. n. 188, 750. Esthonie. n 488—89.
États-Unis de l'Amérique. n. 625, 640—47, 649—55, 802—03, 826, 836, 843—45, 849, 862, 962—63, 1034. Eupatoria. n. 811
Europe. n 555—50, 625, 681, 729, 976, 1042.

Faisans. Ile des. n. 215. Ferrare. n. 16, 423.
Finlande. n. 488—89, 660, 812.
Flandre. n. 19, 81, 275, 964. Focsiani n. 617.
Fontainebleau. n. 591, 610, 656—59, 963.
France. Royaume. n. 1, 3, 4, 5, 7, 16, 21, 26, 37—40, 42, 43, 59—61, 71, 76, 82—166, 169, 178, 206, 214—237, 238, 245—255, 257—78, 281, 284—319, 323—26, 329—33, 339—89, 420—80, 495—514, 516, 518, 530—33, 549—74, 585—89, 591—615, 622—24, 627—44, 645, 651—59, 662. 754—99, 806, 907, 909—10, 912—14, 916, 921, 928, 931—36, 939—40, 943, 951—55, 963, 965—89, 995, 998, 1001, 1003, 1011. 1026, 1044, 1071, 1084—1088 1092.
— République n. 668, 736, 685—737, 827—40, 849, 877, 994. 1032, 1042.
— Empire. n. 738—753, 808—09, 811—21, 984—85, 993.
Francfort. n. 604—05, 810, 827—39, 994, 997, 1042. Franche-Comté. n. 275.
Franconie. n. 683. Fraustad. n 411.
Friedberg. n. 544.
Frise. n. 15, 16, 45, 333—37, 376, 440, 909, 962.
Füssen. n. 534—38.

Gand. n. 19, 20, 41, 285, 323, 908.
Gastein. n. 847. Geertruidenberg. n. 1044
Gendjé. n. 954.
Gênes (Duché). n. 16, 560, 567, 740.
Genève (Genevois). n. 42 767, 785, 979, 1027.
Ghilan. n. 954. Gibraltar. n. 655.
Giurgievo. n. 661. Gotha. n. 160—61, 164.
Gouda. n. 341, 480
Grande-Bretagne. n. 43 59—61, 207—211, 245, 246, 257—74, 281—309, 321, 331—38, 340—89, 420—49, 472, 480, 482—87. 495—514, 550—76, 588—89, 591—615 650—55. 665, 684, 709—37, 753, 756—99, 802—03, 806, 808—09, 811—18, 824, 840, 843—45, 849, 851—52, 859. 878, 916, 933—35, 950, 952, 962. 987—88, 993, 1002, 1005, 1007, 1034, 1035, 1040, 1072—73, 1092.
Grave. n. 281, 1040. Gravelotte. n. 828 994.
Grèce. n. 849, 879. Greifensee. n. 1097.
Grisons. n. 16, 419, 915. Grodno. n. 411.
Groningue. n 480, 1074—75. Gröningen. n. 1097.
Guastalla. n. 508. Guatémala. n. 880.
Gueldre. n. 19, 33, 34, 45, 132. 572, 908—09.

Haïti. n. 881. Hall. n. 204.
Hambourg. n. 83, 166, 196, 338, 340, 399, 590, 606—07, 611, 707, 722—24, 767.
Hanau. n. 785. Hango-Udde. n. 812.
Hanovre. n. 742, 781. Harderwijk. n. 132, 572.
Harlem. n. 648. Hasselt. n. 31.
Haut-Palatinat. n. 1029.
Helvétie (Confédération). n. 95, 189, 190, 719.
Herny. n. 994.
Hesse-Cassel. n. 185, 333—37, 593, 742.
Hesse-Landgraviat. n. 12.
Hochstedt n. 400, 438. Hohenlinden. n. 692.
Hollande. n. 7, 15, 16, 18, 19, 20, 23—25, 27, 45, 59. 257, 276 444, 449, 480, 588, 594, 648, 764, 806, 909, 963, 990, 996. 1009.
Holsteyn (Duché). n. 84, 331, 333—37, 394—97.
Hongrie (Ungarn). n. 6, 125, 390, 392, 525, 567, 956. Hubertsbourg. n. 592—615.

Indes Britanniques. n. 665—66.
Indes Néerlandaises ou Orientales. n. 657, 1076.
Ingrie. n. 488—89. Inkermann. n. 811.
Ioniennes. Iles. n. 719 Iquique. n. 841.
Irak. n, 954. Irlande. n. 210, 263, 266 684, 1021.
Issoire n. 21. Italie. n. 82, 508, 673—81, 683, 740, 819—21, 965—967, 1084.
Italie. Royaume. n. 840, 847, 849 860, 882, 1036.

Japon. n. 849, 883, 1034. Juliers. n. 300.

Kaïnardji. n. 617—21. Kalisch. n. 414.
Karabagh. n. 954. Karlsruhe. n 833.
Kaufbeuren. n. 203 583 Kesselsdorff. n. 547.
Knaröd. n. 70. Knonau. n. 1097.
Knotsenburg (Forteresse). n 305.

Königsberg. n. 767. Koulewtsch. n. 800.
Kyburg. n. 1097.

La Capelle. n. 40.
La Fère Champenoise n. 785.
La Haye. n. 30, 32, 44–69, 85, 199–202, 212, 275, 324–26, 333–37, 340, 420–22, 577-79, 588, 648-49, 661, 806, 848–50, 861–906, 909, 912, 999, 1000, 1009, 1023, 1026–27, 1040.
Landau. n. 438. 787, 838. Landshut. n. 750.
La Rochelle. n. 21, 916. Laudon. n. 1043.
Laufen. n. 1097. Lausitz (Voir Lusace).
Le Bourget. n. 828. Le Catelet. n. 40.
Leerdam (Comté). n. 575. Leeuwarden. n. 962.
Le Helder. n. 648. Leipzig. n. 180, 785.
Le Mans. n. 828, 994. Lemberg. n. 411.
Lens. n. 1006 Leoben. n. 673. Léon. n. 5.
Leucate (Ville). n. 4. Leyde. n. 268, 648, 1027.
Liège (Évêché). n. 22, 908. Lille. n. 275, 389.
Lindau. n. 958. Lippe. n. 333–37.
Lisbonne. n. 859. Lithuanie. n. 238.
Livonie. n. 488–89. Loevestein. n. 1017.
Lombardie. n. 819.
Londres. n. 207, 281–283, 438, 576, 589, 709–16, 732–33, 781, 806, 859, 982–83, 991–92, 1023, 1036, 1071.
Longwy. n. 828. Lorraine. n. 16, 378.
Lowositz. n. 593. Lübeck. n. 73, 147.
Luçon. n. 71. Lucques (République). n. 16.
Lund. n. 311–319.
Lunebourg-Celle. Ducs de. n 333–37.
Lunéville. n. 685–708, 969–81, 1032.
Lusace. n. 79, 548. Lutter. Bataille de. n. 72.
Luxembourg. n. 884.
Lyon. n. 42, 718, 767, 785, 910, 982–83, 1030.

Madrid. n. 43, 767. 948.
Maestricht. n. 87, 281, 552. 991.
Magdebourg. n. 79. Magenta. n. 819-20.
Mahon. n. 655. Maïssour n. 665. Malines. n. 41.
Mantoue (Duché: le Mantouan). n. 16, 76.
Marbourg. n. 185.
Marche-en-Famine. n. 20, 908.
Marengo. n. 692, 969. Marienbourg. n. 787.
Marignon. n. 820. Maroc. n. 995.
Mars la Tour. n. 994. Mascara. n. 995.
Mayence (Archevêché). n. 184, 309, 381–87.
Mazandéran. n. 954. Memmingen. n. 584.
Mételin. n. 393. Metz. n. 828, 994.
Mexique. n. 885. Mézières. n. 828.
Middelbourg. n. 30, 32, 44, 56, 85, 86, 95.
Milan. n. 819–20, 915. Misnie. n. 548.
Modène. n. 560, 563, 567. Modlin. n. 785.
Moghan. n. 954. Mollwitz. n. 522, 544.
Mont-Avron. n. 828. Mont-Valérien. n. 828.
Montbéliard. n. 828, 994. Montebello. n. 820.
Monténégro. n. 886. Montevideo. n. 842, 846.
Montferrat. n. 76. Monthulin. n. 40.
Montmédy. n. 828. Montserrat. n. 257.
Morée La. n. 482. Moscovie. n. 238.
Moulins. n. 1044 Muiden n. 342–47, 942.
Münster. n. 83, 85-206, 560, 568–70, 656, 919–26, 957.
— (Évêché). n. 256, 281, 301, 302.

Naarden. n. 281. Namur. n. 580, 609.
Nancy. n. 785. Nantes. n. 767. Narva. n. 411.
Nassau-Dillenbourg. n. 333–37.
Nassau-Idstein. n. 333–37.
Nassau-Sarbrück (Sarrebrück). n. 333-37.
Navarre. n. 39, 76. New-Yersey. n. 257.
New-York. n. 257 Nicaragua. n. 887.
Nice. n. 3, 5, 672. Niémen. n. 742–48.
Nieuport. n. 41, 996.
Nimègue. n. 19, 57, 284–309, 320–23, 575, 785, 937–38, 1009, 1077–80, 1093.
Noisseville. n. 994. Nordlingen. n 79.
Norvège. n. 667, 888.
Nouvelle-Hollande. n. 257. Noyers. n. 1.
Nuremberg. n. 77, 142–145, 148, 150–157, 180, 236, 388, 599, 941, 947, 1081.
Nystadt n. 488-89.

Oczakow. n. 517. Oesterreich (voir Autriche).
Offenburg. n. 834. Oliva. n. 238-243, 929-30.
Oran. n. 995.
Oranje Vrijstaat (Orange River). n. 851, 852.
Öresund. n. 319. Orléans. n. 828, 994.
Osnabrück. n. 83, 95, 107, 118, 119, 125, 128, 921, 957.
Ostende. n. 996. Ostfrise. n. 1082.
Ottoman (Empire. Voir Turquie).
Overijssel. n. 15, 16, 31, 909, 1083.

Palatinat. n. 170, 192, 333–37, 378.
Palestro. n. 820. Panama. n. 889.
Paraguay. n. 890.

Paris. n. 245, 247—252, 255, 450, 495—99, 591—92, 650, 655—56, 682—83, 685, 693, 754—92, 811—18. 828, 841, 948, 965—66, 968, 987—89, 994, 1001, 1006, 1038, 1043.
Parme. n. 16, 508, 740. Parthie. n. 1057.
Passarowitz. n. 482—87 Passau. n. 9—12, 927.
Paucarpata. n. 804—05.
Pays-Bas. n. 20, 27, 28, 48, 50, 52, 62, 519—20 1023.
— Espagnols. n. 81, 291, 333—37, 908, 996.
— Royaume des. n. 802—03, 806, 822—24, 848—50, 861—904, 990—92, 1010, 1071, 1085—87.
Pérou. n. 804—05, 807. 825—26, 841—42, 892.
Perrière. La. n. 1. Perse n. 849, 893. 954, 1062.
Philippeville. n. 787. Piémont. n. 508, 740.
Pignerol. n. 339. Pillnitz. n. 662—64.
Pinneberg. n. 340. Pirna n. 593.
Pisagua. n. 841. Pise. n. 255, 1088.
Plaisance. n. 16, 740. Pleswitz. n. 753.
Pologne, n. 16, 70, 238—243, 327. 328, 402—18, 499, 508, 514, 539—49, 616, 683, 929—30, 949, 1011.
Poméranie. n. 73. Pontarlier n. 828, 994.
Porentruy. n. 787.
Portugal. n. 168, 215, 450, 514, 591—92, 610. 764, 767, 849, 859, 894.
Posen. n. 746. Potosie. n. 804—05.
Prague. n. 79, 80, 129, 527—28, 593, 753, 1031.
Presbourg. n. 738—41, 749—50, 984.
Provinces-Unies. États des. n. 22, 35—38, 41, 43—69, 85—166, 193—195, 199—202, 207 —212, 244—246, 256—277, 279—309, 322—26, 329, 331—338. 340—89, 420—49, 480, 495—513, 514—15, 529—33, 550—81, 588, 616, 646—50, 656—59, 909, 911—14, 921. 937—38, 959—60, 962—63. 998, 1002, 1007.
Prusse. Royaume de. n. 205, 403—18, 521—28, 539—49, 590, 592—615, 626—44, 661—64, 668—71, 682, 742—48, 753, 764—99, 806, 811—18, 949, 956, 963—64, 986—87, 989, 1022, 1092.
Pyrénées n. 219—37, 928, 1030. Puebla. n. 450.
Pultowa. n. 411.

Rastadt. n. 451—72, 1008, 1044.
Ratisbonne. n. 76, 83, 146, 326, 614, 750, 1039.
Ratzebourg. n. 338. Regensberg. n. 1097.
Reichenbach. n. 661. Reuss-Greiz. n. 602.
Reuss-Schleiz. n. 600—601.
Rhétie. n. 419. Riga. n. 411.
Rio de Janeiro. n. 835. Rome. n 1088.
Rome. (Papes). n. 5, 16, 24, 40, 95, 172, 278, 284, 301, 327, 332, 423, 910. 915, 933—38, 940, 946, 948.
Roskild. n. 213. Rotterdam. n. 648, 658. 1023.
Roumanie. n 849, 895.
Russie. n. 70, 328, 392, 393, 488—89. 517, 590. 592—615, 617—21, 627—44, 646—47, 660—61, 681, 719, 740, 742—48, 753, 760, 801, 806, 808, 811—18, 840, 849, 861—904, 954—55, 977—78, 985—87, 1016, 1040. 1092.
Rijswick. n. 340—90, 560, 588, 941—47.
République Argentine. n. 846, 853—58. 863.
— Batave. n. 685, 719.
— Cisalpine. n. 718, 980.
— Dominicaine. n. 874.

Saaftinge. n. 656. Saint-Christophe. n. 257.
Saint-Denis. n. 291, 1041. Saint-Gall. n. 481.
— -Germain. n. 310. Saint-Gothard. n. 253.
— -Julien. n. 42. Saint-Ménéhould. n. 1043.
— -Omer. n. 1041. Saint-Ouen. n. 754.
— -Pétersbourg. n. 646. Saint-Privat. n. 828.
— -Quentin. n. 828, 994.
Salankemen. n. 390. Salvador. n. 897.
Samoa. n. 843—45. San Francisco. n. 841.
Santiago. n. 856—57.
Sardaigne. n. 508—511, 549, 560, 563, 567, 672, 811—21, 1084.
Sarrebrück. n. 787. Sarrelouis. n. 787, 789.
Savoie. n. 16, 42, 76, 339, 340, 378, 672, 910, 940.
Saxe (Électorat) n. 12, 79, 80, 183, 300, 331, 378, 402—18, 539—49, 592—94, 626—44, 662—64, 927.
— (Royaume). n. 745—46, 750, 753.
— -Altenbourg. n. 186.
— -Eisenach. n. 333—37.
— -Gotha. n. 141, 160—164, 1089—90.
— -Lauenburg. n. 466, 468.
— Weimar. n. 158, 159, 165, 171.
Scanie. n. 84, 314. Slesvig-Holstein. n. 84, 667.
Schlettstadt. n. 177.
Schönbrunn. n. 750—52, 1031.
Schweidnitz. n. 205. Sébastopol. n. 811—18.

Sédan. n. 828, 994. Segeberg, n. 394.
Ségovie, n. 797.
Serbie (Servie). n. 482—87, 849, 898.
Seringapatam. n. 665—66.
Séville. n. 499, 798—99. Siam. n 849, 899
Sickak, La. n. 995.
Silésie. n. 79, 417, 418, 522, 539—49.
Silistrie. n. 800. Sinope. n 812. Sistova. n 964.
Smalkalde. n 2, 12. Socabaya. n. 804 05.
Soissons. n 499—502, 828. Soleure. n. 622-24.
Solférino. n 819—20. Sorr. n. 544.
Souabe. n 188. Spichern. n. 828, 994.
Spire. n. 438. Stettin. n. 785.
Stockholm. n 295—6. Stralsund. n. 73.
Strasbourg. n. 374, 828, 994.
Suède. n. 16, 21, 70, 72, 73, 79, 83, 84, 95, 126—131, 142, 213, 238—244, 261, 266, 275, 295, 296. 299—319, 322. 333—37, 340—89, 394—99, 402—18, 429—49, 488—89, 516, 590, 592 93, 646—47, 660, 753, 764, 767, 774, 849, 900, 918 922, 929—30, 944—45, 1040.
Suisse. n. 16, 26, 133, 247—352, 472, 622—24, 849, 901, 931—32.

Tafna. La. n. 995. Temeswar. n. 393.
Tengen. n. 750. Teschen. n. 626—44.
Thionville. n. 828. Thorn. n. 411.
Tilsit. n. 742—48. 985, 1032.
Tonningen. n. 394, 429. Torgau. n. 785.
Toul. n. 785, 828. Tournai. n. 223, 275, 449.
Tours. n. 1027. Transvaal. n. 851—52.
Transylvanie. n 6, 390, 392.
Travancore. n. 665. Travendal. n. 394—97, 411.
Trebbin. n. 785. Trébizonde. n. 933.
Trèves (Électorat). n. 22, 176.
Trinité. n. 719. Troppau. n. 796. Tunisie n 847.
Turbigo. n. 820. Turin. n. 940, 1001, 1030.
Turquie. n. 253, 254, 327—30. 390—93, 482—87, 517, 616—21, 661, 719, 800—801 808—09. 811—18, 840, 849, 902, 954—55, 964 993.
Tweebosch. n 851—52.

Udine. n. 673—74. Ungarn (voir Hongrie).
United States of America (voir Amérique).
Urbino. n. 16, 423. Urchitz. n. 740.
Uruguay. n. 842, 903.
Utrecht (Seigneurie). n. 15, 16.
— (Ville et Province) n. 19, 49, 61, 279. 280, 424—51, 480, 514—15, 560, 848, 909, 950—51, 998, 1010, 1044.
Uxbridge. n. 1005.

Valparaiso. n. 826. Valteline. n. 76, 915, 1030.
Vasvar. n. 253, 254. Vendôme. n. 828.
Vénétie. n. 819—21. Vénézuéla. n. 904.
Venise. n. 5, 16, 95 327, 328, 393, 401, 482—87, 673, 1091.
Venlo. n 992. Verdun. n 828. Verelä n. 660.
Versailles. n. 589. 653—55, 827, 998.
Vervins. n. 39. 42, 1026.
Vienne. n. 142, 490—94, 503—13, 693, 741, 752—53 785—86, 806, 948, 990, 1011, 1015, 1022, 1031, 1092.
Villafranca. n. 819—21. Vionville. n. 828.

Wagram. n. 750. Warschau. n 745.
Washington. n 826.
Weissenburg. n. 828, 838, 994.
Werkendam. n. 284. Wädenschwyl. n. 1097.
Wesel, n. 87. Westfrise n. 1093.
Westminster. n. 207—211, 245, 1007.
Westphalie. n. 95—206, 582—84, 919—26, 957—58, 1006, 1029.
— Royaume de. n. 742.
Wilsdorff. n. 544. Wittenberg. n. 785.
Wolgast. n. 73. Worms n. 1027.
Wörth. n. 828, 994.
Würtemberg. n. 95, 933—37, 753.
Würzbourg (Évêché). n. 22, 615.

Yanacocha. n. 804—05. Ypres. n. 285.

Zaandam. n. 648. Zamosk. n. 785.
Zéelande. n. 15, 16, 18, 19. 20 45, 55, 56, 88, 89, 909.
Zenta. n. 390, 393. Zierikzee. n. 659.
Znaïm. n. 750. Zonhoven. n. 806.
Zoug. n. 1094—96.
Zürich. n. 401, 419, 481, 819, 1097.
Zwolle. n. 31, 1098—1106.

PRINCES. PERSONNAGES.

Abd-el-Kader. n. 995.
Abdul-Hamid. Sultan de Turquie. n. 617—18.
Abdul-Medschid. n. 808—09, 811.
Achmed III. Sultan de Turquie. n. 482.
Adami. Adam. n. 95, 167. Adams. John. n 655, 962
Addington. Henri. n. 725—26.
Adolphe Frédéric. Roi de Suède. n. 590.
Aiguillon. Armand de Vignerot. Duc d'. n. 588.
Albada. Aggens van. n. 22.
Albemar. Son Exc. Jean Joseph d'. n. 881.
Albert d'Autriche. n. 40, 41.
Albert. Prince Royal de Saxe. n. 828.
Albert et Isabelle. Archiducs. n 44, 45, 48, 54, 58, 60, 60*bis*, 69, 911, 996.
Alexandre d'Ansbach-Bayreuth. n. 639—41.
Alexandre I de Russie. n. 742—43, 760, 772—76, 785, 792—95, 977—78, 985—87, 1040, 1092.
Alexandre II de Russie. n. 811.
Alexandre VII Pape n. 95, 255.
Alfonso d'Espagne. n. 876.
Andrade. François d'. n. 168.
Andrassy. Julius Comte n 840, 847.
Angoulême. Louis Antoine de Bourbon, Duc d'. n. 796 Anjou Duc d'. n. 1027.
Anne. Reine d'Angleterre. n. 430 32, 950.
Anne, Princesse d'Orange-Nassau. n. 199—202
Anna, Ivanovna. Impératrice de Russie. n. 517.
Anstett. Johann Protasius von. n. 753.
Antoine. Cardinal. n. 247—50.
Antonin le Pieux. n. 1055—56.
Archier. Jean Baptiste d'. n. 222.
Aremberg. Comte d'. n. 40.
Areno. Comte d'. n. 95. Armfelt. Gustaf. n. 660.
Arnulf, prince de Bavière. n. 838.
Arschot. Duc d', Philippe de Croy. n. 22, 40.
Assonville. Christophe d'. n. 22.
Auguste II. Roi de Pologne. n. 410, 414
Auguste III. Roi de Pologne. n. 243.
Auguste III. Roi de Pologne (Frédéric Auguste) n. 540—49, 603, 610, 622—64.
Avaux. Claude de Mesmes. Comte d'. n. 95, 169.
Avaux. Jean Antoine. Comte d'. n. 284, 323.
Ayta. Bucho ab. n. 22.

Banks. Robert (voir Lord Hawkesbury)
Barbosa. Ruy. n. 867.
Barthélemy. François, Marquis de. n. 668.
Bas-Bakker. n. 377. Bates. G. H. n. 843.
Battle y Ordoñez. José. n. 903.
Beaconsfield. Benjamin Disraëli. Comte. n. 840
Beales. Edmond. n. 1073.
Bellièvre. Chevalier de. n. 40.
Benedek. Ludwig von. n. 819.
Bentinck. William Comte. Duc de Portland n. 560.
Benting. Philippe de. Sr. de Bicht. n. 41.
Bernard. n. 377. Bernard de Mérode. n. 22.
Bernard de Saxe-Weimar, n. 79.
Bernstorff. n. 667, 792—93.
Beuningen. Koenraad van. n. 245.
Bevilacqua. Aloise de. n. 284, 937.
Biron. Duc de. n. 40.
Bismarck. Herbert von. n. 843.
Bismarck. Le prince Otto von. n. 827—28, 839, 840, 847, 997. Blaauw. Jan. n. 377.
Blücher. Gebhard Lebrecht von. Prince de Wahlstadt. n. 766, 785.
Bocayuva. Guintino. n. 846.
Bonaparte (Buonaparte, voir Napoléon)
Bonnac. Jean Louis d'Usson, Marquis de. n 954
Boreel. Willem. n. 245. Boreel. Jacob. n. 285, 377.
Bors van Waveren. n. 377.
Borsselen. Adriaan van. n. 480.
Boufflers. Louis François. n. 375.
Bouillon. Henri de la Tour d'Auvergne, Duc de. n. 909.
Breteuil. Louis Auguste le Tonnelier, Baron de. n. 627.
Brouckhoven. Jean de Baron de Bergeyk. n. 933
Brühl. Henri Comte de. n. 603. Brun. n. 95.
Bülow. Louis Frédéric Victor Jean. Comte de. n. 785. Brun. C. n. 873.
Burchard. Christoph, comte de Munich. n. 517.
Burg. n. 377.
Bustamante. A. Sanchez de. n. 872.
Buys. Willem. n. 998. Bylandt. Seigneur de. n. 27

Cadogan Mr. n. 480. Caillères. n. 340.
Calatagironi. Bonaventura. n. 40.
Cambacères. Jean Jacques Régis de. n. 735, 982
Camerarius. Joachim. n. 170.

Capellen tot den Pol. Johan Derk van der. n. 963.
Capo d'Istria. Jean Comte de. n. 792.
Carillo. Enrique Gomez. n. 880.
Carlos I de Portugal n 859, 894.
Carnegie. Andreas. n. 999—1000.
Carol de Roumanie. n. 895.
Carpzov. Aug. n. 171.
Carus. Marc Aurèle. Empereur romain n. 1065.
Carvajal. F. Henriquez. n. 874.
Caspar Schets. Sr. de Grobbendonk. n. 22.
Castlereagh. Robert Stewart. Lord. Marquis de Londonderry. n. 792—93, 806.
Castro. Juan P. n. 903.
Catherine de Braganza. n. 273—74.
Catherine de France. n. 22.
Catherine II de Russie. n. 610, 617—21, 627, 646—47, 660. Cats. Jacob. n. 1002.
Catinat. Nicolas de. n. 1001.
Cavour. Camille Benso Comte de. n. 814.
Cellamare. Antoine Giudice. Prince de. n. 952.
Champagny. Jean-Baptiste Nompère de. n. 750
Chaptal Jean Antoine. Comte de Chanteloupe. n. 982.
Charles V Empereur. n. 1, 3, 4, 5, 7, 8—12, 585—86, 1003—04, 1081.
— VI Empereur d'Allemagne-Autriche. n. 453—54, 460—62, 472—78, 482—87, 490—94, 505—13, 539.
— Guillaume d'Anhalt-Zerbst n. 333—37.
— II Roi d'Angleterre. n. 245—256, 266, 269—74, 298, 321.
— d'Aragon, duc de Terranova. n. 22.
— Archiduc d'Autriche. n. 423.
— Louis d'Autriche. n. 681, 685—86, 750.
— Albert. Électeur de Bavière. n 534.
— Louis de Bavière-Palatinat. n. 192.
— Duc de Deux-Ponts. n. 627.
— II Roi d'Espagne. n. 275, 305, 321—22, 378.
— VII. Roi de France. n. 1033.
— Duc de Hesse-Cassel. n. 333—37, 438.
— IV de Lorraine. n. 79.
— V de Lorraine. n. 390.
— Alexandre de Lorraine. n. 612.
— Emmanuel III. Roi de Sardaigne. n. 549, 1084.
— Emmanuel. Duc de Savoie. n. 42, 910.
— X. Gustaph. Roi de Suède. n. 213, 238.
Charles XI. Roi de Suède. n. 244, 275, 302, 305, 310—18.
— XII. Roi de Suède. n. 341, 378, 379—80, 394—99, 402—18, 429, 944—45.
— Johann (Bernadotte) Prince royal de Suède. n. 785.
Chavanne. Comte de. n. 560.
Chigi Fabio. Cardinal, nonce. n. 95, 172, 255.
Chimay. Charles de Croy. Prince de. n. 22.
Choiseul. Duc de. n 589, 1084
Christian IV. Roi de Danemark. n. 70, 72—75, 84, 918.
— V. Roi de Danemark. n. 305, 310—18, 338.
— VII. Roi de Danemark. n. 646—47, 667.
— -Albert de Holstein-Gottorp. n. 331, 333—337.
Christine. Reine de Suède. n. 84, 130—31, 922.
Christoph Bernhard van Galen, Évêque de Münster. n. 256.
Christophe. Comte d'Ostfrise. n. 1082.
Christyn. Jean Baptiste. n. 284.
Clarendon. Edward Hyde, Earl of. n. 1005.
Claude. Empereur romain. n. 1047.
Chula Longkorn. Paramindr Maha. Roi de Siam. n. 899.
Clément VIII. Pape. n. 39, 40, 910.
— IX. Pape. n. 278, 933—34, 936.
— XI. Pape. n. 423, 948.
Clèves Guillaume V. Duc de. n. 908.
Cobenzl. Louis Comte de. n. 673, 685, 750.
Cobos. François de los. n. 5.
Colbert. Charles. Marquis de Croissy. n. 284, 933. Coligny. Jean. n. 253.
Collenbach. Heinrich Gabriel von. n. 603.
Colloredo Mansfeld. François Gundicaire de. n. 750. Concha. Carlos. n 869.
Condé. Louis II de Bourbon. n. 1043.
Contareno. n. 95.
Contarini. Dominico. Doge de Venise. n. 1091.
Corbie. Arnold de Valdois. Abbé de. n. 167.
Cornaro. Marc Antoine. n. 5.
Cornejo. Mariano Lino. n. 825.
Cornwallis. Marquis de. n. 665—66, 725—26.
Carragioni d'Orelli. Ch. n. 899.
Corti. Luigi. Comte. n. 840. Corver. Johan. n. 377
Cratz. Joh. Adam. n. 173 74*bis*.
Creuznach. L. S. n. 577.
Cromwell. Olivar. n. 207—10, 1007.
Crowe. Scot. n. 813. Cuyermans. Johan. n. 175.

Damad-Ibrahim. Grand-Vizir. n. 954.
Dedel. Salomon. n. 594. De la Rey. n. 851.
Deutz. n. 377.
Dioclétien. Empereur romain. n 1066
Dongelberg. François de. n 90.
Dongelberg. Jacques Marie de n. 232.
Doria. Marquis de. n. 560.
Dorn y de Alsua. Enrique. n. 875.
Dos Santos Lisboa E. F. S. n. 867.
Drago. Luiz M. n 863.
Dussen. Brune van der. n. 480.

Éberhard. Louis. Prince de Würtemberg. n. 333—37.
Edward VII. Roi d'Angleterre n. 859, 878.
Edzard II. Comte d'Ostfrise. n. 1082.
Egmond. Lamoral, comte d'. n. 23.
Éléonore. Impératrice d'Allemagne-Autriche. n. 320. Elias. Jacob. n. 377
Élisabeth (Voir Isabelle).
Élisabeth. Reine d'Angleterre. n. 16, 21.
Élisabeth. Impératrice de Russie. n. 610.
Eltz. van der. Jacob III. Archevêque de Trèves. n. 22. Eltz. van der. Hugo. n. 176.
Épernon. Duc d'. n. 71.
Ernest le Pieux. Dux de Saxe-Gotha. n. 141, 160—164.
Ernest Auguste de Brunswick-Lünebourg. n. 338.
Esteva. Gonzalo. A. n. 885.
Estrades. Geoffroy. Comte d'. n. 284.
Estrées. François Annibal. Duc d'. n. 1030.
Eugène. Prince de Savoie. n. 390, 438, 451—52, 459, 463, 472—73, 487, 1008.
Eyschen. M. Exc. n. 884.

Fagel. Gaspard. n. 1009.
Falck. A. Reinhart. n. 1010.
Falloux. Michel. n. 470. Favre. Jules. n. 827.
Ferdinand I d'Autriche. n. 6, 16.
Ferdinand II d'Autriche. n. 73—76, 79, 80.
Ferdinand III d'Autriche. n. 84, 107, 110, 126—29, 142, 150—157, 205.
Ferdinand I de Bavière. n. 110.
Ferdinand de Bulgarie. n. 868.
Ferdinand VII. Roi d'Espagne. n. 796—99.
Ferdinand de Furstenberg. Évêque de Münster n. 301, 302.
Figueroa. Gomez Alvarez de. n. 915, 1030.
Fleury. André Hercule. Cardinal de. n 1011—12
Florien. Empereur romain n. 1064.
Fortoul. José Gil. n 904.
Franciotto Aug. Archevêque de Trébizonde. n. 933.
Francisca Sibylla de Saxe Lauenbourg. n. 466—69 François d'Alençon. n. 1027.
François I d'Allemagne-d'Autriche. n. 598—99, 603, 610, 1092
François I d'Autriche. n. 673, 681, 695, 772—73, 785, 794.
François Joseph. Empereur d'Autriche. n. 811, 816, 819, 847, 860, 864. 1008, 1013—14.
François I. Roi de France. n. 1, 3—5, 7, 8, 585—86, 1003—4.
Franklin. Benjamin. n. 655.
Franz Josias de Cobourg-Saalfeld. n. 608.
Frédéric-Guillaume. Électeur de Brandebourg. n. 256, 305.
Frédéric I. Électeur de Brandebourg. n 332 37, 378.
Frédéric II. Roi de Danemark. n. 16, 21.
Frédéric III. Roi de Danemark. n. 213, 244, 924.
Frédéric IV. Roi de Danemark. n. 394—97, 949.
Frédéric VI. Roi de Danemark. n. 1015.
Frédéric IV. Duc de Holstein. n. 394—97.
Frédéric Henri. Prince d'Orange-Nassau. n. 81, 87, 193.
Frédéric Auguste I de Saxe, — II Roi de Pologne. n. 402—16, 949.
Frédéric I. Roi de Prusse. n. 403—4, 417, 949.
Frédéric II le Grand. Roi de Prusse. n. 205, 522—26, 539—49, 590, 593—94, 603, 610, 626—27, 630—38.
Frédéric Guillaume II. Roi de Prusse. n. 661—64, 668.
Frédéric Guillaume III. Roi de Prusse. n. 682, 742—44, 765, 769, 772—74, 777—78, 785, 789, 792—94, 1092.
Frédéric Guillaume IV. Roi de Prusse. n. 811.
Frédéric Charles. Prince Impériale de Prusse n. 828, 838.
Frédéric Auguste III. Roi de Saxe. n. 626—42, 745—46, 750.
Frédéric I. Roi de Suède. n. 488—89.
Friedrich V. Marquis de Bade. n. 182.
Friedrich Franz. Grand' duc de Mecklenbourg. n. 828. Fuente. Gustavo de la. n. 892.
Funk. Jean. n. 22.

Gagern. Jean Christoph Ernest. Baron de. n. 806. Gallas. Matthias. n. 84.
Gamarra. Don Estevan de. n. 212.
Gamarra. n. 804. Gana. Domingo. n. 869.
Gandamo. Carlos G. n. 892.
Gardie. Magnus de la. n. 238.
Geelvink. n. 377. Gemmenich. Werner de. n. 22.
Gendt. Johan. n. 245.
George I. Roi d'Angleterre. n. 482.
George II. Roi d'Angleterre. n. 503—5, 549, 576.
George III. Roi d'Angleterre. n. 727—28, 733.
George. Prince of Wales. Régent n 756—59, 772—73, 780—83, 787.
George IV. Roi d'Angleterre. n. 791.
corge Frédéric de Brandebourg-Ansbach. n. 333—37.
George. Roi de Grèce. n. 879.
George-Wilhelm de Lünebourg-Celle. n. 333—37.
Gerhard Fruchsess. Archevêque de Cologne. n. 22. Gevaerts. Jan. n. 44.
Giullay. n. 740. Goch. Michiel. n. 45.
Gockinga. Scato Ludolph van. n. 480.
Goeben. Van. n. 828.
Gollen. Joh. Wilhelm von. n. 177.
Golovin. Fédor Alexiev Comte n. 1016.
Goltz. Comte de n. 668.
Gonzague Charles de. Duc de Nevers. n. 76.
Gordien le Pieux. Empereur romain. n. 1060.
Gortschakoff. Alexandre Michaelovitch. Prince n. 840. Grimaldi. Marquis de. n. 1084.
Granvelle (voir Nicolas Perrenot).
Grégoire XIV. n. 915.
Grotius (Hugo de Groot) n. 1017—20.
Groulart. Henri. n. 178.
Guachalla. Fernando. E. n. 866.
Guillaume III. Roi d'Angleterre. n. 333—37, 348—49, 357, 366, 378, 1021.
Guillaume de Bronckhorst. n. 1068—69.
Guillaume I d'Orange-Nassau (Le Taciturne). n. 19, 22, 193.
Guillaume III d'Orange Nassau. n. 281, 282, 291, 331—32.
Guillaume IV d'Orange-Nassau. n. 199—202, 552—53, 566, 568—71, 575, 581.
Guillaume I. Roi des Pays-Bas. n. 802 03, 806 990—92, 1071, 1085.
Guillaume III. Roi des Pays-Bas n. 1086—87.
Gunther de Schwarzenbourg. n. 18.
Gustave I. Wasa. Roi de Suède. n. 16.
Gustave Adolphe. Roi de Suède. n. 70, 73.
Gustave III. Roi de Suède. n. 646—47.
Gyllenstierna. Johan. n. 311.

Hardenberg. Charles Auguste. Prince de. n. 668, 792—93, 1022.
Haren Willem van. n. 340.
Harlay de Bonneuil. n 340.
Harley. Comte d'Oxford. n. 425.
Haro Don Louis de n. 215.
Haslang. George Chr Baron de. n. 179.
Hawkesbury. Robert Banks. Lord. n. 725—26, 736 Haze. Jeronimo De. n. 377.
Hedwig Éleonore. Reine de Suède. n. 930.
Heemskerk. Coenraad van. n. 331.
Heinrich XXX. de Reuss-Greiz. n. 602.
Heinrich XII. de Reuss-Schleiz n. 600—01.
Heinsius. Antoine. n. 340.
Hendrik Casimir II de Nassau. Stadhouder de Frise. n. 333—37.
Henri II. Roi de France. n. 16.
Henri III. Roi de France. n. 21.
Henri IV. Roi de France. n. 39, 40, 42, 54, 59, 909—10, 912.
Henricus d'Ive. n. 22.
Herrera de Toro. Emilia. n. 853.
Herzberg. Éwald Frédéric. Comte de. n. 603.
Heyland. Polyc. n. 180. Hinlopen. n. 377.
Hochepied. n. 377.
Hogendorp. Gijsbert Karel, Graaf van. n. 1023—24. Hohenlohe. Wolf de. n. 18.
Holguin. Jorge Général. n. 871.
Holstein Baron von. n. 843.
Hooft. Mr. Gerrit. n. 377.
Hoorn. Simon van. n. 245.
Hoorne. Philippe de Montmorency Comte de. n. 23. Hop. Mr. Jacob. n. 338.
Hornes. Gérard de. n. 41.
Hospital. Michel de l'. n. 1025.
Howe. n. 588. Hudde. Johan. n. 377.
Hudicourt. Pierre. n. 881.
Hugo de Groot (Grotius). n. 1017—20.
Humbert. Prince d'Italie. n. 819.
Humbert I. roi d'Italie. n. 847.
Humboldt. Carl Wilh. Freiherr von. n. 753.
Huybert. Mr. Justus de. n. 245.
Huydekoper. Johan. Seigneur de Maarseveen. n. 377.

Igelstrom. Lord Otto Henrik. n. 660.
Ingelheim. Anselm. Franz von. Archevêque de Mayence. n. 309.
Innocent XI. Pape. n. 301, 327, 332, 937—38.
Innocent XII Pape. n. 940, 946, 948.
Isabelle. Infante n. 996.
Isenbourg. Salentin, Comte d'. n. 27, 28.

James (Jacobus) I. Roi de la Grande-Bretagne. n. 43.
James II. Roi de la Grande-Bretagne. n. 59, 329, 331. Jay. John. n. 655.
Jean Louis de Nassau. n. 95.
Jean Guillaume du Palatinat. n. 333—37, 378.
Jean Casimir. Roi de Pologne. n. 238—39, 929.
Jean III (Jean Sobieski). Roi de Pologne. n. 327, 328.
Jean de Saxe. n. 2.
Jean Frédéric. Électeur de Saxe. n. 2, 12, 1081.
Jean George I de Saxe. n. 79, 80, 927.
Jean George II de Saxe. n. 300.
Jean George III de Saxe. n. 378.
Jean Casimir. Duc de Saxe-Gotha. n 1089, 1090
Jean Ernest „ „ „ n. 1089, 1090
Jean III de Suède. n. 21.
Jeannin. Pierre. n. 54, 912, 1026.
Jerôme Bonaparte. n. 742.
Joachimi. Albert. n. 1002.
Joao IV. Roi de Portugal. n. 168.
Joao V. Roi de Portugal. n. 450.
Johann. Comte d'Ostfrise. n. 1082.
Johann George II de Saxe-Eisenach. n. 333—37.
Johann Philippe. Archevêque de Mayence. n. 184.
Joseph I. Empereur d'Allemagne-Autriche. n. 403, 417, 423.
Joseph II. Empereur d'Allemagne-Autriche. n. 534, 627, 648, 656
Joseph Napoléon. n. 685, 717.
Joseph Clément de Bavière. Archevêque de Cologne. n. 448.
Jourdan. Jean Baptiste. Comte. n. 681.
Juan. Don-. d'Espagne. n. 20, 908.
Julius Echter de Mespelbrunn. n. 32.

Karrath-Effendi (Alexandre Karatheodori Pacha). n. 840. Kasson I. A. n 843.
Kastanaga. Marquis de. n. 333—37.
Kaunitz-Rietberg. Comte de n. 340, 560.
Kloek. n. 377. Kodt. Maitre Henri. n. 41.
Kollen (Collen) Mr. Ferdinand van. n. 377.
Königsegg. Lothar Joseph, Dominic. Comte de. n. 480. Königsmark. n. 129.
Krauel. Dr. n. 843.
Krebs. Johann Adam (voir Cratz).

La Barra. Francisco L. de. n. 885.
Laretta. Carlos Rodriguez. n. 863.
Lebrun. Charles François. Duc de Plaisance. n. 735. Lampadius. Jacob. n. 95.
Lebrun. Consul de la Républ. franç. n. 982.
Leczczynski. Jean. n. 238.
Leeuw. Jean Baptiste de. n. 358.
Léger. J. N. n. 881.
Léopold I. Empereur d'Allemagne-Autriche. n. 253, 299, 303—05, 320, 322, 327—28, 359, 374, 378, 390—93, 943.
Léopold II. Empereur d'Allemagne-Autriche. n. 661, 683, 964.
Léopold. Prince de Bavière. n. 838.
Léopold I. Roi de Belgique. n. 806, 823 24.
Léopold II. Roi de Belgique. n. 865.
Léopold I. Duc de Lorraine. n. 378.
Lexington. Lord. n. 338.
Lichtenstein. Jean Népomucène Joseph. Prince de. n 740, 750.
Liebstein. Baron de. n. 238.
Lilienroth. Baron de. n. 340, 374.
Linden. Johan van der. n. 22.
Lippe. Simon. Comte de. n 27, 28.
Lippstein. Baron de. n. 238.
Longueval. Maximilien de. n. 22.
Longueville. Henri II d'Orléans. Duc de. n. 95.
Lorraine. Cardinal de. n. 5.
Lothar. Franz. Évêque de Mayence. n. 381—87.
Louis de Bade. n. 390, 466—69.
Louis II de Bourbon-Condé. n 1006.
Louis VII. Roi de France. n. 1041.
Louis XIII. Roi de France. n. 71, 76, 916, 1035.
Louis XIV. Roi de France. n. 82, 105—107, 214—34, 245—52, 255, 275, 278, 285, 287—91, 298—99, 301—8, 310, 323, 325, 329—32, 339, 349—57, 374, 378, 423—25, 433—34, 472—73, 479, 931—36, 939, 951—52, 1078—80, 1088
Louis XV. Roi de France. n. 495—98, 510, 516, 518, 549, 554, 563, 567, 573, 591, 952—55, 1084.

Louis XVI. Roi de France. 622—24, 627, 645, 651—57, 683.
Louis XVIII. Roi de France. n. 754—55, 761, 784, 1092. Lubomirski. George. n. 238.
Lumbres. Antoine de. n. 238.

Machado. José Tible. n. 880.
Machain. Eusebio. Exc. n. 890.
Malet. Sir Edward Baldwin. n. 843.
Manteuffel. Edwin Hans Carl Freiherr von. n. 828.
Marc Antoine Justinien. Doge de Venise. n. 327—28. Mardeveld. n. 414.
Marguerite d'Autriche. n. 1.
Marie-Thérèse. Impératrice d'Autriche. n 521, 534—43, 548—49, 598, 603, 609 10.
Marie Stuart. Reine d'Écosse. n. 16.
Marie Anne Victoire. Infante d'Espagne. n. 953
Marie Thérèse d'Espagne. Reine de France. n. 222—34
Marie. Gouvernante des Pays-Bas. n. 3.
Marlborough. John. Duc de. n. 438.
Matheu. Pedro J. n. 897.
Mathias. d'Autriche. n. 22.
Matte. Auguste. n. 869.
Mauregnault. Johan de. n. 284.
Maurice de Nassau-Orange. n. 32, 33, 41, 56, 193, 1028. Maurice de Saxe. n. 12.
Maximilien II d'Autriche. n. 18.
Maximilien. Électeur de Bavière. n. 173—174*bis*, 1029.
Maximilien-Emmanuel. Électeur de Bavière. n. 332—37. 378, 428.
Maximilien III. Josef. Électeur de Bavière n. 534, 538, 549, 627.
Maximin I. Empereur romain. n. 1058 59.
Mazarin. Jules. Cardinal. n. 215 18, 1030.
Médicis. Alexandre de. Cardinal. n. 40.
Médicis. Marie de. n. 71, 1035, 1043.
Medina. Crisanto. n. 887.
Meetkerk. Adolphe. n. 22.
Meieren. Johann Gotfried de. n. 181.
Menchikof. Alexandre Sergeyevitch. Prince. n. 800. Mendez Nunez. n. 826.
Mendoça. François. Amirante d'Arragon. n. 40.
Merckelbach. Johann George. n. 182.
Metternich. Clément W. n. 750, 753, 792—93 1031.
Mezzo-Morto Dey d'Alger. n. 329 - 330, 332
Mier. Sébastian B. de. n. 885.
Milovanovitch. Milovan. n. 898.
Moltke. Hellmuth. Comte de. n. 828, 839.
Montecuccoli. Raymond. Comte de. n. 253.
Monteleon. n. 952.
Montmorency Maréchal de. n. 5.
Monzone. Comte. n. 560.
Moreau. Jean. Victor. n. 681.
Morstyn. André. n. 238.
Mounier. Claude Édouard Philippe. n. 792.
Mujica. Dr. Adolfo. n. 858.
Mijle. Adrianus van der. n. 22
Munib reis effendi. n. 617.
Mustapha II. Sultan de Turquie. n. 390—93.

Najac. Préfet de Lyon. n. 982—83.
Napoléon Bonaparte. 1er Consul de France. n. n. 672—80, 683, 687—92. 695, 700—1, 718—21, 734—35, 737, 965—75, 979, 982—83.
Napoléon I. Empereur de France. n. 738—44, 750—52, 985, 1032.
Napoléon III. Empereur de France. n. 808—09, 811, 813, 815, 817—21, 827.
Narbonne-Lara. Louis de. n. 753.
Nassau. Jean Louis de. n. 95, 245.
Nassau-Dillenburg. Henri. n. 333—37.
Nassau-Idstein. George Auguste de. n. 333—37
Nélidow. M. de. n. 861.
Néron. Empereur romain. n. 1048—50.
Nesselrode. Charles Robert. Comte de —, né à Lisbonne. n. 792, 986.
Nicolas Petrovitch Niegoch de Monténégro. n. 886. Nicolas I. Tzar de Russie. n. 801.
Nicolas II. Tzar de Russie. n. 847, 861—904.
Noot. Léonard van der. n. 285—86.

Ocquendo. Antoine d'. n. 81.
Oem van Wijngaarden. Johan. n. 284.
Oldenbarneveldt. Johan van. n. 41.
Oosterwijk. Maria van. n. 194.
Ordoñez (voir Battle)
Örnestedt. Frans Joel. n. 311.
Oscar II. Roi de Suède. n. 900. Osten d'. n. 238.
Otto. Louis Guillaume. Comte de. n. 725—26.
Overbeck. d'. n. 238.
Oxenstierna. Axel. n. 70, 84.
Oxenstierna. Johan. n. 95.
Oxenstierna. Benoît. n. 238.

Pancras. Gerbrand Claeszoon. n. 377.
Paolucci. Cardinal. n. 423. Pardo. n. 826.
Parme. Duc de (Alexandre Farnèse). n. 1027.
Paskévitck. Ivan Foedorovitch. n. 800.
Paul III. Pape. n. 5.
Paul I. Tzar de Russie. n. 681, 1040.
Pembroke. Comte de. n. 340.
Pena. Roque Saënz. n 863.
Perelstein. Seigneur de. n. 27.
Perrenot. Nicolas. n. 5.
Phelps. William Walter. n. 843.
Philippe le Bon. n. 1033.
Philippe II. Roi d'Espagne. n. 13—20, 29, 30, 39—41, 908.
Philippe III. Roi d'Espagne. n. 43, 44, 46, 47, 914.
Philippe IV. Roi d'Espagne. n. 81, 91, 206, 211, 214—36, 1036.
Philippe V. Roi d'Espagne. n. 423, 490—94, 501, 549, 948, 952.
Philippe. Landgrave de Hesse. n. 2, 12.
Philippe II d'Orléans. Régent de Louis XV. n. 952.
Philippe-Père. Empereur romain. n. 1061—62.
Philippe-Fils. Empereur romain. n. 1063.
Pie IV. Pape. n. 16. Pierce. Franklin. n. 1034.
Pierre III. Tzar de Russie. n. 590. 610, 642.
Pierre le Grand (Petrus Alexewitz). n. 393, 488—89.
Pinilla. Claude. n. 866.
Pistorius. Joh. Ernst. n. 183.
Platoff. Matvei Ivanovitch. Comte. n. 785.
Porras. Bélisario. n. 889.
Prats. Don Belisario. n. 842. Prazmaski. n. 238.
Prie. Marquis de. n. 423.

Quesada y Arostegui. G. de. n. 872.
Quiros. Don Bernardo de. n. 340.

Raigersperg. Nicolas George de. n. 184.
Rayneval. François Maximilien Gérard de. n. 792. Reaal. n. 377.
Rechteren. Adolph Hendrik. Comte de. n. 480.
Reinach-Steinbrunnen. Jacques Sigismond. Évêque de Bâle. n. 518.
Rendon. Victor. Exc. n. 875.
Rendorp. Joachim. n. 648.
Repnine. Prince Nicolas. n. 617, 627.
Resmi. Ahmed. n. 617.
Reydt. Baron de. n. 27—30.
Richardot. Jean. Envoyé. n. 40.
Richelieu Armand Emm. de Vignerotte du Plessis. Duc de. n. 792
Richelieu. Jean Charles. Duc de. Cardinal n. 71, 76, 1030, 1035.
Ripperda. Joachim. n. 245. Robinson. n. 560.
Roi. Philippe le. n. 85.
Romanzow. Pierre Alexandre. n. 619—20.
Roon. Albrecht Théodor Emile van. n. 828.
Rubens. Pierre Paul. n. 1036—37.
Rudolphe II Empereur d'Allemagne-Autriche. n. 22. 27—30, 908.
Rudolphe-Auguste de Brunswick-Wolfenbüttel. n. 333—337.
Rumpf. Dr. Christian. n. 295—96.
Ruyter. Michiel Adriaansz. de. n. 256, 266, 283.

Saavedra. Diego. n. 95. Sadoletus. Nicolas. n. 5.
Sainte-Aldegonde. Philippe Marnix de n. 1027.
Salvius Adler. n. 95.
Samad Khan Mamtazos Saltaneh. n. 893.
Sandwich. Comte de. n. 560.
Sanguily. Manuel. n. 872.
Sapor I roi des Perses. n. 1062. Scott. n. 377.
Scharenberg. Jean. n. 22. Scheller, C. F. n. 873
Schérer Barthélemy Louis Joseph. n. 681.
Schupp. Joh. Balth. n. 185.
Schwarzenberg. Charles Philippe. Prince de. n. 779, 785, 987, 1038.
Schwarzenberg. Otton Henri de. n. 22.
Séguier. De. n. 247.
Seinsheim. Adam Friedrich von. n. 615.
Septime Sévère. Empereur romain. n. 1057.
Servien. Abel. Comte de la Roche. n. 95.
Simon. Comte de Lippe. n. 27.
Six. Johan. n. 377. Soliman III. n. 329—30.
Somnitz. De n. 238.
Sophie. Impératrice de Russie. n. 328.
Sophie. Princesse Régente de Russie. n. 1016.
Sötern. Philippe Christophe. Archevêque de Trèves. n. 176.
Sotomayor. Marquis de. n. 560.
Souvorof. Alexandre Vassiliévitch. Comte. n. 681.
Spaen-La Lecq. Willem Anne. Baron van. n. 806. Spinola. n. 56. St. John. n. 425.
St. Séverin. Comte de. n. 516, 560.
Stadion. Jean Philippe Charles Joseph. Comte de. n. 750.

Stanislas Leczinski. Roi de Pologne. n. 403.
Steenbock Magnus. Comte. n 429.
Stein. H. F. C. Baron de. n. 986.
Stockmans. Pierre n. 1039.
Stryen. Mr. Quirijn van. n. 377.
Suchtelen. Jan Peter. Comte de. n. 10, 40.
Suger. Abbé n. 1041.
Sylvestre Valiero. Doge de Venise. n. 393.

Tallart. Camille d'Hostun. n. 438.
Talleyrand Périgord Charles Maurice de. n. 740, 754.
Tann. Ludwig Freiherr von der. n. 828.
Taxis. Jean. n. 40. Tejera. Apolinar. n. 874.
Temple. Sir William. n. 284, 933.
Tercy. Comte de. n. 648.
Tessin. Comte de. n. 516.
Theil. Seigneur du. n. 560.
Thiers. Adolphe. n. 827, 835, 1042.
Thou. J. Auguste de. n. 1043.
Thumshirn. Wolfgang Conrad von. n. 186.
Tiépolo. Nicolas. n. 5.
Tilly. Jean Tserclaes, comte de. n. 72, 77.
Tippou Sahib. Sultan de Maïssour. n. 665 66.
Torstenson. Lennart. Comte d'Ortala. n. 84.
Trajan. Empereur romain. n. 1053–54.
Trauttmansdorff. Max. Comte de. n. 95, 187.
Triana. Santiago Perez. n. 871.
Tromp. Maarten. n. 81.

Urbain VIII. Pape. n. 83.

Valckenier. Mr. Pieter. n. 377.
Vangen. Frédéric de. n. 645. Vargas n. 871.
Varnbuller. Johann Konrad. n. 95.
Védel. A. n. 873. Velasco. Louis de. n. 40.
Verjus. Louis de —, Comte de Crécy. n. 340.
Verrijken. Louis. n. 40.
Vespasien. Empereur romain. n. 1051–52
Vicq, François de. n. 377.
Victor Amédée II de Savoie. n. 76 339, 378.
Victor Amédée III. Roi de Sardaigne. n 672.
Victor Emmanuel II. Roi de Sardaigne et d'Italie n. 811—21.
Victor Emmanuel III. 860, 882.
Victoria. Reine d'Angleterre. n. 808—09, 811.
Villamarina. Salvatore. n. 814
Villars. Claude Louis Hector. Duc de. n 451—52, 459, 472–73, 1044.
Villers. Le comte de. n. 884.
Volmar. Isaak. n. 95. Vries. De. n. 377.
Vroede. De. n. 377. Vrij De. n. 377.

Waddington. W. H. n. 840.
Wagner. George. n. 188.
Waldstein (Wallenstein) n. 73.
Walewski. Alexandre Florian. Comte. n. 813
Washington. George. n. 1045.
Wassenaar. Unico Willem. Comte de. n. 550.
Wauwere. Rogier van de. n. 297.
Waveren. Gerard Bors van n. 377.
Weede. Van. — van Dijkveld n. 285, 340.
Weert. Jean de. n. 79.
Weimar. Charles Auguste. Duc de Saxe. n. 785.
Welderen. Jean van n. 284.
Wellington. Arthur. Duc de. n. 764, 785, 790, 792—93, 987 -88
Werder. Auguste. Comte de. n. 828.
Wetstein. Joh. Rod. n. 95, 189, 190.
Wilhelm I. Roi de Prusse, empereur d'Allemagne. n 828, 836, 994.
Wilhelm II. Empereur d'Allemagne. n. 843, 847. 860–61, 1013–14, 1046.
Wilhelm de Saxe-Weimar. n. 158—59, 165.
Wilhelmina Reine des Pays-Bas. n. 847, 861—904.
Witsen. Nicolaas. n. 377.
Witt. Johan de. n. 1009.
Wittenhorst. Walrave van. n. 44.
Wittgenstein. Louis Adolphe Pierre. Prince de Stein-. n. 785.
Wolckenstein. George Ulrich. Comte de. n. 191.
Wrède. Charles Philippe. Prince de. n. 785.
Würtemberg. Wilhelm. Kronprinz von. n. 785.

York von Wartenburg. Hans David Ludwig. Comte. n. 785.

Zapolya. Jean de. n. 6. Zeballlos. E. n. 846.

MÉDAILLEURS.

Abeele. Pieter van. n. 87, 266, 283.
Abramson. Abraham. n. 637, 696, 722—24, 742.
Adolfzoon. Christoffel. n. 257, 267, 276—77.
Allan and Moore. n. 993.
Andrieu. n. 687—89, 738—41, 744, 749, 751, 970—71, 1092. Arondeaux. R. n. 376 378.

Baerll. J. van. n. 648, 658. Baldenbach n. 681.
Barber. J. n. 783. Bauert. J. E. n. 667.
Begeer. n. 848. Bellagamba y Rossi. n 858.
Berckel. Theodoor van. n. 964.
Bernard. Thomas. n. 389, 951.
Blanc. Jean le. n 109, 952. Bloc. Conrad. n. 39, 40
Blum. J. n. 99, 120—22, 918.
Bobrotschikow. Put. n. 619.
Bonhorst. Johann. n. 141, 164. Borrel. n. 817.
Boskam. Jan. n. 357, 366. Bottée. Louis. n. 841.
Bovy. A. n. 813.
Brandt. Franz Heinrich. n. 792—93.
Braun. Joseph. n. 838. Brenet. n. 749, 754.
Brenner. n. 994.
Brunner. Martin. n. 327, 459 513.
Buchheim. Johann. n. 240. Bückle. M. n. 692.
Busch. Johann Christoph. n. 614.
B. M. n. 797.

Calker. B. C. van. n. 962.
Caqué. n. 808—09, 820, 1019, 1044.
Caunois. n. 796, 1006, 1025. Chaplain. n. 755
Chavannes. F. n 675—77.
Crocker. John. n 348, 430—32 482, 503, 950.

Dadler. Sebastian n. 72, 79 83. 100, 101 02, 130—31, 142—43, 149, 209.
Dassier. Jean. 518, 536—37, 1007, 1011, 1018
Denon. Dominique Vivant. Directeur n. 737 —39, 741, 744, 749.
Depaulis. n. 791, 1041.
Dishoecke. Jacob van. n. 292, 305.
Dockler. Fils. Daniel Siegmund. n. 512.
Domard. n. 1001.
Drapentier. J. n. 341. 425, 440—41, 447, 480.
Drentwett. Sébald. F. n. 816.
Droz. J P. n. 645, 691, 720—21, 738—39, 741, 744, 762—63..
Dubois. E. n. 717, 756—58.
Dumarest. n. 719.
Duvivier. Jean. n. 433, 953—55.
Duvivier. Benjamin. n. 591, 623—24, 652, 673—74, 969, 1084.

Engelhardt. Johann Reinhard. n. 396—97.
Everts. J. n. 656.

Faddegon. n. 1076.
Fechter. Friedrich. n. 133—40.
Ferrière. Pierre. n. 965. 979. Franke. n. 794.
Fuchs. H. n. 539.

Gaci. Rutilio. n. 914.
Garbett. S. n. 1012. Gass, Johann Baptist. n. 660.
Gatteaux. Nicolas Marie. n. 651.
Gayrard n. 1025? 1043. Geefs. Alex. n. 823.
Gennaro. De. n 492—93. Georgi. Nicolas. n. 603
Goetz. n. 839.
Götzinger. Johann Samuel. n. 638—641.
Grosskurt. Heinrich Peter. n. 949.
Gube. A. 801. Guillemard. A. n. 686.
G ✿ W n. 80.

Hachten. David Gerhard von. 398—99.
Halliday. n. 759.
Hameranus. Alberto. n. 933, 937, 940.
Hameranus. Giovanni. n. 301, 948.
Hancock. J. G. n. 690, 709—14, 725—26, 732—33, 736, 972.
Hannibal. Ehrenfried n. 504. Harnisch. I. n. 1015
Hart n. 1037. 1071. Hartmann. C. G. n. 489.
Hautsch George. n. 328, 336—37, 370—73, 390-91, 411. Hedlinger J. C. n. 488, 600.
Henrionnet. n. 821. Hoeckner. C. W. n 662, 705.
Hoeckner. J. C. n. 927.
Höfler. Georg. n. 128—29.
Höhn. Johann. n. 104—04, 148, 241—42, 929.
Höhn. Fils. Johann. n. 239.
Holtzhey. Martinus. n. 193—94, 199—202, 505. 515. 519, 521—22, 553, 566—70.
Holtzhey. J. G. n. 575, 577, 588—89, 592, 594, 611, 646, 649, 657, 685, 729, 959—60, 693.
H. B. n. 448.
HLT en monogramme. n. 317.

Iwanoff. Timoteus. n. 660.

Jaeger. J. G. n. 617, 619.
Jéhotte. C. n. 806. Jeuffroy. n. 735.
Jonge. Jacob Jacobszn. de. n. 59.
Jouvenel. n. 996, 1003—04, 1027, 1033, 1036, 1039.

Karlsteen Arvid. n. 70, 84, 213, 314—16, 331, 379—80, 394—95, 403—04, 922, 930, 944—45.
Kellen. v. d. n. 1023—24 Kettle. n. 765 987.
Kettler. Engelbert. n. 96—98, 111—14, 117—19, 123—24, 919—20. Kirk. J. n. 576.
Kiskatz. n. 74—75, 78.
Kittel. Georg Wilhelm. n. 513. 548. 560.
Kittel Johann. n 943.
Klepikoff. A. n. 800. König. F. n. 1022.
Körnlein. Johann Nicolaus. n. 614.
Krüger. G. I. n. 663, 745.
Krüger. Jr. C. J. n. 699, 702, 706.
Küchler. C. H. n. 665, 727—28.
Kullrich. D. W. n. 811.

Lageman. J. M. n. 647, 650.
Lauer. E. L. S. n. 680, 708, 984.
Lauer. Christiaan n. 837.
Lauffer. Conrad. n. 308, 989.
Leherr. Christoph Jacob n. 326, 1021.
Leittner. n. 243. Leroy. Hippolyte. n. 905 - 06.
Loire. n. 306 Looff. Jan. n. 85, 88, 89, 95.
Loos. Georg Friedrich n. 596—97, 767, 769.
Loos. Daniel Friedrich. n. 626, 668 69, 682, 693—94, 790, 986.
Loos. Gottfried B. n. 996, 1038.
Losch n. 1029. Löwe. Johann Heinrich. n. 196.
Lowett. n. 104. Luder. Jean. n. 342—47, 942.
Lundgren. n. 1040.
Lütkens. Nicolaus Gottlieb. n. 606—07.
Lutman. de Jonge J. O. A n. 259—60.

Makkink. H. n. 999—1000.
Maler. Christian. n. 925
Marmé. J C. n. 544, 557—59.
Marshoorn. G. n. 571.
Marteau. François n. 573—74.
Matschecko. Baron von. n. 185.
Mauger. J. n. 82, 105—09, 215, 224, 230, 247—49, 275, 287—88, 291, 323, 339, 351—56, 434, 931, 935—36, 939.
Memmius. Johann. n. 408, 412—13, 418.

Mercié. Claude Antoine. n. 718, 982—983
Meybusch Anton. n. 311—13, 338.
Meyer De. n. 659.
Michaut. Auguste François. n. 795, 990.
Mills. G. n. 656—58.
Monnehay. et Godard. n. 841. Montagny. n. 1032.
Muller. Wouter. n. 207—208, 263—65
Müller. Philippe Heinrich n. 320, 333—35, 369, 381—82, 406, 423, 474.

Neuss. Johann Jacob. n. 703—04, 730—31.
Nilis. n 290.
Nürnberger. Georg Friedrich. n. 368, 388, 393, 400, 465, 941, 947.

Oertel. n. 847.
Oexlein. J. L. n. 524, 545—46, 561—62, 595, 599, 604—05, 629, 653—54.
Ottley, n. 818. Oudiné. n. 819.

Pichler n. 779. Pingret. n. 1028.
Poggini Jean Paul n 13. Pönniger, n. 770—71.
Pool. Juriaan. n. 210, 245, 256.

Radnitzky. n. 1008. Ran. Georgio. n. 910.
Reich. Johann Mathias. n. 625, 630—33, 635—36, 664. Reich. J. C. n. 671, 697—98.
Reinhart. Hans. n. 2, 6.
Remshart. Abraham. n. 593.
Roettiers. John. n 269—74, 289, 434.
Roettiers Fils. Philippe. n. 462, 487.
Roettiers. Joseph Charles. n. 516, 573—74, 580—81, 591, 609, 612.
Roettiers. Norbert. n. 954.
Roettiers. James. n. 1084. Roty. O. n. 853—55.
Roussel. Jérôme. n. 310, 350, 354 424.

Samson. n 189—90. Schmidt. n. 695.
Schneider. Christoph. n. 319.
Schwendimann Caspar Joseph Nicolaus. n. 622
Simon. n. 998, 1002, 1009, 1020.
Smeltzing. Arend. n. 268.
Smeltzing. Jan. n 324, 329, 330, 332, 1017.
Stampfer. Hans Jacob. n 1097.
Stettner Thomas. n. 753. Stettner. F. n. 786.
Stierle. Johann. J. G. n. 670.
Stiller. Johann Friedrich. n 627—28.
Stockmar. P. F. n. 601 608. Stuckhart n. 686.

St. Urbain. n. 946.
Swinderen. Nicolaas van. n. 514, 520, 529 530—33, 552, 956.
Szirmaï. Tony. n. 859—904.
Thermignon. P. n. 814.
Thiebaud. Jonas. n. 197—98, 582, 610, 958.
Tiollier. n. 977—78.
Vera. A. n. 842.
Vestner. George Wilhelm. n. 167—88. 191, 455—58, 466—67, 472—73, 475—76, 483—84, 494, 506—9, 523, 534—35.
Vreese. C. de. n. 851. Vries. Jr. M. C. de n. 822.
Walter. P. n. 917.
Waterloos. Adriaan. n. 220—21, 284.
Webb. n. 775—76, 791. Weckwerth. H. n. 840.
Weiss. I. n. 1031.
Wermuth. Christian. n. 349, 359—60, 361—62, 364—65, 402, 407, 410, 414—15, 420—22, 426, 435—39, 464, 499—502.
Werner. P. P. n. 490—91, 510—11, 542—43, 549, 585—86, 961.
Werner. Adam Rudolph. n. 524, 540, 542—43,
Wiener. Léopold. n. 824.
Wiener. Charles. n. 826, 828.
Wiener. J. n. 991—92, 1010. Wijntges n. 29.
Wyon. F. Fils. n. 759, 774, 781, 783.
Wijs. De. n. 442, 445—46.

OUVRAGES CITÉS.

Armand. Les Médailleurs italiens des XV et XVI siècles.
Bergsöe. Danske Medailler 1789—1892.
Berstett. A. Freiherr von Berstett. Münzgeschichte des Zähringen-Badischen Fürstenhauses.
Betts. C. Wyllys Betts. American Colonial History, illustrated by Contemporary Medals.
Blätter für Münzfreunde. Jahrgang 1886.
Bramsen. L. Bramsen. Médaillier Napoléon le Grand.
Cavalcanti. Viscondessa de Cavalcanti. Catalogo das Medalhas Brazileiras, e das estrangeiras referentes ao Brazil.
Chaufepié. H. J. Dompierre de Chaufepié. Les médailles et plaquettes modernes.
Chijs, v. d. P. O. van der Chijs. De munten der Heeren en Steden van Gelderland, van Friesland, Groningen en Drenthe.
Cohen. H. Cohen. Description des monnaies frappées sous l'empire romain, communément appelées médailles impériales.
Coraggioni. Münzgeschichte der Schweiz von Leodegar Coraggioni.
Danske Mynter. Beskrivelse over Danske Mynter og Medailler in den Kongelige Samling.
Dassdorf. K. W. Dassdorf. Numism. Histor. Leitfaden zur Uebersicht der Sachs. Geschichte.
Dirks. Beschrijving der Nederlandsche of op Nederland en Nederlanders betrekking hebbende penningen.
— Penningkundig Repertorium. Mededeelingen ter aanvulling van de Penninggeschiedenis der Nederlanden.
Donebauer. Beschreibung Böhmischer Münzen und Medaillen aus der Sammlung M. Donebauer.
Dugn. Dr. I. F. Dugniolle. Le Jeton historique des dix-sept Provinces des Pays-Bas.
Fonrobert. Die J. Fonrobert'sche Sammlung überseeischer Münzen u Medaillen.
Forster. A. v. Forster. Die Erzeugnisse der Stempelschneidekunst in Augsburg u Ph. H. Müller's.
Friedlander u. Seger. Schlesiens Münzen und Medaillen der neuern Zeit
Gaedechens. C. F Gaedechens. Hamburgische Münzen und Medaillen.
Gallet. Georges Gallet. Quelques notes sur la vie et l'oeuvre du médailleur J. P. Droz.
Guioth. J. L Guioth. Histoire numismatique de la révolution belge.
Haller. Schweizerisches Münz und Medaillen Kabinet, beschrieben von Gottlieb Emanuel von Haller.
Henckel. P. Henckel. Brandenb.-preuss. Münzen und Medaillen.
Hende, van. Ed. van Hende. Numismatique Lilloise.

Hennin. Histoire numismatique da la révolution française.
Herrg. M. Herrgott. Monumenta Aug. domus Austriacae.
Hild. Sveriges och Svenska Konungahusets Minnespenningar. Beskrifna af Bror Emil Hildebrand.
Iversen. J. Iversen. Medaillen auf d. Thaten Peter d. Grossen.
Joseph u. Fellner. Die Münzen v. Frankfurt a/M.
Köhler. I. D. Köhler. Vollständiges Ducaten-Cabinet.
La Tour. H. de La Tour Catalogue des jetons français de la Bibl. Nat.
Loon, van; éd. fr. Mr. Gerard van Loon, édition française. Histoire métallique des dix-sept provinces des Pays-Bas, depuis l'abdication de Charles-Quint jusqu'à la Paix de Bade en 1716, en 5 volumes.
— **éd. holl.** Même ouvrage, édition hollandaise, en 4 volumes.
— **Suppl.** Beschrijving der Nederl. Historie-Penningen, ten vervolge op het werk van Mr. Gerard van Loon, 10 volumes.
Lopes Fernandes. M. B. L. Fernandes. Memoria das Medalhas e condecoraçoes portuguezas e das estrangeiras com relação à Portugal.
Madai. S. Madai. Vollständiges Thalercabinet.
Markl. M. Markl. Die Münzen, Medaillen u Prägungen mit Namen u. Titel Ferdinands.
Médailles de Marie Thérèse
M. H. (Millin). Medallic History of Napoleon.
Med. Ill. Medallic Illustrations of the History of Great Britain and Ireland to the death of George II.
Medina. J. T. Medina. Las Medallas chilenas.
Meili. Catalogue. J. Schulman. Collection de feu le Dr. Jules Meili à Zürich.
Mieris, van. Frans van Mieris. Historie der Nederlandsche Vorsten.
Mont. Die Siebenbürgischen Münzen aus d. Fürstl. Montenuovo'schen Münzcabinets.
Musée monétaire. Médailles françaises dont les coins sont conservés au Musée monétaire. Paris 1892.
Neumann. J. Neumann. Beschreibung d. bekanntesten Kupfermünzen.
Plato. G. G. Regensburgisches Münz-Kabinet.
Raczynski. Cte E. Raczynski. Le Médailler de Pologne ou collection de médailles ayant rapport à l'histoire de ce pays.
Reichel. Die Reichelsche Münzsammlung.
Reimmann. Münzen und Medaillen Cabinet des Justizraths Reimmann.
Revue Belge. Revue de la numismatique belge.
Richel. Dr. Arthur Richel. Die Denkmünzen auf den Aachener Frieden von 1748.
Rosa. Alejander Rosa. Monetario Americano ilustrado.
Salbach, Catal. J. Schulman Collection de feu Monsieur Oscar Salbach à Hambourg, Vente à Amsterdam.
Schulth. Catal. Die Ritter von Schulthess-Rechbergsche Münz-u-Medaillen Sammlung
Széchényi. Catalogus numorum Hungariae et Transilvaniae instituti nation. Széchén.
Teixeira de Aragao. A. C. Teixeira de Aragao. Descripçao geral e historica das Moedas, cunhadas em nome dos Reis Regentes e Governadores de Portugal. 3 vol. Lisboa 1875—80
Tentzel, W. E. Saxonia Numismatica lineae Ernest et Albert.
Trésor. Trésor de Numismatique et de glyptique. Médailles de la révolution française.
Verkade. P. Verkade. Muntboek, bev. de namen en afbeeldingen van munten geslagen in de zeven voormalig vereenigde Nederlandsche Provincien.
V. Q. R. Manuel Vidal Quadras y Ramon, Catalogo de la coleccion de Monedas y Medallas. Barcelona 1892.
Vossberg. F. A. Vossberg. Münzen u. Siegel d. preussischen Städte Danzig, Elbing, Thorn etc.

De Vries en de Jonge. De Nederlandsche gedenkpenningen verklaard.
Weifert. H. Weifert. Meine Sammlung von Medaillen auf die Eroberungen Belgrads u. d. Frieden von Passarowitz
Wellenheim. Verzeichnis der Münz-und Medaillen Sammlung des K. k. Hofrathes Leopold Welzl von Wellenheim.
Zwierzina. W. K F. Zwierzina. Nederlandsche Penningen 1864—1898.

CORRECTIONS ET ADDITIONS.

n. 27 note. au lieu d'archevêque de Cologne, prière de lire: ci-devant archevêque.
n. 80 ajoutez: *Voir la reproduction sur la planche II*
n. 83 lisez: Van Loon II. 304 315. n. 3 au lieu de 315—304.
n. 95 note, lisez: Fabio Chigi au lieu de Fabia Chigi.
n. 214 lisez: Philippe IV au lieu de Philippe III.
n. 218 lisez: éd. holl. 461 n. 1. au lieu de 361. n. 1.
n. 230 lisez: éd. holl. 465 n. 2. au lieu de 446 n. 2.
n. 238 note, lisez: Leczynski au lieu de Leczezynski
n. 251 lisez: LVD·XIIII au lieu de LVD·XIII.
n. 276 lisez: van Loon III éd. fr. 22, éd. holl. 24 au lieu de 34
n. 291 lisez: Bataille et victoire du prince d'Orange à St. Denis au lieu de prince de St. Denis.
n. 293 lisez: éd. holl. 248 au lieu de 288.
n. 351 lisez: éd. holl. 199 n. 2 au lieu de 190 n. 2.
n. 354 lisez: VIRTUS au lieu de VIRTVS et ajoutez: Br. devant Belle.
n. 393 note, remplacez le dernier mot par Metelin.
n. 423 note, lisez: papaux au lieu de papals et assiégeaient au lieu de siégeaient.
n. 445 lisez: planche VIIII au lieu de VIII; 449 lisez: éd. holl. IV 679 au lieu de 699.
n. 455 lisez: Berstett au lieu de Berstedt
n. 460 lisez: éd. fr. V. 242 n. 2. au lieu de n. 1; n. 480 note, lisez: Königsegg au lieu de Konigsegg.
n. 482 lisez: INTER GERMAN: etc.
n. 572 lisez: v. Loon Suppl. 257 au lieu de 287.
n. 579 lisez: v. Loon Suppl. 291 au lieu de 292.
n. 603 lisez: Georgi au lieu de George.
n. 608 et 611 lisez: Paix de Hubertsbourg au lieu de Hubertusburg.
n. 627 note, lisez: Repnine au lieu de Repnina.
n. 638 lisez: Götzinger au lieu de Götzingen
n. 683 lisez: Joseph und Fellner au lieu de Josef und Fellner.
n. 691 lisez: Mill. pl. XI n. 42 au lieu de Mill. pl. II n. 42.
n. 693 lisez: M. H. pl. XXVI n. 49 au lieu de M. H. pl. XVI n. 49.
n. 695 lisez: François I au lieu de François II.
n. 719 note, lisez: Ioniennes au lieu de Joniennes.
n. 792 lisez: le renouvellement du traité connu sous le nom de la Sainte Alliance.
n. 860 et n. 882 lisez: Victor Emmanuel III au lieu de Victor Emmanuel II.
n. 914 note, lisez: Rutilio Gaci au lieu de Rutelu Caci.
n. 947 lisez: Six Ducats au lieu de Dix Ducats.
n. 963 ajoutez: mm 45 Ar. gr. 26.8. Superbe.
n. 977 lisez: mm. 28. Br. Superbe au lieu de mm. 30. Br. belle.
n. 978 lisez: mm. 29.5 au lieu de mm. 28.
n. 1089 lisez: Demi-Thaler au lieu de Demi-Taler.

Ar. No. 63. Br. No. 84 Ar. No. 63.

Ar. No. 31. Ae. No. 8. Ar. No. 31.

Ar. No. 37.

Ar. No. 62.

Ar. No. 92.

Miniature No. 110.

Ar. No. 83.

Or, No. 80.

Ar. No. 85.

Br. No. 93.

Br. No. 93.

Ar. No. 142.

Ar. No. 95.

Ar. No. 122.

Ar. No. 95.

Ar. No. 207.

Ar. No. 241.

Ar. No. 238.

Ar. No. 266.

Br. doré No. 284.

Br. doré No. 284.

Ar. No. 263.

Ar. No. 269.

Ar. No. 254.

Ar. No. 269.

Ar. No. 262.

Pl. VI.

Ar. No. 299.

Ar. No. 319.

Ar. No. 299.

Ar. No. 228.

Ar. No. 281.

Ar. No. 281.

Ar. No. 320.

Ar. No. 276.

Ar. No. 276.

SVB·CLYPEO·FERRO·ET·AVRO
Ar.
No. 303.
PAX·ET·SALVS
EVROPAE
Ar.
No. 304.
Ar.
No. 305.

Ar. No. 366.

Ar. No. 455.
Br. No. 456.
Etain No. 457.

Ar. No. 366.

Ar. No. 429.

Ar. No. 429.

Ar. No. 458.

Ar. No. 348.

Ar. No. 422.

Ar. No. 348.

Or, No. 445.
Ar. No. 446.

Ar. No. 638.

Ar. No. 472.

Ar. No. 579.

Ar. No. 592.

Ar. No. 519.

Or, No. 570.

Etain, No. 643.

Br. No. 976.

Ar. No. 660.

Or, No. 707.

Ar. No. 783.

Ar. No. 927.

Ar. No. 770.

Ar. No. 918.

Ar. No. 800.

No. 894.

No. 896.

Droit des plaquettes en bronze argenté. Nos. 861—904.

No. 893.

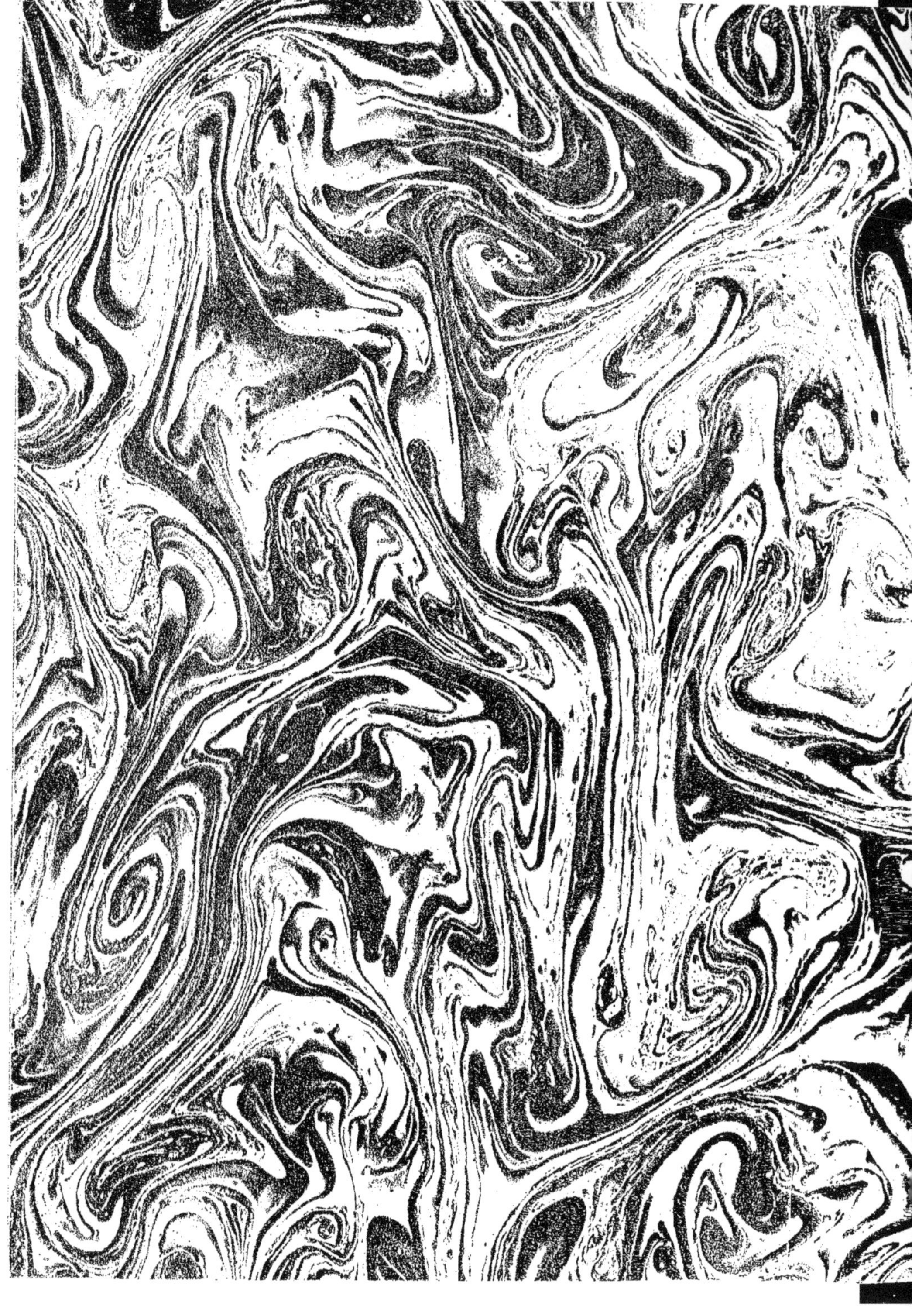

BIBLIOTHEQUE NATIONALE DE FRANCE
3 7502 00532389 6

www.ingramcontent.com/pod-product-compliance
Ingram Content Group UK Ltd.
Pitfield, Milton Keynes, MK11 3LW, UK
UKHW020104200726
13856UKWH00002B/372

9 782011 933409